"요더가 쓴 『어린 양의 전쟁』은 가까운 동료에 의해서 일관성을 가지고 편집됐다. 놀랄 만한 통찰력으로 가득한–정당한 전쟁과 평화주의 전통은 상보적이라는 주장은 배제된 채– 최고점에 다다른 요더의 이 책은 교회 공동체의 평화 증언을 위한 모든 기독교의 실천으로 읽어야 한다. 본회퍼의 기독교 평화 증언에 의해서 깊은 감명을 받은 독자들은 요더의 글들로 특별히 흥미를 더하게 될 것이다."

클리포드 그린 Clifford Green | 디트리히 본회퍼 연구소 대표

"만약 어떤 책이 분명히 사적이며 공적이고, 사회적이며 정치적인 예수가 보여준 성육신의 보복하지 않는 사랑이 가진 선善을 증명한다면, 『어린 양의 전쟁』이 바로 그런 책이다. 그리고 만약 어떤 책이 트뢸치, 니버 그리고 그의 제자들에 의하여 우리에게 잘못 인식된–그러한 사랑은 공적으로 무관한 것인데– 틀 속으로 결정적인 일침을 가한다면, 『어린 양의 전쟁』이 바로 그런 책이다. 이 책은 요더의 책 중에서 가장 중요한– 그리고 미국 기독교에 가장 필요한– 책이다. 간단히 말해 상당히 걸출한 책이다."

리 C. 캠프 Lee C. Camp | 『단순한 기독교』의 저자이자 TokensShow.com의 책임자

이 책의 표기에 대한 이해를 돕는 글

- **nonresistance_비저항** : nonresistance는 즉 모든 생물을 살해하지 말며, 또 남이 살해하는 것을 용인하지도 않는다는 사상에서 나온 것이다. 간디는 이 사상에 깊이 공명하였고, 레오 톨스토이, 헨리 소로, 마틴 루터 킹으로 커다란 자취를 남겼다.

  비폭력저항투쟁, 시민불복종운동으로 발전한 nonresistance는 주로 '무저항'으로 번역 소개되었느나, 선으로 악에 대항하라는 예수의 가르침에 근거하여 적극적이고 자발적 복종의 제자도로써의 요더의 nonresistance 개념을 설명하는 데는 '비저항'이라는 번역이 적확하고 구별할 필요가 있어 이 책에서는 '비저항'으로 옮긴다.

- **부정의**_injustice : immorality, impropriety, iniquity, unrighteousness가 불의로 번역되므로 구별을 위해 불의가 아닌 '부정의'라고 옮긴다.

- **구속**_redemption**과 구원**_salvation : 구속은 객관적 사실로서 '피'에 의한 방면이며, 전적인 하나님의 사랑과 자비로 강생, 수난, 죽음, 부활을 통해 성취하신 하나님의 선물이다. 구원골1:13은 주관적 체험으로 '생명'에 의한 방면이며 대적으로부터의 해방, 보호, 죄로부터의 구속, 영생, 그리고 성화의 과정이다. 또한 구원에는 치유, 건강, 염려로부터의 해방 그리고 평안이라는 의미도 포함된다.

- **Christendom_크리스텐둠** : 기독교국가(체제)나 기독교왕국으로 옮기기도 하지만, 이 책에서는 크리스텐둠으로 적는다..

- **Baptism_뱁티즘, 침례, Anabaptist_아나뱁티스트** : Baptism/Baptist와 Anabaptist를 각각 '뱁티즘/침례'와 '아나뱁티스트'로 표기하였다. 이는 역사적 아나뱁티스트들이 강조한 그리스도인의 중생과 신실한 제자도를 표현하는 점에서 우리말 '침례'의 의미가 더 적절하기 때문이다.

만일 누군가가
요더를 피해갈 수 있다면,
그는 무심한 사람이다.
뻔뻔한 사람이거나…
대장간 편집부

존 하워드 요더 John Howard Yoder

1927. 12. 29~1997. 12. 30

Original published in English under the title ;
The WAR of the LAMB : *The Ethics of Nonviolence and Peacemaking*
published by Brazos a division of Baker Publishing Group
Grand Rapids, Michigan, 49516, USA
All rights reserved.

Used and translated by the permission of Baker Publishing Group.
Korean Edition Copyright ⓒ 2012 Daejanggan Publisher. in Daejeon, South Korea.

요더 총서 **5**
어린 양의 전쟁

지은이   존 하워드 요더 John H. Yoder
옮긴이   서일원
초판발행   2012년 10월 12일

펴낸이   배용하
책임편집   배용하
교열/교정   김영명, 이승은, 이준용
등록   제364-2008-000013호
펴낸곳   도서출판 대장간
    www.daejanggan.org
    대전광역시 동구 삼성동 285-16
    전화 (042) 673-7424 전송 (042) 623-1424

ISBN   978-89-7071-272-7

 값 18,000원

어린 양의 전쟁

비폭력과 평화사역의 윤리

존 하워드 요더 지음

서 일 원 옮김

The WAR of the LAMB

The Ethics of Nonviolence and Peacemaking

John Howard Yoder

차례

제3부 효율적 평화만들기의 실천사항들
: 폭력에 대해 적극적 대안을 제안하는 사례

한국교회 내에서 평화에 대한 이야기는 에큐메니컬 모임에서는 중요한 주제이지만 복음주의권에서 비중 있게 다뤄지지 않았던 주제입니다. 평화에 대한 오해와 무지는 오랫동안 자유로운 토론을 막아왔습니다. 더구나 교회가 대형화되어가는 현대 한국의 상황 안에서 평화라는 주제는 사람들의 이목을 끌지 못했습니다. 오히려 국가 정책에 순응해 나가는 교회의 모습이 더 강조됐습니다.

이제 사람들은 더는 교회에 기대하지 않게 되었습니다. 교회는 이에 대한 대안으로 자신을 성찰하고 복음의 본질로 돌아서기보다는 더욱더 양적 성장에 매진했고, 믿음을 현실과 동떨어진 이원론적 사고로 보게 하는 결과를 낳았습니다. 반면 일부 목회자들은 많은 영광과 명예를 누리면서 이것을 믿음의 산 증거라고 말하기도 합니다.

이러한 시점에 복음의 진정성을 향한 진지한 탐구가 한 권의 책으로 나왔습니다. 숫자의 공상에서 벗어나 바른 복음의 본질을 직시할 수 있도록 이끌어줄 귀한 책입니다. 이 책은 오늘날에도 여전히 존재하는 콘스탄틴주의의 산물 속에서 우리가 어떻게 예수 그리스도의 십자가 정신을 회복하며 실천해 나갈 것인지를 역사적 근거들을 바탕으로 논증을 펼쳐나갑니다.

요더는 복음으로 살아가야 하는 우리가 다른 길로 들어서서는 안 된다고 말합니다. 고린도교회를 향한 사도 바울의 외침을 오늘날 우리에게 다시 들려주고 있습니다. 현대의 그리스도인들이 세상의 틀 속에 자리 잡고 사는 것에 상당히 익숙하다는 점을 꼬집으면서 복음으로 사는 길이 평화를 추구하는 길이요, 자기의 희생을 각오하며 순례의 길을 가는 것이요, 교회가 이 시대의 대안공동체로서의 역할을 감당하는 길이라는 점을 제시해 주고 있습니다.

이 책의 앞부분에 나오는 서론에서는 『하나님의 통치와 예수 따름의 윤리』*Kingdom Ethics*(대장간 역간)라는 대작을 쓴 글렌 H. 스타센이 이 책을 잘 분석하여 설명해 주고 있습니다. 요더의 논점을 배경 설명과 곁들여서 이해하기 쉽도록 제시해 주고 있습니다. 나의 요더에 대한 이해는 충분하지 않습니다. 독자들이 이 책을 이해하는 데 스타센의 글에서 많은 도움을 얻기를 바랍니다. 나는 옮긴이의 글을 빌어 각 장을 간략히 정리해 보고자 합니다. 이 책을 번역하면서 나에게 도전을 주었던 부분들, 그리고 거기서 느낀 점들을 피력하고자 합니다.

요더는 라인홀드 니버가 주장하는 폭력의 유형론에 반대하여 비폭력의 효율성을 주장한다. 라인홀드 니버는 그리스도인의 윤리가 그리스도인으로서 복음 증거에 타당한가를 기준으로 삼지 않았다. 그는 국가 정책에 타당한 것을 그리스도인의 윤리 기준으로 삼았다. 그러다 보니 폭력이라는 실제를 국가 정책을 이루기 위한 수단으로 사용하는 데에 전혀 거리끼지 않는다. 이러한 니버의 관점을 요더는 현대에 등장한 두 왕국 이원론에 지나지 않는다고 본다. 오히려 요더의 윤리적 판단기준은 그리스도인의 윤리가 예수 그리스도가 보여준 복음에 충실한지 그렇지 않은지에 달렸다. 어느덧 예수 그리스도의 복음을 떠난 우리에게 참된 기준점이 무엇이 되어야 하는지를 보여준다. 세상의 안녕과 유지라는 '또 다른 복음'에 사로잡혀 있었던 우리들의 관점을 새롭게 볼 수 있도록 한다. 그런 점에서 『어린양의 전쟁』에 나오는 요더의 주장은 곧 라인홀드 니버의 생각에 젖어 사는 우리들의 '안일함'에 대한 반박이다.^{서론}

폭력에 관한 이론들은 과거 있음 직한 진리를 들추어내는 것에 불과할 뿐 폭력을 통해 드러나는 하나님의 주권적 개입을 드러내기에는 역부족이다. 폭력에 대한 이론이 답해주는 것은 보복의 순환구조를 끊으려면 희생제물이 필요하다는 것뿐이다. 하지만, 요더는 하나님의 지혜, 십자가의 겸손이 필요함을 역설한다. 타락은 오히려 역사 속으로 야훼의 개입을 불러왔다고 말한다. 그리고 십자가의 승리가 인간을 폭력으로부터 구원해 주는 것임을 알 때에 비로소 폭력에 대한 지금까지의 논의를 재고하고 갱신할 수 있다고 한다. 나아가 폭력에 대한 논의는 단순한 설명으로 그치는 것이 아니라, 하나님의 화해 이야기 속으로 우리가 참여할 수 있어야 한다. 그렇지 않으면 우리는 더 조직화한 폭력을 사회적으로 정당화하는 오류에 빠지게 될 것이다.^{1장}

복음서의 원리를 따라 비폭력을 주장했던 많은 인물이 있다. 왈도파 교도들을 이어받은 15세기 체코 종교개혁은 뚜렷한 역사적 자취를 간직하고 있다. 프라하의 누가와 존 후스, 보헤미안 형제단은 주목해서 보아야 할 이들이다. 이들은 예수의 가르침을 규범적인 도덕적 가르침으로 전락시키지 않는다. 페트르 헬치츠키 같은 인물은 교회와 국가가 결합하는 것을 콘스탄틴주의의 잘못을 반복하는 것으로 보았다. 이들을 통해 우리는 참된 그리스도의 운동만이 콘스탄틴적 실수에서 벗어날 수 있다는 것을 보여준다. 이후 취리히의 급진주의자들, 1640년대의 조지 폭스, 알렉산더 캠벨, 윌리엄 부스 그리고 우찌무라 간조 등은 하나님은 인간의 역사 안에서 활동하시는 분임을 분명히 증거했다.2장

톨스토이의 이야기에 등장하는 회심은 우리에게 한 가지 분명한 사실을 가르쳐 준다. 그것은 역사는 고난받는 사람들에 의하여 만들어진다는 것이다. 간디와 마틴 루터 킹, 이 두 사람은 도덕성과 실용성이라는 두 개의 범주를 자신들만의 특별한 경험과 상황 속에 대입하여 비폭력적 대안을 창출해 냈다. 톨스토이, 간디 그리고 킹은 희망과 성육신이 우주의 주권자이신 야훼를 통하여 인간의 역사 속에 개입된 실체를 증명한 사람들이다.3장

구약성서에 등장하는 거룩한 전쟁은 곧 야훼의 전쟁이었다. 이 전쟁은 고대 이스라엘 왕조의 설립과 함께 중단된다. 다윗 왕조의

등장은 전쟁의 성격에 변화를 가져왔다. 야훼의 전쟁에 등장하는 수사적이거나 제의적 의식은 사라지고, 전쟁을 수행하는 인간 군대의 조직과 규율이 강조된 것이다. 하지만, 야훼는 자신의 전쟁을 포기하지 않는다. 예수를 통해 일어난 팔레스틴에서의 구원 사건은 야훼 전쟁이 끝나지 않았음을 보여준다. 예수의 구원 사건을 통하여 하나님의 나라는 여전히 선포된다. 하지만, 인간의 역사 안에는 유대인들에게 일어났던 이산과 종말이 진행되고 있다. 요더는 말하기를 "우리의 고난 받음은 하나님의 섭리에 의하여 사건을 통제하는 구조틀 안에 있다. 하나님이 고난의 일들이 일어나도록 하셨기 때문에, 우리는 고난 받는 것들을 막으려고 무기를 들어서는 안 될 것이다"4장

예수는 율법에 담긴 참된 정신을 실현했다. 이것이 급진적이다. 열심당을 좇아 살아가는 것이 급진적이 아니라 하나님의 뜻을 좇아 실천하는 삶이 이 세상 속에서 더 급진적이다. 그래서 우리 또한 예수를 따르는 것을 단순히 흉내 내는 차원을 넘어서야 한다. 예수 운동에 참여해야 한다. 이러한 순종과 복종을 통해 그리스도교가 국가 종교로 전락하지 않을 수 있으며, 우리 시대의 우주론을 장악한 "정사와 권세들"을 극복해 낼 수 있다. 우리 시대의 우주론은 라인홀드 니버의 유형론, 수적 성장, 광적 이원론적 의식 등이다. 우리는 순종과 복종 그리고 참여를 통하여 인간의 존엄에 대한 실천을 진심으로 '작동' 시킬 수 있다.5장

로마 가톨릭 문서 『평화의 도전』은 우리에게 '마지막 의지 수단'
은 무엇이 되어야 하는지에 대한 바른 답을 주지 못했다. 비폭력이
단순한 상보적 관계에만 머물려서는 안 된다. 단순한 이데올로기적
교정만으로도 부족하다. 비폭력적 행동 이론은 상황에 대한 경험상
의 해석과 실천의 가능성에 바탕을 두어야 한다.6장

에큐메니컬 운동은 비폭력과 관련하여 목적을 달성하지 못했다.
에큐메니컬 대화에서 중요한 것은 객관적 공론화를 이루는 것이다.
그리고 대화나 기준을 특정 계층만의 차지가 되어서는 안 된다. 우
리가 이것을 단기간에는 파악할 수 없을지 몰라도 장기적 안목을 가
지고 공론화시켜 방향을 바꾸어 나가야 한다.7장

정통 교리와 상충하는 경우, 실용성, 윤리, 그리고 영성이라는 면
을 통해 다시 한번 대화를 재고해 나가야 한다.8장 정당한 전쟁론자
들은 종종 그리스도인의 회심과 공동체의 경험을 중시하지 못한다.
그리스도인의 회심과 공동체의 경험은 기독교 평화주의를 이끌어내
는 연결점이 될 수 있다.9장

갈등 연구에서 통상적 역사 편집 방법과 다른 근본적 역사 편집
방법은 인간 공동체의 수준은 폭력을 제한하는 방법에 따라 달라질
수 있다. 이것은 인간의 창조적 존엄성은 폭력과 다른 차원이라는
점을 알려준다. 고대 폭력의 순환구조 속에 등장하는 갈등 해결의

방법이 여전히 현대까지 이어져 오고 사람들은 여전히 희생양을 요구하지만, 어쩔 수 없는 일이라 치부하며 창조적 존엄성까지 포기해서는 안 된다. 이 일을 위해 우리가 다음과 같은 사항들에 주의를 기울여야 한다: 공동체 구조의 성장, 합의된 가치, 삶의 형태, 참여 문학과 축하 의식을 통한 양식, 특정한 이야기들, 고백적 자기 정체성 등. 만일 우리가 이런 사항들에 관심을 기울이지 않는다면 마지막 수단으로 폭력을 사용할 수밖에 없게 된다. 위의 사항들은 우리 사회 안에서 일어나는 갈등들을 해결의 방안으로 이끄는 중간 역할을 해 줄 수 있다. 이러한 사항들은 많은 시간이 필요하며 상대에 대한 존중을 필요조건으로 한다. 즉 대안적 이론들이라는 것이 이러한 사항들을 포함해야 할 것이다.10장

위의 사항들을 총괄하는 하나님의 방법은 성육신이다. 성육신이 가진 힘을 간과해서는 안 된다. 오늘날의 사회는 기존의 체계를 뛰어넘어 새로운 변혁을 이끌어 올 원천이 없다. 기준도, 관점도, 힘도 없다. 이것을 회복하는 길은 성육신을 통한 언약의 회복에 달렸다. 복음은 폭력 시행의 명령에 제재를 가할 수 있다.11장

우리는 16세기 역사적 사건을 단순히 우리의 존재감을 확인하는 유물로만 남겨두어서는 안 된다. 자신을 성찰하며 존중하는 길로 이끌어야 한다. 종의 삶이 예수의 방식이었고, 약함, 죽음이 아나뱁티스트의 방식이었듯이, 자신을 성찰할 수 있는 방식을 통하여 하나님

의 사랑을 대변할 수 있을 때 우리는 나와 '그'의 존중을 이끌어 낼 수 있다. 16세기 아나뱁티스트는 오늘날 우리에게도 구체적이고 생산적 대안을 보여준다.12장

사람들은 자신들에게 맞는 것을 '자유'라고 부른다. 그러나 우리의 자유는 그런 것이 아니다. 상대에 대한 존엄성이 없는 자유는 또 다른 폐해를 낳을 뿐이다.13장

하나님의 형상 이면에 놓여 있는 것은 자신을 버리는 희생적 사랑이다. 청중은 예수를 이해하도록 부름 받은 것이 아니라 예수를 따르도록 요청받았다. 많은 역사상의 인물들의 경우, 이상주의자로서가 아니라 예수의 형상을 따라 살던 제자들에게 배움은 곧 실천을 의미하는 것이었다.14장

'두세 사람의 증인'으로 서 계시는 예수는 오늘도 우리의 길을 대변하신다. 실패는 결코 복음과 동떨어졌다는 것이 아니다. 이것은 실용적 신학에 매도당한 결과일 뿐이다. 주류 사회가 가져다준 허상일 뿐이다. 우리는 나름의 원천을 가지고 있다. 그것은 바로 상처받음과 사랑의 수고이다.15장

이 책에서 비폭력은 하나님의 용서와 연관됩니다. 원수에게 복수하는 대신 용서를 베푸는 것이 바로 십자가가 보여주는 하나님의 계시입

니다. 콘스탄틴주의는 폭력을 통한 변화를 추구합니다. 하지만, 십자가
는 비폭력을 통한 혁명을 이루어 갑니다. 십자가의 사랑과 용서를 체험
한 우리는 공동체의 삶을 통하여 예수가 주님이라는 것을 말과 삶으로
증언해야 합니다. 이것이 복음으로 말미암아 살아가는 사람들의 길입
니다.

　요더의 주장을 자세히 들여다보면서, 우리는 콘스탄틴주의의 실수
를 알고 거기에서 벗어나려고 해야 합니다. 어찌 보면 기독교가 또 하
나의 세력단체가 된 한국의 상황 속에서, 어떤 것이 진정한 크리스텐둠
기독교국가을 향한 실천이 될 수 있을지를 자문해 보게 됩니다. 후기 크리
스텐둠은 탈 기독교가 아니라, 탈 복음이 아니라, 교회가 대안공동체로
서 새로운 실천 과제를 제시하고 영향을 줌으로써 예수 그리스도의 복
음이 '작동' 되도록 하는 것입니다. 이런 점에서 서론을 쓴 글렌 H. 스
타센의 다음과 같은 지적은 옳습니다.

> "요더의 전체 삶은 자유로운 토론의 회복, 학술적 논의의 참여, 그리
> 고 지배적인–아이비리그Ivy League 같은–주류 토론자들이 참여하지
> 못하도록 강제하는 것에서 젊은 메노나이트들과 다른 사람들을 방
> 어하는 것이었다. 『어린 양의 전쟁』은 이제 일반적으로 알려진 것을
> 뛰어넘어 평화와 전쟁에 대한 요더의 공적 윤리를 발전시킨다."

　그렇다면, 대안공동체로서의 교회가 역사 속에서 주목해야 하는 점
들은 무엇이겠습니까? 무엇을 기준으로 삼아야 하겠습니까? 요더는

우리의 생각이나 경험이 아니라 역사 속에서 실재하는 하나님의 주권을 판단 기준으로 삼으라고 요구합니다. 그것은 예수 그리스도 안에서 계시되어진 것입니다. 오랜 시간을 통하여 많은 역사적 인물들이 삶을 통해 증언해 온 것입니다. 바로 '구속적 고통', '비폭력적 대면', 그리고 '구원의 행동들에 참여하는 것' 입니다. 이것은 콘스탄틴주의의 위협에도 불구하고 매우 어려운 역사 속에서 중단되지 않고 면면히 흘러온 것입니다.

구약성서에 등장하는 예레미야 예언자 시기의 유대인들을 포함하여 기독교의 초기 교부 성 어거스틴에서부터 중세 체코 형제회의 헬치츠키를 거쳐 톨스토이, 마틴 루터 킹, 간디에게까지 이르렀습니다. 이들은 지배계층의 왕권 의식, 카이사르의 전쟁, 콘스탄틴주의 안에 놓여 있는 폭력의 실체를 발견했고 이것으로부터 교회의 자유를 지켜나가려고 했습니다. 요더는 우리 그리스도인이 이들의 폭력 안에 파묻히지 말고 역사를 이끌어나가시는 하나님의 주권을 올바로 볼 수 있도록 이끌어 줍니다. 우리는 요더를 통해 순종과 복종, 참여, 그리고 콘스탄틴주의적 영화에 대한 거부를 그리스도 제자의 지표로 다시금 부각시켜야 할 과제를 안은 사람들입니다.

이 책을 번역하는 일은 나에게 큰 영광이었습니다. 요더가 쓴 책 중에서 『예수의 정치학』과 『제자도』 두 권의 책만 읽은 나에게 이 책은 요더의 중심 주제를 접할 수 있도록 해 주었습니다. 나 자신의 신앙을 성찰해 볼 기회였습니다. 먼저 나에게 번역을 제안해 주신 로고스 서원의 김기현 목사님께 감사드립니다. 부족한 사람을 믿어주시고 큰일을 맡겨주셨습니다. 또한, 도서출판 대장간 배용하 대표님께 감사드립니다. 많은 시간을 인내하며 기다려 주시고 나의 형편을 이해해 주신 점 지면을 통해 감사를 드립니다. 교정으로 수고해준 편집부 직원분들께도 감사드립니다. 이 분들의 노고가 아니었다면 이 책은 출간되지 못했을 것입니다. 끝으로 먼 타국에서 함께 이 작업을 지켜봐 준 아내 조정선과 사랑하는 아들 동인, 우진에게 지면을 빌어 고마움을 전합니다. 부디 이 책을 통해 한국교회와 사회 안에 비폭력에 대한 논의와 실천이 새롭게 일어나기를 바랍니다. 감사합니다.

서 일 원

예수는 분파주의자sectarian가 아니다

존 하워드 요더의 기독론적 화해의 윤리학

글렌 H. 스타센

『어린 양의 전쟁』이라는 책은 독자들에게 신선한 충격을 선사한다. 존 하워드 요더John Howard Yoder에 대한 독자들의 기본적 이해가 메노나이트 교단이나 그에 관한 기존의 고정관념에 머물러 있기 때문에, 요더는 1997년, 갑자기 사망하기 전에 이 책을 그 스스로 계획했다. 요더가 쓴 상당수의 에세이뿐만 아니라 전체 저서의 틀에서 보아도, 이 책은 요더 자신의 의도를 분명히 보여주며, 또한 요더 사상 발전의 진정한 소산물이다. 물론 이러한 발전의 소산을 가리키는 징후들이 그의 초기 출판물들에서 발견된다. 요더는 날카로울 정도로 논리적이고 또 논리적 일관성이 있다. 그러나 여러 가지 방법을 통하여 나타난 그의 사상은 많은 사람으로 하여금 존 하워드 요더와 관련짓는 것 이상으로 발전되어 나타난다.

효율성의 기초에 대한 논증

　요더는 효율성보다는 충실함의 윤리를 위해 논증해온 것으로 잘 알려졌다.[1] 그러나 이 책에서 요더는 톨스토이, 간디, 그리고 마틴 루터 킹이 어떻게 "우주론적으로 회심" 했는지 묘사한다. 그들은 각각 하나님을 우주의 통치자로 보았다. 그러므로 그들은 하나님의 통치에 발맞추어 충성스럽게 행동하는 것이 무엇보다 더 효과적일 것이라고 믿었다. 요더는 이에 동의했다. 요더 자신은 그리스도의 주권에 대해 우주론적이고 종말론적 믿음이 있었다. 요더 자신의 믿음은 그리스도 중심적 메노나이트 신앙의 가르침에 기초를 두고, 칼 바르트와 오스카 쿨만과 함께했던 박사과정 공부를 통해 더욱 강화되었다. 요더는 '우주의 통치자이신 하나님' 이라는 주제를 알았고, 그것이 요더 자신의 신앙의 중심 주제였기에 톨스토이와 마틴 루터 킹을 통해 이 주제를 강조했다. 또한, 요더는 간디에게서도 비슷한 무엇인가를 보았다. 요더는 이 책에서 다음과 같이 쓰고 있다.

> "수단은 변화 과정 중에 있는 결과다"라고 말하는 것은 우주론적이거나 종말론적 진술이다. 그것은 우주cosmos;분간할 수 있는 어떤 종류의 도덕적 원인/결과의 결합이 깃든 세계를 전제로 한다. 심지어 내세가 윤리적 책임성을 만들어 내는 것이 필요하다는 칸트와는 달리, 이러한 관점은 역사와 긴밀하게 관련되어 있음을 주장한다. 이런 주장이 맞다면, 사람은 어떤 의미에서 고난이 구속redemption적이라거나 또는 (킹이 말한 것처럼) "우주universe 안에는 정의를 위해 드러난 그 무엇이 있다"는 것을 믿어야만 한다. 간디에게 우주의 승인자validator는, 환생 reincarnation의 개념에 의하여 문자적으로나 적어도 상징적으로 대표

---

[1] 존 H. 요더, 『예수의 정치학』(IVP), 12장, "어린 양의 전쟁."

된 존재의 거대한 순환고리였다. 킹에게 우주의 승인자는 그의 백성을 이집트에서 이끌고 나온 모세의 비전, 여리고에서 싸우는 여호수아의 비전, 산의 정상에서 볼 수 있는 약속의 땅에 대한 비전, 하늘이 열린 것을 볼 수 있는 골고다 십자가의 비전이자 흑인 침례교인의 비전이었다. 킹은 또한 그 비전을 아메리칸 드림의 용어로, 공화국 선조들의 휴머니즘의 용어로, 심지어 케네디 가문의 연방 정치 용어로 말했다.2)

킹에 관하여 말하자면, "사랑은 세상에서 가장 지속적인 능력이다" 또는 "우주universe에는 정의를 드러내는 그 무엇이 있다"라는 말은, 순교가 사회적 힘으로 작용한 방법에 대한 분명한 통찰력을 주장하는 것은 아니다. 비록 순교가 종종 사회적 힘으로 작용했지만 말이다. 순교는 그리스도인들이 우주적 근원ground에 근거하여 이해한 그리스도에 대한 (또는 보편적 사랑이나 **무저항 불복종 운동**에 대한) 그들의 충성으로 만들어진 고백이거나 케리그마적인kerygma, 기독교에서 자기에게 위탁한 메시지를 권위 있게 선포하는 것-편집자주 진술이다. 순교는 예측할 수 있는 단기적 방법으로 "작동"되기 때문에, (비록 자주 그렇지만) 그러한 고난 받는 사랑이 옳은 것만은 아니다. 하지만, 그 사랑은 어느 정도 우주와 같이 행동하는 것이기 때문에 옳다. 그리고 **장기적 측면에서 보면** 예측할 수 없기 때문에 작동되는 것은 그다지 눈에 띄지 않는다.3)

만약 당신이 폭력을 거부하는 것이 우주적으로 기초된 것이라면, 마치 톨스토이, 간디, 킹의 경우와 같이예를 들어, 폭력을 거부하는 타당성이 실

2) 이 책 3장 "희망의 정치적 의미"를 볼 것.
3) 같은 책.

용적이지 않다면 그런 종류의 실천의 영향력은 사실 더 효율성이 클 것이다. 우주적 존재가 그들과 함께한다는 것을 믿는 자들에게는, 희생을 당하는 가운데 인내와 낙심 중에도 창조성이 최고로 발휘된다.4)

요더는 여기서 비폭력 행위가 일반적으로 폭력 행위보다 더 효율적이라는 여러 개의 논의를 만든다. 게다가 그는 비교 우위의 효율성comparative effectiveness을 평가하는, 정확하고 균형 잡힌 방법들을 찾고자 통찰력 있게 논증한다. 그는 효율성을 포기하지 않고 있다. 다시 말해서, 요더는 효율성을 확실히 신학적이고 종말론적 윤리학 안에서, 적당히 그러나 제한적 장소로 되돌리고 있다.

요더는 『예수의 정치학』 마지막 장에서 효율성을 넘어서 충실함을 논의하는데, 여기서의 논의가 '사회참여에서 후퇴하는 요구' 라고 생각한 몇몇 독자들을 불안하게 했다고 쓴다. 그것은 "동시대 사람들에게 위협적이었다. 왜냐하면, 그것은 일부 사람에게 우리 시대와 마찬가지로 다른 시대와 상황 속에서도, 사회참여에서 후퇴가 요구된다는 취지의 논의를 합법화하는 것처럼 보였기 때문이다. "나의 다른 책들이 분명하게 보여주는 것처럼, 사실 그런 것은 아니었지만, 독자들이 그렇게 생각했던 것은 흥미롭다"라고 요더는 쓴다.5)

사회적으로 평화주의를 무시하는 라인홀드 니버를 반박하기

라인홀드 니버는 비폭력을 하찮은 것으로 만든다. 그는 비폭력은 효율성에 대하여 책임을 지지 않는 이상주의라고 말한다. 그는 다음과 같

---

4) 같은 책.
5) 3장 "희망의 정치적 의미," 또한 2장 "복음 갱신과 비폭력의 근원들"에서도 언급됨.

이 쓴다. "자유주의 개신교가 정치적이고 경제적 삶의 강압적 성격을 분간하는 데 실패했다. 강압적 방법을 사용하기를 거부한다는 것은, 모든 사람이 항상 그런 방법을 사용하고 있다는 것을 우리가 인정하지 않는다는 것을 의미한다. 우리가 모두 정치·경제적으로 다양한 억압의 형태forms를 사용함으로써, 부분적으로는 결속을 유지하면서, 정치·경제 질서 안에서 살아가고, 강압적 방법을 통해 유익을 얻거나 고통을 당한다."6) 니버는 (종종 다음과 같이 서로 다른 범주들을 하나의 범주 안으로 끌어들여 생략시키는데) 무력의 사용, 그리고 폭력과 전쟁의 필요에 대한 강압적 방법에서 논의를 시작한다. 그는 "책임 있는" 기독교 윤리는 국가 정책 안에서 무력의 필요를 인지해야만 한다고 논증한다. 국가 정책을 위해서 우리는 실용적이 되어야 하고, 죄, 즉 비극적인 것과 애매모호한 것에 대해 강한 의식을 가질 필요가 있다. 그래서 요더가 지적하는 것처럼, 니버가 기독교 윤리를 적용하는 시험대는 교회 안에서 그리스도인의 복음 증거를 위한 것이 아니라 국가 정책에 타당한 것이다. 반대로, 요더는 비폭력적 증거가, 분파주의적 후퇴의 윤리나 니버에 대항하여 "책임 있는" 정치 참여를 요구할 수 있는 방법임을 보여준다.

니버는 기독교 평화주의를 법률을 존중하는 절대legalistic absolute, 즉 순수한 이타심, 비저항nonresistance, 또는 비폭력같이 절대적으로 이해되는 사랑에 기반을 둔 것으로 본다.7) "종교적 절대주의는 순수한 형태로 묵시적이거나 금욕적이다. 어떤 경우에는, 정치적 책임과 잘 어울리지 않는다. 묵시적인 경우, 예수의 생각에서처럼, 평화주의는 경제적

---

6) 라인홀드 니버, "Why I Leave the F. O. R.," *The Christian Century*, January 3, 1934와 Niebuhr, *Love and Justice*, ed. D. B. Robertson (Louisville: Westminster John Knox, 1957), 254-55.
7) 라인홀드 니버, "Why the Christian Church Is Not Pacifist," in *Christianity and Power Politics* (New York: Scribner, 1952), 8; cf. 10.

부분과 정치적 부분을 서로 존중하는, 뚜렷한 동반자적 관계 속에서, 도래하는 하나님나라의 절대적 요소들타협하지 않는 사랑과 비폭력의 요소들을 지닌다. 그리고 평화주의는 정치에 대하여 책임을 느끼지 않는다"고 가정한다.[8] "완전한 사랑의 규범을 이루려는 노력은 정치적 임무를 거부하고 사회 정의를 위한 모든 책임을 개인에게서 없애줌으로써 비로소 완수할 수 있다는 것을 알았다."[9] 그러나 도덕적 절대 요소들은 공공 정책의 유용한 실용주의 안에서는 있을 자리가 없다. 니버는 다음과 같이 말한다. "우리는 모든 것이 실용주의적 단어들로 최종적으로 결정되어야만 하는 사회적 투쟁의 유동적 상황에서 변하지 않는 절대를 발견할 수 없다."[10] 니버가 논한 절대의 의미들 참고

요더는 니버가 논하는 평화주의의 고정관념을 다음 네 가지 요점으로 분류한다.[11]

1) 기독교 윤리는 교회의 증거를 위한 것이다. 기독교의 윤리적 타당성에 대한 시험은 국가 정책이 기독교 윤리를 채택할 것인지가 아니라, 기독교 윤리가 예수 그리스도의 복음에 충실한지의 여부이다. 우리는 그리스도인 증거의 타당성을 판단 내릴 때, 미국 대통령이 생각하는 불순한 동기들이나, 실용주의적 또는 국가주의적인 계산으로 대통령의 흥미에 부합할 수 없다. 그렇게 하는 것은 기독교 윤리를 크리스텐둠을 위한 종군 신부chaplain로 만들어버렸던 콘스탄티누스주의의 실수로 전락한다. 우리가 사는 후기-크리스텐둠post-

---

8) 라인홀드 니버, "Pacifism Against the Wall," *The American Scholar* (Spring 1936), in Love and Justice, 261.
9) Niebuhr, "Why the Christian Church Is Not Pacifist," 4–5.
10) Niebuhr, "Pacifism Against the Wall," 257.
11) 요더의 더 포괄적이고 니버에 상반되는 반응의 논의를 위해 다음을 참고하라. *Christian Attitudes to War, Peace, and Revolution*, ed. Theodore J. Koontz and Andy Alexis–Baker (Grand Rapids: Brazos, 2009), chaps. 18–20.

Christendom의 상황에, 기독교 윤리는 대안공동체로서의 교회 증거를 위한 것이다. 예수 그리스도는 주主이시고 대통령은 주主가 아니다. 마크 T. 네이션Mark Thiessen Nation의 책 『존 하워드 요더』12) 5장에서 문서화했듯이, 요더는 상당한 정도까지 **책임**을 재정의했다. 그것은 권력 구조를 묵인하는 콘스탄티누스주의의 통치에 따라 놀아나는 것을 의미하지 않는다. 그리고 요더가 그의 저서 전체를 통하여 보여 주고, 또 이 책에서 분명히 나타내고 있듯이, 그는 그리스도인들이 평화와 정의를 위한 효과적인 실천의 문제에 관하여 세상을 향해 말하도록 부름 받았다고 분명하게 믿는다.

2) 요더는 국가 정책들과 세속에 물든 교회들에 관해 현실주의 관점을 갖추고 있다. 그는 이 책에서 교회와 국가는 대체로 비폭력에 기초하는 것도 아니고, 정당한 전쟁론에 기초하는 것도 아닌, 국가주의, 국가의 권리 또는 성전聖戰에 기초하여 행동한다고 논증한다.

3) 기독교 평화주의를 위한 규범은 절대적 법칙 또는 절대적 요소–심지어 비폭력적이지도 않은–도 아닌 주 예수 그리스도이다. 예수 그리스도는 절대적 법칙을 선포하지 않는다. 그러나 하나님나라의 비약적 발견들, 성령 안에서의 희망, 그리고 교회가 때때로 복음에 반응할 수 있다고 하는 희망을 선포한다. 에른스트 트뢸치Ernst Troeltsch와 니버를 포함하여 이들의 영향을 받은 윤리학자 대부분은 분파 형태의 교회들이 절대적 준법주의의 형식을 따르는 규범에 의존한다고 주장한다. "분파 형태"에 따라, 그들은 기독교 평화주의자들과 그들 자신을 대안적 공동체세속 사회에 대한 대안로 보는 다른 그리스도인 모임들을 포함시킨다. 그리고 그들은 분파주의자들이 절대적 규칙

---

12) Mark Thiessen Nation, *John Howard Yoder: Mennonite Patience, Evangelical Witness, Catholic Convictions* (Grand Rapids: Eerdmans, 2006).

위에서 자신들의 윤리적 기초를 세운다고 본다. 그래서 사회가 절대적 규범들을 받아들이지 못하면, 그들은 사회 안의 책임 있는 참여에서 멀어지거나 또는 권위주의적 인계에 의하여 사회를 향해 그들의 규범을 강요하려고 한다. 그래서 니버는 "산상수훈에서 표현한 종교적 절대주의"라고 썼다. 이것이 산상수훈에 대한 19세기 이상주의자의 해석이다. 나는 산상수훈이 우리에게 주는 규범을 보여주고자 하는 방향으로 해석을 수정해 왔다. 그러나 그 규범은 법률적 금지가 아니라 은혜에 기반을 둔 실천들, 하나님나라의 비약적 발견들, 변화를 가져오는 발의 등이다.13) 요더에게 규범은 법률적 절대가 아니라 주±로서 예수 그리스도이다.14) 그래서 이는 요더가 『예수의 정치학』에서 훌륭하게 수행한 것처럼, 예수 그리스도의 방법에 관한 방대한 양의 주석을 요구한다. 그리고 그것은 주±로서 예수에 대한 증거가 오늘날 우리와 같은 사회 안에서 의미를 나타내도록 해석학을 요구한다. 예수는 정치에 무관심한 이상주의자가 아니었다. 복음서 이야기의 예수는 "니버가 공격하는 자유주의 낙관론의 예수와는 전혀 다르다"라고 요더는 쓴다. "예수는 또한 더욱더 의식적으로 정치적 인물로서 니버가 기꺼이 인정하는 것보다 예수의 진술, 공적 행동 그리고 형식적인 가르침으로 볼 때, 니버가 논한 책임 윤리와는 다르다. 그러므로 복음서 이야기의 예수는 니버가 평가하지

---

13) 글렌 스타센, *Living the Sermon on the Mount: Practical Hope for Grace and Deliverance* (San Francisco: Jossey-Bass, 2006); Stassen, "The Fourteen Triads of the Sermon on the Mount: Matthew5:21-7:12," Journal of Biblical Literature 122, no. 2 (Summer 2003): 267-308; Stassen, "Concrete Christological Norms for Transformation" in Glen H. Stassen, John H. Yoder, and D. M. Yeager, *Authentic Transformation: A New Vision for Christ and Culture* (Nashville: Abingdon, 1996), 172-73. 이러한 수정을 해나가는 우리의 관심사가, 많은 다른 주제에 관해서도 그런 것처럼, 우리의 친밀한 우정을 키워준 주요한 이유이다.
14) 요더, 『그럼에도 불구하고』*Nevertheless: A Meditation on the Varieties and Shrtcomings of Religious Pacifism* (Scottdale, PA: Herald Press, 1971), 95-96, 123-27.

못한 부수적인 내용을 보여준다."15)

4) 요더는 그의 책 제목이 나타내고 있듯이, 끊임없이 국가를 향한 그리스도인의 증거를 요구한다. 『국가에 대한 기독교의 증언』*Christian Witness to the State*에서 그는 다음과 같이 쓰고 있다. "우리의 목적은 실용적인 것이 아니라 … 그래서 기독론적 고찰에 뿌리를 둔 기독교 평화주의자의 자리가 사회적 질서와 무관하다고 논하는 경우에 정말로 그러한지 분석하는 것이다."16) 우리는 국가가 법률중심주의나 완전주의적 절대를 따를 것이라 기대하지도 않고, 국가가 예수 그리스도의 복음을 이해하고 순종할 거라고 기대하지도 않는다.

요더는 내가 감사하게 생각하는 내 아버지를 포함하여 전적으로 충성스럽게 일한 정치 지도자들의 이름을 언급한다.17) 그는 자신의 방식에 대해서 **분파주의자**라는 명칭을 거부한다.18) 대신 기독교 평화주의자가 역사를 지배하려들지 않는 방법을 의도적으로 옹호한다. 또한, 사회와 정부의 폭력을 감소시키는 데 효율적 평화만들기의 실천사항들을 옹호한다.

그래서 요더는 이 책 『어린 양의 전쟁』에서, 1부는 평화주의, 2부는 정당한 전쟁, 마지막 3부는 효율적인 것으로 입증된 평화만들기 실천사항들을 제안한다. 요더가 이러한 제안을 하는 것은 교회들이 절대the absolute, 편집주—라인홀드 니버가 평화주의를 비판하며 논한 요소, 궁극적으로 산상수훈를 경험한 적이 없다는 것을 의미한다. 만일 교회가 절대를 경험했다면, 정부는 비폭력적으로 되었거나 아니면 우리가 정부와 관련해 말할 것

---

15) 요더, *Christian Attitudes to War, Peace, and Revolution*, 317.
16) 요더, 『국가에 대한 기독교의 증언』 (대장간 역간, 2012).
17) 요더, *Christian Attitudes to War, Peace, and Revolution*, 180-81.
18) 요더, *For the Nations: Essays Public and Evangelical* (Grand Rapids: Eerdmans, 1997), 3-8.

이 없었을 것이기 때문이다. 우리는 정치인들이 덜 폭력적이 되도록 정의만들기justice-making와 전쟁과 폭력을 줄이는 데 효율적 평화만들기 운동에 참가하도록 일깨우는 윤리를 발전시킬 수 있다. 이것이 요더가 이 책 3부에서 말하는 것이다. 요더는 평화주의자들에 대해 "현실 세계"에 대해 할 말이 없도록 완벽을 기하는 절대주의자들이라고 논하는 니버의 주장을 인정하지 않는다.

니버의 논의와 의견들을 아주 공정하고 정확하게 묘사하고자, 그리고 더욱 넓은 논의를 위하여 나는 새로 출판된 요더의 책 『그리스도인들은 전쟁, 평화, 그리고 혁명을 어떻게 대할 것인가』19)를 추천한다. 이 책은 비폭력과 옳다고 인정받는 정당한 전쟁에 대한 에큐메니컬 논의들에 대한 평가뿐만 아니라 많은 교회 전통 속에 나타난 비폭력과 "정당한 전쟁" 이론들에 관한 더 풍부한 역사적 내용을 포함한다. 게다가 이 책은 비폭력 대 전쟁과 혁명의 효율성에 관한 해방신학과 기타 논증들에 대해서도 대략적 윤곽을 잡아준다.

공공 윤리를 위해 논증하가—안으로는 교회에서, 밖으로는 사회에서

요더는 이 책을 계획하면서, 제목을 의도적으로 퀘이커교도의 이해를 가리킨다고 썼다. 그것은 펜실베니아의 대표자인 윌리엄 펜William Penn과 로드아일랜드의 대표자인 로저 윌리엄스Roger Williams가 상징한 것인데, 비폭력은 우리에게 다원주의 사회에서 효율적 공공의 윤리를 소유하고 수행하는 것에서 물러서도록 요구하지 않는다는 것이다. 그리고 비폭력은 약함에 근거를 두지도 않는다. 비폭력은 그리스도의 십자가의 승리the triumph of the Crucified에 근거를 둔다.

"그리스도인 공동체의 경험과 증언에서 나온 더 비평적이고 유망한

---

19) 요더, *Christian Attitudes to War, Peace, and Revolution*.

비전들에 의해 드러난 그리스도인의 위임명령을 (에른스트 트뢸치의 유산에서 니버 형제는) '정치적인 것에 무관심하거나' 또는 '비현실적인' 것으로 적당히 자리매김하는, 진부한 비전으로 사실들을 잘못 해석했다."[20] 간디의 효율성에 대한 관심과 진 샤프Gene Sharp의 비폭력 행동의 효율성에 대한 충실한 연구는 "니버의 이분법을 분쇄했다. 그러한 연구들은 비폭력의 효율성을 주장한다."[21] 여기서 역동적인 하나님의 섭리, 십자가에 달려 죽으신 예수의 부활 승리, 그리고 비폭력의 효율성에 대한 요더의 강조는 우리로 하여금 공적 증언을 하도록 이끈다.

"갈등에 관한 연구"10장 이하는 우리가 국제 관계 속에서 새로운 이론들에 관하여 로버트 요한센Robert Johansen과 같은 정치적인 과학자들의 사회조사와 공격성과 갈등 해결에 대한 인류학, 사회학 그리고 심리학 안에서의 사회조사를 결합시킬 필요가 있다고 논증한다. 그리스도인들은 이러한 사회조사에 대해 물러서거나 무시해서는 안 된다. 진리가 있다는 것을 믿고 사회조사를 우리의 사고, 이론 그리고 신학적 윤리 속으로 결합시켜야 한다.

존 하워드 요더와 내가 『진정한 변혁: 그리스도와 문화의 새로운 비전』Authentic Transformation: A New Vision of Christ and Culture을 함께 기획하고 있을 때, 나는 우리가 개정한 그리스도와 문화 사이의 관계의 유형론을 제안함으로써 결론 내리기 원했다. 나는 우리가 어떻게 리차드 니버H. R. Niebuhr의 유형론을 더욱더 나은 유형론으로 고쳤는지 독자들이 마음속에 떠올릴 수 있기를 원했다. 그러나 요더는 어떻게 니버의 유형론이 메노나이트 대학생들에게 그들 자신의 전통–대안적 유형론

---

20) 요더, *The Priestly Kingdom: Social Ethics as Gospel* (South Bend, IN: University of Notre Dame: 1984), 180–81.
21) 7장 "평화교회와 주류 기독교 사이의 변화하는 대화" 이하 참조.

조차 포함하기를 거절한-과 평화주의를 버릴 것을 이해시키는 데 이용되는가를 알아보는 데 스스로 상당히 성실한 수고를 아끼지 않았다.[22] 그리고 나의 주장에 대해 "타협하지 말자…"며 요더는 즉시 얼굴을 붉히며 화를 냈다. 나는 언제나 논리적이었던 존 하워드 요더가 그처럼 극도로 감정에 북받친 경우를 절대 본 적이 없었다. 나는 즉시 그가 생각하는 바를 알았는데, 그의 생각은 메노나이트에 대한 고정관념을 갖고 있는 니버주의자들은 사회 문제에 대한 책임 있는 참여를 회피하고 있다는 것이다. 우리가 적어도 예수의 방법을 **회피하는** 교회들에게 방법의 유형론을 제공해야 한다는 것을 의도했다고 나는 급하게 설명했다. 우리는 유혹을 불성실과 같은 것으로 여기는 것에 타협해서는 안 된다. 요더는 즉시 나의 말을 수용했고 감정에 북받친 그의 얼굴은 진정됐다. 그 결과가 회피 방법의 유형론을 설명한 『진정한 변혁』Authentic Transformation에서 마지막 장이다. 책을 마치면서, 요더는 나와 공동 저자인 다이안 이거Dianne Yeager에게 다음과 같이 말했다. "나는 글렌 스타센이 마지막 장을 자유롭게 집필할 수 있어서 매우 기쁘다."

이런 일에서 볼 수 있듯이, 요더는 퇴보의 윤리를 옹호하는 것으로 이해되는 것을 강력하게 반대했다. 그는 온 세상의 창조물과 개인뿐만 아니라 교회에 대한 그리스도의 주되심을 윤리적 신앙으로 발전시키는 막중한 임무를 맡았다. 요더는 그리스도의 주권에 관한 주제들, 모든 그리스도인을 위한 예수의 방법에 관한 기준normativity, 그리고 평화로운 교회에 있는 그리스도인들뿐만 아니라 그의 책 『국가에 대한 기독교의 증언』, 『예수의 정치학』, 『하나님 나라의 제사장』Priestly Kingdom, 『교회, 그 몸의 정치』Body Politics, 『열방을 향하여』For the Nations, 『어린양의 전쟁』 등 모든 것을 통하여 풍부한thick 기독교의 규범적 언어뿐만

---

22) Stassen, Yoder, and Yeager, *Authentic Transformation*, 82에 나오는 설명을 보라.

아니라, 가볍고thin 세속적 언어로 표현된 공공의 윤리를 포함하여 다원주의 사회의 증언에 주목하게 한다. 이 증언은 우리의 윤리가 깊이 있는thick 특별한 공동체 안에 근거를 두고 있고, 또한 다원주의 사회 속에서 광범위하게 나누어지는 얄팍한thin 이해에 표현된다는 마이클 왈처Michael Walzer의 논의와 비슷하다.23)

요더는 이런 공공의 윤리를 적어도 여섯 권의 각각의 다른 책에서 언급한다. 그래서 요더가 논하는 공공의 윤리가 일부 해석자들에 의해서 간과된 채 지나쳐 버리기도 하지만, 그럼에도 그것은 부차적 주제가 아니다. 우리는 어떤 언어가 우리의 증언을 소통하는 데 유용한지, 먼저 변혁되어야 할 것이 어떤 것인지, 그리고 어떤 것이 단호하게 거절되어야만 하는지를 명확하게 표명하고자, 다원주의 사회의 언어를 말해야 한다. 우리가 정사와 권세의 부정한 이데올로기를 지지하도록 만드는 것에 대항하는 항체들을 개발하려면, 사회의 언어들을 이해하고 평가할 필요가 있다.24) 요더는 자신이 주류 교회 전통이 칭찬해줄 만할—그래서 가치를 떨어뜨린다—특별한 아나뱁티스트의 증언을 제공하는 것처럼 비춰지는 것을 싫어했다. 왜냐하면, 이것은 사회 안에 공공의 윤리가 부족한 것으로 잘못 해석되었기 때문이다. 요더는 모든 창조물 안에 있는 모든 그리스도인을 위해서, 그리고 모든 창조물 안에 있는 모든 사람과 정사와 권세를 위해서 '그리스도의 주되심'에 대해 썼다. 이런 점에서 요더는 디트리히 본회퍼Dietrich Bonhoeffer를 닮았다.

요더가 처음 썼던 두 개의 책은 독일어로 썼다가 『스위스 아나뱁티스트와 종교개혁』Anabaptism and Reformation in Switzerland이라는 제목으

---

23) Michael Walzer, *Thick and Thin: Moral Argument at Home and Abroad* (Notre Dame, IN: University of Notre Dame Press, 1994); 그리고 Walzer, *Interpretation and Social Criticism*(Cambridge, MA: Harvard University Press, 1987).
24) Stassen, Yoder, and Yeager, *Authentic Transformation*, 67-71.

로 번역되었는데, 요더는 아나뱁티스트가 퇴보하지 않았다고 논증한다. 그들은 츠빙글리파 사람들과 칼빈주의 개혁자들과 대략 서른 가지 정도의 논쟁과 토론에 참여했다. 그리고 그들은 그 대화를 계속하기 원했다.25) 논쟁에서 물러선 사람들은 관료적 종교개혁가들이었다. 아나뱁티스트들이 토론에 참여하지 못하고 사회에 속하지 못하도록 압력을 가하고자 국가의 권력에 호소한 사람들은 관료적 종교개혁가들이었다. 요더의 전체 삶은 자유로운 토론의 회복, 학술적 논의의 참여, 그리고 지배적인아이비리그 같은 주류 토론자들이 참여하지 못하도록 강제하는 것에서 젊은 메노나이트들과 다른 사람들을 방어하는 것이었다. 『어린 양의 전쟁』은 이제 일반적으로 알려진 것을 뛰어넘어 평화와 전쟁에 대한 요더의 공공의 윤리를 발전시킨다.

교회는 혁신innivation을 모델화함으로써, 교회 공동체 내부에서 그들 자신의 충성스러운 실천을 통해 공적으로 증언할 수 있다. 교회는 고아원, 병원, 대학 그리고 농업 관련 업무들과 다른 형태의 봉사를 실천하면서 행동을 취해 왔다. 국가들은 이것을 알고 있다. 교회 실천사항들은 국가 정책에서 혁신을 자극했다.

마크 T. 네이션은 요더의 "메시아적 공동체"26)에 대해 다음과 같이 쓰고 있다.

무엇보다도, 우리의 인생은 "서로 가르치고, 용서하고, 서로 짐을 짊

---

25) 요더, *Anabaptism and Reformation in Switzerland: An Historical and Theological Analysis of the Dialogues Between Anabaptists and Reformers*, trans. David Carl Stassen and C. Arnold Snyder (Kitchener, ON: Pandora Press, 2004).

26) Mark Thiessen Nation, "The Politics of Yoder Regarding *The Politics of Jesus*: Recovering the Implicit in Yoder's Holistic Theology for Pacifism," (unpublished lecture, Indianapolis, Indiana, March, 2009, and Tokyo Biblical Seminary, June, 2009); John Nugent, ed., *Radical Ecumenicity: Pursuing Unity and Continuity after John Howard Yoder*(Abilene, TX: Abilene Christian University Press) 출간 예정.

어지고, 증언에 힘을 실어주는 남자들과 여자들의 언약 공동체"로 함께 구성된다.[27] 이 공동체는 상호간의 지원을 제공한다. 그러나 그 이상으로 "공동의 새롭고 공공연하게 사악한 적을 사랑하는 삶의 방식에 헌신한 인류 공동체의 존재는 그 자체로 새로운 사회 질서이다."[28] 사실, 요더는 다음과 같이 주장한다. 이러한 "대안 공동체는 모범이 되는 사명을 이행한다. 교회는 세상이 궁극적으로 존재하도록 요청받는 그 무엇이 되도록 지금 부름 받는다."[29] 그래서 교회는 예수 그리스도의 복음에 대한 증인으로 존재한다고 인식하는 것이 중요하다. 또한, 이러한 공동체는 "사회를 위한 삶"을 살고자 존재한다는 것을 언급하는 것도 중요하다.[30] 그리고 이러한 공동체가 우리를 둘러싼 세상을 위하여 삶을 내줄 때에, "유일하게 표준을 벗어난 가치 체계에 헌신한 지속적 공동체가 세상을 바꿀 수 있기 때문에, 우리는 여전히 이러한 공동체의 정체성에 헌신해야만 한다."[31]

교회는 또한 공공연히 **다양한 언어로 번역**하여 증언한다. 다시 말해서, 사회의 규범적 언어를 선택하여 전략적으로 사용하는 것이다. 이것은 마이클 왈쳐Michael Walzer가 복음 기준들에 대하여 정부가 지적하는 부분들 중 일부를 포함하여, "천박한 공동 이해thin shared understandings"라고 부른다. 요더는 주장하기를 "그리스도인들은 정치인들에게 그리스도 밖에 존재하는 어떠한 추상적 가치를 말할 수 있다. 서로 다른 가정들을 설명하지 못하는 경우와, 세속적 개념들에 속하는 것으로 생각

---

27) 요더, *Nevertheless*.
28) 같은 책., 136.
29) 요더, "The Kingdom as Social Ethic," in *The Priestly Kingdom: Social Ethics as Gospel*(Notre Dame, IN: University of Notre Dame Press, 1984), 92.
30) 요더, *Nevertheless*.
31) 같은 책, 136.

하지 않고 사회적 비평을 표현하고자 이교적이거나 세속적 용어들을 사용하지 않은 경우를 배제한 채 말이다."[32] 우리는 다양한 언어로 말하는 방법을 채택함으로써 우리가 사는 사회의 언어로 말할 수 있도록 배워야 한다.[33] "자의식이 강하고, 자기만족에 젖어있는 '종교'를 비평한다는 의미에서, 모든 세속적 희망은 진실하며 필요하다"라고 요더는 쓰고 있다. "세속적 희망은 필요하다. 왜냐하면, 세속적 언어는 세상에 상존하는 유일한 언어이기 때문이다. 만일 우리가 사람들이 이해할 수 있는 언어로 '예수 그리스도는 주님이십니다' 라고 말하지 않는다면, 우리는 전혀 그것을 말하는 것이 아니다." 달리 말하면, 문제는 번역이 아니다. 즉, 번역이 "예수 그리스도라는 이름이 의미해야만 하는 모든 것을 말할 수 있을 만큼 충분히 풍성하게 담아내고 진실한가 하는 점이다."[34] 우리는 무엇이 도움이 될 만한 것인지, 그리고 무엇이 잘못인지 고치거나 비판하면서, 예수의 방법과 기준으로 번역된 언어들을 평가해야만 한다.[35]

교회는 인종적 포용, 갈등 해결, 배고픈 사람들에게 음식 공급하기, 민주적 결정 내리기와 같은 그리스도인의 규범적 실천이 함축하는 사회적 의미들을 옹호할 수 있다.[36] 우리는 상대주의relativism, 해방, 간디 또는 계몽주의와 같은 세속적 가정들과 전술상 동맹을 맺을 수도 있다.

상대주의 자체가 새로운 일원론으로 바뀌는 것을 배제한 채, 우리는 논리적으로 강압적인 확실성에 대한 믿을 수 없는 정통파의 주장들 때문에 다원주의자 혹은 상대주의자가 주장하는 해체의 전술상 동

---

32) 요더, 『국가에 대한 기독교의 증언』, 129쪽.
33) 요더, *For the Nations*, 2–3.
34) 같은 책., 121.
35) Stassen, Yoder, and Yeager, *Authentic Transformation*, 67–71.
36) 요더, 『교회, 그 몸의 정치』 (대장간 역간, 2011).

지들이 될지도 모른다. 또는 혁명의 이름으로 누군가에 의한 약속이 새로운 마약이 되도록 하는 것을 배제한 채, 우리는 특권을 지닌 교회의 동맹을 해체하는 해방 언어와의 전술상 사용을 나누게 될 것이다. … 우리는, 톨스토이와 라인홀드 니버와 마찬가지로, 폭력을 포기하는 것이, 권력을 포기하는 것이라는 점에 동의해서는 안 된다. 우리는 아마도 퀘이커교도들과 침례교도들이 청교도 식민지에서 추방된 이후 한 세기 동안 했던 것처럼, 계몽주의와 전술상 동맹을 맺을지도 모른다. 아니면 마틴 루터 킹Martin Luther King, Jr.이 했던 것처럼 간디주의자들의 비전과 동맹을 맺을지도 모른다.37)

『열방을 향하여』라는 책에서 요더는 공동체주의자communitarian들이 오로지 내부적으로 모델링하는 전략에만 초점을 맞추는 것을 비판한다. 그리고 그는 자유주의자들이 오로지 비종교적이고 정치적 증언에만 초점을 맞추는 것을 비난한다. 우리 가운데 거하는 공동체주의자들은 "종 됨, 원수를 사랑함, 그리고 용서가 대학, 마을, 또는 공장으로 나아가는 가장 좋은 방법이 될 것이라고 세상을 향해 말하는 도전을 감행하지 않을 것이다. 공동체주의자들은 능력과 교회의 예배와 목회 안에 들어있는 종 됨, 원수 사랑, 용서의 세 가지 복음적 코드의 참신함을 자신들이 이미 경험했던 근거로 되돌려 놓는다. 그들은 증언의 대가를 치르는 것만큼은 고결함을 유지한다." 또 다른 한편, 요더가 우리 가운데 거하는 "공공의 가톨릭신자들"public Catholics과 자유주의자들을 비판하는 이유는 그들이 "유대인 예수또는 그들 자신의 교파의 과거의 특징과 연관된 주장이나 약속을 함으로써, 그들의 세련된 이웃들에게 어리석게 보이지 않도록 하는 것과 관계된다. 즉 규범적인 종 됨, 원수 사랑, 그리

---

37) 요더, *Priestly Kingdom*, 61-62.

고 용서의 특별한 짐을 내려놓음으로써, 공공의 가톨릭신자들과 자유주의자들은 그들 이웃의 언어로 이야기하는 것을 … 쉽게 만들지도 모른다. 그러나 그 대신 그들은 이웃들이 아직 알지 못한다는 사실에 대해서는 언제나 잠자코 있다."38)

우리에겐 제3의 방법이 필요하다. 그것은 모든 창조물에 대하여-공동체 안에서와 세상 안에서-그리스도의 주되심을 증언하는 자유 교회 공동체 안에서 찾을 수 있다. "외부에 있는 설교하고자 하는 대중이 어떤 사람들이든 오직 '깊이 있는' 특별한 정체성을 지닌 믿음의 공동체만이 할 말이 있는 것이다."39)

요더는 한걸음 더 나아가 다음 인용구에서 보듯이 이 제3의 방법을 조리 있게 표명한다. "사회의 존재 구조를 성화sanctification하고 기독교 개인주의를 영화glorification하는 것 이상으로… 우리는 신약성서을 가지고 단언한다. 그리고 사회 구조의 새로운 범주, 인류 공동체의 새로운 범주로서 교회는 제3의 선택이라는 세대들을 통과한 자유 교회 전통을 가지고 단언한다."40) "전체적인 그리스도인 공동체는 '메시지를 전달하고 공동체 속으로 청중을 모으도록' 세상 속으로 보내졌다. … 사회 정의 또는 교육에 대해 우리가 행하는 것, 언어와 정치적 경계를 아우르는 것, 그리고 불신자들에게 우리의 확신을 전달하는 것에 대하여 우리가 행하는 것 못지않게 '선교사' 가 되어야 한다."41)

압도적 은혜를 체험하기 Experiencing Overpowering Grace

이 책의 7장에서 요더는 다음과 같이 쓰고 있다.

---

38) 요더, *For the Nations*, 49.
39) 같은 책., 42.
40) 같은 책., 115.
41) 같은 책., 7.

잉글랜드에 있는 엄격한 청교도주의의 주관적 종교 경험에 관한 휴 바버Hugh Barbour의 해설은 압도적 은혜의 내적 경험 안에서 폭력에 관한 포기의 근원을 심오하게 해석한다. 16세기의 아나뱁티스트들이 **비움의 충만**Gelassenheit이라고 불렀던 것, 또는 초기 던카드 형제단Dunkards이 **완전한 사랑**이라고 불렸던 것, 또는 19세기의 선구적인 농부 설교자들이 **겸허함**이라고 불렸던 것, 또는 19세기 동시대의 웨슬리언들이 **성화**라고 불렸던 것은 인간의 존엄성을 위하여 밀접하게 연관되면서도 서로 구별할 수 있는 표지labels를 드러낸다. 이 인간의 존엄성은 세상의 권세가 무력으로 확립되도록 요구된다고 느껴지는 유혹에서 신자들을 자유롭게 한다. 아마도 이러한 공통성은, 내가 이전에 살펴보았던 표준으로 삼는 윤리적 이슈보다도 평화교회의 평화 증언을 위해서 주관적으로 볼 때 더 중요하다.

여기서 우리는 압도적 은혜의 내적 경험을 지닌 요더 자신의 개인적 울림을 본다. 이것은 1995년 스워스모어 대학Swarthmore College에서 학구적으로 수준 높은 청중 앞에서 행한 강연에서 나온 것이다. 그 때는 요더의 인생이 절정기에 다다랐을 때였다. 그는 미국 가톨릭 주교들의 「평화의 도전」*Challenge of Peace*에 대한 윤리적 논증argument을 재고하고 분석해오고 있었다. 그러나 요더는 그들의 순수한 윤리적 분석에 만족하지 않았다. 왜냐하면, 그들은 역사적 평화교회들의 종교적 경험^{평화교회들의 평화 증언을 뒷받침해 주는 하나님의 은혜의 경험}의 중요하고 더 깊이 있는 신앙의 차원을 간과했기 때문이다. 평화교회 전통에 아주 중대한 경험적 차원과 영적 위임은 윤리적 논증으로 격하될 수 없다.

요더는 윤리적 논증들을 분석하는 데 매우 재능이 있었고, 공공의 사역없이 영성을 내적 삶으로 격하시키는 이원론자들을 비판하는 데 아주 확고했다. 어떤 사람들은 고통 받는 사랑, 예수 그리스도를 주王로 고백함, 잔인한 복수의 사이클을 벗어나서 하나님의 방식way의 계시 자, 그리고 종말론적 소망의 약속과 같은 것을 따르는 경건함에 대한 요더의 증언을 간과했다. 나는 소망에 대해 3장을 편집하는 동안, 신중 하게 다시 읽으면서, 나는 비록 요더의 신학윤리적 비전에 몰두하여, 나조차도 상당수는 완전하게 보지 못했던에 대해 대부분 알았지만, 더욱더 깊은 존 요더 자신의 영적 통찰력의 통합된 비전에 의해 강한 충격을 받았다. 그의 통합된 비전의 서로 다른 차원들은 환하게 밝히는 하나의 섬광 안에서 하나가 됐다. 그는 톨스토이의 회심을 보여주는 방법에서 시작하여 킹 의 우주적 희망에서 절정에 다다른다. 나는 당신이 3장을 주의 깊게 숙 고할 것을 요청한다. 요더 자신의 신앙과 비전의 주요 핵심은 바로 이 부분이다.

이 책에서 두 번이나 강조하는 것은 톨스토이, 간디 그리고 마틴 루 터 킹의 견해들이 우주를 다스리시는 하나님, 특정한 윤리적 법령law보 다 더 크신 하나님을 믿는 신앙에 깊이 뿌리를 내리고 있다는 것이다. 요더는 톨스토이, 간디, 킹 그리고 선구자적 농부 설교자들뿐만 아니라 청교도들, 아나뱁티스트들 그리고 오순절주의자들이 우주의 주가 되신 하나님을 믿는 경험적 신앙이 있다고 말한다. 요더에게 신앙은 예수 그 리스도 안에 계시된 하나님을 믿는 신앙이다. 그리고 하나님이 누구이 신가를 믿는 신앙이다. 신앙은 기독론적이고, 종말론적이고 그리고 교 회론적이다. 따라서 신앙은 통전적이다.

그러나 나는 하나님의 주권을 믿는 신앙으로써 우주적 비전에 대해 일반적으로 생각하고 있었다. 지금 나는 하나님의 주권이 보복과 지배 라고 하는 역사 전체를 관통하는 잔인한 순환구조 속에 들어있는 그리

스도 안에서의 특별 계시라고 본다. 그리고 하나님의 구속적redemption
인 고통과 비폭력적 대면과 구원의 행동들에 참여하는 것은, 그리스도
안에서 계시된 것으로서, 하나님의 주권이 역사 속에서 일하는 방법이
다. 톨스토이는 하나님의 주권을 산상수훈에서 보았다. 그리고 킹은 예
수 안에 계시된 하나님의 사랑 안에서 보았다. 간디는 톨스토이의 비전
을 확장된 범위까지 붙잡았고, 그 중 많은 것을 힌두교 상황 속으로 번
역했다. 비록 그리스도를 믿는 신앙은 없었고, 하나님에 대해 다른 이
해가 있었지만 말이다. 킹은 예수의 사랑에 대한 그의 아프리카계 미국
인 침례교도의 충성을 간디의 비폭력 지향 행동을 실천하는 것과 연관
지었을 때, 어떤 비상한 빛a brilliant flash을 경험했고, 이후 몽고메리 버
스 보이콧the Montgomery Bus Boycott기간 동안 행동으로 옮겼다. 예수의
방법은 수동적 고통 받음이 아니다. 즉, 그것은 구원의 방법이고 승리
의 방법이다. 바로 우리가 낮아질 때에.

요더는 그의 책『그럼에도 불구하고Nevertheless』와 그 밖의 다른 책
에서 비폭력을 절대적 윤리적 법칙으로 적당히 이해해서는 안 된다고
말한다. 즉, 법령law에 대한 것이 아니라 예수께 대한 충성인 것이다.42)

메시아 공동체의 평화주의는 "예수는 그리스도이고 그리스도는 주
主라고 하는 고백에 의존한다. 그러므로 이런 종류의 평화주의가 자리
를 잡으려고 하는 곳은 예수의 인격과 사역, 예수의 가르침과 예수의
수난이다. 그리고 평화주의가 자기의 가능성을 찾으려고 하는 곳은 예
수의 부활이다. … 평화주의와 같은 자리의 특징은 오직 예수 그리스도
와 관련한 데서 알 수 있다는 것을 따른다. … 단지 평화주의가 그리스
도이신 예수를 믿는 것을 의미하는 것, 또한 하나님의 본성과 의지의

---

42) 다음에 나오는 인용문들은 모두 Yoder, *Nevertheless*, chap. 18, "The Pacifism of
the Messianic Community," 124–28에서 끌어온 것이다. 개정판(Scottdale and
Waterloo: Herald, 1992)은 133–7을 보라.

계시자로서 예수 그리스도를 따르는 것을 의미하는 것으로는 아무리 이해해도 평화주의의 원천을 이해할 수 없다.”

메시아 공동체의 평화주의는 도덕적 실천줄곧 실수하는 것을 숨막혀하는 두려움이 아니다. 또한, 메시아 공동체의 평화주의는 규칙을 따라 사는 것으로 축소될 수도 없다. 즉, 메시아 공동체의 평화주의는 “인간의 경험 안에서, 세상 속에서 하나님을 위해 살고, 세상 속에서 하나님의 살아계심의 도구성서는 그 도구를 아가페 또는 십자가로 부른다로 사용되는 특별한 방법에” 참여하는 것이다.

우리가 메시아 **공동체**의 평화주의에 대해 이야기할 때, 우리는 윤리적 관심의 초점을 자신의 완전무결함을 위해, 자신의 관심 안에서 올바름right과 그릇됨wrong에 대해 자신에게 스스로 질문하는 개인에게서 하나님 나라를 그의 삶 속에서 미리 경험하는 인간 공동체로 이동한다. 평화주의의 경험은 영웅적 인품을 위해 고독하게 사는 것이 아니라 사회를 위해 사는 것이라는 점에서 공동체적이다. 즉, 서로 가르치고, 용서하고, 서로 짐을 짊어지고, 서로의 증언에 힘을 실어주는 형제 자매의 공동체로 사는 것이 공동체 삶이다. …
인류 공동체의 실존은 일반적으로 새로운 것에 헌신한다. 그리고 공공연하게 악한 적을 사랑하는 삶의 방식은 그 자체로 새로운 사회 질서이다. 영웅적 개인은 광범위한 필요에 대한 인식 또는 감격을 구체화시킬 수 있다. 다시 말하면, 오직 상식을 벗어난 가치 체계에 헌신한 지속적 공동체만이 세상을 바꿀 수 있다. …
메시아 공동체의 평화주의를 지지하는 사람들이 말하는 제자도는 예수의 진정한 의미를 반드시 성찰하고, 예수를 따르도록 부름 받은 것은 모두에게 알려진 부름이라는 것을 단언한다. … 그러나 그러한 삶이 인도해 나가는 표준은 대개 사람의 기준에 맞춰 재단되지 않는다. 메시아 공동체는 오직 예수가 예수의 열두 제자를 회개로 부르셨다는 개인적 특성의 방향설정을 통해서만 심지어 겸손하게 그리고 불완전하게 살아가는 것은 말할 것도 없이 명확하게 알아차릴 수 있다. 회개는 진정한 인간 실존이 모두 어디로 부름 받았는지를 가르친다. 그러나 일정한 개인이나 일정한 사회가 진정한 방향의 변화를 경험하지 못하는 한, 어떻게 … 그들이 평화주의자로서 살아갈 것인지 설명하는 것은 의미가 없다. 그래서 이러한 믿음의 자세로 미래에 겪을 도시의 위기를 해결하려는 전략을 추론할 수 없다. 메시아 공동체의 평화주의 제자도를 완전하게 이해하지 못하거나 어느 만큼은 그들이 예수의 진정한 부르심을 믿는지 확신하지 못하는 사람들 중에서, 그저 똑같이 제자로 살아가도록 제도화할 수 있는 입장이 아니다. …

이 입장의 또 다른 약점은 메시아 공동체의 평화주의 제자도가 나타나도록 약속하지 않는다는 것이다. 부활은 십자가에 못 박힘이 있는 곳이 어느 곳이라 할지라도 메시아 공동체가 지닌 평화주의 제자도가 보여주는 과정에 나타나는 마지막 결과물은 아니다. 신앙이라는 독특한 종류의 확신은 하나님나라 안에 있는 그리스도인의 희망과 관계가 있다. …

"그럼에도," 요더는 결론 내리기를, "이러한 입장은 다른 것들보다 성서의 구절과 기독교 신앙의 핵심 되는 확증에 더 가깝다"고 한다. 『그럼에도 불구하고』라는 책을 보면, 요더 자신의 신앙의 핵심 진술이 나타난다.

그리스도의 주되심을 믿는 요더의 신앙은 아마도 그가 바젤 대학교 the University of Basel에서 칼 바르트Karl Barth와 오스카 쿨만Oscar Cullman

과 함께했던 박사과정 세미나에 많이 참여함으로써 강해진 것 같다. 이 두 명의 신학자가 모든 것을 뛰어넘어 그리스도의 주되심을 강조했기 때문이다. 바르트는 아돌프 히틀러Adolf Hitler에게 저항하고 그리스도의 주되심을 개인적인 것이나 단지 교회 내부의 영역으로 추방해버리는 것에 저항하는 목회자들의 바르멘 선언Barmen Confession을 초안했다. 요더는, 모든 창조물에 대한 그리스도의 주권을 강조하면서 그리스도는 오직 내적 영역에서만 주라고 하는 두 왕국 이원론two-kingdom dualism에서 떠나온 아나뱁티스트들과 다른 많은 사람에게 영향을 주었다.

이 때문에 요더는 『신학서론』*Preface to Theology*이라는 책에서 삼위일체 교리의 주요 쟁점은 그리스도 안에 나타난 계시가 하나님이 실제로 누구이신지에 대한 계시라는 점을 분명히 한 것임을 논했다. 그리스도 안에 나타난 계시를 반박하는, 창조주로서 하나님에 근거한 윤리를 주장하는 것은 삼위일체의 통일성을 부정한다. 그의 선생인 칼 바르트처럼, 그리고 클라우드 웰치Claude Welch처럼, 요더는 하나님의 통일성을 강조하고 삼신론을 향하고 있다고 보는 삼위일체의 해석들에 대항하여 자신의 입장을 지킨다.[43] 『신학서론』을 관통하는 주요 요점은, 하나님이 그리스도 안에 그리고 성령 안에서 계시되었다는 것이고, 실제로 하나님이 누구시냐는 것이다. 즉, 하나님은 하나님 자신의 윤리와 예수 그리스도의 윤리가 서로 다르게 분리된 통치자가 아니다.[44]

이것은 정당한 전쟁론자들그들은 "절대 의도적으로 민간인들을 공격하지 않는 것"과 같은 규칙들을 논리적으로 설명하는 데 사용하곤 하는데이 종종 평화주의를 규칙에 근거한 윤리로 해석한다는 리사 카힐Lisa Cahill의 논의에 대하여

---

43) 요더, *Authentic Transformation*, 61-65, 84-87, 141-42을 보라.
44) 요더, *Preface to Theology: Christology and Theological Method*, ed. Alex Sider and Stanley Hauerwas(Grand Rapids: Brazos, 2002), 202. 요더는 *Authentic Transformation*, 61-65에서 단서에 대해 논증한다. 또한, 이것을 어떻게 H. R. Niebuhr에게 적용하는지에 대한 단서 위해 138-42를 보라.

요더의 평가를 이해하는 데 도움을 준다. 요더와 같은 평화주의자들은 더 심오한 무언가를 말하고 있다. 그들은 우주의 주이신 예수의 방법^하나님의 방법과 특성의 계시이신에 맡긴다.

존 요더 자신은 예수 그리스도 안에 계시된 하나님의 주권과 관련하여 깊이 있는 경험을 했다. 이것은 내가 공공의 영역에서 책임 있는 행동을 "회피하는"식의 평화주의를 말한다고 생각하여 요더가 충격을 받아 얼굴을 붉히고 말았다. 만약 내가 말한 내용이 그리스도에 대한 하나님의 계시에 근거를 두는 것으로 의미했다면, 그것은 전체 우주 안에 있는 하나님의 주권을 믿는 요더의 우주적 신앙을 부인하는 것이 될 것이다. 만일 그렇다면 삶의 모든 부분에서 하나님께 충성스럽게 봉사하는 요더의 헌신을 부인하는 것이 될 것이다. 내가 요더에게 오해하게끔 말한 방식의 평화주의는 삶의 주요한 부분에서 "무책임" 하고, 친근하지 않은 아나뱁티스트들에 대해 많은 부분 고정된 사고방식을 가진 것으로 오해하여 받아들이게 될 것이다. 이런 오해는 하나님을 믿는 아나뱁티스트들의 신앙을 공격하는 것이 될 것이다.

아나뱁티스트 전통의 많은 부분은 우리의 인생에 나타나는 성령의 경험에 대해 더 큰 관심을 가질 필요성을 단언하고 있다.[45] 우리 인생과 성령의 함축된 결합은 요더가 이 책에서 주관적으로 깊이 있게 "압도적 은혜의 내적 경험"을 말하는 데 필요하다. 세계 곳곳의 급진적 청교도들, 16세기의 아나뱁티스트들, 초기 던커드교도들, 변방 지역 농부 설교자들, 이들과 같은 시대의 웨슬리언들, 그리고 오순절주의자들의 성령 안에서 하나님의 현존에 대한 경험과 주이신 예수 그리스도의 강력한 임재와 주권에 대한 경험이, 또한 그들에게 중요하기 때문에 요더

---

45) 예를 들어, Paul Martens, "Discipleship Ain't Just about Jesus: or On the Importance of the Holy Spirit for Pacifists," *The Conrad Grebel Review* 21, no. 2 (Spring 2003):32-40.

는 이러한 하나님의 임재의 경험을 인정한다. 『열방을 향하여』*For the Nations*의 10장에서 그는 다음과 같이 결론 내린다. "교회의 모습을 투사해주는 복음서의 예수를 가장 가깝게 설명한 것은 용서와 분별할 수 있는 힘을 주는 보혜사 성령에 대한 마태복음 18장 15~20절과 요한복음 14-16장, 20장 19-23절의 묘사였다. 그것은 계속되는 예언을 명확하게 하기 위한 정당한 근거이다."46) 11장 "성령과 인간의 정치"를 보면, 요더는 성령의 역사를 17번 언급한다. 그는 성령의 역사가 은혜에 근거한 정의와 용서를 위한 것이라는 데에 초점을 맞춘다. "다른 한편, 성령은 은혜의 정의a justice of grace를 가능하게 한다. 우리는 우리에게 죄지은 자를 사하여 준 것 같이 우리를 사하여 달라고 기도한다."47) 요더는 그의 전체 저서들을 통하여, 회중이 다음과 같은 것들을 갖출 필요가 있다고 강조한다. 성령의 인도하심, 모든 회원이 전하는 말씀을 신중히 경청하는 것, 그리고 함께 명료함을 추구하는 분별력을 갖추는 것이다. 게다가, 주이신 예수 그리스도의 강력한 임재와 주권에 대한 경험이 이 『어린 양의 전쟁』 안에 있다. 이 경험은 진행되고 있는 전통이다. 다시 말하면, 우리의 사명은 예수가 가르치신 것요14:16, 15:16, 16:14; 요일4:1~3에 대한 증인으로서 성령님의 경험에 특별한 주의를 기울이면서, 그것을 지속적으로 발전시키고 깊이 있게 하는 것이다.

유대교 안에 있는 예수의 뿌리를 존경하기

아시아 종교학자들을 위한 논문과 자료들에서, 요더는 유대주의에 있는 예수의 뿌리를 강조한다.48) "중세 이래로, 그리스도인들은 기독교가 유대교를 대항해서 생겨났다고 의심없이 생각하는데 익숙하다.

---

46) 요더, *For the Nations*, 217.
47) 같은 책., 228.

그러므로 우리는 로마제국에 대한 초기 그리스도인의 태도가 단지 충성스러운 유대인들의 태도에 불과했다는 것을 큰 범위에서 구별하지 못한다. 예레미야 이후 유대 민족의 비폭력은 이산dispersion과 회당의 유대 사회주의에 적합한 것으로 판명된 독특한 세계관에 의존한다.

> 모든 인간의 삶은 신성하다. 즉, 피는 한 분 하나님에 의해 주어진 삶의 현존이고 오직 하나님만이 그것을 가져갈 수 있는 권리를 부여받았다. 피 흘림은 어느 것이나 산 제물이다. 기독교가 발흥되기 전 오랫동안, 유대교의 성인들과 현인들은 증거에 관한 더욱더 주의 깊은 규정들을 통하여, 그리고 선입관과 이기주의의 위험들에 대항하여 경고함으로 사법적 권한을 완화시켰다. 즉, 랍비 시대에, 중요한 형벌의 시행은 실제로 그들의 토라의 이해 때문에 제외되었다.
>
> 하나님은 우주 너머까지 다스리신다. 그래서 우리를 능가하실 뿐 아니라 압제자들을 능가하신다.

요더는 뒤이은 여러 가지 추론들을 상세히 설명한다. 그는 몇몇 논의들을 성자 하나님뿐 아니라 창조주 하나님에 근거를 둔다. 요더는 "우리가 세상을 다스릴 수 없을 때, 궁극적으로 모든 사건을 다스리시는 우주의 주님이신 부활의 주"를 강조한다.49) "초기 그리스도인들은 유대인들이었고, 유대인들은 예레미야 예언자 이래로 하나님이 왕권과 전쟁을 역사 안에서 정의를 위한 그분의 관심도구로서는 포기했다고 믿었다. … 예수의 평화주의는 하나의 혁신이 아니었다. 그것은 예레미야, 에스겔 그리고 이사야서에 나오는 고난 받는 종의 노래를 기록한

---

48) 다음 인용문은 2장 "Gospel Renewal and the Roots of Nonviolence" 이하에서 가지고 온 것이다.
49) 같은 책.

기자의 비폭력에 관한 강화였다."[50]

요더는 초기 그리스도인들이 왜 직접 비폭력을 강조했을 뿐 아니라 카이사르의 정책과 요구에 대해 비판적 윤리를 발전시켰는지 여섯 가지 이유를 제안한다. 동료 그리스도인 가운데 오직 그들 자신의 행동만을 위해 규범적으로 그리스도의 주되심을 인정했던 분파주의, 이원론주의, 두 왕국 윤리는 초기 그리스도인의 것이 아니었다. 그들의 윤리는 그들에게 카이사르가 했던 것을 비판적으로 평가하기 위한 규범으로 제공했다.[51] 즉, 그들에게 주변 사회의 혼합된 단어들을 비판하고, 바꾸고, 사용하기 위한 규범들을 제공했다.[52]

콘스탄티누스주의는 실제로 예수와 예수의 방법을 주변화했던 순교자 저스틴Justin의 신플라톤주의 분파와 함께 콘스탄틴이 등장하기 2세기 전에 시작됐다. 저스틴은 우리가 예배하는 방법으로 예수께 복종해야만 한다고 썼다. 그러나 "이외에 모든 것에서도 우리는 당신께 복종합니다. 오 황제시여." 콘스탄티누스주의는 무엇보다도 그리스도인 황제가 그 자리에 있는 것과 관련된 것이 아니라, 그리스도인이 연약해지고, 쇠약해지고, 황제에게 충성하여 황제의 정책과 요구를 비판하는 어떤 윤리도 포기하는 것과 관련된다.

"위에서 인용된 복음서 원리의 관점에서 보면2장 "복음 갱신" 이하에서 언급된 콘스탄티누스주의의 급진적 개혁 비판을 위한 다섯 개의 기독론적 근거들, 개혁의 핵심을 잘라내는 가장 단순한 방법은 예수의 가르침이 규범적인 도덕적 안내로 여겨져야 한다고 주장하는 것이다. 사람은 삼단논법syllogism과 같은 단순한 추론을 찾는다. 다시 말해서, 예수는 도덕성의 문제에서

---

50) 7장 "변화하는 대화" 이하. 요더는 이 주제들을 그의 책 *For the Nations*와 *The Jewish-Christian Schism Revisited*, ed. Michael Cartwright and Peter Ochs(Grand Rapids: Eerdmans, 2003)에서 더욱더 충분히 발전시켰다.
51) 같은 책., 32-33.
52) 요더, *Priestly Kingdom*, 50-54; *Authentic Transformation*, 82-89.

하나님을 대신할 권위를 지니는가? 만약 그렇다면, 그가 "너희들은…라고 말하는 것을 들었다. 그러나 나는 너희에게 말한다"라고 가르치실 때, 그의 가르침은 적어도 초기의 모세와 예언자의 도덕적 명령과 같은 권위를 가져야만 하는 것이 아닌가? 그러므로 마태복음 5장의 소위 "여섯 개의 소개념들"은 십계명이나 두 개의 위대한 계명들만큼 구속력이 있다. 여섯 개의 **소개념** 중 세 개는 살인과 원수 사랑을 다룬다. 그것이 주님의 율법이라면, 우리는 그에게 순종하도록 부름 받는다."53)

정당한 전쟁론과 평화주의 친구 만들기

요더는 정당한 전쟁론과 평화주의를 서로 적대적으로 여겨서는 안 되고 서로 보완적으로 여겨져야 한다고 논한다. 그 둘은 일반적 전쟁 윤리에 반대하여 나란히 투쟁한다. 둘 중 하나는 국가가 전쟁할 것을 결정한 전쟁이 무엇이든지 그 전쟁은 십자군이 되거나 또는 그 전쟁을 정당화한다. 요더는 또한 자신의 말로 어떻게 전쟁이 개선될 수 있는지를 보여주면서 정당한 전쟁론의 내재적 비평을 한다.

요더는 "칠드레스Childress가 옳다"고 논평한다. 여기에서 요더가 의미하는 것은, 제임스 칠드레스가 정당한 전쟁바르게 이해된은 폭력에 대항하는 가정 위에 근거한다고 한 것은 옳다는 것이다. 요더는 칠드레스가 『어떻게 정당한 전쟁과 평화주의가 함께 공존할 수 있을 것인지에 대한 소고』라고 이름을 붙인 논문에서 이것을 논한다.54) 그리고 그는 다음과 같이 논평한다. "위트모어 출판사the Whitmore Book에서 듀에인 프리즌Duane Friesen이 간행한, 그리고 그의 논문정당한 전쟁과 평화주의의 다

---

53) 2장 "복음 갱신과 비폭력의 근원들" 이하.
54) 요더, "A Think Piece on How Just War Thinking and Pacifism Coinhere," 미출판 논문.

리 역할을 하는 주제에 대하여 가능성을 보여준 논문에서 리차드 밀러Richard Miller가 행한 다른 유사한 노력을 주목하라. 폴 램지가 '실토하도록' 말하라." Bounce it off Paul Ramsey on 'come clean' 55) 요더의 주요 요점은 "정당한 전쟁론의 좌편에 있는 극소수의 평화주의자들과의 관계를 토론하는 데에 모든 에너지를 투자하는 정당한 전쟁을 편드는 사람들은 정치적 현실에서 정당한 전쟁론의 우편에 있는 정당하지 못한 용사들과 전술상의 동지들이다. 여기서 나의 목적은 쟁점들을 토론하도록 하는 것이 아니라, 여러 가지 방법의 언어가 토론의 뜻을 이해하는 데에 사용되도록 하는그러나 때때로 또한 의도하지는 않았지만 당황스럽게 만드는 그 방법들을 살펴봄으로써, 연중 계속되는 토론의 본질을 명확하게 하는 것이다."56) 그는 정당한 전쟁론자들이 그들 자신의 원리들을 진지하게 생각하도록, 그리고 전쟁이 정당하지 않은 경우 전쟁을 거부할 필요가 있는 교회를 일으키도록 비판적이면서도 날카롭게 일깨운다. 가장 좋지 않은 것은 정직하지 않은 것이다.

또한, 평화주의는 정치적 행동의 책임 있는 참여를 거부하지 않는다. 정당한 전쟁이 그것을 승인하는 한. 요더는 다음과 같이 쓴다.

비폭력적 행동은 여하튼 참여이지 퇴보가 아니다. 비폭력적 행동은 참여의 형태로, 모든 진지한 비폭력 행동 전략들이 해왔듯이, 기존의 질서 안에 있는 폭넓은 형태의 압박을 견디면서 동시에 그것을 대체할 것을 찾는다. 마틴 루터 킹의 저서는 미국 법정의 유용성에 관한 강력한 확신을 포함하고 있고, 미국 체제에서 특정한 부정의 injustice에 대항하는 미국 의회에 호소한다. 그 밖에, 킹의 활동은 선

---

55) 같은 책.
56) 같은 책.

거를 인정하고 이용하는 것과 의회의 불완전함을 보완하려고 법정에 요구하는 것에 대해 강력한 후원을 전제한다.

간디는 킹이 나중에 하려고 했던 것보다는 소송에 대해 덜 의지하는 편이었으나, 그는 자신의 정치적 정당을 만들었고, 그 정당은 궁극적으로 통치 정당이 되었다. 그리고 그 전에, 간디는 (먼저 남아프리카에서) 아쉬람ashram과 대중 저널리즘 같은 강력한 교육 수단이 마련되도록 했다.57)

평화만들기의 활동 전략 옹호하기

요더는 "97년 9월 4일" 그리고 "1997년 11월"로 적힌 기록에서 『어린양의 전쟁』 1, 2, 3부를 계획했다.58) "1부 비폭력: 생명과 사랑의 사례"를 위한 그의 계획을 보면, 그는 우리가 1장과 2장에 포함시킨 두 개의 장에 독특한 제목을 붙였다. 그는 기록의 끝부분에 다음과 같이 썼다. "이제 질문은 부가적으로 다음에 어떤 것이 포함되어야 하는가이다. … 어쩌면 『근원적 혁명』에 나오는 산상수훈을 새롭게 고쳐야 하는가?" 이윽고 요더는 죽기 전에 내가 그 주제들에 대하여 쓰고 있는 것에 대한 반응으로 산상수훈에 들어있는 가르침의 구조에 대해 포괄적으로 다시 생각한 것을 나에게 보냈다. 나는 요더가 했던 "다시 새로 고친 것"과 같은 범주를 좋아한다. 나는 요더가 『근원적 혁명』에서 보여준 산상수훈에 대한 높은 통찰력, 그리고 주석적으로 정확한 해석에 깊은 감명을 받았다. 비록 그는 산상수훈에 대해 다시 쓸 수 있는 기회를 가지지 못했지만, 우리는 그것을 『근원적 혁명』에 포함시키기 원했다. 그러나 헤럴드 출판사Herald Press는 이제 마크 T. 네이션이 쓴 새로운

---

57) 요더, 13장 "교회와 변화" 이하.
58) 다음에 나오는 글들은 이러한 미출판된 기록에서 나온 것이다.

머리말이 들어있는 『근원적 혁명』을 재출판한다. 그럼에도, 우리는 하나님나라의 현존에 대한 반응으로 개인적 회심과 회개의 경험에 대한 그의 해석상의 요구에 의하여 감명 받는다.

"회개하라! 천국이 가까웠다." "회개" 하면 우리는 죄에 대한 양심의 가책, 후회, 슬픔 등을 생각한다. 그러나 [침례자 요한과 예수]께서 요구했던 것은 새로운 세계 속에서 살 준비가 된 의지의 재조정이라는 변형된 의미였다.

그분의 일관된 가르침은 "상식"이나 "현실주의" 또는 "이성"의 표준에 따른 평가를 거부한다. 오히려 그것은 전혀 새로운 임박한 하나님나라를 증언한다. 그런 이유로 우리를 위해 회개 또는 회심의 도덕성을 설명한다. ─모든 사람의 행복을 위해 할 수 있고, 또 해야만 하는 처방전이 아니다. 그의 가르침은 어떻게 사회를 최선으로 인도할 것인가에 관한 설명서가 아니라, 예수를 만난 후 인생이 변화된 사람이 어떻게 살아야 할지를 알려주는 설명서이다.59)

요더는 또한 『근원적 혁명』에 "아브라함 장"을 포함하는 것을 고려했다. 나는 이 평화주의 에세이가 성서적으로 신뢰할만할 뿐 아니라 훌륭하고 날카롭다고 믿는다. 이 평화주의 에세이는 매우 많은 사람이 묻는 다음의 질문에 답한다. "만약 예수가 산상수훈에서 평화만들기의 전부를 가르쳤다면, 구약성서의 전쟁과 그 속에서 하나님의 역할에 대해서는 어떻게 생각하는가?" 그러나 이 질문의 답은 또한 『근원적 혁명』 안에서 이제 즉시 얻을 수 있다. 그리고 우리는 우리의 독자들이 그 책을 읽고 빠져들기 원한다. 사실, 우리는 『근원적 혁명』을 이 책과 한

---

59) 요더, 『근원적 혁명』 (대장간 역간, 2011), 58쪽

쌍으로 읽기를 추천한다. 아브라함에 대한 요더의 글에서 우리는 히브리성서 안에 있는 단락들을 신약성서와 대조하려고 읽지 말고, 그 단락 자체의 상황을 파악하며 읽어야 한다고 확신 있게 논한다. 그러고 나면 우리는 그 단락들이 그 당시 문화가 보여주는 것과 어떻게 다른지 보게 된다. 전쟁이 옳거나 잘못됐다가 아니라, 우리의 안전은 우리의 군사적 능력에 달려 있는 것이 아니라 하나님께 달려 있다는 것이다. 히브리성서의 일관된 메시지는, 주변의 문화에 대항하여, 우리의 안전은 우리의 능력이 아닌 하나님의 섭리에 달려있고, 우리가 정의를 행하고 하나님께 충성하는 데에 달려있다는 것이다. 몇 번이고 되풀이해서, 하나님은 인간을 구출하신다. 전쟁을 치른 우리의 경험 때문이 아니라 하나님의 신실하심 때문이다. 답은 "하나님이 준비하실 것이다." 답은 하나님의 섭리를 믿는 것과 경험에 근거를 둔다.

또한, 『근원적 혁명』에 들어있는 "근원적 혁명"이라는 1장을 읽을 것을 권한다. 왜냐하면, 종말론의 질문, 구시대old era를 사는 것과 대비해서 새로운 시대new era를 사는 것에 대한 질문에 답하기 때문이다. 요더의 평화만들기 이해를 위해 결정적인 것은, 하나님이 당신의 나라를 가져오는 것이다. 요더는 이 책을 계획하면서 "구약성서와 종말론에 관한 연구"Maybe a section on OT and Eschatology를 포함시킬 것인지 깊이 생각했다. 그러나 요더의 마지막 기록을 보면, 그는 『왕 같은 제사장』Royal Priesthood 보다는 상당히significantly 분량이 더 짧아야 할 것이라고 썼다. 그래야 더 잘 팔릴 것이라고 썼다. 우리는 그의 책 『열방을 향하여』의 5~7장과 『왕 같은 제사장』 안에 들어 있는 "종말론 없는 평화?"Peace Without Eschatology?를 읽을 것을 권한다.60)

『어린 양의 전쟁』의 2부를 위한 요더의 계획은, 1997년 1월에 미국

---

60) 요더, *The Royal Priesthood*(Scottdale, PA: Herald Press, 1994), 143-167.

종교학회American Academy of Religion에서 행한 강연 "'비폭력'의 '힘'"을 포함시키려고 한 것 외에, 정확하게 우리가 행한 논의와 같다. "'비폭력'의 '힘'"은 비폭력 행동의 유효함에 대한 논의를 반복한다. 그리고 순수하고 힘없는 비폭력과 실용적이고 효과적 폭력 사이에서 라인홀드 니버의 양자택일의 이분법에 반대하여, 요더는 이미 책 안에 들어있는 다른 논문들에서 논의를 반복한다. 이 논의의 형태는 대부분 전반부에서 단어들을 정의 내리는 데 할애하는데, 독립적이고 학문적이다. 이 책을 읽기 쉽게 하고자, 그리고 되풀이를 피하고자, 우리는 "'비폭력'의 '힘'"을 포함시키지 않기로 결정했다.

3부를 위한 요더의 계획은 현재의 책 속에 12장, 13장 그리고 15장을 포함시키는 것이었다. 그 외에 그가 포함하려고 했던 것은, 그의 기록에 의하면, "남아프리카에서 했던 좀더 많은 내용, … 1983년 바르샤바Warsaw에서 했던 내용(현재 분실됐음), 헥크Heck 강연에서 했던 내용. 찾아보라." 우리는 이것들을 찾아내서 10장과 11장을 포함시켰는데, 그것은 둘 다 헥크 강연에서 나온 것들이다. 그러나 남아프리카 강연과 바르샤바 강연의 내용을 반복하고 있다. 우리는 또한 14장에 "정치학: 그리스도의 해방하는 형상"을 포함시켰다. 요더의 신학적 윤리학은 철저하게 그리스도 중심적이다. 그리고 우리는 그가 평화만들기 실천의 옹호 근거를 하나님께서 그리스도 안에 계시하신 것에 두고 있다는 점을 명확하게 하기를 원했다. 우리는 또한 해방신학, 경제적 정의, 그리고 정당하지 못한 이데올로기들과 관련한 평화만들기의 날카로운 명확함 때문에 이 장을 포함시켰다.

"비폭력적 행동과 갈등다루기"에 관한 이 책의 3부는 평화만들기, 아니면 우리가 "정당한 평화만들기"라고 불러온 것의 긍정적 신학을 발전시킨다. 그것은 국제연합UN, 국제적 협력, 그리고 대안공동체에 참가하기를 지지하는데, 비폭력 지향 행동 갈등 해결, 민주주의 그리고 정의와 같은 정당한 평화만들기 실천들을 포함한다. 마지막 수단, 정당한 의도, 정직하게 안내하는 (자발적 연합을 지지하는 것이 요구되는) 서민들, 사람을 다루는 솜씨, 그리고 비폭력적 행동에서 정당한 평화만들기는 6장 이하에서 논의한다. 그리고 요더는 제3부에서 특별히 변형된 발의들에 대해 수동적 태도 때문에 비폭력과 산상수훈의 해석을 바꾸는 것에 대해 다룬다.

1) 요더는 우리가 쉽게 비저항nonresistance 또는 비폭력nonviolence을 이야기해서는 안 되고, **비폭력 지향 행동**에 대해 이야기해야 한다고 논한다. "비폭력은 활동 전략들active strategies을 의미한다. 다시 말해서, 그와 같이 대안으로 당연하게 여기는 것은 특별한 시도, 발의, 전략, 과정, 비폭력 행동들이다. 그리고 비폭력이란 단순히 부정적이고 추상적 의미가 아니다. … 만일 우리가 그리스도인의 결혼에 대해 생각할 수 있는 유일한 단어가 '간음하지 않는 것'이라면, 그래서 부정적 형태로 결혼을 이해해야 한다면, 그리스도인의 결혼에 대한 이해를 발전시켜나가는 데 우리가 겪게 될 모든 어려움을 생각해 보라." 그러므로, 요더는 비폭력 행동을 "물러서지 않는 참여"로 정의한다. "비폭력적 행동은 참여의 형태로, 모든 진지한 비폭력 행동 전략들이 해왔듯이, 기존의 질서 안에 있는 폭넓은 형태의 압박을 견디면서 동시에 그것을 대체할 것을 찾는다." 요더는 비폭력을 단순히 의무론적인deontological 충실한 의무가 아니라, 평화만들기가 발의되도록 고안된 목적론적teleological 행동으로서 정의한다. 다시 말해서, "나는 여기서 비폭력을 … 다른 종류의 힘—**진실**, **일치**, **양심**—이 작용할 수 있도록, 폭력을 단념하는 행동주의 방식들을 나타내는 것

으로 사용하길 제안한다."61)

2) 마찬가지로, 요더는 광범위하게 **갈등 해결**에 대하여 쓴다. 비폭력 지향 행동과 갈등 해결은 둘 다 순조로운 평화만들기 윤리학을 발전시키려는 정당한 전쟁론과 평화주의 사이의 토론을 능가한다. 비폭력 지향 행동과 갈등 해결은 둘 다 그리스도인을 위한 실천사항일 뿐 아니라, 공공의 윤리를 위해 규범적이다. 비폭력 지향 행동과 갈등 해결은 둘 다 세속적 세상에서 그리스도인뿐만 아니라 비그리스도인에 의한 평화만들기 실천사항들과 발의를 요구한다.

3) 요더의 적극적인 평화만들기 윤리학은 또한 **정의의 실천**practices of justice을 강조한다. 요더는 종교적 자유, 평등적 민주주의, 반권위적 교육, 교정의 인간화, 그리고 여성, 노예, 아메리카 원주민의 지위 격상의 발전을 칭송한다. "이러한 비판적 사회적 갈등의 표본들은 두 번째 차원의 비폭력으로 생각할 수도 있다. … 이 표본들은 더 넓은 사회에서 사랑이 깃든 공동체의 유형을 반영한다. 그리고 이것은 신앙의 공동체 안에 있기에 가장 의미가 있다." 사회적 갈등의 표본들은 공공의 윤리학에서 규범적 신약성서의 실천 사항들의 표현들—사회에서 예수님을 주님으로 인정하는 규범들을 표현하는—이다.62)

4) 요더는 국제 연합의 평화 유지군United Nations peace brigades을 옹호하고, 국제적 평화만들기 안에 있는 로버트 요한센Robert Johansen의 활동을 칭찬한다.

이러한 모든 것은 정당한 평화만들기의 새로운 패러다임의 실천사항들이다. 요더와 나는 나의 집에서 정당한 평화만들기가 진전되는 상

---

61) 6장 "정당한 전쟁과 비폭력" 이하.
62) 2장 "복음 갱신과 비폭력의 근원들" 이하.

황이었기에 그 이론에 대하여 대화를 나누고 있었다. 정당한 평화만들기의 새로운 패러다임은 평화주의와 정당한 전쟁론의 패러다임을 대체하는 것이 아니라, 평화만들기 행동peacemaking action이라는 중요한 차원을 더하는 것임을 분명히 밝혀야 한다고 요더는 주장했다. 나도 요더의 주장에 대해 분명하게 반응했다. 그리고 요더는 기획을 위한 지지를 표명했다. 정당한 평화만들기는 정당한 전쟁론자들뿐만 아니라 평화주의자들이, 형식주의적 절대보다 차라리 실천 규범을 지닌 채, 공공의 윤리가 많이 필요하다고 주장할 수 있게 한다. 그래서 국가에 대해 적절한 말을 하지 못하는 니버의 고정관념처럼 주변화되지 못하도록 한다. '정당한 평화만들기'는 요더가 이 책 3부에서 발전시키고자 하는 것이다.

3부에서는 비폭력은 수동적이지 않고 능동적이며, 후퇴하거나 분파주의적이 아니라 세상 속에 참여하며, 사회과학 연구들과 소통한다는 사실을 보여준다. 사실, 요더가 계획한 것처럼, 그의 모든 책의 주제는 참여, 상호 작용, 대화이다. 존 하워드 요더는 한 개의 언어로만 말하는 사람monolinguist이 아니다. 다시 말해서, 그는 영어, (매일 그의 아내 Annie와 함께 쓰는) 프랑스어, 독일어요더의 처음 책 두 권, 스페인어아르헨티나에서 강연하기 위해서를 말했다. 그리고 요더는 벌코프Berkhof의 『그리스도와 권세들』Christ and the Powers을 번역하려고 네덜란드어를 읽는 것을 배웠다. 이처럼 요더의 장점이 기독교 윤리학에 "권세들"the Powers이라는 의미 있는 영역을 만드는 데 영향을 주었다. 또한, 기독교 윤리학에 다양한 언어로 말하는 방법을 옹호했다.[63] 그것은 사회과학, 인류학, 정당한 전쟁 윤리학, 가톨릭교도, 개신교도, 다양한 종교 안에 있는 전문가들, 그리고 인문주의자에게서 배우고 그들과 대화하는 것을 포함

---

63) 요더, *For the Nations*, 2, 6, 7, et passim.

했다. 이러한 다양한 언어로 하는 대화의 주제는 의도적으로 이 책 전체를 관통하여 흐른다.

제 1 부

비폭력
생명과 사랑의 사례

제 1 장

폭력의 신학적 비판

폭력에 관한 도덕적 도전의 지배적 견해는, 발생하는 많은 폭력과 그 폭력이 가져오는 논쟁이 가져다주는 형태의 기준에서 볼 때, **결의론적**casuistic이다.[1] **폭력**이라는 단어로, 우리는 폭력적이지 않은 다른 행동들과 확연히 구분되는 몇몇 종류의 예들을 분명하게 명시할 수 있다. 폭력은 이런저런 경우에서 그와 같은 폭력 행위들이 도덕적으로 정당한지 그렇지 않은지의 이유를 고려한다. 대부분은 용어들을 정의와 경쟁하는 도덕적 논쟁 방식의 비교에 의존한다. 그 방식이 우리 세계의 주된 방식이기 때문에, 나는 그 방식과 대화를 나눌 필요가 있다. 그러나 나는 상황을 더욱더 넓게 제시하고 나서 그렇게 할 것이다.

먼저 나는 성서가 말하는 자리에서, 고대의 이야기를 말하고 해석함으로써 시작할 것을 제안한다. 성서에서 말해지는 것들이 실천하기에 합당한 신학적 일들인지 설명함으로써, 나는 이전처럼 이론적 기초 작업만을 따르지는 않을 것이다. 비록 그런 논의가 신학자들 사이에서는

---

1) 이 장은 1991년 7월 29–30일 이틀 동안 엘름허스트 대학(Elmhurst College)에서 행해진 두 번의 강연을 위해 쓴 것이고, "A Theological Critique of Violence," New Conversation 16, no.3 (1995): 2–15에 실렸다.

인기를 끌지만 말이다. 나는 우리에게 편한 이야기들을 들춰내는 책의 권위를 정당화하지 않을 것이다. 비록 그렇게 해야 할 필요가 있는 순환구조가 있긴 하지만 말이다. 나는, 마치 단어의 정의가 도덕적 사태를 안정시킬 수 있는 것처럼, 폭력이라는 단어나 히브리어의 대응어에 대해 어원적 빛을 비추지 않을 것이다.

인류의 이야기는 에덴동산 본연의 순수함을 잃어버린 그 순간, 한 사람이 그의 형제를 죽인다창4장고 말한다. 요한1서는 우리에게 그 살인에 대해 하나의 이유를 말해주지만[2], 창세기는 그 이유를 말해주지 않는다. 가인은 제물을 드렸지만, 야훼가 받지 않으신 곡식을 생산해내는 것으로 보아 땅을 의지하는 농경 문화를 상징한다. 아벨은 양을 치는 유목 문화를 상징한다. 창세기에서는 왜 그들이 제물을 드렸는지 말하지 않는다. 여기까지는 제물의 기원에 대한 설명이 나오지 않는다. 또한, 무슨 이유로 야훼가 목자의 제물을 더 기뻐하셨는지에 대한 이유도 말해주지 않는다. 비록 인류학자들은 다른 제물들도 드렸을 것이라고 말하지만 말이다.

창세기 2장에서 농경 문화를 예견했을 때, 아벨이 양을 치고 있었다고 설명함으로써 창세기를 앞뒤가 맞게 만든 것은 우리를 위한 것이 아니다. 제의적으로 제물을 드리고 동물을 먹는 것은 창세기 9장에 가서야 나온다. 여기서 우리가 말할 수 있는 본문의 의도는, 인류 최초의 살인으로 말미암아 야훼께서 그의 현존으로부터 추방하셨다고 여기신 타

---

2) 요일3:11-12, 15-18, "우리는 서로 사랑할지니 이는 너희가 처음부터 들은 소식이라 가인 같이 하지 말라 그는 악한 자에게 속하여 그 아우를 죽였으니 어떤 이유로 죽였느냐 자기의 행위는 악하고 그의 아우의 행위는 의로움이라 … 그 형제를 미워하는 자마다 살인하는 자니 살인하는 자마다 영생이 그 속에 거하지 아니하는 것을 너희가 아는 바라 그가 우리를 위하여 목숨을 버리셨으니 우리가 이로써 사랑을 알고 우리도 형제들을 위하여 목숨을 버리는 것이 마땅하니라 누가 이 세상의 재물을 가지고 형제의 궁핍함을 보고도 도와 줄 마음을 닫으면 하나님의 사랑이 어찌 그 속에 거하겠느냐 자녀들아 우리가 말과 혀로만 사랑하지 말고 행함과 진실함으로 하자."

락 기사 안으로 야훼를 다시 끌어들였다는 것이다. 우리는 인류의 남은 자들 안에 있는 이러한 살인자의 위험에 대항하여 인류의 남은 자들을 보호하려는 신적 개입이 필요하다고 생각할지 모른다. 그러나 그 반대이다. 야훼는 가인이 두려워하는 모든 이유를 가진 원시사회의 복수법에 대항하여 가인을 보호하고자 행하신다. 그러나 가인이 복수법을 두려워하는 이유는 무엇인가?

1세기 전, 다윈주의를 둘러싼 논쟁의 한복판에서, 조롱 섞인 질문은 "가인은 어디에서 그의 아내를 얻었는가?"였다. 창세기에서, 인류의 남은 자들이 처음으로 언급된다. 인류의 남은 자들은 질병 또는 출산 또는 공동체를 위한 원천으로서가 아니라 위협적 존재로 언급된다. 인류의 남은 자들에 대한 첫 번째 언급은 "나를 찾는 자마다 나를 죽일 것이다"라는 것이다.3)

그것이 우리가 목적으로 삼는 **폭력**에 대한 원시적 정의定義이다. 즉, 가인의 행동에 대해 **모방할** 수 있는 사람들이 외부에 있었다는 것이다. 그들은 어느 정도는 저절로, 마치 반사작용에 의한 것처럼, 가인이 아벨에게 했던 것을 가인에게도 행하기 원할 것이다.4) 그들이 살인하지 못하도록 하는 일은 일어나지 않을 것이다. 그들에게 분명히 살인은 가인이 행함으로써 요구하는 것처럼 보일 것이다.

후대의 문화는 그들 중 대부분이 왜 이처럼 원시의 보복 행위가 도덕적으로 정당화되고, 정치적으로 실용화되고, 또 심지어 종교적으로는 우주적 배상cosmic redress의 한 종류로 요구되는지를 설명하려는 이론들을 발전시켜 왔다. 그러한 모든 이론은 경의를 표할만큼 주의를 기

---

3) 창4:14.
4) "모방하는(mimetic)"이라는 단어는 르네 지라르의 매우 창조적인 그러나 실험적인 종합으로부터 빌려온 것이다. 르네 지라르의 많은 저작은, 원시 사회의 폭력적 모방(mimesis)이 대부분 문화의 기원을 설명한다고 하는 학파를 만들어냈다.

울일 가치가 있다. 왜냐하면, 그 이론들은 일종의 도덕적 존엄성에 대한 우리 인류의 요구를 미리 질문하기 때문이다. 그 이론들은, 만일 어떤 일들이 일정한 유형 속에서 발생한다면, 그런 유형들이 어느 정도 타당하다는 신뢰를 증언한다. 그러나 여기서 나의 과제는 그러한 유형 구조를 목록화하는 것이 아니다. 단지, 각 유형들 안에 들어있을지 모르는 진리의 층을 가늠하는 정도에 그칠 뿐이다. 그 유형 중에 어느 것도 가인이 무슨 이유로 자신이 위험에 처해 있다는 것을 알았는지 설명하지 못한 채 그저 제자리만 맴돌고 있었다.

야훼 자신은 복수에는 관심이 없다. 야훼는 가인에게 아우의 피로 더럽힌 땅이 그에게 더는 소산을 내지 않을 것이라고 경고한다. 그것은 사법적 선고라기보다는 사실의 진술 이상의 것이다. 인류학 용어로 볼 때, 가인은 농경 문화에서 수공업과 도시 건축의 문화 단계로 이동할 것이다. 그러나 중요하게 여겨지는 신적 발의divine initiative는 **야훼가 보편적으로 가해지는 보복 행위에서 가인의 생명을 보호하려고 개입하신다**는 것이다. 보호의 표시는 가인의 몸에 새겨진 표시이다. 즉, 보호의 언어적 형식은 보복 행위에 대한 위협이다. "가인을 죽이는 자는 벌을 칠 배나 받으리라."5) 이 위협은 너무 엄청난 것이어서 보복은 일어나지 않을 것이다. 비록 누군가 복수하려 할지라도, 칠 배에 달하는 대가에 대한 두려움 때문에, 가인을 공격하는 사람은 없을 것이다. 이것은 극단적 수단이었지만 실행되었다. 가인은 살아남아서 도시 문화, 금속 세공업 그리고 음악의 조상이 되었다.

그러나 이 이야기의 실타래는, 가인의 먼 후손인 라멕의 자랑과 함

---

5) 창4:15. 그러한 보복을 가하는 사람에 대해서 말하는 것은 아무 것도 없다. 어느 정도 평행을 이루는 창9:5-6을 보면, 앙갚음(retribution)의 대리인은 인류이다. 그렇게 되면 가인을 죽이는 같은 사람이 그의 살인자를 죽일 것이고, 야훼가 예언하거나 공포하는 것은 가인이 대항하여 보호받을 필요가 있는 같은 모방적 보복의 단계적 확대(escalation)라고 생각하게 될 것 같다.

께 곧 무기력한 결론에 이르게 된다. 가인에겐 칠 배에 달하는 야훼의 앙갚음의 위협으로 보복이 일어나지 않았지만, 라멕을 위해선 벌이 칠십칠 배라고 자랑한다. 창4:23-24 그것은 바로 보복의 반사 반응이 그 본성대로 미쳐 날뛰는 방식임을 특징짓기에 충분하다. 그것은 면책된다고 가정되었던 예방과 보호의 기능을 깨뜨려버린다. 그리고 그 자체가 파괴의 엔진이 된다.

인류학자로 돌아선 문학 비평가 르네 지라르Rene Girard는 신화와 전설을 반영하는 '역사 이전의 단계'에서 이루어졌던 기본적 거래에서 원시문화 기원들에 관한 일반 이론에 큰 관심을 기울여왔다. 그와 같은 기본적 계약에 의하여, 계속 점증되던 보복의 순환이 폭발 직전에 중단된다. 그런 점에서 볼 때, 거래는 무고한 희생물에 대항하여 공동체의 보복 행위의 방향을 재설정해 주는데, 이는 순환구조를 사회의 평화에 대한 보증으로 바꾼다.

지라르의 이론은 나처럼 보통의 비전문가에게는 너무 복잡해서 이론이 타당한지 그릇된 것인지 알기는 어렵다.6) 그러나 어쨌든 지라르가 제시하는 이론의 끈들은 사람들에게 사실로 다가가는 인상을 준다. 지라르가 재구성한 이론은 라멕의 이야기에 잘 들어맞는 것처럼 보인다. 역사가 중단된 이래 분수에 지나친 보복 행위에 들어있는 라멕의 오만함을 유지해나가는 유일한 방법은 보복을 받아들이거나, 완화하거나, 아니면 보복 행위의 도발적 태도를 무시하지 않은 채, 자유롭게 행하도록 놔두는 방식들을 찾아보는 것이었다. 시민 질서는 개인의 폭력적 복수를 대신하여 등장한다. 그리하여 개인의 폭력적 복수를 통제하

---

6) 나는 르네 지라르의 『희생양』*The Scapegoat* (민음사 역간, 2007))의 리뷰 *Religion and Literature* 19, no. 3 (Autumn 1987): 89이하에서 르네 지라르의 논제의 간단한 캡슐(capsule)을 제안했다. 참고. 르네 지라르의 『폭력과 성스러움』*Violence and the Sacred* (민음사 역간, 2000)

고, 완화시키고, 심지어 또한 복수로 복수를 정당화한다.

나는 지라르의 원인론이 모든 유혈 사태의 방식을 설명한다는 점에는 의심을 가진다. 어떤 죽음의 형태들은 사냥이나 전쟁 안에서보다 보복의 메커니즘 속에서 덜 진화된 그들의 기원을 가지는 것으로 보일 것이다. "용사"가 누군가를 죽인 것으로 말미암아 진정한 사람으로 간주되는 문화들은 대학살의 정당성(희생자들이 대학살을 촉발시켰다고 하는 일부의 주장)을 논쟁하지 않는다. 그런 상황에서 보면, 오히려 다른 부족은 동료 인류가 아닌 것처럼 보일 것이다. 즉, 다른 부족은, 의미를 덜 지니는 존재들인, 다른 사람들인 것이다. 그들은 우리와 평화를 나누는 공동체의 일부분이 아니다. 그들의 신은 우리의 신이 아니다. 그들의 존재에는 하나님의 형상이 없다. 이처럼, 문화의 뿌리에 감춰진 폭력에 대한 지라르의 설명이, 타민족이나, 약소 계층, 그리고 여성과 어린이들 등 다른 계층의 사람들 위에 군림하려는 체제, 지속적이며 공공연한 폭력으로 다른 계층의 사람들을 지배하려 드는 체제를 얼마나 분명하게 밝혀줄지 불확실하다.[7]

그러나 여기서 나는 아마추어 인류학자의 폼을 잡으려는 것이 아니다. 지라르의 원인론이 역사 이전의 고대 역사를 상당히 정확하게 나타내든지 그렇지 않든지 간에, 은유는 매우 도움이 된다. 나는 지라르가 주장하는 종류의 논증을 만들 것을 제안한다. 다시 말해서, 고대 인류 문화에서의 유혈사건은 후대의 합리적 문화와 양립할 수 있는, 또 기능적으로 사회 질서를 유지하는 일부분으로, 아니면 신학적으로 우주적 균형을 유지하는 최선의 것으로 이해되지는 않는다. 이런 해석들은 근

---

7) Mark I. Wallace, "Postmodern Biblicism: the Challenge of René Girard for Contemporary Theology," *Modern Theology* 5, no. 4 (July 1989): 309-24. 이 책은 지라르의 접근이 누군가 생각했던 것보다 폭력, 사회, 종교의 "일반 영역 이론"을 제대로 전달할 수 없는 방법들이라고 인정한다.

대적이다. 이런 해석들은 기교적 면에서 보자면 합리적이다. 바꿔 말하면, 합리적이고 기능적으로 사회질서를 유지하고, 신학적으로 우주적 균형을 유지하는 의미를 보여주지 않는 현실 속에서 이러한 해석들은 정신적 훈련을 통하여 구조적 틀을 제공하려는, 지각능력에 부여되는 노력이다. 이것이 외국인 혐오증, 군국주의, 가부장제, 사형 제도에 반대하여 계몽이라는 미명 하에서 행해지는 우리의 투쟁들이 무엇 때문에 그 표시와는 그렇게 거리가 먼 것인가 하는 이유이다.

그러나 한편, 만약 폭력 현상이 폭력의 원인, 기능, 목적에서 합리적이지 못하다면, 그 치료도 합리적일 수 없을 것이다. 치료는 원초적이고 기본적이고 유해한 무언가가 되어야 할 것이다. 정신적으로 자기 정의를 내리고 자제하기보다는, 의미와 동기 부여의 깊이 있는 수준 위에서 행동해야만 할 것이다. **희생 제물**이 있어야 할 것이다. 무고한 자의 고난 받음이 있어야 할 것이다.

단지 그것은 고대 문화에 대한 진술이 아니다. 즉, 우리 현대 문화의 유혈사태는 어떤 경우에도 합리적으로 설명되기 어렵다. 1990년 7월부터 1991년 3월 사이에 바그다드뿐만 아니라 미국방부와 백악관에서 일어났던 일들8)에 관한 가장 널리 알려지고 신뢰할 만한 설명이, 다른 도덕적 기준들보다는 용감하게 보이려는 여러 배우들의 필요들에 더 많은 관심을 기울이도록 만든다. 어떤 설명들은 조지 부시George H. W. Bush나 사담 후세인Saddam Hussein의 정신 안에 이 필요를 드러내고, 어떤 설명들은 개개인의 대중 또는 미디어의 정신 안에 드러낸다. 다양한 설명들은 오직 결정 과정의 작은 부분이 대립되는 위험과 가치, 또는 법적 의무 조항과 금지 조항을 합리적으로 비교하고 검토했다는 데에 의견이 일치한다. 그것은 정신이 이상한 사담 후세인에게 사실이다. 그

---

8) 첫 번째 걸프 전쟁(Gulf War)은 연차 회의 때에 새로운 기억이었다.

리고 영리하고 분별력 있는 조지 부시나 노먼 슈워츠코프Norman Schwartzkopf, 미육군대장으로 1991년 걸프전을 지휘한 사령관으로 걸프전의 영웅으로 불림-편집자주도 덜하지 않다. 아마도 전쟁과 마찬가지로 학교나 가정에서 권력을 남용하는 것은 어느 정도 진실일 것이다.

그래서 폭력이 의미하는 것을 캐내려하는 우리의 접근에는 윤리학 이상의 것이 수반된다. 우리를 둘러싼 비인격적 세계 질서 안에서 더 깊은 의미를 찾아보려는 노력이 더욱 필요한지, 혹은 우리의 정신 안에서 더 깊은 의미를 찾아보려는 노력이 더욱 필요한지, 아니면 신을 닮은 인간-화난 사람에 비유될 수 있는 방법들 안에서 잘못된 행동으로 반응하는-의 판단 안에서 더 깊은 의미를 찾아보려는 노력이 더욱 필요한지, 나아가 왜 이 모든 것이 해결책이 될 수 없는가 하는 것은 우리가 해결할 수 없는 선택의 문제이다. 우리의 목적을 위해서는 **파괴적 반사 행동**이 일어나고, 폭력은 사라지지 않고 퍼져 나갈 것이라는 것을 인식하는 것으로 충분하다.

이러한 반사 행동에 처리될 수 있는 한 가지는 동시에 통제라는 것으로 정당화시키는 데 관심을 돌리는 것이다. 우리는 그것을 **주정부** 또는 **법과 질서**라고 부른다.9) 또한, 우리는 마술과 은유의 세상에 호소함으로써 폭력을 잘해내려고 시도할 수 있다. 즉, 우리는 폭력을 **성례**sacrament라 부른다. 우리는 일련의 정신구조의 틀 속에서 폭력을 움켜잡으려고 시도할 수 있다. 즉, 우리는 폭력을 르네 지라르가 했듯이, **모방**이라는 이름표를 달아주든지, 아니면 폭력을 고대 히브리인들의 눈에는 눈이라는 균형을 잡으려는 것에 비교할지도 모른다. 우리는 폭력을, 법률 이론에서 말하는 것처럼, **앙갚음**retribution 또는 **보상**compensa-

---

9) 우리는 또한 그것을 가족, 씨족(clan), 조합(corporation)(모두 가부장적임)이라고 부른다. 나는 시민 영역을 첫 번째로 명명한다. 왜냐하면, 가장 도덕적 신학은 맨위에서 시작되기 때문이다. 즉, 지배의 정당화를 확언하는 논리는 일치한다.

tion이라고 부를지도 모른다. 우리는 폭력을 **화목**expiation이라고 부를지도 모른다. 또는 한쪽으로 치우친 우주의 균형을 회복하는 것으로 부를지도 모른다. 또 다른 상황이나 분야에서 폭력은 **억제**deterrence 또는 **자기 확언**self-affirmation이 될 것이다. C. S. 루이스는 동해복수법눈에는 눈 이에는 이-편집자주은 가해자의 인간적 존엄성의 일부라고 논한다.10)

보복의 충동을 극복하려면, 십자가의 산 제물이 필요하다

얼마 전 텔레비전 뉴스 기자들기사거리를 찾는 본색을 지닌이 캘리포니아 주에서 살인자들에게 사형을 집행하던 기간에 첫 피해를 당했던 희생자 중 한 명의 아버지를 만나 인터뷰를 하고 있었다.11) 그 아버지는 사형 집행에 참관할 것을 기대하고 있었다. 그러나 그는 사형 집행의 수단으로, 살인자들이 저질렀던 살인과 같이 살인자를 추격해서 가해하는 방식이 정식으로 행해질 수 있기를 원한다고 했다. 그 이유는 "당신도 알다시피 눈에는 눈으로 해야 한다"는 것이다.

"눈에는 눈"이라는 구절은 원래 기독교 정경에서 예수가 제외시켜 놓았다. 그런데 이 구절이 모방적 파괴의 반응 행동을 당연하게 받아들임으로써 서양 역사 속에서 면면히 생명력을 이어온 점은 문화 전달의 흥미로운 뜻밖의 우연이다. 그 구절은 모세의 자료에 정확히 세 번 등장하는데, 문학적으로 절대로 중요한 자리를 차지하지 않는다. 그 세 구절 중 어느 것도 살인자들에게 사형을 요구하지 않는다.12) 그 구절들

---

10) C. S. Lewis, "The Humanitarian Theory of Punishment," reprinted in *God in the Dock: Essays on Theology and Ethics* (Grand Rapids: Eerdmans, 1972), 287-301. 루이스의 실제 사례는 가해자의 공격에 상응하는 앙갚음으로 그들을 대하는 것보다는 오히려 가해자를 "복권시키려는" 조작된 의도로 범죄자에게 임의로 융통성 있게 판결하는 사회사업가에 대항하는 것이다. 루이스는 이 논증을 사형선고에는 적용하지 않는다. 그러나 독자는 적용한다.
11) 편집자 주: 요더는 특별한 뉴스 기사를 언급한다. 그러나 설명은 시간에 구애받지 않는다.

은 다음과 같은 경우에 사용된다. 어떤 남자와 싸우다가 뜻하지 않게 어떤 여자를 죽이게 되었을 경우, 신을 모독했을 경우, 중대한 사안을 두고 거짓 증언하였을 경우 죽음에 처하게 된다. 다시 말하면, 우주적 대칭symmetry 개념이 그 고대의 시구rhymed phrases 속에 들어 있다. 그 것은 히브리 법체계가 실행되는 것과 관련되지도 않고, 야훼의 본성과 관계있는 것도 아니다.

그럼에도 불구하고, 고대 시詩는 마치 중력의 법칙이 있는 것처럼 서양 문명 속을 면면히 따라 흐른다. 르네 지라르는 중력의 법칙이 **존재한**다고 말할 것이다.

폭력 행위에 대한 사실들을 여러 설명과 규칙적 틀로 살펴본 것에 의하면, 폭력 행위의 방향을 돌리려 하거나 잘 해보려는 노력들은 공동으로 몇 가지 요소들을 지닌다.

(1) 방향을 돌리려는 노력들은 폭력 사태가 벌어지고 난 후 책임을 떠맡게 된다. 그러한 노력 중 어느 것도 상대방을 향한 복수 현상의 **기원**을 서술할 수도, 서술하라고 요구할 수도 없다.

(2) 방향을 돌리려는 노력들은 파괴적 행위의 현실이 폭력을 서술하고 정의 내리거나 설명하기 때문에 폭력이 단속되거나 제거될 수 없다는 점을 허가하고 시인하고 단정 짓는다.

필요한 반응은 폭력에 대해 **생각하는** 새로운 방법우리가 아마 적당하게 신학적 비판이라 부를 수 있는이 아니라, 폭력에 대해 **행하는** 어떤 것이다. 그 반응은 신적 판결이다. 즉, 설명이 아니고, 평가도 아니고 중재이다.

---

12) H. Wayne House and John Howard Yoder, *The Death Penalty Debate* (Dallas: Word, 1991), 133-137에 들어 있는 이 단락에 대한 리뷰를 참고할 것.

그 중재의 이름은 "예수"이다. 예수의 의미를 얼마나 잘 해석하느냐 하는 것은, 특별히 예수가 희생물이 되신 것, 우리가 끌어들이기로 결정한 폭력 문제를 어떻게 서술하느냐에 따라 좌우될 것이다. 나는 단지 이러한 서술을 몇 개만 언급했을 뿐이다. 만약 당신이 희생적 세계관의 뜻을 이해할 수 있다면, 예수는 마지막 대제사장과 마지막 희생물이 되신다. 만약 당신의 세계관이 사법적이라면, 예수는 인류가 책임져야할 형벌을 짊어지는, 남을 대신하는 피해자가 되는 것이다. 만약 당신의 세계관이 정치적 현실주의political realism라고 한다면, 예수는 로마의 사형제도에 자신의 주인을 내어준 사람들의 옹호자가 된다. 정신역동분석Psychodynamic analysis, 지라르의 심층 인류학적 방법론deep anthropological vision, 또는 페미니즘 등은 다른 방식들로 말할 수 있다. 이론적으로 시를 단순화시킨 톨스토이는 사탄의 "권세를 부서뜨리는 것"으로 말할 수 있다. 간디와 간디의 제자인 마틴 루터 킹은 우리 시대의 사회 변혁의 모델로 예수의 의미를 다시금 제시해주었다.

이렇게 관련된 (세부적으로 깊이 있고 다양한) 방식들이 지니는 공통점이란, 폭력과 관계되는 것은 폭력을 이해하는 것이 아니라 **폭력을 경험하는 것**이다. 어떤 경우에도 폭력을 억제하고자 우리의 권력을 증대시켜야 하는 식의 해결책은 없다. 우리는 게임을 하듯이 파괴적 보복 행위를 깨부술 수는 없다. 우리가 처한 상황과 우리의 특별 대화자가 던지는 정신적 의제agenda를 위해서, 우리의 요구를 명확히 나타내고자 할 경우, 우리가 어떠한 관용구를 사용할지라도, 답은 십자가이다.

1525년 8월의 어느 날, 바젤시市 성 마틴st. Martin 교구의 목사인 요하네스 하우스친Johannes Hausschyn;오이콜람파디우스(Oecolampadius)라는 그리스 이름을 사용하는 것을 더 즐기는 인문주의자이다은 아나뱁티스트라고 불리는 사람들과 대면하게 되었다. 아나뱁티스트들은 하우스친이 설교에서 아나뱁티스트를 공격한 것에 대한 답변을 하고 있었다. 그들이 이야기를 하는 동안, 취리히에서 한 사람이 와서 그 모임에 참여했다. 그는 큰소리로 다음과 같이 외쳤다. "필요한 것은 하나님의 지혜입니다. 십자가에서 경외감을 분별해내고 죽음에서 생명을 분별해내기 위함입니다. 우리는 자신을 부인하고 바보가 되어야만 합니다."

나는 폭력의 문제로 계속 씨름해오고 있다. 처음에 논의를 시작하면서 좋은 소식보다는 나쁜 소식으로 시작했다. 왜냐하면, 폭력은 우리가 해결해야 할 주제이기 때문이다. 그러나 좋은 소식은 죽음을 벗어나서 생명이 왔고 생명이 온다는 것이다. 세상의 구원은 더 약삭빠르게 경영해가거나 더 좋은 행운에 달린 것이 아니라 하나님께서 보여주신 십자가의 겸손에서 오는 것이다.

이것은 사도들의 저서를 보면, 한 부분place에 하나의 중요한 대목이 나타나는데, 낯선 통찰이 아니다. 신약성서의 주요한 흐름은 그 나름대로 예수께서 십자가의 폭력을 수용하셔서 반대하는 세력에 대한 하나님의 승리의 수단필연적이고 충분한이 되게 하셨다고 해석한다. 폭력은 단순히 해결되어야 할 문제도, 견뎌야 하는 유혹도, 간파해야 하는 신비도, 신정론에서 해결해야 하는 도전도 아니다. 사도들의 저작에서 나타난 부분이 가리키는 중요한 지점의 전부이지만, 아직 좋은 소식은 아니다. 좋은 소식은 형제의 특별함을 보복으로 응대한 가인의 후손인 우리에게 배어 있는 폭력이 우리가 구원받는 기회가 된다는 것이다. 만약 원시사회의 파괴적 보복 행동이 없었다면, 고난 받는 종도 없고, 십자가에 나타난 하나님의 지혜와 능력도 없을 것이다.

십자가의 승리가 폭력에서 구원하는 경우라고 하는 것은 희생자의 방어에서 또는 억압에 대항하여 폭력을 합법화하는 논증을 어느 정도 재고하고 갱신할 필요가 있도록 만든다. 그것이 이 글의 나머지 부분의 주제이다. 그러나 신적 경륜divine economy 안에서 파괴적 보복 행동의 장소에 대한 관찰은 단순히 화해 이야기를 설명하고 평가하는 방향으로 우리의 에너지가 향하지 않고, 화해 이야기 안에 참여하는 방향으로 향하도록 오히려 우리를 격려할지 모른다.

바울은 고린도교회에게 다음과 같이 썼다. "우리의 싸우는 무기는 육신에 속한 것이 아니요."13) 우리는 "육신의 것이 **아니라 영적인 것**"처럼 어떤 것을 계속해서 말할 수 있는 구절을 기대해야 할 것이다. 그 구절은 바울이 자신의 약함을 받아들인 것과 잘 들어맞는다. 바울의 특별한 목회 방식처럼 같은 편지를 여러 곳에서 표현했다. 그러나 그것이 바울이 말한 모든 것은 아니다. 바울은 또한 "우리의 싸우는 무기는 육신에 속한 것이 아니지만 강합니다"라고 말한다. 그 무기들은 "요새를 파괴할" 수 있다. "육신"의 반대는 **강함**이다. 만약 우리가 창세기 4장의 거대한 암묵적 가정파괴적 보복 행위는 타락한 세상의 특징이다과 맞닥뜨릴 수 있다면, 예수 그리스도의 십자가가 제의적일 뿐 아니라 **우주적**이라는 것을 우리가 명확하게 볼 수 있는 권한을 부여받을 것이다. 주정부 또는 사회 위생학social hygiene의 일반적 이론들보다 인류학적으로 더 근본적 수준에서 볼 때, 죄 없이 고난 받는 것은 복수심이 있는 충동을 넘어서는, 그리고 착취하는 기관들을 넘어서는 승리이다.

예를 들면, 나머지 산업화된 세상과는 달리, 우리 사회에서 계몽 세력은 사형 제도를 폐지하려는 노력에서 지난 20년 동안 지지 기반을 상실해왔다. 지지 기반을 상실한 이유 중의 몇 가지에는 전술적인 것도 있다. "잔인하고 유별난"아니면 반대로 바르게 법을 만들지 못하는 입법부가 원래대로 돌려놓을 수 있는 형벌을 법원이 무시한다면, 그러한 법원을 믿는 것이 긴 안목으로 보면 실수일 수도 있다. 일부 주州에서 인종적으

---

13) 고후10:4.

로, 경제적으로 불공평하게 행해지는 법의 적용은 사법적 살인이 된다. 이러한 사법적 살인에 반대하여 지난 20년간의 많은 사례를 논거로 삼는 것은 전술상의 실수가 될지도 모른다. 그러나 나는 더 심각한 실수가 있다는 인상을 지울 수가 없다.

우리는 파괴적 보복 행위를 뿌리 깊은 인류학적 정당화로 여기기보다는 오히려 파괴적 보복 행위 자체에 대하여 만족스럽지 못한 무엇인가가 있다는 암묵적 요구를 연구해왔다. 피에는 피라고 하는 중대한 요구를 과정화하는processing 방법에 대해 보복하지 않는 사회를 위한 기초를 놓으려는 대신에, 유대인들의 거룩한 삶에 대한 외경, 또는 말씀과 성례 그리고 제자도 안에서 그리스도의 십자가에 대한 기독교의 해석, 또는 정부의 절대주의를 제한하는 계몽주의 비전에 관한 것, 또는 심지어 이상以上의 모든 것의 정신역동치료 분석에 관한 것처럼, 우리는 파괴적 보복 행위를 부끄러워하는 문화를 만들려고 노력해왔다. 그와 같은 부끄러움은 새롭게 사형집행executions이라는 역효과를 낳았다.

우리는 간디와 킹이 인종 억압즉, 불쌍하게 여겨지는 폭력의 대부분 희생자는 폭력의 가해자라는 점이다에 관하여 우리에게 가르쳤던 통찰들을 주요한 형벌로 대체할 수 없었다. 가해자는 자유롭지도 않고, 통제되지도 않고, 유능하지도 않고, 남자든 여자든 자신들이 생각하는 만큼 자신에 대해 만족하지도 않는다. 이것은 백인 경찰들의 간부였던 킹이 직면했을 뿐 아니라 인도 왕실의 귀족이었던 간디가 직면했던 사례였다. 남용되는 권력이 직무나 성과 관련될 때, 권력은 거의 진리에 가깝다. 오직 우리가 우리 사회의 정신 속에서 보복의 기초적 자리foundational place의 인식을 되찾을 때만이, 우리는 새롭게 알맞은 형태로 구속의 역할을 발견하리라 기대할 수 있다.

게임물 등급 목록 Inventory of the Definition Games

기초주의foundationalism,;기정사실을 처음부터 옳다고 믿고 다루는 사고방식–옮긴이 주의 특별한 양식style으로 말미암아 대화 가운데 발생한 피해에 관해서는 우리의 주제만큼 종속됐던 중요한 주제들이 거의 없었다. 이러한 기초주의의 형태는 제자리를 찾아줌으로써 즉, 용어의 정의를 조절하는 것으로 본질의 문제를 해결하기를 바라고 있다. 그러나 내가 중요한 의미를 가지는 본문을 택하는 것은 본문이 중요한 의미를 가져야만 한다는 것이므로, 나는 여기서 **근본주의**fundamentalism를 해석학적 문제들이 전혀 없다고 간주하는 신학적 문화의 형태로 정의한다. **기초주의**는, 그 이름과 언어학적으로 평행이 되는데, 근본주의와 비슷하지만 반대되는 실수를 저지른다. 해석학적 문제들이 있어서, 우리는 어떻게 용어들을 사용해야 하는지, 지배를 만드는 논쟁의 본질로 들어가기 전에 해석학적 문제들을 해결해야만 하고, 해결할 수 있다.

당면한 주제에서, 가장 기본적이고 널리 받아들여지는 판결일반적으로 제안되는은 **합법적** 폭력과 **비합법적**illegitimate 폭력을 구별하는 것이다. 때때로 판결은 합법화된 **세력**force과 합법화되지 않은 **폭력** 사이의 구별이 필요하다. 이들 사이의 차이를 만드는 것은, 일련의 사상가들에게, 서로 다른 종류의 행동들 사이에서 나오는 차이가 아니다. 중요한 것은 정부의 권한 부여이다. 만약 정부가 같은 행위에 대해 허락한다면 세력이 될 수 있고, 정부가 허락하지 않는다면 폭력이 될 수 있다. 우리는 이런 견해를 정통주의자legitimist라고 부를 수 있을 것이다.

정의定義로 문제를 해결하는 것을 주장하는 또 다른 자들에게, 우선적 기준은 정의justice이다. 이들 중 어떤 이들은 자신을 해방주의자liberationist로 부른다. 비록 그런 호칭이 새로운 일련의 질문들을 하게 만들지라도. 해방주의자들에게, 세력은 정당하지 못한 정권에 대항하여 방향을 돌릴 때에는 정당하다. 그리고 정당하지 못한 사회 체제를 지지하거나 강요하는 폭력은 도덕적으로 거부되어야만 하는 것이다.

양당제의 경우, 비록 그들이 정치적 갈등에서 반대 입장을 취하지만, 도덕적 논리는 똑같다. 두 정당은 폭력을 정의하는 데 요점이 없다. 왜냐하면, 중요한 것은 행위가 방향을 제시하는 **목적지**이기 때문이다.14) 강요하는 능력은, 양당 모두 논하기를, 소방관의 호스에서 나오는 압력과 같다. 모두 불타는 빌딩을 목표로 하는데, 그것은 좋다. 하지만, 길 위를 대열지어 지나가는 사람을 목표로 하는 것은 나쁘다.

받아들여질 수 있는 무력과 그리고 받아들여질 수 없는 무력 사이를 도덕적으로 구별할 수 있다는 주장과 관련된 고전적 형태는 소위 정당한 전쟁 전통이다. 그리고 정당한 전쟁 전통은 정치적인 철학자들, 기독교 신학자들, 그리고 외교관들의 손에서 수천 년 동안 천천히 발전되었다. 정당한 전쟁 전통은 (전통적 기준과 맞닥뜨리게 되는) 특별한 경우에 나타나는 주장들을 평가하고자 상식적 질문들을 다양하게 던진다. 예를 들어, 확실하게 구조적 방법으로 해를 끼치는 행동이, 일부 적대자들로 하여금 다른 사람들에게 해를 끼치는 것보다 도덕적으로 더 낫다는 것인데, 사람들은 이것이 더 큰 영향을 미칠 것이라고 말한다.15) 정당한 전쟁 논증은 전통주의자와 해방주의자 모두에게 적용하기 위한 것이다. 변화될 필요가 있는 것은 **정당한 권위**legitimate authority, **비율**proportion 그리고 **필요 수단**necessary means과 같은 용어들이 지닌 내용이다.

---

14) 엠허스트 심포지엄(the Elmhurst symposium)에서 다른 사람들은 유사한 결과주의─절대 수단이 아니라 오직 목적과 관계된다는 그 도덕성에 의해서, 그리고 단순한 공리주의자(utilitarian)의 기본 원리에 의존될 수 있는─를 발표했다.

15) 그래서 아마도 해석되기를, 정당한 전쟁 규율(discipline)이 기준을 만나지 않을 때 전쟁을 금하는, 억제의 도구이다. 그 용어들을 사용하는 사람들이 모두 이러한 의도를 존중하는 것은 아니다. 나의 책 *When War is Unjust* (Minneapolis: Fortress, 1984), 42-71. 참조할 것.

또한 더욱 기대되는 일련의 정의定義와 관련된 제안들이 있다. 그 제안들은 공공연한 해악을 규정하는 것에 더욱더 앞서 나아간다. 정의와 관련된 제안들은 폭력이라는 용어에 자신의 힘으로 목적을 달성하기 위한 사람들의 가능성에 떠넘겨진, 모든 종류의 제한을 포함하라고 한다.16) 어떤 사회의 제도 안에 세워진 부정의injustice는 우리가 그 희생자들과 동일시할 수 있는 때에는 언제든지 폭력을 불러낼 수 있다. 때때로 문구는 **구조적 폭력**이다. 만약 도시 빈민굴에 사는 아이들이 몇 킬로미터 떨어진 중산층 아이들이 이용할 수 있는 보건의료전달체계에 가지 못해서 죽는다면, 그러한 아이들은 총에 맞아 죽는 것처럼 이미 죽은 것과 다름없다. 사람들은 권위주의 사회 안에서, 비록 거리는 조용하지만, 강제성을 띤 가혹한 통제가 의도를 숨긴 채 언제나 정당하다는 사실을 언급하고자 **잠복적 폭력**latent violence이라는 문구를 사용해왔다.17)

어떤 때, 다시 정의를 하려는 노력들은 당파적 정치적 청산 없이 더 큰 객관성과 분석적 치밀함을 이루려는 열망의 표현이다. 이것은 요한 갈퉁Johann Galtung처럼 평화연구학회peace studies academics의 분석에 대한 사례이다. 정의 내리기 논증의 의도는 용어가 지닌 강력한 의미 안에서 종종 더 이데올로기적이 된다. 그리고 폭력을 정의 내리는 것에

---

16) "폭력은 우리가 그리스도의 빛 안에서 이해하려고 하는 것처럼 인류 공동체의 불화로 이해될 수 있다." 폭력은 또한 "인류의 자기 완성 안에서 잠재적이고 실제적인 것 사이의 차이점의 이유로" 정의될 수 있다: Consultation on "Violence, Nonviolence, and the Struggle for Social Justice" report, Cardiff, Sept. 3–7, 1972, and report from World Council of Churches, Geneva, Nov. 1972, par. 4 and 9.

17) 같은 이름으로 모든 악들을 불러냄으로써 그 모습이 더 사실에 가깝게 만들어진 것인가? 많은 문화적 세력(수치, 두려움, 고결함, 신적 질서의 개념들)은 "폭력"이 되는 것을 봉쇄하지 못한 채, 부정의(injustice)를 더욱 악화시킨다. 많은 사회적 질서−악한 의도가 있지 않다−는 성(sex), 인종, 또는 신분에 의해서 사람을 희생시키거나 난폭하게 다룬다. 안정된 직장과 신분을 지닌 백인 남성으로서, 나는 그러한 부정의(injustice)에 때때로 무례하게 참여한다. 그러나 모든 악이 일차원적으로 "폭력"이 되고 마는 것은, 요구되는 도덕적 논증에 해(害)가 된다.

대한 논쟁은 이미 갈등 체계의 조절을 위한 전투의 일부분을 만들어낸다. 사람이라는 존재는 분석적 말로 사물을 규정하려고 한다. 그 결과, 자신과 다른 입장은 **성공적 대화에 의해서가 아니라 정의**定義**에 의해서 틀린 것이다.

이데올로기화된 정의定義가 단계적으로 확대되는 형태는 프란츠 파농Frantz Fanon;1960년대 초 알제리 독립운동을 해석했던 정신과 의사의 치료와 관련된 해석이다. 알제리에서 억압의 특별한 상황은 대부분 아랍국가가 국가 독립의 권리를 요구하는 동안에, 알제리 인구의 10분의 1유럽인의 기원인 사람들이 프랑스의 일부분으로써 국가를 관리하고 있었다는 것이다. 장 폴 사르트르Jean-Paul Sartre, 파농의 책 서문을 썼기 때문에 프랑스에서 판매가 보증됐던 사람가 날카롭게 지적했듯이, 파농의 주장은 이주민들—사람들은 압제자라고 불렀다—에 대항하여 식민지 사람이 행한 폭력은 육신적으로는 독립운동 희생자들을 위해 필요했다는 것이다. 필요성은 단지 실천적이고 정치적인 것이 아니라 치료적인 것이다.

알제리의 반란자가 나이든 유럽 식민지 이주자에게 말해야 할 것인데, 나는 당신이 나를 학대했기 때문이 아니라 당신 같은 종류의 사람들이 나 같은 종류의 사람들을 학대했기 때문이다. 그리고 내가 당신을 파멸시키려고 반란을 일으킨 것은, 나의 (총체적인) 자존감을 회복하는 데 필요한 구성요소이다. 당신이 나를 억압하는 **개인적** 죄를 범하든지 그렇지 않든지 그것은 결정적인 것이 아니다. 내가

---

18) 편집자 주: 요더는 여기에 책을 인용하는 것이 아니라, *The Wretched of the Earth* (New York: Grove Press, 1963 and 1968)에 들어있는 프란츠 파농의 메시지를 요약해서 쓰고 있다. 요더는 각주의 방법으로 설명을 한다. 다소 비인도적 형태로 비슷한 시세(prices)가 사회적 변화가 흔들리는 추에 의하여 움직여지는 곳이라면 어디에서나 요구된다. 주변화된 사람들에게 동등한 대면 장소를 제공하는 보상의 수단들은 차별의 역사 속에서 몫(share)을 갖지 않았던 사람들에 의하여 지불될지도 모른다.

19) 사회적 가치를 형성하고 강화하는 데 "오락적인" 미디어의 힘을 거의 다루고 있지 않다.

참가하는 반란uprising의 특별한 전술이 성공하든지 그렇지 않든지 간에 이 또한 결정적인 것이 아니다. 나의 정신적 해방은 자율적인 도덕적 가치이다. 당신은 노예소유주 계층의 일부분이다. 반면 이전에 나의 계층은 권리가 없었다. 그리고 이제 당신 차례이다. 내가 당신의 피를 흘리는 것은 나 자신의 인간성을 증명하는 것이다.[18]

완전히 다른 상황-그러나 한편 구조적으로 볼 때, 사람들이 생각하고 싶은 것과 다르지 않다-속에서, 실베스터 스탤론Sylvester Stallone의 영화에는 구원하는 폭력의 역할이 나타난다.[19] 람보는 최후에 수단으로 의를 위해 유한하고 균형적 수단을 사용하지 않는다. 또한, 그는 비용, 이익, 또 성공의 가능성을 고려하는 객관적 결정권자도 아니다. 폭력은 첫 번째 의지 수단이고, 불균형적이며, 이 이야기에 꼭 필요한 것이다. 영화 속에서 보면 람보 자신은 영화 초반부에 아픈 상처를 경험한다. 그리고 이 상처로 말미암아 람보는 자기의 길을 방해하는 자는 누구든지 죽일 수 있는 권리를 갖는다. 스탤론과 싸우는 다른 사람들은 다른 동기를 갖고 있을지 모른다. 그러나 불균형적 해악과 회복된 자존감 사이의 상호관계는 유사하다.[20]

개념의 혼란 밖에서 정돈하기

일반적으로 우리 현재의 상황이나 도덕적 담화discourse에서는, 한 번 더 용어들을 바꾼다고 해서 이 모든 것을 해결할 수 있는 단순하고 분명한 정답이 나오는 것은 아니다. 30년 넘게 수십 개의 어법에 대하여 광범위하게 조사할 수 있었는지 모르나, 무언가를 명확하게 하기보다

---

20) Walter Wink, "사탄의 체제와 예수의 비폭력"(한국기독교연구소 역간) *Engaging the Powers*, 45 이하를 참조하라.

는 오히려 복잡함을 문서화했을 뿐이다. 확실히 목회적 돌봄과 정신적 위생학의 관점으로 볼 때, 이미 예수에 의해 선포된 요점마5:21~22에서 가치를 발견하게 된다. 다시 말해, 동료인 인류를 멸시하는 것은 "살인만큼이나 나쁘거나" 아니면 어쩌면 살인과 같다는 것이다. 그러나 그것은 정치 윤리학에 대한 진술은 아니다. 대부분 시간 동안 나는 오히려 당신이 나를 죽이기보다는 나를 경멸하는 것을 원한다. 마찬가지로 숨어있는 구조적 폭력의 영역이 참된 것이다. 만약 폭력 영역의 영향에 민감함을 한층 고양시킨다면, 그 영역에는 도움이 된다. 그러나 다른 한편 폭력의 영역에서 살인이 그다지 나쁘지 않다는 것을 의미하는 것으로 애매하게 사용된다면, 죽음을 초래하지 않는 부정의injustices는 상당히 "폭력적"이어서, 폭력의 영역은 원래의 요점을 상실한다. 내가 할 수 있는 것은, 용어 전체의 기초적이고 한정적 의미를 검토하는 대신에, 주제와 관련하여 기초적이지 않은 일상 언어를 다시 검토해 보는 것이다. 그렇지만, 이것이 용어를 사용하는 **유일하게 옳은** 방법이라는 주장은 거부한다.

폭력은 말로 나타내는 명사이다. **폭행하다**To violate는 타동사의 의미를 지닌 동사이다. 즉, 타동사는 오직 어떤 대상과 함께 사용할 수 있다. 사람은 단순히 폭행하거나 폭력을 행사할 수 없다. 즉, 사람은 오직 누군가를 폭행하거나 아니면 무언가를 난폭하게 다룬다. 사람은 오직 어떤 가치에 대해서만 폭력을 행사할 수 있다. 그 대상은 법률, 경계, 인간의 존엄, 또는 약속이 될 수 있다. 그래서 폭력을 도덕적으로 평가하는 것은 폭력이 행사되는 가치의 진가를 평가하는 것이다. 악을 행하는 부정의한 법률이나 약속은 아마도 폭력적이 될 것이다. 사람 또는 공동체의 권리나 존엄은 그렇지 않다. 금지될 필요가 있다는 것에 대한 예외가 있다면, 이것들은 문제 속에서 가치를 고려하는, 그리고 이것들이 어떻게 불균형을 이루는가 하는 논의에 의해 정당화되어야만 한다.

그러한 경우, 주장되는 것에 관해 신중하게 생각하는 가장 책임 있는 방법은, 폭력은 피할 수 없다고 말하는 것이다. 그리고 악한 것을 고려하는 어떤 종류의 것에 의하여[21], 제거할 필요 있는 것은 폭력이 다소 이의를 제기할 여지가 있는 그런 종류의 것이어야 한다고 말하는 것이다. 그래서 다소 완화된 폭력은 정당화될 수 있는 것으로 여겨질 수 있다. 그러나 여전히 폭력은 폭력이다. 다소 완화된 폭력이 **무력**force이나 **구속**을 요구하는 것은 혼란이다. 해방이나 어떤 다른 정의justice의 형태는 폭력의 목표가 될지 모른다. 그러나 논의되는 행동은 여전히 고의로 사람들을 죽이고 있다.

평가될 필요가 있는 것, 그리고 가정된 것

평가될 필요가 있는 것은, 다른 악을 막는다거나 더 큰 선을 위해 폭력을 행사해도 되는가에 대한 논증의 도덕적 중요성이다. 나는 이것이 단어들을 정의 내리는 **유일한** 방법이라거나 도덕적 선택의 형태라고 말하는 것은 아니다. 다시 말해서, 어떤 정의들의 일부는 책임이 적은 도덕적 담화를 만드는 반면에, 우리가 도덕적 선택의 모양을 단순히 정의 내린다면 우리는 그 정의에 대하여 의미 있게 대화할 수 있다는 것을 말하는 것이다. 우리의 목적을 위해서, 살인이라는 가장 최악의 현상[22]에서 시작하는 것이 더욱더 유용할 것이다. 그다지 관심을 끌지

---

21) 이러한 언어와 계산의 방식을 사용하는 사람들에 대한 존경을 벗어나서, 나는 여기서, 에큐메니컬하게, 비록 나는 그것이 평범한 말로, 근본적으로 기껏해야 부적합하고 더럽다고 생각하지만, 두 번째 길(a second mile)을 걸어간다.

22) 살인은 명백히 인간이 서로에게 행할 수 있는 가장 나쁜 일이 아니다. 육체적 또는 정신적 고문, 집단 폭행(gang rape), 또는 노예 제도가 어떤 면에서 더 나쁜 것이 될지 모른다. 그러나 목적을 지닌 정신 관련 프로그램으로서 그러한 일들을 벌이는 것을 옹호하는 사람은 없다. 여기서 우리가 평가하는 것은 기꺼이 그리고 고의로 덜 악한 정치적 전략으로써 폭력을 선택하는 경우에 대해서이다.

않는 모든 형태를 감추려면 처음부터 의미를 확장시키기보다는, 그 현상에서 우리가 이해하는 완화된 형태를 이끌어 오는 것이 더 유용할 것이다.[23]

이제 가장 단순한 문제 제기가 폭력을 정당화시키는 것이라면, 그래서 폭력화된 가치들은 기대하지 않은 다른 결과들에 비해 그다지 무게감을 지니지 않는다는 주장을 기초로 하여, 우리는 비판적으로 충분히 고려할 수 있는 질문과 그것이 매우 고전적 질문이기에 이전부터 어떻게 생각해 왔는가 하는 수월한 질문을 갖게 된다.

폭력을 정당화시키는 것이 가장 간단한 논증이라는 것을 규정하고 폭력과 대화를 나누는 것을 계속하기 전에, 논증의 규정에 숨어있는 하부질문들이 있다. – 이 질문들에 유의하자.

(1) 폭력을 정당화시키는 것과 관련된 사실들에 대한 안내에서 우리가 매우 높은 수준의 정확성을 소유하고 있다는 가정이 있다. 이 가정은 서로에 대항하는 가치들의 교환 이미지가 폭력을 정의 내리는 만큼 사실이라는 것을 확신시키고자 가정한다. 실용 위주의 모든 계산이것은 하부유형에 속한다은 믿을 만한 예측을 만들어낸다. 전지하지 않지만 말이다.[24] 그러나 서로 다른 역할을 맡은 사람들 중 일부가 다른 사람에게 유용한 정보를 제공해 주기는 하나 서로 갈등을 일으키는 복잡하게 제도화된 상황들 안에서, 매우 높은 수준의 정확

---

23) 위에서 인용한 카디프(Cardiff) 문서의 9조(par.)에 대한 각주는 가장 범위가 넓은 정의("잠정적이고 실제적인 것 사이의 차이의 이유")가 "무익함의 요점까지 넓혀진" 것임을 제안한다. 나는 그러한 의미의 추상적 확장은 다소 유용하나, 덜 악한 것의 논증되는 결과(contested calculation)에서는 그렇지 않다고 말할 것이다.

24) "정당한 혁명" 논증에 대한 언급은, 엠허스트 심포지엄에서 행해지거나 또는 넌지시 비춰진 것처럼, 정기적으로 "단시간 안에 더욱더 나은 정권을 정착시키기 위해서 비교적 비용을 거의 지불하지 않을 수 있다고 할 때"와 같은 상황을 가정한다. 그러나 "혁명적 상황" 속에서 실제로 그러한 확신에 찬 전망이 포함하는 때를 알 수 있는 어려움에 대한 고려는 없다.

성은 장담하기가 어렵다.

(2) 사람들은 정당화된 폭력 전달자의 적법함을 확인할 수 있다는 가정이 있다. 질서 잡힌 국내 사회의 이상적 상황에서 폭력에 관한 논증이 일어날 수 없다. 즉, 지역 경찰 간부는 합법적이다. 그러나 이상적인 상황은 전형적이라기보다는 예외적이다. 갈등의 상황 속에서 의심되는 것 중 일부는 합법적이다. 종종 합법은 갈등 상황의 양쪽 모두를 위해 요구된다. 합법은 **혁명**의 바로 그 의미이다. 그러나 폭력에 나타나는 본성에 따르면, 오늘날 유럽의 절반 이상이 그런 것처럼 소란스러움fray 그 자체보다 더 이상적 적법함의 기준이나 어떤 신뢰할 만한 권위가 거의 없다.[25] 그리고 질문을 요구하지 않아도 되는 적법함의 기준이 없다.[26] 파농과 람보는 현재의 방법을 받아들일 수 없는 것이 폭력의 사용을 정당하게 해준다고 주장한다.

(3) 서로 대항하여 폭력이 가해진 서로 다른 가치들을 측정하기 위하여 어떤 방법이 존재한다는 가정이 있다. 우리가 전쟁으로 파괴한 삶은 우리가 의존하는 삶보다 가치가 부족하다. 우리가 파괴한 제도들은 우리가 창조하기로 약속한 것들보다 가치가 부족하다. **균형**proportion의 언어는, 마치 가치를 나누는 평가weighing가 어느 정도 가능한 것처럼, 고전적으로 사용된다. 그러나 폭력이 가해진 가치들은 같은 척도로 비교될 수 없다.[27]

---

25) 이것이 말해졌을 때 상당히 명백하게 바르샤바 조약 기구(Warsaw Pact goverments), 이전의 유고슬라비아, 그리고 이전 소비에트 연방(Soviet republics)의 남부 지역(southern tier)에게는 진실이었다.

26) 혁명의 상황에 대한 것으로 여겨지는 정당한 전쟁을 바꾸어 놓는 사상가들은 본질적 유사함(substantial parallels)의 존재에 대하여 옳다. 그러나 그들은 이 하나의 중대한 차이에 대해 공공연하게 그리고 에큐메니컬하게 좀처럼 자기 비판적이지 않다.

27) 가치들이 같은 척도로 비교될 수 없다는 것은 현재 논의의 요점과 동일시된다. 더욱더 깊이가 있는 신학적 비평은 현대의 호전적 성향이 살해하고 죽일 준비가 되어 있는, 국제적인 '자유', '주권', '경외', '정의' 그리고 다른 준(準)초월적 가치들이 기능상 정의 내리는 것처럼 분명치 않고 편협하고 이기적이고 그리고 우상숭배적 경향이 있다는 것을 지적할 것이다.

나는 위의 가정들이나 내부에서 비판적인 그와 같은 다른 가정들을 재고하는 것을 제안하지 않는다. 왜냐하면, 이 가정들은 정당한 전쟁 전통의 필연적 추론의 직물texture을 만들어낸다. 이 가정들은 정당한 전쟁 전통가난한 사람들을 위해 폭력을 정당화하는 전통은 하나의 적용이기 때문에의 기본적 구성요소들이다. 현재 논의되는 목적을 위하여, 나는 비록 폭력과 관련된 논증의 구성요소들이 개별적으로 논리적 질문에 종속되기 쉽지만, 언뜻 보기에는prima facie 그 논증에 대해 생각하는 많은 사람에게는 설득력이 있고, 논증에 대해 생각하지 않는 많은 사람에게는 자명한 것으로 남는다고 여긴다. 그래서 논증을 고수하는 사람들을 위한 나의 에큐메니컬적 입장 때문에, 폭력에 관한 논증은 그다지 압도적이지 않은 논리에 의해 얻은 무례함에도, 정면으로 시험받을 만한 가치가 있다.

만약 우리가 언뜻 보기에도 치명적 폭력을 가정한다면, 어느 정도 제한적으로 보면, 폭력이 원인과 권위, 균형, 마지막 의지 수단, 필수적 정당한 수단 등의 모든 토대를 접촉할 수 있다고 가정한다면, "신학적 비판"은 어디에서 시작되는가? 만약 오직 **윤리적** 비판만 의도된다면, 윤리학이 또한 신학이기에 신학적 비판은 충분하게 될 것이다. 그러나 신학적 비판은, 송영의 언어로, 다른 결말에서 나오는 것이 더 알맞다.

폭력에 맞서는 신앙을 축하하기

신조는 다음과 같이 말한다. "나는 전능하신 아버지 하나님, 천지의 창조주, 보이는 것과 보이지 않는 모든 것을 만드신 분을 믿습니다." 하나님이 전능하시다는 것은 세계 역사의 큰 맥락보다 덜 약한 것을 우리가 선택하도록 강요할 필요가 있다고 가정하는 이유와 약간 관계가 있을 것이다. 그러나 먼저, 만약 "보이는 것과 보이지 않는 모든 것"이 하나님이 만드신 것이라면, 만약 (로크Locke가 인간의 창조성에 대해 후에 자주 언급한 것처럼) 하나님이 여러 사물과 "혼합된 활동을" 하신다면, 그들은 모두 하나님의 것이다. 그것이 우리가 그것들에게 폭력을 가하지 말아야하는 이유이다. 폭력이 나쁜 것은 폭력이 가해지는 것이 주권자이신 하나님의 창조물이라는 점이다. 특별히 인류의 삶 중, (비록 신조는 그렇게 말하지 않지만) 창조물은 하나님의 "형상과 모양"을 따라 지음 받았다고 창세기에서 앞서 말한다. 나는 그런 히브리어 구절에 주어진 다양한 의미를 재고해야 한다고 제안하지 않는다. 그 구절에서 볼 수 있는 **어떤** 의미도 인간의 존엄성이나 생명에 폭력을 가하는 것은 잘못된 것이라는 사실의 일부가 되어야 한다.

폭력의 신학적 비판은, 창조주 하나님의 위엄은 공격의 영향 아래에 있다는 것을 인식하는 것에서 시작한다. 인간의 삶의 독특함을 인식하지 못한 채로, 집단 안에 들어있는 관심사들의 충돌로 말미암아 생명이 위협받는 상황을 완화시키고, 파괴하는 행위는 단지 방향을 잘못 잡은 정치학도 아니고 또한 잘못된 변수를 지닌 많은 이익을 남기는 실용주의도 아니라고 사람들은 제안한다. 다시 말해서, 이것은 모든 **신성 모독**blasphemy 중 첫 번째에 해당한다.

하나님과 이웃에게 죄를 짓는 많은 방법이 있다. 그러나 마치 가치들이 문제가 되어, 모두 같은 크기나 같은 모양인 것처럼 가치들을 모두 똑같이 만드는 것은 실수다. 어떤 사람들은 가치들을 일치하게 하여, 모든 죄를 똑같이 다루고, 다른 것보다 하나의 죄를 더 나쁘게 만들어서는 안 된다고 주장한다.28) 그러나 인류의 피를 흘리는 것은 창세

---

28) 전적 정결함, 모든 죄의 기준에 의하여—조금이라도 죄가 되는 것에 의하여—측정되는 것은 물론 양적으로 동일하다(롬14:23; 약2:10이하). 그러나 여기서의 논증은 사회적 유용성에 대한 것이지 정결함에 대한 것이 아니다.

기 9장에 따르면, 하나님의 형상에 대항하는 공격이다. 즉, 그것은 거짓말이나 절도, 탐욕, 거짓 증언을 하는 것, 또는 부모에 대한 불손을 말하는 것이 아니다. 폭력은 질적으로 다른 공격들과 구별되는 수준에 관한 것이다. 만약 다른 많은 공격이 강압적 방법이 뒤섞인 채로 점차 확대되지 않는다면, 그것은 다소 과감하지 않은 것이다. 살인을 한 다음이 아니라면, 공격 후에 사람은 희생자를 개선시킬 수 있다. 창세기 4장과 요한일서 3장에 서술하는 것처럼, 형제 살인fratricide은 죄 중 우두머리the chief이다. 왜냐하면, 하나님이 우주를 돌보는 데 자신의 동역자가 되도록 자신의 동료 인류를 만들어가는 것은 '창조의 왕관'이기 때문이다.

신조는 계속 다음과 같이 말한다. "나는 우리 주 예수 그리스도를 믿습니다." 그리고 그리스도의 행동을 묘사하는 일곱 단어를 사용한다: 나시고, 십자가에 못 박혀 죽으시고, 장사되고, 다시 살아나셨으며, 하늘에 오르시어, 하나님 우편에 앉아 계시다가, 다시 오신다. 우리의 목적을 위해서 우리는 동사들에 집중할 필요가 있다. 먼저 삼단 팸플릿과 같이, 하나님으로부터 인간을 향해 내려오는 세 가지의 동작이 눈에 띈다. 그것은 세 개의 수동태 동사신성 포기,kenosis이다. 그리고 모두 과거 시제이다. 그리고 세 종류의 승리가 있다. 그것은 세 개의 능동태 동사로 모두 과거 시제이다. 그리고 다른 동사와 늘 붙어 다니는 일곱 번째 동사가 있다. 이것은 시간의 제약을 받지 않는 현재이다. 바로 "재림하심"이다.

첫 번째 세 단어 안에 함축된 폭력의 신학적 비판은 정당한 전쟁론에 의해 전제된 자랑과 자기 정당화를 보여준다. 정당한 전쟁론은 권력의 소유를 전제한다. 그러나 그리스도인들이 첫 3세기 동안은 권력을 소유하는 방법을 생각하지 않았다. 초기 그리스도인들은, 징병으로 소집되었을 때, 그들이 임무를 행하지 않았다는 의미에서 평화주의자가 되는 것이 아니다. 징병은 없었다. 그들이 네로Nero에게 파르티아인들Parthians에 대항하여 과다한 힘을 쏟는 것을 중지할 것을 요청했다는 의미에서 평화주의자가 되는 것이 아니다. 그들도 그리고 네로도, 로크나 루소를 읽지 않았고, 일반적으로 '백성'은 특별히 이 네로에 대해 설명할 수 있는 것을 생각하지 않았다. 그러나 초기 그리스도인들은 비폭력적이었다. 초기 그리스도인들은 다른 인류의 번영함이라는 비전에 대항하여 대신 자리 잡은 신적 인류의 고결함인 그들 주님의 수난과 죽음을 보았다. 지배권력 없이 비폭력을 행하는 것은 그리스도인들에게 영광에 대한 차선의 대안이 아니었다. 즉, 그것은 **구속의 승리에 참여하는 방법**이었다.

세 단어의 능동태가 함축하는 폭력의 신학적 비판은 정당한 전쟁의 논의에서 절망의 요소를 알려준다. 폭력은 유일한 방법, 마지막 의지 수단이라고 정당한 전쟁의 일반적 의미로 말한다. **왜냐하면, 영화 화면에 선善을 행하는 배우가 없기 때문이다.** 우리는 현실적으로 불쾌한 일과 우리의 동료 창조물에 대한 죽음을 다루는 도덕적 이중 의식을 떠맡아야만 한다. 그렇지 않으면 역사는 우리의 손아귀를 벗어날 것이기 때문이다. 더구나 예수 그리스도가 부활하시고, 하늘에 오르시고, 하나님 아버지의 오른편에 앉으셨다고 고백하는 것은, 1세기에서, 역사는 하나님의 손아귀를 벗어날 **수 없다**는 것을 의미했기 때문이다.[29] "오른편에 앉으시고"에 대한 중세와 고高프로테스탄트의 단어는 **섭리를** 의미했다. 만약 예수 그리스도가 우주 위에 부왕viceroy이라면, 인류 드라

---

[29] 엠허스트 심포지엄에서 행해졌던 폭력에 대항하는 어떤 논증의 설명은 섭리 안에서 그녀 또는 그의 신뢰에 근거하여 신자는 아무 것도 행할 필요가 없다고 제안했다. 이것은 과장된 표현이다. 십자가에 달려 돌아가신 예수의 주되심 안에서 신자는 적극적이고, 희생이 많은, 그리고 위험한 일들을 많이 행하도록 부름 받는다. 그러나 신자는 선이 일어날지 모르는 악evil을 행하는 것을 선택하도록 부름 받은 것은 아니다.

마 속의 결과를 잠정적으로 보류하게 되고, 고통을 벗어난 구속적 결과들에 대해서도 잠정적이 될 것이다. 사람들은 자신들이 주장하는 폭력을 행사하여 동료 인류를 희생하면서도, 자신에게 신중해지기로 결정을 내릴 경우, 하나님이 행하시는 섭리의 가능성은 적어진다고 간단하게 결론을 내린다.

마지막 동사 "심판하러 오십니다" 안에 함축된 폭력의 비평은 세 개의 능동태 분사들부활하심, 승천하심, 하나님 오른편에 앉으심에 나타난 권위적 묘사를 옹호하는 것으로 재진술한다. 하나님의 섭리 아래에 있는 역사 속에서 지금 진행되고 있는 구속은 마지막 단어로 확증될 것이다. 하나님의 인내하심에 의하여 지금 눈감아지고 있는 악은 마지막이 될 것이다. 고난 받는 종의 길은 결국 모든 우두머리 중의 주님의 길이라는 것오늘날 우리는 눈에 보이는 것에 대항하여 믿어야만 한다으로 모든 무릎이 꿇고 분명하게 드러날 것이다.

고난 받는 종의 길은 만족할 만할 것이다. 신조는 계속 된다. "나는 성령을 믿으며, 거룩한 공교회와 죄를 용서받는 것과 몸의 부활과 영생을 믿습니다. 아멘."30) 우리의 신뢰의 중심인 인간의 친교는 단일민족 국가나 제도가 아니다. 고난 받는 종의 길은 죄가 용서되고, 죽음의 구속력이 무효로 되는 것이다. 이러한 고난 받는 종의 길이 주된 새로운 신학적 단언은 아니다. 그러나 이러한 고난 받는 종의 길은 폭력이 질서를 벗어난out of order 세계의 우리 비전 전체론holism을 완성한다. 이 세 번째 문장은 부록으로만 여기기에는 적합하지 않다. 이런 구체적 화해와 공동체의 모든 것은 성령성부나 성자보다 신격이 덜 하지 않다의 사역이다.

---

30) 편집자 주: 이것은 니케나 신조(Nicene)나 사도신경의 정확한 인용이 아니다. 그러나 우리가 가진 신조의 정확한 요약이다. 내가 생각하기에 그것이 요더의 의도이다. 그것이 사도들의 신조를 표현하는 데 더 가깝다.

윤리학에 앞서서 송영7개의 동사를 설명한 것–옮긴이 주을 집어넣은 나의 요점은 문화윤리학특별히 사회윤리학 안에서 아주 빈번하고 교묘하게 축소되는 의미를 찾아내려는 것이다. 다시 말해서, 고통을 최소한으로 감내하면서 우리는 어떻게 역사가 흘러가는가 하는 결정론의 이해에 기초하여 비용과 유익을 계산한다. 그리고 경건의 자리는 우리가 피할 수 없는 고통과 함께 사는 것을 돕는다.[31] 만약 당신이 웨슬리언에 더 가깝다면, 당신의 따뜻한 마음은 당신이 더 열심 내도록 만들 것이다. 만약 당신이 칼빈주의자에 더 가깝다면, 예정에 대한 당신의 확신은 당신이 더 열심 내도록 만들 것이다. 만약 당신이 루터란이라면, 하나님의 용서하심에 대한 당신의 신뢰는, 마찬가지로 당신이 정당하게 행하도록 만들어 줄 은혜의 역설에 의하여, 당신이 필요 이상으로 열심히 노력하는 것을 멈추도록 만들 것이다. 위의 모든 것을 위하여, 교리와 영성은 윤리학의 상황이나 분위기에 도움이 된다. 그러나 윤리학의 본질에는 도움이 되지 않는다.

우리 신앙의 선조인 사도들에게, 사회 안에서 신앙생활의 형태는 그런 의미에서 파생된 것이 아니었다. 그들은 극단의 환경 속에서 살인의 찬반양론을 논의하는 자리를 결의론의 한 구석진 곳에 갖고 있지 않았다. 그들은 새로운 세상그런 구석진 자리가 없는에서, 그리고 그 안에 들어가 살고 있었다.

예수와 폭력의 정치학

해설 하나 더. 나는 지금까지 복음서에 나타난 예수의 인간적 생애

---

31) "복음의 좋은 소식은 우리가 서로 사랑해야만 한다는 율법이 아니다. 좋은 소식은 … 우리 자신의 영혼 안에 있는 모순을 극복할 수 있는 신적 자비의 근원이 있다는 것이다. … 이러한 용서의 교리 안에서 … 기독교는 죄의 전적인 심각함을 측정한다. …" 라인홀드 니버, "Why the Christian Church Is Not Pacifist," 2.

에 대해 아무것도 말하지 않았다. 왜냐하면, 신조는 예수의 생애를 말하지 않기 때문이다. 신조는 베들레헴에서 골고다로, 마리아에서 빌라도로 갑자기 옮겨간다. 그러나 물론 복음서는 그러한 건너뜀을 하지 않는다. 아니면 실제 이야기를 하지 않는다. 만약 그 사이에 이야기가 있지 않았다면, 신조도 없었을 것이다. "낳았다"begotten라는 동사에 나타난 인간 세상을 향한 신적 개입 때문에, 그 사이에 이야기내가 지은 이름인 예수의 정치학32)에 적합한가 있어야만 했다. 해방자 여호수아의 이름을 따서 천사의 명령에 의해 이름 지어졌고, 해방자로 지명된 것liberator-designate을 동방박사에 의해 축하받게 되었고, 그리고 똑같은 이유로 헤롯에 의해 대학살을 위한 목표가 되었기에, 예수는 다른 사람들과는 달리 폭력의 유혹에 당면했었다. 우리의 자료들에는 예수가 욕심을 내고, 훔치고, 거짓 증언을 하고 또는 우상숭배를 저지르고자 하는 마음으로 기울어졌다는 정보는 가지고 있지 않다. 그러나 광야에서의 첫 번째 시험에서부터 동산 안에서 마지막 시험까지, 그의 끊임없는 유혹은 공의로운 왕권의 행로를 시작해야만 한다는 군중과 심지어 일부 제자의 간청이었다.

복음은 폭력을 극복하는 것도, 폭력을 비합법화하는 것도 아니다

폭력은 어떤 다른 것과 같은 선상에 있는 죄가 아니라는 것을 우리는 이미 이야기의 다른 결론에서 보았다. 예수에게 폭력은 어떤 다른 것과 같은 유혹이 아니었다. 예수는 폭력을 금하지 않았다. 왜냐하면, 예수는 살인범죄에 대해서 양심적이었기 때문이다. 역사적으로 불가능

---

32) 『예수의 정치학』(IVP 역간, 2007)은 그 시대의 학자들의 의견에 기초하여 복음의 사회-윤리적 의미를 다시 생각해보았다. 과거 이십 년 동안 다른 사람들은 같은 주장을 했다. 그들이 그것을 나에게서 얻었기 때문이 아니라 우리 시대의 의제에 직면하여 많은 학자가 같은 메시지를 알아차리지 못했기 때문이었다.

한 것같이 아주 절대적으로 조건 없는 사랑을 구체화한 만화 인물처럼, 예수는 산상수훈의 (라인홀드 니버가 1930년대에 해석한 것처럼) 과대한 논리에 충실하려고 정치적 타당성의 규모를 가늠하지 않았다. 예수는 약함이 아니라, 강함의 사회적 대안 전략으로 십자가를 택했다. 바울이 후에 같은 시대의 사람들에게 쓰는 것처럼, 하나님이 폭력에 대해 궁극적으로 행하시는 것은 바로 하나님의 지혜와 권능이었다.

폭력의 사례로 나온 고전적 비판 의제를 되풀이하는 가운데, 나는 폭력이 오용되는 것을 눈치 채지 못한다고 여겨지기를 원하지 않는다. 그 오용은 내가 앞서 간단하게 언급했던 복음의 주제들로부터 만들어질 수 있다. "통치권 없이 행하는 것"으로 위에서 내가 언급했던 것은, 하나님이 통제하신다는 주장의 근거에서 악한 체제를 수용하는 잘못된 방식으로 인해 뒤틀려질 수 있다. 고난 받는 종 됨은, 자발적이 아닐 때, 병리학적인 것이 될 수 있다. 섭리를 신뢰하는 것은 수동성으로 뒤틀려질 수 있다. 폭력 안에서 **독특하고** 파괴적 특성을 식별하는 것 때문에, 우리는, 피를 흘리는 것이 없이 서로에게 상처를 주는, 보이지 않는 모든 방법을 식별해낼 수가 없다. 이러한 십자가의 모든 왜곡[33]은 경건이 없는 윤리학, 교회론 없는 사회 윤리학, 복음 없는 율법을 행하는 노력으로 연결된다.

폭력을 위한 정당화의 재고는 폭력의 인류학적 기원의 해석이 끝나는 곳에서 끝난다. 폭력은 문제를 가져왔고 우리의 비판을 이끌어 냈다. 왜냐하면, 다양한 종류의 근거 위에서 어떤 사람들은 폭력의 사용

---

33) 아마도 정당하다고 이름 붙여진 모든 오용의 이면에 있는 근본적 왜곡은 십자가를 설교하는 것이 가부장 제도와 조화를 이룬다는 인식일 것이다. 이런 특별한 이슈는 특별히 엠허스트 회의에서 눈에 띄었다. 이러한 종류의 가부장제도는, 그것에 관해 의식하는 의도가 호의적이라는 점에서, 람보와 슈바르츠코프(Schwarzkopf) 패턴과는 다르다. 그럼에도, 나는 개인적으로 그와 같은 좋은 의도들이 오용된 관계성을 이끌 수 있다는 것을 경험했다.

을 옹호하기 때문이다. 그러나 복음은 폭력 극복에 대한 것과 마찬가지로 폭력의 비합법화에 대한 것이 아니다. 부분적으로 폭력의 도덕적 요구들을 탈신화화하여 해석함으로써, 부분적으로 폭력과 친밀한 단어로 폭력과 대면하는 것을 거부함으로써, 부분적으로 폭력을 도덕적 노력의 다른 것보다 더 인정이 있는 전략들과 전술들로 대체함으로써, 부분적으로 순수하게 고통을 당함으로써, 그리고 부분적으로 용서와 공동체의 특별히 회복시키는 근원들에 의하여 우리는 폭력을 극복한다. 그러나 그렇게 대항하는 모든 근원은 파생적이다. 근본은, 폭력은 수난의 사건 때문에 심판 받는다동사의 깊이 있는 의미에서 비판된다는 것이다.

우리는 십자가, 부활, 승천, 그리고 성령의 부으심에 참여함으로써 심판에 참여한다. 그래서 우리가 신자들이 함께하는 삶에 참여하는 것은 말할 필요가 없는 것이다. 현재 우리의 연구를 위해 중요한 것은, 우리가 우리의 상처 난 세상을 위한 노력의 범위 안에서 어느 정도 같은 과정에 참여할 수 있도록 심판을 은혜로 충당하는 것이다.34)

---

34) 이 논문에서 가장 중요한 생략은, 엠허스트 심포지엄 행사의 종합적 프로그램 작성에서 그러했던 것처럼, 하나님 백성의 에토스와 범위가 더 넓은 사회의 에토스 사이의 관계성에 대한 연구였다. 성서적으로 두 개는 비록 나뉠 수는 없지만 구분되어야만 한다. 유세비우스(Eusebius) 이래로 그것들은 커다란 희생을 치르면서도 잘못 구별되는 경향이 있었다. 나의 글 "The Constantinian Source of Western Social Ethics" in *Priestly Kingdom*, 135-47.을 참조할 것. 다음 책은 믿음의 공동체가 패러다임이 되고자, 또는 세상의 갱신을 위한 안내자 연구 계획pilot project이 되도록 어떻게 부름 받았는지 설명한다. John Howard Yoder, Doug Gwyn, George Hunsinger, and Eugene Roop, *A Declaration on Peace: In God's People the World's Renewal Has Begun* (Scottdale, PA: Herald Press, 1991). 또한, 나의 책 『근원적 혁명』 (대장간 역간, 2011) 153-76쪽도 참조할 것.

제 2 장

복음 갱신과 비폭력의 근원들*

대부분 종교 간의 만남은 다수의 문화 종교 사이에서 일어난다. 그와 같은 대화의 참여자들은, 특별히 서양 문화 세계 안에서, 크리스텐둠Christendom;기독교국가의 주류 종교적 형태에 대한 공통의 지식을 나누는 것이라고 가정될 수 있다. 크리스텐둠은 사람들이 급진적 개신교가 무엇인지 오해하도록 하는 경향이 있다. 그 결과, 나는 먼저 서양 기독교 역사에 나타난 특별한 현상을 묘사하는 **급진적 종교개혁**radical reformation이라 불리는 것이 의미하는 바를 명확하게 할 필요가 있다.[35]

급진적 종교개혁은 되풀이할 수 있는 현상, 바로 신드롬이다. 급진

---

* 이 글이 쓰인 상황은 1984년 5월 2-4일에 있었던 비폭력의 종교적 근원들이라는 주제에 대한 컨퍼런스를 위해서였다. 그 행사는 스토니 브룩에 있는 뉴욕주립대학교의 연구센터가 주관했는데, 연구 대상의 우선적 영역은 아시아 종교들로, 컨퍼런스의 전체적 틀은 그리스도인들 이외의 더 넓은 범위를 포함하기 위함이다. 이것은 *Faith and Freedom*(Australia) vol. 4/4 (December, 1995) 5-10에 개정 출판되었고, 본서에 포함시키기 위해 1997년 2월에 편집했다.

35) "급진적 종교개혁"이라는 명명은 조지 헌스턴 윌리엄스(George Huntston Williams)의 책 *The Radical Reformation*(Philadelphia: Westminster, 1962; 3rd edition, Kirksville, MO: Sixteenth Century Journal Publishers, 1992)에 의해 유행된 것이다. 가장 대표적인 운동의 역사는 도널드 F. 던바우(Donald F. Durnbaugh)의 책 『*The Believers' Church: The History and Charater of Radical Protestantism*』(New York: Macmilan, 1968; Scottdale, PA: Herald Press, 1985)에 나와 있다.

적 종교개혁은 선조들의 행동에 대해 생각하는 행동가들 없이 서로 다른 시간과 장소에서 다시 일어난다. 조지 폭스George Fox는 피터 왈도Peter Waldo를 거의 몰랐다. 톨스토이는 그가 나중에 체코 형제단Czech Brethren에 대해 삶을 통해 배웠을 때 놀랐다. 급진적 종교개혁가들은 그들이 앞선 어떤 종교개혁을 반복하고 있다고 좀처럼 생각하지 않았다. 그럼에도, 다음 요약에는 급진적 종교개혁가에 관한 권위를 부여해 주는 공통된 특색들이 있다.36)

그런 모든 운동과 연관된 일반적 특색은 재형성의 개념이다. 그것은 두 개의 필수요소를 포함한다. 첫째, 형태가 중요하다는 확신이 있다. 종교적 현실은 사물들의 구체적인 역사적·제도적 모양을 피하거나 무시하거나 배제하거나 또는 분리함으로써 더 확실하게 다루어지는 것이 아니다. 이것들은 신앙의 고백처럼 언어적 형태, 감독제도episcopacy와 같은 제도적 형태들, 또는 함께 빵을 나누는 것과 같은 의례적 형태들이 될지도 모른다. 형식적이고 인지적인 것을 과소평가함으로써 종교적 진정성을 고양시키려는 플라톤적이고 영지주의적 시도는 다시 공식화하는 것, 소생시키는 것, 또는 재확언시키는 것으로 이끌지도 모른다. 그러한 시도는 어느 정도 선을 행하는 것일지 모른다. 그러나 종교

---

36) 윤리학에서 급진적 종교개혁 입장에 대한 일반적인 요약을 보고자 한다면, 나의 책 *Priestly Kingdom*, 105-34를 보라. 수 세기를 가로지르는 일련의 종교개혁 사건들이 일정한 유형을 따른다는 개념에 대한 설명을 보기 원한다면, 나의 글 "The Free Church Syndrom" in *Within the Perfection of Christ: Essays on Peace and the Nature of the Church*, ed. Terry L. Brensinger and E. Morris Sider (Nappanee, IN: Evangel Press, 1990), 169-76을 보라. 전체적 운동의 알맞은 일반적 내러티브 역사는 존재하지 않는다. 그러나 스위스 운동의 가장 초기 시절은 Fritz Blanke, *Brothers in Christ: The History of the Oldest Anabaptist Congregation* (Scottdale, PA: Herald Press, 1961) 안에서 생생한 방법으로 설명되었다. *The Sources of Swiss Anabaptism*, ed. Leland Harder (Scottdale, PA: Herald Press, 1985)은 가장 믿을 수 있는 문서들을 연구했다. 가장 완전한 최근의 개요는 C. Arnold Snyder, *Anabaptist History and Theology* (Kitchener, ON: Pandora Press, 1995)이다. 편집자 주: 또한, John Howard Yoder, *Anabaptism and Reformation in Switzerland* 안에 들어있는 요더의 초기 연구의 해석을 보라.

개혁으로 이끌지는 못할 것이다.[37]

둘째, 무엇인가 잘못되었고, 형태들이 바뀔 필요가 있다는 확신이 있어야만 한다. 변화에 대한 이유는 다양한 방법으로 진술될 것이다. 또한, 기준-과거에 충실한지, 아니면 현재에 적합한지, 형식상 성서, 성직자 안에 있는지, 아니면 시장 측량법에 있는지-이 있어야만 한다. 그러므로 변화를 향한 압력과 받아들여질 수 있는 변화를 위한 기준이 임의대로 혹은 모호하지 않은 채 정의될 수 있다. 어느 정도 그와 같은 기준이 없이는 종교개혁이 있을 수 없을 것이다.

급진적이어야 할 종교개혁을 위하여, 또 다른 한 쌍의 보충적 필수 요소가 필요하다. 첫째, 현재의 매개들은 자신을 개혁해야 할 것으로 간주하지 않는다. 존재하지 않아야 하는 구조는 그 자체를 고쳐야 할 것으로 여겨질 수 없다. 만약 중세 교회에서 잘못된 것이 교황직이라고 한다면, 교황은 급진적 종교개혁의 도구가 될 수 없을 것이다. 그래서 필요한 변화는 새롭고 더 적합한 단계에 대한 유기적 발전도 아니고, 또 기본적으로 적합한 구조를 다시 갈고 닦거나 개조하는 것도 아니다.[38] 아무튼 급진적 종교개혁은 새로운 시작이어야 한다.[39]

둘째, 따라서 그런 더 급진적인 새로운 시작은 더욱 급진적 기준을

---

[37] 전체 그림을 놓고 볼 때, 이 부분은 보이는 것만큼 절대 자명하지 못하다. Gerhard Ladner, *The Idea of Reform: Its Impact on Christian Thought and Action in the Age of the Fathers* (Cambridge, MA: Harvard University Press, 1959)는 중세 사상의 신플라톤적 근원이 크리스텐둠의 비평가들을 비형태적 판단들 때문에 회복하지 못했던 치료법cures으로 어떻게 광범위하게 이끌었는가를 설명한다. 역사가들이 "정화하는 것"이라고 부르는 입장들이 알맞은 형태에 대하여 관심을 가지는 것은 그것이 내부적으로 우선권이 주어지지 않았기 때문에 정의 내리기에 의하여 급진적이지 않았다는 것을 정기적으로 주장했다. 참조. 나의 책 *The Royal Priesthood* (Scottdale, PA: Herald Press, 1994), 69-72, *Priestly Kingdom*, 68이하.

[38] 최근 세대 중 가장 유명한 급진적 종교개혁 비전의 해석자 중 한 명인 프랭클린 리텔(Franklin H. Littell)은 "개혁"과 "회복"의 이상적 유형 개념들 사이를 구분하면서 이 점을 요약한다.

[39] 참조. 나의 글 "Radical Reformation Ethics in Ecumanical Perspective" in *Priestly Kingdom*, 105-22.

요구한다. 사상의 시장, 또는 동시대성, 타당성과 관련된 단명적인 읽기는 새롭게 시작할 수 있는 충분한 명료함을 통하여 현재를 판단하는 데에 충분하지 못할 것이다. 오직 원래의 선언문불성실한 개혁이 포기했던으로 복귀하는 것만이 새로운 시작을 위한 더 강화된 조치를 제공할 것이다.[40] 고대의 선언문을 의지한다고 해서 골동품 애호가가 될 필요까지는 없다. 또한, 계속적인 역사 변화를 거부할 필요도 없다. 그러나 급진적인 새로운 시작은 종교개혁을 경험하도록 자극하는 운동이 역사 안에서 규범적 토대를 지닌다고 단언한다. 그리고 급진적 종교개혁은 기존 질서를 거부할 수 있고, 그래서 재확언할 수 있다.

종교개혁과 급진적 종교개혁 사이의 구분은 두 개의 표본에 의하여 예증될 수 있다: (1) 프란체스코 수도회Franciscan와 왈도교도Waldensian 사이의 차이, (2) 16세기 종교개혁에서 시민 정부의 역할.

아시시의 성 프란체스코의 비전과 관련된 아름다운 신약성서의 급진성이 확실히 있었다. 성 프란체스코는 가족과 경제의 문화적 유형을 깨뜨렸다. 그는 그의 삶과 그의 형제들의 삶을 복음서에서 예수의 모델에 의해 완전히 "고쳐 만들었다." 그러나 그는 그의 모든 이웃 편에서 회개를 요구했던 그의 방법이 그리스도인의 **바로** 그 방법이라고 주장하지 않는다. 구걸을 실천하면서, 그는 바른 양심을 유지하려고 물질적 재산을 가진 사람들에게 구걸할 수 있도록 만들었다. 제3의 규율을 만들어 냄으로써, 그는 독신이 모든 사람을 위한 것이 아님을 분명히 했다. 로마의 허가를 간절히 원하고, 허가받는 것그리고 존경받는 것에 의하여, 허가를 용인할 수 있기보다는 튼튼히 지어진 교회라는 배를 전복시키려고 하지 않았다. 이것으로 볼 때, 성 프란체스코는 피터 왈도Peter Waldo와 달랐다. 비록 왈도 또한 교황의 은총을 간청했고, 임종 시에 교

---

40) 참조. "The Authority of Tradition" in *Priestly Kingdom*, 63–79, 특히 69이하.

황의 은총을 받았다고 분명하게 믿었지만, 왈도는 지역 주교들의 규율에 복종하여 설교자들을 억지로 순환하도록 강요하는 것을 거부했다. 그래서 프란체스코주의Franciscanism는, 프란체스코주의의 개혁상의 단순성으로 인해 흡수될 수 있었을 것이다.

자국어로 복음서를 설교하는 왈도의 메시지와 전달 방법은 실제로 달라지지 않았다. 문화적 상황도 같았다. 그러나 영적 훈련으로써 구걸하기보다는 손으로 직접 일하고 다른 사람들의 도움을 받아 사는 가난을 중심에 놓음으로써, 왈도교도들은 부富에 인질이 되는 것을 피했다. 1184년에 왈도교도들에 반대하여 공포된 교서에 경의를 표하는 것을 거부함으로써, 교황이 잘못 알 수도 있다는 분명한 근거 위에서, 그들은 진정한 복음을 설교하는 소명을 동시대의 신실하지 못한 교황제도보다 위에 놓았다. 비록 왈도교도들이 공격을 피할 수 있을 만큼 교황의 간섭에서 멀리 벗어나지는 못했지만 말이다.

16세기에, **관료적**magisterial, 41) 종교개혁가들은 명확하게 그리고 용감하게, 자신들이 잘못이라고 생각했던 후기 중세 가톨릭적 종합 요소들성례전의 신학, 구원의 신학 그리고 주교의 사법권을 공격했다. 그러나 종교개혁가들은 1세기와 그들의 시기 사이에 발생했던 대부분 변화에 이의를 제기하지 않았다. 그들은 교회 생활에서 시민 정부의 권력과 지방 시민 정부의 관심사들에 봉사하는 교회 지도자들의 헌신만을 확언했을 뿐만 아니라 고양했다. 그들은 또한 정당한 전쟁 전통을 확언했다. 즉, 종교개혁가들은 평화주의를 이단적이라고 선언했다.42) 16세기 대안은, 15

---

41) 관료적이라는 단어는 조지 헌스턴 윌리엄스(George Huntston Williams)에 의해 유포되어졌는데, 왕정 장관(우리가 국가라고 부르는 것)의 개념과 규범적 가르침을 합친 것이다.

42) 종교개혁가들의 정당한 전쟁 유산의 승인에 대한 이중 의식은 나의 글 "The Reception of the Just War Tradition" in *History of European Ideas* 9 (1988):1-23에서 충분하게 상세히 설명된다. 그리고 *When War Is Unjust*, 19-24에서 더 간단히 설명된다.

세기와 17세기에도 그랬던 것처럼, 그 시대의 논쟁자들이 불렀던 **아나뱁티스트**이다. 즉, 개혁에 모범을 보이도록 시민 정부의 권위에 첫 번째로 도전하고, 루터, 츠빙글리, 칼뱅 그리고 영국국교회Anglican divines가 이의를 제기하려고 하지 않았던 세속에 있는 다섯 가지의 일치의 요소를 계속해서 논박했던 운동이다.

이제 이러한 가장 단순한 문제 제기가 정당화될 수 있는 폭력에 관한 것이라면, 우리의 관심은 급진적 개혁에서 비폭력의 회복과 함께하는 것이다. 비록 더 폭넓은 종교개혁의 상황 속으로 관심을 두는 것이 필수적이지만 말이다. 급진적 종교개혁가들이 공격해야만 했던 것을 알아보고자, 나는 비판해야 할 필요가 있는 것을 식별해야만 한다. 초기 교회 시기에 왜 전쟁은 그리스도인들에게 수용되어졌는가?

초기 그리스도인들이 점차적으로 카이사르의 전쟁43)을 거부하지 않게 된 데에는 많은 원인이 서서히 만들어졌기 때문이다. 비록 콘스탄틴적 전환이 가장 중요한 이유이지만 말이다.44) 신자들의 작은 동맹을 만드는 대신에, 그들 각자는 제자도를 위임하기 전에 비용을 계산했는데, 계산했던 모든 사람은 이미 그리스도인이었다. 이교도나 유대인이 되는 것은 그 당시 많은 대가를 치러야하는 것이었기 때문이다. 모든 사람이 그리스도인이 된 이래로, 그리스도인의 도덕성은 "모든 사람"의 능력과 동기 수준에 맞게 재단되어야만 했다. 그들의 부활하신 주님

---

43) 초기 그리스도인이 평화주의자였는지 아닌지에 대한 논쟁은 윤리 역사가들 가운데 계속된다. 나는 그 문제에 대하여 "War as a Moral Problem in the Early Church," in *The Pacifist Impulse in Historical Perspective*, ed. Harvey L. Dyck(Toronto: University of Toronto Press, 1996), 90–110. 그것은 부분적으로 의미론적 트집 잡기이다. 여기에 나는 의도적으로, 어떤 역사가도 부정하지 않는 사실인, 그리스도인이 카이사르의 전쟁을 거절했다고 썼다. 그 논쟁은 그들이 그렇게 한 이유가 정당한가에 대한 것이다. 편집자 주: 또한 요더의 초대 교회에 대한 강의인, 그의 책 *Christian Attitudes to War, Peace, and Revolution*의 3장을 보라.

44) 참조. "The Constantinian Sources of Western Social Ethics" in *Priestly Kingdom*, 135–47

이 그분 자신의 때와 방법으로 역사에 승리의 결론을 가져올 것을 기대하며 기다리는 대신에, 그리스도인들은 로마 황제와 하나님이 동맹자라는 것과 역사의 진보는 로마의 보병군단에 의하여 집행된다는 것을 알았다. 때때로 이것은 그리스도인의 전쟁이 모세의 전쟁과 같이 거룩한 이유를 지닌 성전聖戰임을 의미했다. 비록 때때로 그리스도인들을 위한 것이었지만, 평범한 마키아벨리적 탐욕이었다. 때때로 이상적이었지만, 정당한 전쟁 억제의 개념들과 주교들에 의해 조정된 평화만들기는 전쟁으로 인한 파괴를 누그러뜨렸다. 그러나 원칙적으로 그것이 사람들이 기대했던 최선의 것이었다.

크리스텐둠의 종합은 단순하지 않았다. 그래서 적당한 비판도 단순하지 않았다. 적어도 신학적으로 구분될 수 있는 세 개의 형태가 있었다.

좋은 소식

급진적 개혁가들은 사회학자들처럼 자리를 잡지 못했고, 콘스탄틴주의자들이 내리막길을 걷게 된 요소에 대해 여러 다른 비판을 쏟아놓았다. 그러나 급진적 개혁가들이 사용했던 단순한 복음 근원들은 체제에 의문을 제기하기 위한 지렛대를 제공했다. 신약성서를 의지하는 것에 대한 계속되는 비판적 영향은 도식적으로 다음 주제들^{복음서의 독자들}이라면 피할 수 없는 속으로 순화될 수 있었다.

(1) **프란체스코주의자 예수.** 사람들에게 가치 있는 것들을 남겨놓고 새로운 삶의 방식으로 예수를 따를 것을 요구하는 가난한 순회전도자.

(2) **종말론적 랍비 예수.** 하나님의 다스림 아래 인간적 상황의 성취된 이해를 가르치는 사람. 예를 들어, (a) 율법은 성취되었다. 그래서

살인하지 않는 것은 미워하지 않는 것으로 급진적이 된다. 네 이웃을 사랑하는 것은 네 원수를 사랑하는 의미로 급진적이 된다. 그리고 복수를 제한하는 것은 복수를 단념하는 것으로 급진적이 된다.[45] 그리고 이 모든 것은 율법이 "당신의 아버지" 하나님의 본성에 부합한다는 근거 위에서 유효하다.[46] (b) 악을 일으키는 악마의 사슬은 이런 대안적 이해에서 생기는 새로운 대안 행동의 이슈에 의하여 끊어진다. (c) 물질적 필요 때문에 하나님을 신뢰할 수 있듯이, 자신을 변호하기 위해 하나님을 신뢰할 수 있다.[마6:25-34]

(3) 비폭력 해방자 예수[47]

(4) 희생 당하신 어린양, 그의 제자들이 본받도록 부름 받은 고난 받는 종 예수.

(5) 다시 사신 우주의 주キ 예수. 우리가 세상을 다스릴 수 없을 때 예수의 세상에 대한 궁극적 통치를 믿을 수 있다.

유대교의 유산

중세 시대 이래로, 유대교는 초기 그리스도인들의 로마제국에 대한 태도가 충성스러운 유대인의 태도에 지나지 않았다는 사실을 종종 무시하는 반면, 오늘날 우리들은 자신들의 모습을 돌아보는 데 매우 익숙하다.[48] 다음에 나오는 다섯 가지 요점이 예증하는 것처럼 말이다. 위

---

45) 이렇게 율법을 성취하기 위한 주장에 살을 붙이는 것은 물론 마5:21-48에 가장 단순하게 나타난다. 참조. "The Political Axioms of the Sermon on Mount" in 나의 책 『근원적 혁명』, 56-75쪽; 또한, "Jesus' Life-Style Sermon and Prayer" in *Social Themes of the Christian Year: A Commentary on the Lectionary*, ed. Dieter T. Hessel (Philadelphia: Geneva Press, 1983), 87-96. 편집자 주: 후자의 글은 "The Moral Axioms of the Kingdom Coming," in *To Hear the Word* (Eugene, OR: Wipf & Stock, 2001), 28-38으로 재출판되었다.

46) 모델이신 하나님께 호소하는 것은 마5:45과 눅6:35에서 가장 단순하다. 그것의 범위가 더 넓은 관련성은 나의 책 『예수의 정치학』Politics of Jesus, 개정판, 7장, 201-35쪽의 주제이다.

47) 예수가 정치적 인물이라는(51-111쪽) 방법과 그리스도인들이 그를 본받을 것을 요구하는(201-35쪽) 많은 방법들에 관하여 『예수의 정치학』를 보라.

에서 언급한 예수에 대한 각 초점의 주제는 철저하게 유대교적이다. 우리가 더 넓은 범위의 사회역사적 틀 안에서 예레미야 이래로 유대민족의 비폭력을 해석하는 쪽으로 방향 잡을 때, 그 주제는 디아스포라와 회당의 유대교적 사회학에 적합하도록 독특하게 맞추어진 유대교의 세계관에 의존한다.49)

(1) 모든 인간의 생명은 신성하다. 즉, 피는 한 분 하나님에 의해 주어진 생명의 현존이고, 오직 하나님만이 그것을 가져갈 수 있는 권리를 부여받았다. 피 흘림은 어느 것이나 산 제물이다. 기독교가 발흥되기 전 오랫동안, 유대교의 성인들과 현인들은 증거에 관한 더 주의 깊은 규정들을 통하여, 그리고 편견과 이기주의의 위험들에 대항하여 경고함으로 사법적 권력을 누그러뜨렸다. 즉, 랍비 시대에, 중요한 형벌의 시행은 실제로 그들의 토라Torah에 대한 이해 때문에 제외되었다.

(2) 하나님은 우주 너머까지 다스리신다. 그래서 또한 우리를 능가하실 뿐 아니라 압제자들을 능가하신다. 그 결과로 (a) 하나님은 우리의 도움 없이 정의를 방어하실 수 있다. 그러므로 우연히 일어나는 일로부터 안 좋은 일들을 막는 방법과 좋은 일들이 일어날 것이라고 확신하는 방법이 가져다 줄 유익함을 계산하는 방식들은 우리에게 토라의

---

48) 이 점은 스토니 브룩 모임에서 원래 발표되어졌을 때 비교적 참신했다. 왜냐하면, 그후에 내가 나의 글 "War as a Moral Problem in the Early Church" (in Dyck, *The Pacifist Impulse in Historical Perspective*)과 "On Not Being in Charge," in *War and Its Discontents: Pacifism and Quietism in the Abrahamic Traditions*, ed. J. Patout Burns (Wasoungton, DC Burorgetown University Wasoungtonor), 74-90에서 그것을 상세히 설명했기 때문이다. 참조. "The Jewshness of Early Christian Pacifism," Kroc Institute and website. 이러한 통찰력은 여전히 윤리학의 학문적 역사학자들에 의하여 설명되어져야만 한다. 그것이 없이는, 급진적 종교개혁의 독특한 신앙 간의 입장이 오해된다.(편집자 주: 이러한 후자의 두 개의 글을 위해서 John Howard Yoder, *The Jewish-Christian Schism Revisited*, 2장과 9장을 보라.)
49) 참조. 나의 글 "On Not Being in Charge," in *War and Its Discontents*.

요구를 감소시키지 않는다. (b) 우리는 하나님께서 우주의 주권자로서 기능하실 때 하나님의 방법을 알 수 없다. 그러므로 우리는 하나님의 진노의 도구가 되는 것을 장담할 수 없다. (c) 하나님은 우리를 징벌하기 원하실지도 모른다. 만약 우리가 하나님의 계획 안에서, 심지어 그 계획 속에서 우리가 징벌의 시기를 통과하게 한다 하더라도, 궁극적으로 하나님의 인자하심이 나타난다. (d) 토라에 충실하다면, 하나님의 인도하심과 복 아래 있는 사람은, 이교도 사회 안에서도 유용하고 심지어 번영할 수 있다.

히브리 이야기에서 나온 네 가지의 지배적 상징 인물은 요셉, 에스더, 다니엘 그리고 다니엘의 세 친구이다. 이들에겐 각각, 신실함의 대가를 지불할 충실한 사람으로 준비하도록 시험하는 이교적인 첫 번째 압력이 있었다. 이들은 각각 이교적 권위에 의하여 압력을 받았다. 이들은 토라에 대해 순전히 충성fidelity하려고 시민 불복종을 행할 준비를 해야만 했다. 각 경우를 보면, 기꺼이 희생할 준비가 된 사람들은 보호를 받았고 하나님의 권능으로 인정을 받았다. 무엇보다도, 최악의 결과는 피해갔다. 그리고 견뎌내야 하는 상황뿐만 아니라 극적 방법을 통해 선을 행할 수 있는 권위를 갖게 된 것을, 앞서 순종하지 않았던 소수의 인물들이 보여주었던 경우를 예로 들면서, 이제 하나님에 의해서뿐만 아니라 높은 자리에 있는 이교도들에 의해서도, 그들의 신앙의 정당성을 인정받고, 그 정당성이 입증되고, 긍정적으로 보상받게 되었다. 선을 위한 이교도의 권력 구조들-하나님의 백성을 위한 것뿐만 아니라 이교도 도시의 평화를 위한-의 이러한 유용성은 자립적 인간의 이성에 의하여 모든 사람에게 알려진 분별이나 본성의 일부 개념을 근거로 하여 설명되지 않았다. 비록 그런 설명이 후대의 랍비들에게 좋은 감각을 만들어 주었지만, 분별력의 기초는 노아라는 사람 안에서 하나님이 모든 인류와 맺은 언약이었다는 것이 아직 설명되지 않았다. 이교도의 권력 구조들은 분별력을 본성과 이성에 의하여 모두에게 계시하거나 가치 있는 목적들을 이루어가는 데 실용적인 효율성을 변형할 수 있는 것으로 설명하지 않았다.

(3) 하나님은 예수의 거룩한 희생sacrifice의 죽음에 우리의 충실함을 사용하실지도 모른다. 그리스도인들이 **증언**testimony이라고 부르는 것을 유대인들은 **그분의 이름을 거룩하게 하는** 것이라고 부른다. 증언 martyria:순교(martydom)라는 용어의 어원은 증인이 법정에서 하는 것이다. 사람은 자신의 존재와 위용jeopardy을 지닌 채, 마치 판사 앞인 것처럼 그리고 마치 서로 겨루는 것처럼, 하나가 되라, 거룩하게 되라, 그리고 자주적이 되라는 하나님의 요구를 유효하게 만든다. 그에 상응하는 유대교는, 목숨을 걸고 율법에 충실할 수 있을 때, 율법이 하나님께 영광을 돌리는 방법이거나 하나님의 거룩하심을 선포하는 방법이라는 것이다. 그럼에도, 대가를 지불하는 것이 아니라, 다른 가치들을 희생하기 때문이라는 것이다.50) 후대의 랍비들은 율법의 모든 조항을 사람의 생명을 희생할 만큼 가치를 지닌 것으로 여기지 않았다. 피 흘림, 근친상간, 그리고 신성모독의 거부는 그와 같은 대가를 요구하는 충실함이 필요한 세 가지 요점들이다. 율법의 다른 문제들의 경우, 유대인은 누군가 그에게 자신의 생명이나 다른 사람의 생명을 구하려고, 행할 것을 요구하는 악을 받아들일지도 모른다.51) 그러나 위의 세 가지 거부 중 하나로

---

50) 모든 율법의 조항은 후대 랍비들이 그것에 복종하는 데 있어서 사람의 생명을 희생시킬 만한 가치를 지닌 것으로 해놓지 않았다. 피 흘림의 거부, 근친상간의 거부, 신성모독의 거부는 그와 같은 대가를 요구하는 충실함이 요청되는 세 가지 요점들이다. 다른 문제들에서, 유대인은 누군가 그에게 그의 생명이나 그 밖의 누군가의 생명을 구하고자 행할 것을 요구하는 악을 받아들일지도 모른다(*Babylonian Talmud, Sanhedrin* 74a). 그러나 이것이 오직 순응하는 그런 세 가지 종류의 거절 중 하나를 위하여 짐을 지게 되었을 때에는, 순교자의 죽음은 "그분의 이름을 시인한다"는 것을 의미하지 않는다.
51) *Babylonian Talmud*, Sanhedrin 74a.

말미암아 형벌을 받게 되었을 때, 순교자의 죽음은 **그분의 이름을 거룩하게 한다**는 것을 의미하지 않는다. 그래서 의로운 사람의 고난은 신적 경륜 안에서 효력을 가진다. 이것은 자신뿐만 아니라 또한 확대된 자아로서 고려되고 희생될지 모를 사람이나 가족 중 누군가에게 적용된다.

(4) 메시아는 아직 오지 않았다. 나라 사이의 평화는 하나님 자신의 때와 방법 안에서 그분에 의하여 성취될 하나님의 확실한 약속이다. 때나 방법이나 모두 우리를 위해 결정된 것은 없다. 우리가 정치적으로 의로운 계획이 평화를 가져올 것이라는 이유로 그 계획에 축복하는 것은 추측이다.

(5) 이러한 논증―독특하게 하나님은 역사 안에서 활동 중이시라는 히브리적 이해에 속하는데―의 곁가지들을 넘어서, 사람은 또한 일반적 사리분별을 지닌 랍비의 자취를 찾는다. 특별히 히브리적이진 않지만, 이런 사리분별은 그다지 뚜렷하지 않은 하나님의 관점을 지닌 문화들이라면 이해할 수 있었던 한 부류의 지혜를, 랍비와 관련된 용어 내에 둔다. 원수를 무찌르는 방법은 사람을 살해하는 것이 아니라, 그를 원수로 만드는 죄를 없애는 것이라고 말했던, 랍비 마이어Meier의 아내 베루리아Beruriah가 있었다.52) 가해자의 생명보다 사람의 생명을 더 우선하는 것에 관한 회의론이 있었다. 즉, "어떻게 당신은 그의 피보다 당신의 피가 더 붉다는 것을 아는가?"53) 인간적 분노는 하나님의 심판 도구가 될 수 없는데약1:20 반해, 유순한 대답은 분노를 몰아낸다잠15:1고 하는 지혜가 있었다.54)

---

52) *Babylonian Talmud*, Berakhot 10a.

53) *Babylonian Talmud*, Sanhedrin 74a.

54) 나는 다음 글들에서 수많은 이러한 랍비의 증언을 모았다. "Jewish Nonviolence from Jeremiah to Hertzl," chap. 3 in my paper, "Chapters in the History of

카이사르를 거부하기

상당히 비판적인 윤리적 언어의 분석은 초기 그리스도인들-그들 이전의 유대인들처럼-이 로마제국을 위해 일련의 비폭력적 정치 정책들을 계획할 수 있었다는 의미에서 평화주의자가 아니었다. 오직 근대의 관점에서만 그런 두드러진 결핍을 찾을 수 있을 것이다. 그러나 초기 그리스도인들은 다음과 같은 이유들로 카이사르와 그의 제국에 대항하여 전체적으로 양극화되었다.

(1) 카이사르는 다신교와 우상숭배를 대표했다. 그리고 카이사르는 히브리 세계관과 모순되는 것이었다. 많은 제의적 행동은 이교적 숭배 의식이 포함되는 군인활동을 포함했다. 때때로 군대의 특별한 조직은 애국심과 같은 독특한 신적 권위를 숭배했다.

(2) 때때로, 카이사르 자신은 신과 거의 다름없이, 제의적 방법으로 존경받았다. 이런 특별한 의식은 때때로 그리스도인들이 관대히 여겨질 수 있을지 아니면 공격적으로 박해를 받을지를 결정하는 시험잣대의 기능을 했다.

(3) 군인의 삶은 규칙적으로 맹세하는 것을 포함했다. 그리스도인들의 경우, 맹세 그 자체가 우상숭배이다. 다른 신의 이름으로 공언하는 것이기 때문이다. 또한, 맹세는 개인적 책임의 부도덕한 포기였다. 왜냐하면, 맹세는 가치 없는 인간의 우두머리에게 무조건적 복종을 약속하는 것이기 때문이다. 게다가, 맹세는 신약성서의 단순한 가르침마5:34-37; 약5:12에 의하여 금지되었다.

Religiously Rooted Nonviolence," the Joan B. Kroc Institute for International Peace Studies, 1996; and website. 편집자 주: http:// theology.nd.edu/people/research/yoder-john/documents/thenonviolenceofjudaismfromjeremiahtohert-zl.pdf; and see chap. 10 of Yoder, *Christian Attitudes to War, Peace, and Revolution.*

(4) 카이사르의 대리인들은 종종 그리스도인들을 박해했다. 직접적으로는 그들이 그리스도인이기 때문이고, 간접적으로는 그들이 했던 일이나 거절했던 일이 카이사르의 주권에 위협이 되는 것으로 보이게끔 만들었기 때문이다.

(5) 카이사르의 전체 생활양식은 부도덕하고 신성모독적이었다. 다시 말해서, 교만, 악덕, 부도덕 그리고 다른 치명적 죄들이 극적으로 조장되고 그의 정원 안에서 과시되었다.

(6) 비록 로마의 체제는, 최고조에 달한 카이사르의 자기 이해 안에서, 그리고 많은 대안과 비교되는 것에 의하여, 비교적 합리적 정치 질서였고, 법률의 높은 수준으로 말미암아 최상으로 다스려졌지만, 그럼에도 법률 체계는 지배받는 사람들에 관한 정치적 억압과 노예들과 종들에 대한 경제적 억압의 유형들을 가려버렸다. 유대인과 그리스도의 이방인과 원수의 존엄성에 관한 이해는 이러한 억압의 유형을 거부해야만 했다.

후대의 역사

우리는 이제 급진적 종교개혁 비판을 위해 공유된 복음서 원리에서 중세 후기의 비판을 수행한 선택된 인물들specimens에게로 이동한다.55) 첫 번째 본보기는, 왈도파 교도들이 시작했던 곳에서부터 계속되어 온 것으로, 15세기의 체코 종교개혁이었다. 프라하의 누가Luke of Prague와 존 후스John Hus가 시작했고, 1467년 보헤미아 형제단Unitas Fratrum에 이르러 절정에 다다랐다.56) 16세기는 이미 있었던 많은 것이 불공평하

---

55) 단순히 한 사람이 아니라, 하나의 사건으로 "콘스탄틴"의 지구적 영향은 나의 책 *Priestly Kingdom*, 135-47에 요약하여 설명하고 있다.
56) Geoffrey Nuttall, *Christian Pacifism in History*(Oxford: Basil Blackwell, 1958)은 다양한 급진적 종교개혁의 전쟁 반대 증언들이 얼마나 비슷하면서 또 다른가 보여준다.

게 편향적으로 만드는 방법으로 이슈를 **법률화**했다. 그러나 루터 이전에, 법률은 강력한 비판의 원천이었다.

위에서 인용된 복음서 원리의 견해에서 보면, 개혁의 핵심을 잘라내는 가장 단순한 방법은 예수의 가르침이 규범적인 도덕적 안내로 여겨져야 한다고 주장하는 것이다. 사람은 삼단논법과 같은 단순한 추론을 추구한다. 다시 말해서, 예수는 도덕성의 문제들에서 하나님을 대신하여 말할 수 있는 권위를 지니는가? 만약 그렇다면, 예수가 "너희들은 … 라고 말하는 것을 들었다. 그러나 나는 너희에게 말한다"고 가르칠 때, 그의 가르침은 적어도 초기의 모세와 예언자의 도덕적 명령과 같은 권위를 가져야만 하는 것이 아닌가? 그러므로 마태복음 5장 21~48절에 나오는 여섯 개의 소개념minor precepts, 여섯 반제라고도 부름–옮긴이 주은 십계명출20:1~17; 신5:1~21이나 두 위대한 계명들마22:34~40; 막12:28~34; 눅10:25-28만큼 구속력이 있다.57) 여섯 개의 **소개념** 중 세 개는 살인과 원수 사랑을 다룬다. 만약 그것이 주님의 율법이라면, 선한 사회적 결과들의 계산과는 별도로 우리는 율법에 순종할 것을 요청받는다.

페트르 헬치츠키Petr Chelčický에 의한 폭력의 거부는 예수 자신의 분명한 도덕적 가르침 위에 확고하게 근거를 두고 있다.58) 그러나 헬치츠키가 율법주의자거나 오직 윤리학에만 관심을 가진다는 것을 의미하는 것이 아니다. 헬치츠키의 정확한 역사관은 교회와 국가 사이의 콘스탄틴적 결합이 잘못됐다는 해석을 만들어냈다. 헬치츠키는 그물과 같은 교회의 이미지 안에서 해석을 상세히 설명했다. 그리고 헬치츠키의 해석이, 그물 안의 내용물들이 바다와 구별된 것처럼, 신자들을 세상과

---

57) 위에서 알려진 것처럼, 져프리(Geoffrey)는 그의 책 *Christian Pacifism in History* 에 있는 "The Law of Christ"라는 장에서 이런 이해를 아주 잘 특색 있게 설명한다.
58) Murray L. Wagner, *Petr Chelčický: A Radical Separatist in Hussite Bohemia* (Scottdale, PA: Herald Press, 1983).

구별된 연합 속으로 결합시킨 것은 당연했다. 그러나 두 마리의 고래인 교황과 황제가 그 그물을 찢어버렸다. 일단 한번 찢어지면, 어떤 면에서 일반 세상 가운데 구별된 신자들이 모이는 것에 도움이 되지 않는다. 그밖에 헬치츠키는 봉건제도, 농노제, 사형 형벌, 그리고 시민 맹세의 비평가였다.

우리는 16세기의 급진적 종교개혁 운동이 시작된 것과 급진파 속으로 츠빙글리의 종교개혁의 정착과 분열을 관계시킨다.[59] 1525년 1월 취리히에서 거행된 첫 번째 침례의식은 범위가 넓게 확산되는, 그리고 다른 기원을 가진 사람과 사상들을 하나가 되도록 결합시키는 운동을 형성했다. 전쟁의 이슈는 분열을 낳지 않았다. 츠빙글리 자신은, 그보다 앞선 그의 선생 에라스무스Erasmus가 그랬던 것처럼, 일종의 평화주의자였다. 그렇게 많은 다른 프로테스탄트가 16세기의 기원설을 주장해서, 급진적 종교개혁의 아나뱁티스트 방식은, 종교개혁의 신앙고백 안에서 아나뱁티스트를 이단으로 명명하는 것을 포함하면서까지, 아나뱁티스트들의 대적자들에 대항하여 원형이 되는 것으로 만들어졌다. 체코의 비폭력이 종말론적 랍비 예수101쪽의 비폭력과 가장 많이 흡사한 반면에, 아나뱁티스트들의 비폭력은 희생당하신 어린 양, 고난 받는 종 예수102쪽의 비폭력에 더 흡사하다.[60]

그러나 유형적이거나 또는 원형적인 읽기는 믿을 수 없다. 그러한 읽기는 에른스트 트릴취의 유럽에서의 경험으로 끌어온 범주들에 관한 라인홀드 니버와 리차드 니버의 전용화appropriation를 통해 최근의 윤리

---

59) 위의 3번 끝에 설명한 것처럼, 자료들은 하더(Harder)에 의해 편집된 전집 안에 모아져 있고, 초기 설명은 프리츠 브랑케(Fritz Blanke)에 의해 제공되었다. 이 시작을 해석하는 방법에 대해 합의된 것은 없다. 편집자 주: 그러나 가장 최근의 설명을 위해서는 C. Arnold Snyder, "The Birth and Evolution of Swiss Anabaptism (1520–1530)," *The Mennonite Quarterly Review 80* (October 2006): 501–645를 보라. 요더는 스나이더(Snyder)의 박학함에 높은 존경을 보냈고 우리는 그런 높은 존경을 공유한다.
60) "suffering" *in Anabaptism and Reformation in Switzerland*를 보라.

적 사상으로 들어갔다. 영국의 종교개혁은, 침례교도들, 디거교도들 Diggers, 시커교도들Seekers;퀘이커교도 이전의 종교가들, 그리고 프렌드교도들 Friends 안에서 급진적 모양새의 서로 다른 레퍼토리로 이끌면서, 서로 다른 진로를 취했다. 영적 뿌리들은, 크리스텐둠의 정착 상황 안에서, 복음에 대한 같은 마음으로 말미암아 풍성하게 되었다. 하지만, 각 교파들의 강조점은 땅에 발을 딛고 살아야만 하는 탈청교도 세상에서는 서로 다른 결과를 낳는다. 그것은 급진주의자들이 종교적 자유의 발전, 평등주의적 민주주의, 반권위적 교육, 적절한 설비들을 인간화하는 것, 그리고 아메리카 원주민, 여성, 노예의 신분을 향상하는 것에 강력하게 창조적 공헌을 하도록 했다.[61] 이러한 비판적인 사회적 영향의 표본들은 비폭력을 차선책으로 생각할지도 모른다. 표본들은 더욱더 넓게 다른 관계들에 대해 살인하지 않을 것에 헌신하기로 최초로 닻을 내리고 분명하게 했던 인간적 존엄성에 대한 헌신을 적용한다.[62]

잠정적 결론

이렇게 개관한 후, 어떤 것을 요점으로 말할 수 있는가? 이러한 여러 가지 '급진적' 운동의 다양성 사이에 중요한 공통의 특색들이 있는가?

이러한 이야기들은 전체 기독교 운동의 기본적 갱신에 의해서만 콘스탄틴적 실수를 극복할 수 있다는 것을 우리에게 말해준다. 신앙생활을 하는 것이 의미하는 바에 대한 새로운 정의가 없는 한, 교회예를 들어, 감독제 구조와 국가예를 들어, 정부의 구조 사이의 관계에서 피상적이거나 형

---

61) 이러한 종류의 많은 진전이 특별히 윌리암 펜(William Penn)의 저작 속에서 보였다. 그러나 그는 혼자가 아니었다. 그는 로저 윌리엄스(Roger Williams)를 따랐으며 독일 평화주의자 이주민 공동체들에 의하여 도움을 받았다.

62) 이와 같은 사회적 공헌들은 다른 방법과 마찬가지로 부차적이다. 그것들은 더 사회 안에서 사랑하는 공동체의 유형을 반영한다. 그리고 그것은 신앙의 공동체 안에서 우선적 의미를 지닌다. 참조. 나의 글 "Sacrament as Social Ethics" in *Royal Priesthood*와 나의 책 『교회, 그 몸의 정치』 (대장간 역간, 2011).

식적으로 정비하는 것은 충분하지 못하다.

반대로, 콘스탄틴적 실수를 극복하는 것으로서 전체 기독교의 복음을 새롭게 할 수 있다. 실수를 극복하는 것은 이미 완료됐다. 우리가 폭력의 도덕성에 관하여, 아니면 교회 회원자격의 의미에 관하여, 그런 실수의 본질에 관한 공식화를 중심에 놓을 것인지, 제의적 의미들을 재정의 내리는 것에 관하여, 아니면 내부적 경험에 관하여 그렇게 할 것인지, 만약 신앙생활을 갱신하는 것이 일관성 있고 철저하게 되는 것이라고 한다면, 콘스탄틴적 실수를 극복하는 것은 필연적으로 동시에 비폭력 윤리학의 갱신을 가져올 것이다. 위에서 설명한 대부분의 집단은 폭력에 관하여 그들의 의견을 달리하는 독창성을 보여주지 않았다. 그러나 그들이 갱신에 대한 비전을 거리낌 없이 말하고, 사회적으로 알려지기 전에, 그들은 폭력의 문제를 다루어야만 했다. 왈도, 헬치츠키, 1523년 취리히의 급진주의자들, 1640년대의 조지 폭스, 알렉산더 캠벨Alexander Campbell, 윌리엄 부스William Booth, 그리고 우찌무라 간조Uchimura Kanzo는 각각 자신의 중심 의제, 지역적 의제, 그리고 서로 다른 시간대에 있다. 그러나 하나의 세대 속으로, 각각 다음과 같은 특징을 지닌 공동체로 이끌었다. 자발적 회원 자격, 국가로부터 독립, 평신도 성서 연구, 공유하는 지도력, 경제적 나눔 그리고 전쟁 거부이다.[63]

형식적 분석의 수준에서 보면, 이러한 운동들은 공통으로 그들이 역사적 이원론에 의하여 형이상학적 이원론을 대신했다는 것을 나타낸다. 이것은 아시아의 대안들과 병렬 관계에서 더 분명해진다. 그러나 일단 그런 병렬 관계가 문제 제기를 통하여 우리의 관심을 이끌어 냈기 때문에,[64] 동일한 긴장이 급진적 갱신자들을 제도화된 교회의 그리스

---

63) 참조. 나의 글 "The Free Church Syndrome," in *Within the Perfection of Christ*, 169-76.

도인들과 구분한다.

형이상학적 이원론의 가장 구체적인 사회적 표현은 특별한 종교적 제의의 구조, 또는 사제의 직무, 또는 심원한 교리이다. 급진적 개혁자들은 대다수 종교의 그러한 구성 요소들을 중요성에서 거부하거나 또는 격하시켰다. 지역 교구 모임들이 독립적으로 존재하는 직무의 엄격한 의미 안에서, 그들은 모두 감독제를 거부했다. 그리고 교구마다 사람을 배치하는 특이한 상황의 귀속시키기와 관련한 엄격한 의미에서, 그들은 성직제도65)를 거부했다. 비록 오직 무교회주의자, 프렌드교도 the Friends 그리고 구세군만이 바람직하지 않은 전통적 형태들을 선포하는 데까지 갔지만, 그들 모두 의례를 축소하고 재정의했다.66) 그들 모두 윤리적 임무로서 이원론을 거부했고, 모두를 위한 동일한 도덕성을 옹호했다. 사상의 명확함에 대해 꽤 많은 논증이 있었고 관심을 쏟았던 반면에, 그들은 신성한 공식화라는 의미에서 교리를 거부하거나 상대화하는 경향이 있었다. 그리고 신학적 고백의 특권화된 상황에 도전하는 경향이 있었다. 이러한 영역 중에서 그들이 모든 형태를 거부했던 것은 아무것도 없다. 즉, 그것은 유심론자의 선택이 될 것이다. 그 선택은 오랫동안 서로 다른 종류의 주장으로 인식되어 왔다.67) 그러나 그들은 그러한 문제들을 기능적으로 다시 생각했고 형태들을 공동체의

---

64) 위의 1번 끝의 설명에서 이 글을 위한 상황에 관한 종교간 본성의 서술을 보라.

65) 이것은 그들 모두 바울의 모델 이후, 전적으로 새롭게 된 목회의 패턴을 현실화하는 데 끝까지 노력했다는 것을 의미하지는 않는다. "The One or the Many: The Pauline Vision and the Rest of the Reformation" in *Servants of the Word*, ed. David B. Eller (Elgin, IL: Brethren Press, 1990), 51-64에서 내가 말했듯이, 교회의 신약성서적 비전의 요소들이 모두 다 후대의 종교개혁에 의하여 보완된 것은 아니다.

66) 구세군은 그들의 관점에서 볼 때, 교회라기보다는 예배 대리자(service agency)이기 때문에, 그들은 눈에 보이는 성례전 없이 행한다. 19세기 갱신의 스펙트럼의 또 다른 끝에서 볼 때, 제자회(The Disciples)는 신자의 침례와 매주 드려지는 주의 만찬(Lord's Supper)을 회복하는 것을 중요하게 여겼다.

67) 프랭클린 H. 리텔(Franklin H. Littell)은 그의 책 *The Origins of Sectarian Protestantism* (New York: Macmillan, 1964), 154에서 트뢸치를 인용한다.

삶보다 아래에 놓았다.

급진적 개혁자들의 이원론은 도덕적이고 형이상학적이지 않다고 말하는·것은, 하나님은 근본적으로 모든 것을 둘러싼 초월자가 아니고 인간의 역사 안에서 활동하시는 분으로서 이해한다는 것을 의미한다. 히브리 방식에서 유일신론은 무형적 또는 포괄적 형태라기보다는 더 인격적인 형태로 가까워진다. **영**spirit이신 하나님에 대해 말하는 것은 사회적인 것과 도덕적인 것에서 동떨어져 있는 존재의 단계처럼 취급되는 것이 아니다. 즉, 영이신 하나님을 말하는 것은 사회적·도덕적 그리고 사람과 같은 능력으로서 **영**spirit을 명명하는 것이다. 이것은 수단의 도덕성과 목적의 도덕성을 구별하거나, 또는 순수한 의무에 대한 칸트적 초점과 결과들에 대한 실용적 초점을 구별하는 종교적 도덕성에 대한 일반적 논쟁을 서로 다른 관점에 둔다.68)

구조의 차이점을 분명히 하는 것은 제도화된 교회의 변형들69)뿐만 아니라 아시아의 종교 모델들과 대조를 해봐도 가장 두드러져 보인다. 아마도 가장 중심적 특색은 급진적 그리스도인들의 공동체를 위해 안내를 제공하는 이원론은 역사이어서 윤리적이라는 것이다. 아시아와 제도화된 교회의 변형들을 위한 이원론은 형이상학적이어서 종교적이다. 어떤 경우, **종교적**이라는 것은 **인식되는** 것과 대조해서 정의된다.

---

68) 나는 나의 글 "Walk and Word: The Alternatives to Methodologism," in *Theology Without Foundations*, ed. Stanley Hauerwas, Nancey Murphy, and Mark Nation (Nashville: Abingdon, 1994), 77–90, 312–17.에서 "방법" 논쟁에 관한 그런 전통적인 종류의 부적당함을 논의했다.

69) 편집자 주: 기독교의 "제도화된 교회의 변형들"에 의하여, 요더는 에른스트 트뢸치의 "교회유형"–정부로부터 공식적 권위를 부여받은, 그리고 정부에 의하여 다스려지는 국가 안에 있는 모든 시민을 포함하려고 계획하는–과 같은 무언가를 의미한다. 그것의 회원 자격의 정의는 믿음과 중생(regeneration)의 보이는 지시들보다 오히려 형이상학적이고 보이지 않는 것이 되어야만 한다. 그들의 보이는 제자도에도, 하나의 영역 안에 모든 사람을 포함시키려고 계획하기 때문에, 제도화된 교회의 변형들은 교회와 국가의 관계의 콘스탄틴적 이해를 가진다. 그러나 그렇게 자유 교회의 변형을 하는 것은 국가주의(nationalism)나 두드러진 이데올로기의 모습을 취한다.

어떤 경우는 육신과 대조해서, 어떤 경우는 일반 성도에 반대하여 정의
된다. 이러한 다양한 예들을 볼 때, **종교적**이라는 것은 떨어져 있음-궁
극적 실재의 이원론적 그림 안에 뿌리를 두고 떨어져 있음-으로 정의
된다. 일반적 사람들은 제의들과 함께 살아가는 형이상학을 행할 필요
가 없다. 형이상학적 이원론은 관상contemplation의 선생들이 이야기하
는 것이다. 그러나 훈련의 목적은 덜 궁극적인 것에서 더욱더 궁극적인
것으로 움직이는 것이다. 그 경우의 본질에 의하여, 훈련은 오직 부분
적으로 그리고 오직 몇몇에 의하여 행하여질 수 있다.

히브리적 비전은 이 세상과 더 실제적 세상 사이를 나누는 분할 중
하나가 아니라, **이 세상 안에서** 선과 악의 세력 사이를 나누는 분할 중
하나이다. 스승의 우선적 임무는 모든 것을 완수해 내는 것이 아니라,
선택할 수 있도록 빛을 비추는 것이다. 주 하나님이 우리에게 바라시는
것은, 우리가 이해하고 관상하기보다는 섬기고 사랑하는 것이다.[70]

---

70) 오직 논쟁적으로 선점된 오역은 "…이라고 하기보다는 오히려… (not so much…as…)"
　　대신에 "양자택일의"(either/or) 공식을 쓰게 된다. 급진주의자들은 많은 관상을 했고
　　통찰력을 명확하게 했다. 그러나 그들은 거기에 갱신을 위한 우선적 보강조치를 찾지
　　않았다.

제 3 장

희망의 정치적 의미

학자들은 신약성서를 읽는 독자들에게 예수를 보여주는 신약성서 자체 의도에 다시금 새롭게 주목해 왔다.[71] 그러나 또 다른 종류의 변화가 발생하고 있었다. 이 변화를 알아보고자, 우리는 성서 주석가로 바뀐 소설가 레프 톨스토이로 방향을 잡는다.

의심할 것 없이, 톨스토이는 19세기 동안, 서양에서 가장 잘 알려지고 읽히는 동구권 작가였다. 무엇보다 톨스토이는 그가 이야기하는 방법을 통해, 그리고 몇 년이 지나서는 거듭되는 사건들을 비평하는 그의 글이 그가 남긴 편지와 정기간행물 기사를 통해 알려졌다. 그러나 톨스토이의 심정으로 볼 때, 그의 가장 독창적 공헌은, 수세기 동안 복음을 강요하고 기독교를 억압자의 종교로 바꾼 왜곡에서 기독교 복음의 중심 의미를 해방시키고자 했던 그의 노력이다.

톨스토이는 복음에 답하고 있었다

톨스토이는 회심한 사람이었다. 그의 책 『고백록』*Confession*, 『나는

71) 3장은 1983년 5월 오하이오주 데이톤(Dayton)시 연합신학교(United Theological Seminary)에서 행한 헥크 강연(Heck Lectures) 중 두 번째 강의의 일부분이다.

무엇을 믿는가』*What I Believe*, 『하나님나라는 너희 안에 있다』*The king-dom of God Is Within You*는, 톨스토이가 과거와는 다른 사람으로 변화된 후에 저술한 깊이 있는 회심에 관한 저서들이다.[72] 톨스토이의 삶의 방향을 바꾸도록 이끈 것은 그의 삶에 가져다준 힘이었다. 다시 말해, 그의 심원한 이야기의 지각력이었다. 그 힘은 인간의 존재와 관계의 깊이를 간파하는, 그리고 그런 인식을 감동적으로 서술하는 그의 능력이었다. 톨스토이의 능력은, 그의 책 속에 등장하는 인물들의 상황을 톨스토이가 이야기하듯이 실제라고 독자들에게 확신시키는 놀라운 화법이었다. 톨스토이가 새로운 일련의 인생 질문들에 대한 분석과 묘사에 그의 솜씨를 적용했을 때, 전 서양 세계의 많은 독자는 울림판의 역할로 봉사할 준비가 되어있었다. 만약 톨스토이가 위대한 소설가가 아니었다면, 그는 일반인들과 똑같은 경험을 하고 똑같은 생각을 지녔을지도 모른다. 그러나 톨스토이의 경험과 생각을 이야기하는 것은 들어본 적이 없는 것들이었다.

이런 변화의 계기는 톨스토이 자신의 마음 밖에서 왔다. 그것은 단순한 유기적 움직임이미 온것에 의하여 나중에 오는 것이 설명될 수 있는의 산물이 아니다. 톨스토이는 복음에 반응했다. 복음이 톨스토이 안에서 의미를 준 것이 그의 문학적이고 비평적 재능에 빛을 비추었다. 그렇다고 해서, 복음이 그에게 의미를 준 것이 재능의 산물은 아니었다. 재능은 더욱더 정확하게 의미를 부여했을 뿐이고, 다른 메시지라 할지라도 마치 그것이 복음인 양 가장하도록 더 요구했던 것뿐이다.

복음은 기독교의 메시지 안에서 막연하게 어떤 것이나 모든 것을 의미하지 않는다. 총체적 기독교의 전통 안에서, 톨스토이는 성서를 중심

---

72) Leo Tolstoy, *The Confession* (New York: W. W. Norton & Co.,1984); Tolstoy, *What I Believe* (Whitefish, MT:Kessinger Poblishing, 2004); Tolstoy, *The Kingdom of God Is Within You* (Loncoln: University of Nebraska press, 1985).

에 놓도록 선택하는 근거들을 설명하고 논증할 수 있었다. 그리고 정교회의 세계 속에서, 그런 선택은 자명한 것이 아니었다. 톨스토이는 점진적으로 윤리학자나 주석가가 아니라 예술가와 작가로서의 재능을 사용하는 것으로 초점을 좁혔다. 초점을 좁히고 톨스토이의 비전을 중심에 놓는 과정을 거치면서, 톨스토이는 신약성서에 초점을 맞췄다. 신약성서 중 그는 복음서에 초점을 맞췄다. 톨스토이는 복음서 이야기의 중심이 하나님나라의 선포라는 점을 분명히 알았다. 실은 이와 같은 인식은 지금보다 한 세기하고도 사반세기 전에는 분명한 것이 아니었다. 그런 선포의 중심은 산상수훈이다. 톨스토이는 "너희들은 … 라고 말하는 것을 들었다. 그러나 나는 너희들에게 … 라고 말한다"라고 소개되는 여섯 개의 반명제가 산상수훈의 중심이라고 보았다. 여섯 개 소개념의 가장 근본은 "악한 것을 참지 말라"라고 하는 **동해복수법**을 대체하는 것이다.

악을 치료하는 것은 고난이고, 부도덕한 순환구조를 깨는 것이다.

톨스토이가 초점을 맞춘 과정의 모든 단계는 논쟁이 될 수 있다. 그러나 각각 문학적이고 실질적 근거들 위에서 논증될 수 있다. 그 결과는 톨스토이가 성서 메시지에 대해 "열쇠"라고 부르는 것이다. 즉, 악의 치료는 고난이다. 그리스도의 사역과 인간의 사이의 연결고리인 고난 받음은 오랜 세월 동안 부인되어 왔다. 하지만, 톨스토이에 의해 회복되었다.

톨스토이 안에서 대표되는 이와 같은 중심을 결정하는 과정은 단지 윤리적 엄격함이 아니라 우주적 비전이다. 이러한 일종의 감동적이고 수치스러운 가르침은 내부적으로 성서에 대해 열쇠가 되는 것을 보여주는 것뿐 아니라, 세상이 잘못된 것에 대한 열쇠이다. 우리 사회는 복수심을 갖는 폭력과 지배에 대한 열망에 의해서 특징지어진다. 이러한 특징은 세상 안에 악이 잔존하는 것을 설명해준다. 세상이 잘못된 것은, 원죄와 같은 정신적 구성에 의해 이해될 수 없다. 또한, 아직 완성되지 않은 구조적 변화들의 변증법으로 유물론적 환원에 의해서도 이해될 수 없다. 세상이 잘못된 것은 가장 근본적으로 사람들이 악에 대해 악으로 반응한다는 것이다. 보복의 냉혹한 필요성은 혼돈에서 인간 사회를 유지시키려는 의도 때문이다. 그러나 현실적으로, 보복은 고작해야 악한 결과를 생산하는 악한 원인들이 지속되는 사슬을 보증한다. 최악의 경우에, 보복은 라멕[73)]의 방식 이후로 불에 기름을 붓는 격으로 점점 증가한다. 비보복Nonretaliation이 인과관계의 사슬을 끊는 유일한 방법이다.

좋은 소식은 우리가 악한 원인들, 악한 결과들, 그리고 같은 방법으로 반응하는 것의 사슬을 확장하는 것에서 자유로울 수 있다는 것이다. 이런 하나의 열쇠는, 톨스토이의 세계관 안에서, 경제적 착취, 군사적이고 제국주의적 통치, 그리고 서양화에 대한 비판을 이슈화하면서, 그리스도인의 삶과 사상의 전체적 세계를 재구성하는 것에 대한 문을 열었다. 톨스토이는 진보가 박해받는 사람들의 충성을 가져온 것, 지배자의 교만은 타락으로 이끈다는 것, 그리고 탄압 위에 지어진 제국은 모래 위에 지은 집이라는 것에 따른 세계 역사의 전체적인 대안적 비전을 구성하는 용기가 있었다.

비보복이란 말은 아마도 이런 악에서 악에 이르는 사슬을 깨뜨리기 위한 가장 좋은 용어일 것이다. 비록 한 세기 반 동안 비저항이라는 명칭이 톨스토이의 동시대 사람들인 윌리엄 로이드 개리슨W. L. Garrison과 애딘 발루Adin Ballou에게서 더 선호되었지만,[74)] 톨스토이 자신은 저

---

73) 창4:24

항을 포기하지 않았다. 톨스토이는 황제의 정부에 대항하여 일했다. 두호보르파the Doukhobors를 위한 톨스토이의 지원을 보면, 그는 시민 불복종과 권위들에 대해 비협조의 행동을 지지했다. 전 서양에 있는 문학과 관련된 사람들에 의해 열렬하게 읽힌 편지들과 에세이들을 보면, 톨스토이는 정부의 어리석음과 온갖 종류의 폭력을 비난하는 것으로 제국의 평화를 난처하게 했다.

또한, 비보복은 아마도 마태복음 5장 39절에 나오는 "맞서지 마라" me antistenai의 실제 의미를 묘사해 주는 최선의 용어이다.75) 똑같이 반응하는 것은 거부되는 것이다. 수동성에 관한 명령이나 무의미한 고난에 관한 명령은 없다. 그러한 수동성의 의미는 분별없어 보이는 요구들을 하는 데 이해관계를 가진 사람들에 의해 본문 안에서 읽힌다.76) 예수는 단순히 어떤 일들이 그 자신에게나 다른 사람들에게 일어나도록

---

74) 이러한 비저항적 또는 양심적 반대자 전통에 관한 연대기 작가는 피터 브록(Peter Brock)이다. 그는 이러한 역사에 대한 많은 저작물을 썼다. 그것들은 다음 책에 요약되어 있다. Peter Brock, *Varieties of Pacifism: A Survey from Antiquity to the Onset of the Twentieth Century* (Syracuse: Syracuse University Press, 1999). 미국 내에서 전통에 관한 어떤 문헌들은 다음 책에서 제공된다. Staughton and Alice Lynd, eds., *Nonviolence in America: A Documentary History*, rev. ed. (Maryknoll, NY: Orbis Books, 1995).

75) Walter Wink, *Engaging the Powers* 『사탄의 체제와 예수의 비폭력(한국기독연구소 역간)』(Minneapolis: Augsburg Fortress, 1992), 184-86. 편집자 주: 또한, 다음 책을 보라. Clarence Jordan, Substance of Faith (New York: Association Press, 1972), 69; John Ferguson, *Politics of Love* (Nyack, NY: FOR, 1979), 4-5; Williard Swartley, "War and Peace in the New Testament," *Aufstieg und niedergang der römischen Welt* (Berlin: Walther de Gruyter, 1996), 3:2338; Glen H. Stassen, "The Fourteen Triads of the Sermon on the Mount: Matthew 5:21-7:12," *Journal of Biblical Literature* 122/2 (Summer, 2003), 267-308.

76) 톨스토이는 리차드 니버의 책 『그리스도와 문화』*Christ and Culture* (IVP 역간)에서 보여주는 급진성에 관한 풍자(caricature)에 의해 대표되는 여러 종류의 서술과 관련하여 자신을 공격받기 쉽도록 만드는 개인적 문제들을 충분히 설명하지 못했다. 그러나 그것은 감정에 호소하는 비평 박람회를 만드는 것은 아니다. 특성을 기술하는 것은 리처드의 형제인 라인홀드의 것처럼, 니버 자신의 의제에 의해 동기화된다. 즉, 복음서에 나오는 예수의 설명과 도덕상 자율적 "문화"의 영역 사이의 양극단(polarity)을 증명하려는 의도이다. 예수는 유약하고 역사도 없는 비저항을 가르쳤고 그래서 예수와 실제 세상뿐

하지 않았고, 악에게 수동적으로 협력하도록 하지도 않았다. 예수는 진실로 고난 받을 준비가 되어 있었다. 예수는 권세들the powers과 대면하는 시기와 모양새를 택했다.

그러나 우리의 목적을 위해 톨스토이가 의도한 더 강력한 증거는 모한다스 간디Mohandas Gandhi에게 미친 톨스토이의 영향일 것이다. 간디는 다음과 같이 썼다.

> 톨스토이의 『하나님나라는 너희 안에 있다』*The Kingdom of God in Within You*는 나를 압도했다 … 이 책에 관한 독립적 사고, 깊이 있는 도덕성, 진실성 앞에서, 코아테스씨프레토리아에서 만났던 퀘이커교도가 나에게 준 모든 책은 그다지 보잘 것 없이 창백해보였다 … 나는 톨스토이의 책을 집중하여 연구했다. 『복음서 요약』*The Gospels in Brief*, 『무엇을 해야 하는가?』*What To Do?*와 그의 다른 책들은 나에게 깊은 감명을 주었다. 나는 보편적 사랑의 무한한 가능성들을 점점 더 인식하기 시작했다.[77]

구체적으로 말하면, 정교회/가톨릭 전통이 산상수훈의 영향을 상대화했다는 점에서, 간디가 톨스토이를 존경했던 것은 톨스토이의 정신적 독립과 정교회/가톨릭 전통에 관한 경멸이었다. 그것은 예수의 권위도 아니었고, 또한 소작인들의 문화에 대한 톨스토이의 낭만적인 집착도 아니었고, 심지어 그를 유혹했던 원수를 사랑한다는 개념도 아니었다. 그것은 오히려 그리스도인을 위한 자명하게 규범적인 것으로서

아니라 톨스토이와 간디 사이를 갈라놓았다는 미국 윤리학자의 세(three) 세대를 말했던 사람은 바로 라인홀드 니버이다.

77) M. K. Gandhi, *Gandhi's Autobiography: The Story of My Experiments with Truth*, trans. Mahadev Desai (Washington, DC: Public Affairs Press, 1960), 172, 198.

폭력의 원인들과 폭력의 영향들의 사슬을 수용한 채로, 본질적인 도덕적 의무의 이유를 들어, 지배적 서양의 세계관을 거부하는 톨스토이의 준비였다. 톨스토이는 대항 우주론a counter-cosmology이라는 이유로 폭력을 거부했다.

톨스토이의 이야기에 나오는 **회심**은 유럽인들이 종종 의미 있게 경험했던 용어가 아니었다. 다시 말해서, 개인의 확신이나 정서의 변화나 제도적 집착 안에서의 변화이다. 그 변화는 오히려 우주론적이다. 톨스토이는 이제 인간이 경험한 사실들로 입증한 진리인 실제 세상에 대한 새로운 진리를 이야기 한다. 세상은 그런 방법이다. 즉, 지배의 시합장이다. 역사를 위한 유일한 희망은 사랑의 법이라는 실제적 사례이다. 눈에 보이는 현상들에도, 역사는 일반대중과 고위 성직자들에 의해서가 아니라, 고난 받는 사람들에 의해서 태어난다는 것이 실제 세상의 진실이다.

톨스토이가 복음적 겸손과 고난 받음을 그의 이야기에서 익숙하게 보였던 특별한 농민 문화와 동일시하는 방법을 살펴보면, 거기에는 어떤 낭만주의가 있다. 귀족의 신분으로서 그의 나쁜 양심은, 그가 사는 마을 사람들의 농노 신분을 너무 쉽게 그리스도의 종 됨과 동일시하도록 이끌었다. 그것은 낭만주의 시대에 한 명의 낭만주의자에 의하여 너무나 단순하고 명확하게 표현되었다. 그러나 양심은 그의 의제를 무력화시키지 않았다. 실현과 진보에 대한 방법은 제국의 관료제도 내에서 위로 향하는 누군가의 방법을 천천히 잡아채려는 인생이 되는 것이 아니다. 힘든 노동에 의해서든지 아니면 편애와 속임수를 통해서든지 말이다. 그러나 실현과 진보에 대한 방법은 고난 받는 사랑에 관한 대안이다.

간디 역시 회심자였다

간디가 톨스토이에게 감명 받았던 것을 얘기했을 때, 효율성을 위한 관심에서 나온 단순한 도덕적 엄격함이 아니었다. 오히려 "보편적 사랑의 무한한 가능성들"이었다. 우리는 간디의 종교적 세계관 안에서 그리고 다음 반세기에 걸친 그의 실천 속에서 도덕적 엄격함과 효율성 사이에 이분법이 없었다는 것을 기록에서 알고 본문들 속에서 볼 것이다. 간디는 오히려 정치적 변화를 위한 사회적 압력에서 독특하게 효율적 전략들을 종합했다. 그 전략들은 일반적인 바라바 유형Barabbas-type의 해방자에 의해 꿈꾸고 계획된 일반적 종류의 폭력이 작동할 기회가 없는 상황 속에서 효율적이다. 또 다른 상황 속에서, 마틴 루터 킹이 변화를 위해서 독특하게 효율적 전략들을 공식화해낼 수 있도록 결정적 자극을 받은 것은 이번에는 간디에게서였다.

간디 역시 회심자였다. 그러나 그 방법에서는 같지 않았다. 간디와 달리 톨스토이는 비교적 통합된 사회의 상층부 가까이에서 살았고, 수 세기에 걸친 크리스텐둠 발전의 계승자로 살았는데, 간디는 오히려 두 개의 다원화된 세계의 교차 지점에서 살았다. 톨스토이가 그의 세계 안에 난국을 펼친 것은 내부적 비평의 심오한 과정을 요구하였다. 내부적 비평의 중대한 과정은 그의 삶이 무의미하다는 그의 인식의 주관적 심화에 의해서, 그리고 복음과 기독교 국가의 제국적인 정교회의 비전 사이에 있는 객관적인 갈등에 의하여 발생됐다. 톨스토이에게 그런 난국을 펼쳐 보이고 그의 삶의 방향을 바꾸기를 요구했던 지혜는 문화들 사이에서 생활 방식에 의해 간디에게 제공됐다. 각각의 문화는 러시아 제국과 같은 모순과 부정의가 혼합되어 있으나, 주제넘은 방식 안에서 혼합된 것은 아니다. 앵글로-색슨 사회는 인도와 다른 식민지의 제국주의적 점령에 대한 책임이 있었다. 그러나 그 책임은 또한 부정의injustices를 원래대로 되돌리도록 적용할 수 있는 법적 요소들과 제도의 근원이었다. 힌두교 사회는 활기가 없고, 패배주의자이고, 계층이 나누어진 것으로 보였다. 그러나 힌두교 사회의 기본적인 종교적 비전—근대성의 신랄한 비판에도, 그다지 누그러지지 않은—은 그 사회 자체 갱신의 씨앗을 품었다. 두 세계 사이에 있는 변경지대에서 살아가면서, 두 세계에서 배우면서, 다른 세계로 이동하는 어느 한 쪽에 대항하는 지렛대로 각자를 사용하면서, 간디는 그의 인생 이야기를 통하여 반복되는 회심의 순례길에 참여했다. 간디의 자서전은 반복적으로 그의 전망과 정책들을 변화시킨 사건들을 지적한다. 종종 그러한 학습은 지적이고 추상적이었다. 간디의 견해와 정책들은 사상가나 책과의 정신적 만남에서 왔다. 그의 이야기는 회심에 관한 것이 거의 없다. 그저 채식주의에 관한 책에 한 번, 『하나님나라는 너희 안에 있다』에 한 번, 존 러스킨John Ruskin의 책 『마지막을 향하여』*Unto This Last*에 한 번 정도 나온다. 그러나 각각의 책에서 간디는 회심이 그의 사상을 근본적으로 바꾸었다고 기록한다.

평소에 간디의 학습 동기들은 더 구체적이다. 학습 동기들은 그의 프로그램의 몇몇 실패에서 왔고, 그가 가차 없이 자기 비판적이 되는 것을 배웠던 것에서 왔다. 그래서 간디는 "진리로 실험하는 것"으로써 그의 전체적인 전략적 지혜를 서술할 수 있었다.

역사 안에 있는 힘으로써 현실적으로 진리의 권세를 취하는 데, 간디는 톨스토이와 함께 움직여나간다. 그러나 톨스토이를 넘어선다. 톨스토이는 인간 역사의 과정은 고난에 의하여 실천에 옮겨진다고 확언한다. 그러나 간디는 방법을 설명할 수 없다. 간디는 우주를 영적 권세의 연합으로 본다. 그 연합은 끊어지지 않는 인과관계의 연결 고리 안에서 혼합되었다. 간디는 금식, 기도, 성적 절제 그리고 무엇보다도 폭력의 능동적 포기가 더 완전한 인간 공동체 안에서 자신의 기득권을 파괴하는 것이 아니라 적대자를 향하여 회복하기를 열망하는 영적 권세power:"영혼의 힘force"을 발휘할 수 있다는 개념으로 이해한다.

간디가 신약성서에 더 많이 익숙했었다면, 그는 모든 창조물을 계속해서 유지시키는 로고스logos나 창조주의 주권에 대해 반역적인 창조물의 권세들the powers을 복종시키는 부활하신 주님이라는 용어로 어떤 권세를 말했을지도 모른다. 그러나 더 많이 인도의 용어로 포기의 효력을 이해하는 것이 간디에게는 더 간단했다. 그래서 톨스토이에서 간디까지의 전환에서 깊이 심화하는 첫 번째 단계는 고난 받음이 어떻게 **작용**하는지에 대한 더 분명한 우주론적 설명이다.

간디는 조직의 실천을 덧붙였다

이와 같은 진보의 다른 측면은, 간디가 그의 갱신된 복음적/힌두교적 우주론에 맞는 사회적 전략들을 발전시켰다는 것이다. **하르탈**hartal이라는 종교적 국경일부터 전략적으로 작업에 대한 거부를 시작한다. 순수한 정결 의식을 벗어나서 불매동맹boycott이 생긴다. 부정의한 법을 따르는 것을 거부해서 감옥에 가는 것은 (특히 민주적 사회 안에서는) 재판관과 입법자에게 가하는 도덕적 압력에 해당한다. 불법적 모임과 행진은 맹렬히 비난하는 것에 의하여 압제자들에게 그의 위법성의 베일을 벗겨버리는 일이 생기게 한다. 불법적 모임과 행진은 런던에 있는 신문 구독자들을 포함하여, 대중의 주의를 집중시킨다.

이번에는 톨스토이의 영적 분별력에 대응하여, 간디는 철학적 명료함과 조직의 특성 두 개를 덧붙인다. 조직의 통찰력은 천천히 생겼고, 이것은 다른 사람들에게 숙지시키기 전부터 실천되었다.

⑴ 사회적 토대는 공동 농장/학교/피정센터, 아쉬람the ashram이다.

⑵ 전통적 종교 형태들은 전유되고 변형된다 : 금식, 행진, 매일 규칙적
으로 드려지는 기도.

⑶ 간디의 저술은 신문기사의 성격을 지닌다: 간단하고, 기지가 넘치
고, 반복적이고, 철저하게 대중적이다.

⑷ 간디는 앵글로-색슨 법의 긍정적 가치에 호소한다: 인신 보호 영
장, 재판에 대한 권리, 그리고 법원의 독립.

⑸ 적대자는 설득되었으나 패배하지는 않았다.

⑹ 시민 불복종은 방해나 강압이 아니라, 더 높은 권세에 복종하는 것
이며, 그와 협력하면서 억압을 합법화하는 것에 대해 거부하는 것이
다.

⑺ 공정한 활동에 관한 강한 의식이 있다: 간디는 행동의 원래 목적 이
상으로 요구하는 이익을 강요하는 것을 거부했다. 그는 권위들이 또
다른 편에서 공격받았을 때 어떤 행동도 취하지 않았을 것이다.

⑻ 자기 훈련은 엄격하다: 만약 간디가 비폭력적 훈련에 실패했다면,
대중적 행동은 끝났을 것이다.

⑼ 간디는 그의 대안적 사회 비전을 "건설적 프로그램"이라고 불렀다.
그는 영국의 압제자본주의, 도시화를 인도인의 압제로 단순히 대체하는
것에는 관심이 없었다.

⑽ 간디는 불가촉천민에 관한 거부와 힌두교/무슬림의 적대에 관한
거부와 같은, 그의 백성과 함께 인기가 없는 입장을 취할 자세가 되
었다.

마틴 루터 킹도 개인적 회심과 교회의 실천을 알았다.

비록 미국 남부의 흑인 침례교 문화의 대표자이긴 하지만, 마틴 루

터 킹 또한 간디와 모세처럼 더 확장된 사회의 교육적 자원의 수혜를 받은 사람이었다.[78] 남북전쟁에서 흑인들을 위한 실제 자유를 얻어내려고 애썼으나, 실패한 것을 본보기로 삼아 북부의 백인 교회들은 남부에 있는 흑인 학생들을 위해 양질의 대학 네트워크를 세웠다. 비록 주에서 지원받는 학교들은 기본적 교육의 기회들을 제공받는 것이 인종차별에 의하여 봉쇄되어졌지만, 이러한 대학들은 북부의 백인 그리스도인들이 만들어낼 수 있었던 가장 창조적 공헌 중 하나인 전략적 교정을 대표했다. 킹과 그의 아버지 두 사람이 모두 공부했던 모어하우스 대학Morehouse College은 북침례교도에 의해 지원받았던 기관이었다. 그 학교는 킹에게 펜실베니아주에 있는 자유주의 침례교 학교인 크로저 신학교Crozer Theological Seminary에서 계속해서 공부하도록 준비시켰다. 킹이 간디의 업적에 눈을 뜨게 된 것은 바로 크로저 신학교에서 두 번째 해를 지내는 기간 동안이었다. 이러한 발견은 젊은 청년의 사명에 전환점이 되었던 것 같다. 이러한 일이 있기 전에 그는 비폭력에 대하여 들었다. 그러나 그는 예수 그리스도의 십자가 안에 있는 비폭력의 근원이 지니는 신학적 힘이나 조직화된 저항의 사회적 힘을 인식하지 못했다. 이것은 그의 후대 리더십을 위한 기초를 놓았다. 비록 그가 운동을 시작하는 데 직접적으로 관여하지는 않았지만 말이다.

킹은 회중교회의 목사직으로 돌아가는 것을 선택했다. 이에 관해 킹은 동부 해안의 교양 있는 리더들이 이해한 백인 개신교 사상과 미국의 민주주의적 비전에 관해 예외적으로 이해하게 되었다. 이로 보건대, 킹은 모세와 간디 같았다. 즉, 킹이 받은 교육은 그가 변화시키려고 추구

---

78) 모세에 관하여는 나의 글 "Exodus and Exile: Two Faces of Liberation," in *Cross Currents* (Fall 1973)을 보라; 1부 4장 "아브라함이 우리의 조상이라면," 『근원적 혁명』 110-29쪽. 이 글은 또한 아브라함에 관해 잘 말해준다. 성서의 내러티브는 우리가 그것을 읽는 것보다 훨씬 더 사회학적으로 실제적이다.

하고 있었던 백인 세계를 이해하기 위한 문화적 정보와 교육적 자격을 갖추도록 했다.

확장된 사회에서 오는 힘의 중요한 구성요소는 물론 미공화국 창립 문서들의 공식적 자유민주주의의 비전이었다. 런던 변호사 협회에 소속된 영국 국민인 간디가 당연히 치러야 하는 과정에 관한 영국인의 의식과 공공 법률 아래에서 모든 시민의 권리에 호소할 수 있었던 것과 같이, 킹도 시민들의 권리에 관한 평등주의적 미국의 비전, 독립적 사법권, 그리고 연방법과 주州법 사이에 있는 풍부한 긴장을 사용할 수 있었다.

남부로 돌아가서 앨라바마주 몽고메리에 있는 덱스터 애비뉴 침례교회의 담임목사직을 받아들인 킹의 선택은 미국 흑인들의 동기와 자신을 동일시하는 자발적 행동이었다는 것이 더 중요하다. 이로 보건대, 또한 킹은 모세와 간디 같았다. 즉, 그는 그의 사람들과 동일시했다. 킹의 자격으로 볼 때, 그는 북부에 있는 어떤 대학이나 신학교에서 가르치거나 행정을 하도록, 아니면 북부에 있는 안정된 중산층 흑인 회중교회가 그에게 준비되었을 것이다. 그는 남부에서 벗어날 수 있었다. 남부에 사는 흑인들과 자신을 동일시하려는 의도에서 다시 돌아온 그의 자발적 행위는 그에게 차별 대우의 희생자들을 위해 연설할 수 있는 권위를 주었다.

킹은 간디를 따라서 반드시 그의 운동의 기초가 되는 종교를 세우는 동안, 킹의 상황은 흑인 침례교가 힌두교와 다르다는 면에서 뚜렷이 달랐다. 힌두교는 윤리적으로는 다원론적이고 정치적으로는 보수적인, 고대 대중적 종교 문화이다. 흑인 침례교는, 그 종교의 가치 안에서 크게 통일되고, 회원이 비록 이원록적이긴 하나 자발적이고, 정치적으로 비판적이고, 압제에 대응하는 반응을 한다. 힌두교가 구루guru라는 사람과 영적 은둔의 특별한 훈련의 분위기를 둘러싼 아쉬람을 형성하는 반면에, 침례교 정치 조직은 모든 촌락과 모든 도시 구획마다 예배뿐 아니라 확대된 가족 연대와 도덕적 고양에 참여하는 회중모임을 형성할 수 있었다. 주정부 기관, 상업, 학교 등 모든 곳이 백인이 지배하는 곳인 남부 전체를 통틀어서, 교회는 흑인 지도자, 긍지 그리고 공동체 연대와 같이 백인의 방해 없이 양성될 수 있는 활동 장소이고, 사회의 역사에 관한 대항문화의 의식과 대안적 해석이 유지될 수 있는 활동 장소였다.

운동의 교회 기반이 흑인뿐만 아니라 침례교인이었다는 것이 중요하다.[79] 이것은 다른 기독교의 형태들과 대조되는 것으로, 침례교인의 경건은 개인적이고 성숙하고 종종 감동적인 종교상의 개인의 결정을 필수불가결한 것으로 만든다. 신자 자신의 참여에서 동떨어진 채 제단 주변에서 행하는 예배 의식은 존재하지 않는다. 일부 특별한 위기가 개인의 필요를 목회 직무로 바꿀 때까지는 교회 업무 수행의 구조를 유지하는 영속적인 교회 위계구조는 존재하지 않는다. 개인적 회심 그리고 신자의 침례는 사람을 공동체의 회원으로 만든다. 예배 경험은 결단과 헌신에 대한 일련의 갱신된 부르심 안으로 회심의 극적 사건을 기념하고, 다시 새롭게 하고, 비추어준다. 버스 보이콧 운동이 몽고메리에서 자발적으로 일어났을 때, 매일 밤 교회에서 열렸던 집회들은 부흥회 설교 형태를 지닌 단순한 전환이었다.

비록 톨스토이에게 많은 빚을 지고 있다는 것을 알고 있지만, 간디는 톨스토이와 많이 달랐다. 킹의 경우도 역시 많은 방법 면에서는 간디와 달랐다. 각자 하고 있는 것과 킹이 한 것을 각자가 성취한 이유에

---

79) "침례교 정체성의 특성화에 관해" James Wm. McClendon Jr., *Ethics* (Nashville: Abingdon, 1986), 27–34를 보라.

대한 완전한 설명, 그리고 각자의 한계가 무엇인지에 대한 완전한 설명을 위해서 그 방법들은 중요할 것이다.[80] 그러나 현재 우리에게 중요한 것은, 우리가 그들의 이유를 분석하려고 역사를 거슬러 올라가는 것에서 보듯이 그들 모두 수단과 목적의 정체성을 특별히 강조했고, 건설적 목적을 향한 파괴적 수단을 실용적으로 사용할 수 있다는 통상의 개념을 거부했다.

우주론적 신앙: 옳은 수단은 선한 결과를 인도한다.

"수단은 변화 과정 중에 있는 결과이다." 윤리학이나 논리학의 교사는 누구나 이런 문구는 전문적으로 깊이가 있는 것이 아니라고 당신에게 말할 수 있다. 학문적인 윤리학자는 결과지향적인 여러 개의 서로 다른 유형들과 수단지향적인 도덕적 추론에 속한 여러 개의 또 다른 유형들을 세분화할 수 있었던 것을 단순화한다. 만약 이것이 전문적 세미나였다면, 모든 유형을 밖으로 꺼내서 범주화시킬 필요가 있고, 어떤 전제 아래에서 논증이 논리적으로 완벽하지 못한지를 볼 필요가 있었을 것이다.

그러나 간디와 킹은 학자들이 아니었다. 그들 둘은 모두 백인 앵글로 색슨 계열 학교를 졸업했고, 모두 지적이고, 비판적이고, 종합적 사상가였지만, 이들 각자는 먼저 일반 대중을 향한 의사전달자였다. 한 사람은 편집 출판인으로서, 그리고 한 사람은 설교자로서 그러했다. 이들은 각각 자신들의 직접적 독자들과 청중을 넘어서 더 넓은 범위의 대중에게 다가가는 방법을 알았다. 이 대중은 간디와 킹이 도덕성과 실천

---

80) 편집자 주: 요더는 이 글이, 특별히 마틴 루터 킹의 사상 속에서, 충실함과 효율성을 위한 희망과 예수의 완전한 성육신적 인간성의 의미에 대한 그의 글을 따를 것을 의도했다. 그러나 그 글은 이미 "The Power Equation, Jesus, and Politics of King," chap.6 of *For the Nations*라는 제목으로 출판했다. 우리는 이 글과 함께 그 글도 함께 읽을 것을 권한다.

성의 특별한 결합을 통하여 진리의 반지를 쥐어준 사람들이다. 진리의 반지는 학술적 논리에 의해서가 아니라, 특별한 백성의 전체 종교 문화와 그들의 압제적 상황-그들이 정의를 내리도록 도와주는-에 대해 새롭게 부여받은 응답의 공명에 의해서 유효했다.

희망과 **성육신**은 두 개로 나누어진 주제가 아니다. 성육신의 주제를 포기하지 않은 채, 나는 소망이 지닌 구체화에 대해 기록하기 시작했다. "수단은 변화 과정 중에 있는 결과다"라고 말하는 것은 우주론적이거나 종말론적 진술이다. 그것은 **우주**cosmos:분간할 수 있는 어떤 종류의 도덕적 원인/결과의 일관성이 깃든 세계를 전제로 한다. 심지어 내세가 도덕적 책임성을 만들어 내는 것이 필요하다는 칸트와는 달리, 이러한 견해는 역사 안의 일관성을 주장한다. 이런 주장이 맞는다면, 사람은 어떤 의미에서 고난이 구속적인 것이라거나 또는 (킹이 말한 것처럼) "우주universe 안에는 정의를 위해 드러난 그 무엇이 있다"는 것을 믿어야만 한다. 간디에게, 그런 우주적 승인자validator는, 환생reincarnation의 개념에 의하여 문자적으로나 적어도 상징적으로 대표되는 존재의 거대한 사슬이었다.[81] 킹에게, 그것은 그의 백성을 이집트에서 이끌고 나온 또 다른 모세의 비전, 여리고에서 싸우는 또 다른 여호수아의 비전, 산의 정상에서 볼 수 있는 약속의 땅에 대한 비전, 우리가 하늘이 열린 것을 볼 수 있는 골고다 위 십자가의 흑인 침례교인의 비전이었다. 킹은 또한 그 비전을 아메리칸 드림의 용어로, 공화국 선조들의 휴머니즘의 용어로, 그리고 심지어 케네디 가문의 연방 정치의 용어로 말했다.

---

81) Gandhi, "We Can Wait." 편집자 주: 우리는 간디의 저술에 관한 책들을 찾았다. 그리고 여러 가지 핵심어를 안내해 준 네 번째 자유 포럼(the Fourth Freedom Forum)의 린다 게베르-스텔링워프(Linda Gerber-Stellingwerf)는 간디의 저술들이 담긴 CD-Rom에 몇 개의 표제어를 안내했다. 그러나 우리는 그런 주제에 관해 특별하게 저술을 발견하지 못했다. 그러나 이 문구는 간디의 연설과 저술들에서, 그리고 요더의 해석을 확증해 주는 방법들로 여러 번 나온다.

만약 논증의 용어를 엄격하게 취한다면, 간디와 킹 둘 다 "고난의 구속적 힘"과 같은 문구를 사용하는 것은 전술상의 실수였을지도 모른다. 이런 식으로 "고난의 구속적 힘"을 말함으로써, 간디와 킹이 동의된 목적에 도달하는 데 예측할 수 있는 효율성의 형세terrain에 관한 결과주의consequentialism에 부합하는 실용주의자들의 요구를 받아들이는 것처럼 보였다. "힘"에 관해 말함으로써, 간디와 킹은 그들의 방법들이 전략상 옳다는 것을 증명하려는 시도로서, 일부 실용주의자들에 의하여 그렇게 여겨질 수 있었다. 즉, 유용성이 많은 중간 수준medium-range의 대가/이익의 교환을 약속하는 것에 의하여, 간디와 킹은 폭력을 포기하는 것의 대가를 실용주의적으로 옳다고 여기는 것으로 보일 수 있었다. 그래서 실용주의자들의 논증은 다음과 같은 답을 예견할 수 있었다: (1) 고난이 항상-적어도 충분할 만큼 빨리-약속된 긍정적 효과를 지니는 것은 아니다. (2) 간디의 방법 가운데 독특한 유효성은 공정함이라는 전통을 간직한 채 영국에 대항하는 경우에 효과적이었다. 그러나 남부의 지역적 권위들에 대항하는 왕정 전통을 지닌 채, 연방 정부와 법령 때문에 간디의 방법들은 일본과 나치에 대항하여 "효과적으로 작용할 것" 같지는 않다.

그것은 내가 더 정확한 결과/수단 논증을 시작함으로써, 상대적 효율성에 대하여 연기하기로 했던 간디의 전술상의 실수를 되풀이하는 것이 될 것이다. 간디의 전술은 행해질 수 있었다. 기록은 비폭력적 단체보다 일본이나 나치 또는 소비에트 연방에 대항하는 더 성공적 폭력을 수반한 폭동을 보여주지 않는다. 내가 앞으로 쓸 장에서는 실용적 주장으로 돌아갈 것이다.82) 그러나 여기서 간디의 전술은 사람들의 주의를 딴 데로 돌리는 미끼가 될 것이다.

---

82) 편집자 주: 13장 "교회와 변화: 폭력 대 비폭력 지향 행동" 이하.

간디가 "보편적 사랑의 무한한 가능성들"에서 의미했던 것은, 기계론적 사회 과학 방식 안에서, 그다지 선호하지 않는 수단을 사용하는 것을 통해, 확실하게 성취될 수 있는, 유한하면서도 중요치 않은 가능성들에 반대되는, 측정될 수 있고, 유한하고, 평가할 수 있는 효력의 가능성이 있다는 것이 아니다. 이것은 논증할 수 있는 입장이 될 것이다.[83] 그러나 이러한 입장이 간디의 요점은 아니다. 간디는 오히려 사람이 가능한 것을 생각하는 관점의 질적 변화를 요구할 것을 의미했다. 킹에 관하여 말하자면, "사랑은 세상에서 가장 지속적 능력이다."[84] 또는 "우주universe에는 정의를 드러내는 그 무엇이 있다"[85]는 말은, 순교가 사회적 힘으로 작용한 방법에 대한 분명한 통찰력을 주장하는 것은 아니다. 비록 순교가 종종 사회적 힘으로 작용했지만 말이다. 순교는 그리스도인들이 우주적 근원에 근거하여 이해한 그리스도에 대한 (또는 보편적 사랑이나 **무저항 불복종 운동에 대한**) 그들의 충성으로 만들어진 고백적이거나 케리그마적 진술이다. 순교는 예측할 수 있는 단기적 방법으로 '작동' 되기 때문에, (비록 자주 그렇지만) 그러한 고난 받는 사랑이 옳은 것만은 아니다. 하지만, 그 사랑은 어느 정도 우주와 같이 행동하는 것이기 때문에 옳다. 그리고 **결국** 예측할 수 없기 때문에 작동되는 것은 그다지 눈에 띄지 않는다.

우리는 앞으로 다른 장에서도 보겠지만, 서로 다른 윤리적 체계들이 서로 다른 과거를 이야기하는 부조화에 대하여 놀랄 것이 없다. **실천성** 또는 **힘**과 같은 용어들은 각각의 체계에 따라서 서로 다른 의미를 가진

---

83) 참조. Richard B. Gregg, *The Power of Nonviolence* (New York: Schocken, 1966); Krishnalal Shridharani, *War Without Violence: A Study of Ganghi's Method and Its Accomplishments* (New York: Harcourt Brace Jovanovich, 1939); Gene Sharp, *The Politics of Nonviolent Action*, 3 vols., (Boston: Porter Sargent, 1973).
84) *A Testament of Hope: The Essential Writings of Martin Luther King*, Jr., ed. James M. Washington (San Francisco: HarperCollins, 1991), 11.
85) 같은 책., 14.

다. 만약 당신이 폭력을 거부하는 것이 우주적으로 기초된 것이라면, 마치 톨스토이, 간디, 킹처럼예를 들어, 폭력을 거부하는 타당성이 실용적이지 않다면그런 종류의 헌신의 영향력은 사실 더 효율성이 클 것이다. 우주적 존재가 그들과 함께한다는 것을 믿는 자들에게는, 희생당하는 가운데 인내와 낙심 중에도 창조력이 최고로 발휘된다. 실용성과 권력에 관심을 가지는 현실적 사람이 자신의 시각을 바꾸었다가 언제 거기에서 빠져나올 것인지를 스스로 결정 내려야 하는 경우, 인내와 창조성은 큰 효과를 가져다주지 못할 것이다. 그런 사람들은 미미한 바람이 될 것이다. 그래서 폭력의 **원칙**에 **의거한** 거부는 효율성을 고양시킨다. 폭력의 포기는 실제적일 때에만 정당화된다. 다른 한편으로는 (예를 들어, 사람은 무기를 갖지 않기 때문이라거나 비폭력은 놀라운 배경에 대한 구실을 압제자들에게 제공하는 것을 피하기 때문인 것과 같은) 심각한 상황 속에서는 작동하지 않을 것이다. 자, 비록 실용주의자들이 일부 분명히 쓸모 있는 폭력적 전술이 훨씬 잘 "작동할" 것이라고 생각하는 데에는 잘못이지만, 때로는 실용주의자들이 옳을 것이다.

이렇게 우리는 내가 **성육신**이라고 부르는 것에서 **희망**즉, 체계 안에 있는 잠재력으로부터 추론할 수 있는 진보와 관련하여 그 진보의 의미를 중요하지 않은 것으로 왜곡시키는 것을 거부하시는 하나님의 주권 아래에 있는 세계 역사 속에 들어있는 실제적 힘이라고 부르는 데까지 전환을 끝마쳤다. 톨스토이의 그리스도 중심적 도덕주의가 간디의 우주적 비전으로 번역되었을 때, 그것은 우주가 미래를 향해 열려있다는 것을 의미했다.

간디는, 후에 우리가 보았듯이, 그의 희망을 환생으로 설명했다. 비록 나는 환생이, 소망이 먼저 시작된 곳이라는 것을 의심하지만 말이다. 킹은 보스턴 대학교의 인격주의와, 혹은 아메리칸 드림이라는 용어도 기꺼이 진술했다. 아메리칸 드림은 킹이 좋은 전술상의 이유들을 가지도록 도운 해석이다. 그러나 나는 킹이 인격주의에서 아메리칸 드림을 처음 발견했다는 것을 의심한다. 킹은 재건시대 이후 흑인 침례교 문화의 산물이다. 이 공동체는 미국 백인 법률의 압력에 대항하여 실행 가능한 공동체의 삶과 문화를 창조하도록 모세와 다윗, 예레미야와 예수, 아프리카 조상들에 대한 기억들에 의하여 힘을 부여받았다. 다른 어떠한 미국의 작은 집단도 경험한 적이 없던 것처럼 (만일 그것이 아미시Amish가 아니라고 한다면) 성서적 내러티브에 의하여 풍요롭게 되고, 합법적이고 비합법적 압력—주州의 조직, 경제, 컨트리클럽, 또는 무역 사무실로부터 공생을 위한 협력을 보장받지 못해서 제도상 독재가 된—을 견뎌나감으로써 (또는 위협 없이 복종해 나감으로써) 훈련을 받았기에, 미국 흑인 침례교는 오직 하나님의 약속에 근거한 역사를 희망했고,[86] 미국 흑인 침

---

86) 편집자 주: 여기서 요더의 각주는 우리를 간단히 "리차드슨"에게 위탁한다. *For the Nations*(125)에서 요더는 다음과 같이 쓴다. "허버트 W. 리차드슨(Hebert W. Richrdson)은 *Commonweal*이라는 책에서 킹은 "우리 시대에 가장 중요한 신학자였다 … 왜냐하면, 근대 상대주의에 의해 생겨난 악의 구조를 다루는 데에 창조적 제안을 했기 때문이다 …나는 근대 도전의 본질로써 상대주의에 관해 리차드슨을 따를 수 없을지 모른다. 그러나 나는 다음과 같은 주장에서는 리차드슨을 지지한다. 흑인의 투쟁과 아직 끝나지 않은 상황의 의미에 관한 아직 끝나지 않은 전유화(appropriation)에서 북아메리카의 그리스도인들에 의하여 획득된 깊이 있는 배움이 있다는 주장이다." 바르 샤바에서 있었던 그의 강의에서 보면, 요더는 리차드슨의 책 *Commonweal*에 나오는 단락을 인용했다. "이와 같은 종류의 악을 극복하려면, 신앙은 악을 행하는 사람을 공격해서는 안 되고 사람을 폭력적으로 행동하게 만드는 악의 구조를 공격해야 한다. 그러므로 악이 그 자체를 명백하게 하려는 형태와 악에 대한 우리 반대의 형태 사이에 불균형이 있어야만 한다. 우리는 비폭력과 함께하는 폭력을 만나야만 한다. … 보복적 미움을 만나는 것은 우주(universe) 안에서 악의 원경(遠景)(distance)의 명암을 더 강하게 할 뿐이다. 미움은 미움을 낳는다. 폭력은 폭력을 낳는다. 흉악함(toughness)은 더 큰 흉악함을 낳는다. 우리는 사랑의 힘(power)을 지닌 채 미움의 세력(force)과 만나야만 한다. 우리는 영혼의 힘(force)을 지닌 채 육신의 힘과 만나야만 한다. 우리의 목적이 절대 백인을 물리치거나 굴욕감을 주게 하는 것이 되어서는 안 된다. 반대로 백인의 우정과 이해를 얻는 것이 되어야 한다." 요더는 다음과 같이 결론 내린다. "한편으로는, 맹목적인 신앙의 문제로써 십자가의 길을 택하는 것—무슨 일이 벌어질지 모르지만—과 다른 한편으로는, 항상 폭력이 포함될 필요가 있는 역사적 과정을 위한 이성적 책임감을 지니는 것 사이에는 분열이 없다 … 죽임 당하신 어린양을 능력을 받으실 만한 가치가 있는 부활하신 주로서 고백하는 사람들에게서, 고난 받는 사랑과 사회적 효율성 사이에서 선택하는 궁극적 필요는 존재할 수 없다."

레교의 약함 속에서 하나님의 약속은 미국 흑인 침례교의 강함이었다.

마틴 루터 킹이 악의 신비에 관해 가장 자주 보여준 반응–윤리학자의 대답이 아니라 설교자의 대답–은 제임스 러셀 로웰James Russell Lowell의 시詩였다.

> 악의 조직은 번성하려는가?
> 그러나 진리만이 강하다네.
> 진리가 차지할 부분은 사형대이고
> 왕좌에 오르는 것은 잘못이지만,
> 여전히 그와 같은 사형대가 미래를 흔들어 놓고
> 어둠침침한 뒤에 남는 것은 알지 못하지만,
> 그림자 안에 하나님이 서 계시다네.
> 그의 소유 위에서 지켜보고 계시다네.[87]

킹이 그런 시적 이미지가 설득력이 있다는 것을 발견한 동기가 로웰의 동기와 같다고 나는 생각하지 않는다. 킹의 시적 이미지는 킹의 흑인들의 경건이 여리고에서의 첫 번째 여호수아, 골고다에서의 두 번째 여호수아의 기억들로 가득하기 때문에 킹에게는 다르게 이해됐다. 기독교 계시의 희망은 유토피아가 아니다. 기독교 계시의 희망은 고난에 대한 보상이 아니다. 희망은 진보의 다원주의 또는 인본주의 법칙에 대한 신뢰가 아니다. 기독교 계시의 희망은 도리에 맞게 십자가, 부활 그리고 오순절 사건으로부터의 추정에 근거를 두었다.

---

87) 편집자 주: 요더는 또한 로웰의 이 시를 그의 책 *For the Nations*, 133에서 인용했는데, 거기서 요더는 마틴 루터 킹이 "제임스 워싱턴이 수집한 대화 안에서 여섯 번 인용구를 사용했다"라고 지적했다. *The Essential Writings of Martin Luther King, Jr.* (New York: HarperSanFrancisco, 1991).

사회 사상 속에 나타난 분명한 주제로서 희망의 회복

1950년대 초기-아이젠하워Eisenhower의 시대 초기-에 미국의 개신교인들American Protestants은 세계교회협의회World Council of Churches의 제2차 총회-1954년 에반스턴Evanston에서 모임-의 주제가 "그리스도 세상의 희망"이라는 것을 배우면서 깜짝 놀랐다. 에큐메니컬 개신교회의 주요한 흐름은, 그들 자신이 갖고 있던 기독교의 소망의 자유주의적 의견을 미국의 약속 안으로 융합시키는 것을 더 선호하면서, 근본주의자들로 하여금 종말론의 언어를 포기하게 만들었다.

하나의 요인이 있고 나서, 묵시와 관련하여 회복을 시작하는 데 다른 요인보다 더 결정적인지를 확인하려는 우리의 노력에서 문제되는 것은 거의 없다. 인과관계의 한 가지 계열은 분명하게 문화적이었다. 즉, 우리의 주요 계열의 희망들과 안전들이 붕괴됐다.[88] 이것은 여기서 우리가 항목별로 세분화할 필요가 없다.

분위기 변화의 또 다른 구성요소는 고대 문서들을 읽는 학술적 기획에서 고양되는 정직의 단계였다. 이것에 관해 우리는 자세를 교정해야 할 것이다. 우리의 자세는 담론에 관한 다양한 양식을 다루는 데, 상상력이 풍부한 다원주의의 더 높은 수준을 요구한다. 예를 들어, 우리에겐 "정사와 권세들"principalities and powers에 관하여 사도들의 수사학의 의미를 원래대로 돌려놓고자 상상력이 풍부한 다원주의가 필요하다. 풍부한 다원주의로 창조물다운 존엄과 압제적 반역의 혼합은, 많은 현대 사회 과학이 할 수 있는 것보다 훨씬 더 많이 미묘한 차이를 지닌 방법들에서 성찰된다.[89]

---

88) 예를 들어 상황에 관하여, Paul Hanson, 『묵시문학의 기원』*The Dawn of Apocalyptic: The Historical and Sociological Roots of Jewish Apocalypse Eschatology*, (크리스챤 다이제스트 역간).

89) Hendrik Berkhof, 『그리스도와 권세』*Christ and the Powers* (대장간 역간)와 Walter Wink, *Naming the Powers* (Minneapolis: Augsburg Fortress, 1986), 그리고 Wink,

한 세대 전에 출판되고, 적어도 문서로 입증된 나의 책『예수의 정치학』의 마지막 장은, 사도 시대의 묵시적 비전을 역사적으로 이해하도록 했다. 그 장은 분명히 나의 나머지 책들보다, (내가 보는 한에서는) 덜 이성적이지만, 많은 독자에게 더 도전적이었다. 역사적 사실로 볼 때, 나는 초기 그리스도인들이 그리스도의 주되심 아래에서 하나님의 손길 안에 있는 존재로서 그들이 세상을 어떻게 보았는지를 단순하게 주해하려고 했다. 실용주의적 윤리학그들이 투사한 사회적 영향에 근거한 행동들을 정당화하는 것이 뜻이 통할 수 없었던 상황에서, 역사를 이해하려고 그리스도의 주되심을 신뢰하는 것은 퇴보가 아니라 책임이었고, 자기 혼자만 옳다는 순전함이 아니라 합리성이었다. 그러한 그리스도의 주되심을 신뢰하는 것은, 1세기 후반에 기독교의 사상에 의한 역사적 전망 읽기였다는 것을 심각하게 부인할 사람은 아무도 없다. 더구나, 그리스도의 주되심에 대하여 진지하게 생각하는 사람은, 대부분 세계 역사 속에서 그리스도인들이 콘스탄틴 이후 서양의 상황보다 초대 교회의 상황에 더 가까운 사회적 상황에 놓여있다는 것을 부인할 수 없다. 그리고 오늘날 대부분 세계에서 그리스도인들은 사회적 효율성에 기초를 둔 행동을 산출해내는 것을 거의 이해하지 못하는 상황 속에 있다.

그러나 많은 독자는『예수의 정치학』안에 들어있는 나의 기록이 고대 본문들을 그 원래 상황과 관련하여 읽으려고 노력한 것임을 이해심을 가지고 평가하지 않았다. 또한, 많은 비평가는 신약성서 안에서 발견한 태도를 오늘날 중국 대륙이나 아프가니스탄 내에서 이해하려는 관점으로 읽지 않았다.『예수의 정치학』은 동시대 사람들에게 위협적이었다. 왜냐하면, 그것은 일부 사람에게 우리 시대와 마찬가지로 다른 시대와 상황 속에서도, 사회 참여에서 후퇴하는 것은 항상 도덕적으로

『사탄의 체제와 예수의 비폭력』(한국기독교연구소 역간)을 보라.

옳다고 하는 취지의 **논의**를 합법화하는 것처럼 보였기 때문이다. 나의 다른 저술들이 분명히 보여주는 것처럼, 그것은 그렇지 않다. 그러나 독자들이 그렇게 생각했다는 것은 대단히 흥미롭다.

묵시문학은 3세대 전보다 오늘날 더 주의 깊게 읽힌다. 그때 알버트 슈바이처Albert Schweitzer가 예수의 임박한 하나님나라 도래의 기대는 예수의 나머지 가르침들과 분리되지 않았다는 것을 발견함으로 그 자신과 다른 사람들을 놀라게 했다. 만약 사람들이 들을 귀가 있었다면, 비록, 레온하르트 라가즈Leohard Ragaz, 90)와 에버하르트 아놀드Eberhard Arnold, 91)같은 사상가들이 2세대 이전에 학문적으로 덜 존경받은 것으로 나타났지만, 에른스트 케제만Ernst Käsemann은 학술적 분야에서 통찰력을 자각시키는 것의 부분적 상징과 대리자이다. 지식의 사회학자들은 "패배자의 인식론적 특권"을 명료하게 표명하는 것으로, 도덕적 추론의 결과론자consequentialist의 비전들이, 대리자는 권력의 자리에 있다는 것을 가정해야만 한다는 것을 이전보다 묵시문학을 더 분명하게 해주면서, 오늘날 우리를 돕는다.

묵시는 "실제로 말하는 의미"의 소극적 방법으로가 아니라, 우리가 그 용어 자체에서 읽기를 배울 필요가 있다는 적극적 의사소통의 장르이다. 소망이 가득함, "숨김없음,"92) 또는 정신적 자기 이해의 다른 차원에 관한 불트만주의자Bultmannian의 축소, 아니면 아마겟돈 전쟁에

---

90) 편집자 주: Leohard Ragaz, *Signs of the Kingdom: A Ragaz Reader*, ed. and trans. Paul Bock (Grand Rapids: Eerdmans, 1984)을 보라. 요더는 라가즈(Ragaz)와 크리스토프 블룸하르트(Christoph Blumhardt)가 그의 스승인 칼 바르트의 초기 신학에 영향을 주었다고 말한다. 왜냐하면, 그들은 바르트가 발견했던 흥미 있는 독특한 방법들보다는 오히려 묵시적 생각에 대한 접근을 정치적 참여와 결합했기 때문이다.

91) Eberhard Arnold, *God's Revolution: The Witness of Eberhard Arnold*, ed. and trans. John Howard Yoder and the Hutterian Society of Brothers (New York: Paulist Press, 1984), 5-22, 요더의 서문도 함께 볼 것.

92) Thomas C. Oden, *Radical Obedience: The Ethics of Rudolf Bultmann* (Philadelphia: Westminster Press, 1964).

대한 이스라엘 나라의 형성에서 나온 카운트다운countdown에 관한 근본
주의자의 추정 중 어떤 것도 1세기에 이러한 본문들이 의미했던 것과
조화를 이루지 못한다.

그밖에 묵시적 정신을 더 철저하게 꺼내놓는 것이 우리에게 말하는
것이 무엇이든지, 묵시 문헌은 하나님 아래에서 역사의 비전을 송축하
고 선포했다. 그래서 하나님께서 보여주신 승리의 확실성은 하나님 백
성의 힘power이 아니라 그들의 충실함과 밀접하게 연관된다. 비전의 진
실성은 "모든 산에서 자유가 울려 퍼지게 해주시오"라는 주제에 관한
킹의 유명한 변화이든지, 아니면 더 역사적이고, 더 히브리적인 무엇이
든지, 우리의 통제 아래 있는 인과적인 결과를 우리가 도달하기 원하는
역사의 장까지 투영하는project 능력에 의해서든지, 아니면 변하지 않는
동기를 지닌 강제성을 우리가 분별하는 것에 의해서든지 어느 것도 적
합하게 측정될 수 있는 것이 아니다. 비전의 진실성은 하나님이 이미
행하고 계시는 것과의 조화에 의해서 측정될 수 있다.

> 궁극적으로 중요한 것은, 내가 더 선해져야만 하는 것도, 세계의 형
> 편이 나의 행동으로 말미암아 더 나아져야만 하는 것이 아니라, 하
> 나님의 실재가 궁극적 실재가 되도록 도처에 그 자체를 보여주는 것
> 이 되어야 한다.[93]

그러한 "궁극적 실재"의 가장 완전한 본질적 정의는 결과와 수단에
대하여 추리를 위한 어떤 공식이 아니라, 예수 그리스도로 말미암아,
압제받는 인류와 함께하는 하나님의 동일시하심, 하나님을 모르는 자

---

93) Dietrich Bonhoeffer, *Ethics* (Minneapolis: Aogsburg Fortress, 2005), 48; Larry
Rasmussen, *Dietrich Bonhoeffer: His Significance for North Americans*
(Minneapolis: Fortress, 1990), 158에서 재인용.

들을 죄가 없다고 하심, 그리고 죽은 자를 일으켜 세우심이다. 그런 '실재'의 빛 안에서 우리는 어떻게 "세상의 형편이 나의 행동으로 말미암아 더 나아질 수 있을까"에 대해 고민하는 것을 멈추어야 할 것이다. 그러나 우리는 이런 질문을 상상하면서 시작하거나 끝나는 것으로부터 자유로워져야 할 것이다. 성육신과 희망의 윤리는 신조가 끝나는 곳에서 시작할 수 있는 것이다.

성령을 믿사오며
거룩한 교회와
죄를 사하여 주시는 것과
몸이 다시 사는 것을 믿사옵나이다.[94]

---

94) 소위 사도신경은 여기서 몇 개의 더 내세적 단어를 덧붙인다. 이는 아마도 더 초기에 덜 내세적 단어가 마르셀루스(Marcellus)[d.308]에 의하여 입증된다.

제 **4** 장

여호수아의 전쟁에서 유대 평화주의까지

우리는 그리스도인이 평화를 고민할 때, 성서 본문 자체에서 얻어지는 것은 거의 없다고 가정하는 것에 익숙해왔다.[95] 우리는 성서가 말해야 하는 것은 이미 잘 알려졌지만, 충분하지 않다고 여긴다. 이것은 심지어 히브리 성서의 경우 더하다. 우리는 구약성서는 우리를 위한 모델이 될 수 없는 일종의 민족주의를 가르친다고 믿도록 이끌려왔고, 대부분 그리스도인은 신약성서가 모델이 될 수 없는 일종의 평화주의를 가르친다고 믿는다.[96] 그러므로 이러한 문제들에 대한 그리스도인의 사고는, 특별히 4세기 이후로 자연이나 이성이나 관습 안에서, 전쟁과 평화의 문제들을 도덕적으로 생각하려는 안내의 역할을 해줄 수 있는 다른 원천을 찾으면서, 관심을 기울여 왔다. 우리는 계속해서 하나님의 광범위한 화해peacemaking의 목적에 대하여 일반적 표어를 위한 보물창고로서 성서―물론 성서는 찬양과 설교 안에 이미 자리를 잡고

---

95) "문화적 · 역사적 그리고 신학적 관점에서의 비폭력"에 관한 강의 시리즈 중 일부는 1983년 5월 10-20일에 폴란드의 바르샤바에서 있었던 공개강좌를 위해 준비했다. 4장은 그 중 여섯 번째 강의이다.

96)) 신약성서는 더는 우리에게 아무 것도 이야기하지 않는다는 이러한 널리 퍼진 현대의 확신은 나의 책 『예수의 정치학』이 처음으로 응답했던 주요한 도전이었다.

있지만-를 샅샅이 찾아보는 것으로 인식해왔다. 그러나 성서 안에서 특유의 도덕적 인도자의 역할이 더는 추구되지 않는다는 것을 아주 당연시했다.

이런 가정은 잘못된 것이다. 더욱더 넓고 학술적 방법으로 살펴볼 때, 널리 받아들여진 합의를 이끌어 냈던 전통적 발전과 비판적으로 담화를 나누는 것이 합당할 것이다. 나는 특별히 신플라톤주의, 독일의 부족주의Germanic tribalism, 그리고 시민 질서에 대한 로마의 협정의 공헌들을 인정하고 비판해야 할 것이다. 그러나 여기서, 우리의 목적을 위하여, 성서의 탈비평적 읽기post-critical reading는 국가에 대한 충성과 외부인, 하나님 그리고 우리의 원수에 대하여 우리에게 아직 더 가르쳐야 한다는 단순한 단언을 재진술하는 것만으로 충분하다.

형식주의적 이원론은 우리와 예수를 역사적 내러티브에서 쫓아낸다

야훼의 전쟁이라는 현상을 통하여 우리에게 각인된 질문의 형태는 페트르 헬치츠키와 레오 톨스토이의 이원론에 의하여 많은 사람을 위한 방향으로 결정되어져 왔다.97) 그들이 야훼의 전쟁이라는 현상을 알아챘을 때, 모세와 여호수아의 시대에서 다윗의 시대까지, 전쟁은 도덕적으로 의무적인 것이었다. 이에 예수는 말씀하시기를 "그러나 나는 너희들에게…라고 말한다" 그리고 우리에게 전쟁은 잘못된 것이라고 말씀하신다. 그러한 단순한 전환에서, 전쟁은 신약성서에 던지는 빛 안에서, 우리는 다양한 방향으로 생각할 수 있다.98)

---

97) 슬라브 민족의 세계-기독교 제국주의(독일, 로마, 러시아 등)에 의하여 아주 오랫동안 희생당했던- 안에서 손님으로서, 나는 바르샤바를 방문했을 때, 이와 같은 특별한 권력의 남용에 대한 지나치게 간소화된 비판적 시각이 슬라브 민족 안에서는 편안한 것이었다는 것을 의미 있게 여겼다.

98) 톨스토이는 "복음에 대한 열쇠"로서 "그러나 나는 너희에게 말하노니, 악한 것을 물리치지 말아라"고 하는 마5:38의 문제 제기를 특징지었다.

한 가지 방법은, 우리가 오직 예수와 함께 서있다고 말하는 것이고, 구약성서의 호전적 차원을 거절하면서 우리는 기독교 신앙의 모든 히브리적 배경을 급진적으로 상대화한다고 말하는 것이다. 그러면 우리는 한층 축소된 성서를 갖고, 우리는 신약성서 자체는 일반적으로 구약성서의 권위를 거절하기보다 오히려 추정한다는 사실로 인해 계속 당황할 것이다. 더 최근의 경험은, 게다가 그러한 태도는 복음적이지 않은 반X유대주의에 들어맞는다는 것을 우리에게 가르쳤다.

또 다른 접근은 예수가 모세와 다윗의 모델을 물리쳤을 때에, 예수는 오직 삶의 어떠한 영역들을 위하여, 오직 교회 가운데에서, 또는 오직 얼굴과 얼굴을 마주보는 관계들의 수준을 위해서만 그렇게 했다는 것을 말하는 것이다. 이러한 접근은 국가들과 그들의 통치자들에게 적용하는 것처럼, 그리고 통치자들이 그들에게 순복하도록 요구하는 사람들을 위하여 예수가 전쟁의 합법성에 불변하지 않는 입장을 유지한다는 것을 제안한다. 그래서 하나님이 전쟁을 명령하신 이래로, 전쟁은 이제 죄짓는 것이 될 수 없다.

위의 두 접근 모두를 보면, 논증은 형식주의적이다. 해석은 그 문제를 구체화된 역사적 고대 근동의 상황 속에 두지도 않고, 또한 히브리 성서가 발생한 내러티브 틀 안에 두지도 않는다.

히브리 성서의 역사적 내러티브: 구원, 야훼의 방법

게르하르트 폰 라드Gerhard von Rad 99)의 저작으로 시작된 상당한 분량의 학자들의 분석 자료들은 야훼의 전쟁에 대한 우리의 이해를 증진해주었다. 학자들은 중요한 방법 면에서는 의견들이 다르지만, 그들은

---

99) 폰 라드의 1959년도 소논문은 1991년까지 영어로 번역되지 않았다. *Holy War in Ancient Israel*, trans. and intro. Marva J. Dawn, Ben C. Ollenburger, and Judith E. Sanderson (Grand Rapids: Eerdmans, 1991).

내가 여기서 언급할 것들 대부분 의견이 일치한다. "야훼는 용사이다"라는 것은 '미리암의 노래' 출15장의 주제이다. 그리고 이것은 문학-비평적 관점에서 볼 때, 성서 안에 있는 가장 오래된 본문 중 하나임이 분명하다. 홍해 바다에서의 이스라엘 민족의 구원은 군사적 언어로 축하된다. 그러나 이스라엘 민족의 군사적 행동으로 말미암아 송축된 것은 아니다. 야훼는 승리자이다.

다시 옛날로 돌아가서 보면, 모든 부족의 신은 용사들로 여겨졌다. 각 신들은 그들 자신의 나라를 방어했다. 그리고 최고의 신이 승리를 이끌어 냈다. 나라의 번영이나 불행은 그들 신의 강함이나 약함을 증명했다. 이스라엘의 정체성은 그들 보호자의 해방하는 행동에 의하여 처음부터 규정되었다.

창세기 1장을 읽는 올바른 방법은, 지리학자나 생물학자가 지구나 생물의 기원에 대해 알려주는 설명과 비교하는 것이 아니라, 오히려 창조주와 공급자로서 하나님에 대한 특색 있는 메시지를 이해하고자 고대 근동의 다른 우주생성론들과 창세기를 대조하여 읽는 것이다. 비슷한 방법으로, 야훼의 전쟁에 대한 설명의 올바른 읽기는 야훼의 전쟁과 우리 시대의 전쟁이나 또는 로마제국의 전쟁과 비교하려는 것이 아니라, 그들 시대를 지배하던 타종교의 정당화와 야훼의 전쟁을 대조하는 것이다. 대조의 방법은 다른 나라의 신들과 구별되는 이스라엘 민족의 야훼에 대한 특별한 이해를 우리를 위해 점진적으로 정의하려는 독창성의 요소들이다.

야훼 자신이 승리를 가져다준다. 야훼의 승리는 군대를 배치시킨 이스라엘 민족의 적들보다 이스라엘 민족이 더 나은 전술을 가졌다거나 이스라엘 민족이 더 좋은 무기나 더 강한 동맹국을 가졌다는 것이 아니다. 승리는 기적이다. 비평적 해석자들에게 비평을 위한 최상의 자료가 될지 모르지만, 가장 극적인 승리를 보면, 이스라엘 민족은 전혀 싸우지 않는다. 예를 들면, 홍해또는 갈대의 바다에서, 여리고 성에서, 기드온, 그리고 여호사밧 왕의 예를 들 수 있다. 이스라엘 민족이 전쟁이나 또는 야훼의 '도움'을 받았던 다른 때를 보면, 이스라엘 민족의 공헌은 결정적 역할을 하지 않았다. 이스라엘 민족에 대한 변함없는 부르심은 용맹하게 싸우는 것도 아니고, 심지어 포악스럽게 싸우는 것도 아니다. 유일한 부르심은 야훼를 신뢰하는 것이다. 이러한 신뢰는 주변의 이교적 제국들과의 동맹을 포기하거나 그 제국들의 군사적 기술들말, 전차 등의 사용을 단념하는 것을 포함한다.

야훼의 보호하심은 무조건적이 아니다. 만약 이스라엘 민족이나 다윗 왕가가 언약의 요구를 성취하지 않는다면, 야훼의 보호는 이들의 관심사에 적용되는 것으로 생각할 수 없다. 이스라엘은 야훼를 소유하지 않는다. 불순종이나 우상숭배 한다면, 이스라엘 민족은 야훼를 자신들의 적하나님이 회초리로서 앗시리아나 고레스를 사용함으로써으로서 만날 것이다.

또 다른 역사적 내러티브: 승리, 왕권의 방법

"모든 나라와 같이 우리를 다스리게 할 왕"삼상8:5을 요구한 장로들의 간청에 응답된 다윗 국가의 형성과 함께, 거룩한 전쟁은 종결됐다. 오래된 역사들은 우리를 위해 야훼의 주되심의 거절과 전제 정치에 의한 승계의 방편으로서 왕권 채택을 설명하는 일부 단락들을 축적시켜 놓았다.100) 다른 본문들은 왕권 채택을 하나님에 의하여 권위가 부여된 것으로 설명한다. 그러나 심지어 더 결정적 본문들조차도 왕권의 모델을 전혀 이스라엘의 실제 경험에 맞지 않는 특성을 지닌 것101)으로

---

100) 삿9장, 삼상8장.
101) 예를 들어, 신17:14-20.

설명한다. 왕은 이집트에서 말을 수입해서도 안 되고, 또한 그의 부인을 여럿 두어도 안 되고, 금과 은으로 부를 축적해도 안 된다. 왕은 율법을 본받아 공부해야만 한다.

그러나 우리가 하나님이 왕권을 용납하셨는지에 대한 어려운 문제를 해결한다 할지라도, 다윗 왕국의 형성으로 말미암아 전쟁의 본질이 변했다는 것은 어떠한 경우에서도 분명하다. 이제는 히타이트 사람 우리야와 같은 외국의 직업 군인이 군대의 장교인 상비군들이었다. 군대를 유지하기 위한 세금 제도와 왕족 체제의 화려함은 책임감을 느끼게 하는 새로운 압박이 된다. 이후부터는 만약 전쟁에서 승리할 경우, 전쟁은 이스라엘 군인들의 빈틈없음과 용맹함 덕분인 것이다. 우리는 여호수아와 기드온의 전쟁 이후, 더는 야훼 전쟁의 수사적이거나 또는 제의적 의식과 대면할 수 없다. 우리가 그와 같은 언어를 보는 곳은 어디든지, 야훼는 이제 이스라엘의 적대자가 된다는 것을 보여주는 것이 오히려 익숙할 것이다.

이러한 설명은 폭력의 도덕성에 대한 후대의 그리스도인이 사고하는 데 두 가지의 중요성이 있다. 첫 번째는 폭력의 도덕성을 연례적 논쟁과 관련시키는 것이다. 부정적 율법주의는 하나님이 정당한 전쟁들을 되돌리도록 명령하신 이래로, 전쟁은 원칙적으로 잘못된 것이 아니고, 오늘날 우리의 전쟁도 잘못되었다고 할 필요가 없는 것을 말한다. 여전히 우리가 되돌리도록 명령받은 전쟁의 기록들을 더 가까이 보면 볼수록, 우리는 그 기록들에서 독특한 사건, 기적 그리고 희생들국가 정책의 정식 수단으로써 전쟁이나 또는 국가 정치 형태의 제도상의 핵심으로써 군대의 유용함과는 비교할 수 없는 것을 더욱 보게 된다. 오직 오늘날 전쟁이 예언자들에 의하여 칭찬받고 기적에 의하여 승리하는 때에만, 야훼의 전쟁은 적절한 예가 될 것이다. 그러나 실제로는, 전쟁을 진지하게 취급하는 것은 오히려 다른 편을 의지하는 것이 될 것이다. 이스라엘에게 중요한 것은 국가의 구원을 위하여, 이집트와 동맹을 맺는 것이나 말들을 모으는 것과 같은 수단을 사용하는 것이 아니라, 오히려 야훼를 신뢰하는 것이었다. 그래서 그러한 고대 이야기에 나오는 전쟁을 죄를 짓는 것과 관련한 문서로 읽는 것은 상당히 어울리지 않는 것이다. 고대 이야기들은 원래 문서화하려고 의도했던 것이 아니기 때문이다. 고대 이야기들에서 문서화하려고 의도했던 것은 야훼가 그의 백성 편을 든다는 것이다. 즉, 야훼의 백성은 그들이 영속적 존재가 되고자 야훼를 신뢰할 수 있다. 만약 그런 근본적 진리가 후대를 위해, 그리고 신약성서 공동체를 위해 어느 정도의 관련성을 가진다면, 전쟁을 위해 경미한 해악을 지닌 논의보다는 오히려 생존을 위해 하나님을 신뢰하는 방향으로 정확하게 진리가 존재해야만 할 것이다.

예수와 그 청중은 어떻게 그들의 역사적 내러티브에서 구원을 보았을까

두 번째 관련성의 단계는 이러한 구약성서 이야기가 예수와 그의 청중이 결정을 내리는 과정에 분명하게 던져주었던 빛이다. 복음서의 설명들은, 오직 너희가 세상은 빠르게 종말로 치닫고 있다고 믿을 때에만 뜻이 통하는 행동의 패턴들을 예수가 추천하는 것을 보여 준다-왜냐하면, 우리가 그렇게 말해왔기 때문에-고 추측하기 쉽다. 눈에 보이지 않지만 그와 같이 추측되는 까닭에, 원수를 사랑하고 자기 방어를 포기하라는 예수의 부르심은 대체로 도덕적 이상주의오직 사회의 미래는 아무렇게나 쓰였을 때에만 명료하다고 하는 사회적 퇴보의 정치에 무관심한 전술로 아무렇게나 쓴다. 예수도 실천적이어서 일정 정도의 경미한 해악을 지닌 죄와 폭력을 허용해야만 하든지, 아니면 예수가 이상주의적이어서 사람들에게 실제 세상에서는 "작용할" 수 없는 방법으로 행동하도록 요구하든지 둘 중 하나이다.

그러나 예수의 청중은 신적 구원의 다른 설명들을 매우 잘 알고 있던 사람들이었다. 그림picture이 만약 예수의 청취자들의 마음이 확실하게 히브리적이고 유대주의적 경험 가운데 신적 구원의 이야기들에 의하여 형성되었다면, 그 그림은 색다른 것이 되었을 것이다. "이스라엘의 위로를 기다리고"눅2:25, 38 있었던 사람들은 구원의 이야기들 안에서 하나님이 그의 백성을 다시금 구원하실 모델을 보았을지도 모른다. 예수가 하나님나라 공동체의 회복과 새로운 삶의 패턴을 선포하면서 해방의 언어를 사용했을 때, 구원의 결론을 가져오는 어떠한 폭력적 수단들을 예견하거나 권위화하거나 수행하는 것이 없는 채로, 예수는 **그의 청중**에게 단지 한 명의 꿈꾸는 사람으로 보이지 않았을 것이다. 청중은 그들의 연약함에도, "잠잠히 서서 너를 대신하여 주님이 승리하시는 것을 보라"는 말씀에 의지하여, 예수가 한 번 더 그들을 구원할 것이라고 기대하면서, 예수를 단순히 히스기야나 여호사밧을 계승하는 신분을 지닌 자로 여겼을 것이다.102) 그들의 마음속 깊이 그런 기대를 가지는 것은 누가복음 4장의 '하나님나라 개시 강화' kingdom inauguration discourse 또는 누가복음 6장의 '평지 설교' Sermon on the Plain에서 청중에 의하여 생각될 수도 있는 것에 특별한 빛을 던진다.

현대의 독자는 널리 알려진 '희년' 눅4:19과 같은, 역사 가운데 있는 불가능할 것 같은 사건에 주춤한다. 아니면 어느 누구도 쉽게 "하늘에 계신 하나님 아버지께서 완전하신 것처럼 완전하게"마5:48 되는 것을 상상할 수 없다. 그래서 독자는 예수가 독자들을 역설적 또는 상징적 또는 신령주의자의 해석의 길을 계속 가도록 자유롭게 남겨두면서, 예수가 말하는 것을 '말하려고' 103) 하지 않았음이 분명했다고 가정한다. 다

---

102) 왕하20:17. 나는 이 점을 『예수의 정치학』 139쪽 이하에서 더 완전하게 설명했다.

른 한편, 예수의 첫 번째 청중은, 예수의 메시지가 '작용할' 것인지의 질문은 약속이라는 점에서 결과를 얻지 못할 것이다. 청중은 이미 불가능한 것이 발생한 역사를 믿었다. 청중은 가능한 것의 한계를 규정하는 그들이 생각하는 의미의 그물 망에 예수의 메시지를 여과시키지 않은 채 약속을 들을 수 있었다.

하나님나라의 도래는 현대의 청취자가 상상할 수 있는 것이라는 의식으로 실제 세상의 "비늘을 벗길 수 있는 것으로" 보게 한다. 그러나 예수의 신앙심 깊은 청중은 그들 시대의 역사와 그들 자신의 팔레스타인 땅에서 발생했던 구원하는 사건들을 기억했다. 예수에 대한 많은 현대의 해석자는 예수의 선포를 실제 역사에서 필요한 종결을 함축하는 것으로 여긴다. 그러나 구원의 놀라움은 사사기와 열왕기서 안에서 수세기를 흘러온 역사의 기록 중 일부분이었다. 예수의 청중은 예수가 선포하셨던 하나님나라의 도래가 실제로는 일어나지 않을지도 모른다는 두려움으로 우리처럼 당황해하지는 않았다. 그들은 이전에 구원하는 사건들을 목격했다. 만일 그들이 의심을 했다면, 구원의 반대되는 방향에서였다. 다시 말해서, 그들은 그런 종류의 하나님나라가 도래하는 것을 원하지 않았다는 것이다. 왜냐하면, 하나님나라의 선포는 그들에 대한 것이기 때문이다.

여기서 나의 요점은 비평적 복음서 해석의 주제정확히는 "역사적" 예수가 의미했던 것, 또는 예수가 의미했던 것이 현대 탈계몽주의 유럽인들에게 믿을 만한 것인지 논의하는 것이 아니다. 나는 예수의 선포가 처음으로 청중에게 본질적으로 믿을 수 없는 것으로 말해진 것이 **언제였는지**를 질문하고 있다. 그 주제에 대하여, 이스라엘 민족의 경험 가운데 놀랄

---

103) 우리는 저자가 본문이 말하는 것으로부터 "말하려고 하는" 것을 구분할 수 있다고 하는 현대 독자의 생각은 우리를 위한 메시지를 가진 복음에 대항하여 우리 자신을 모욕하는 최근 흐름의 쉬운 방법들 중 하나이다.

만한 구원에 관한 기억이 기억은 예수의 청중이 중요한 역사적 기억을 구성한 것이다
은 거의 결정적으로 확증된 증거가 되는 것처럼 보일 것이다.

이사야와 예레미야 이후 유대인의 평화를 사랑함

그러나 이 장의 주제는 예수의 가르침이 아니라, 예수 이전 성서적 이스라엘의 자기 이해의 발전이다. 수 세기 동안 이어온 그리스도인의 반유대주의는 유대인의 신앙은 호전적이고, 예수는 평화를 사랑한다는 사고의 유형을 정착했다. 그 결과, 예수의 평화로운 하나님나라에 대한 선언은 '유대 민족'이 예수를 거부한 이유였다. 그런 오해는 기독교 사상에서 계속된 혼란의 근원이다. 이 해석은 우리가 그리스도인들은—적어도 4세기 이래로—평화스럽지 않았고, 반면 유대인들은 2세기 이후 지금까지 절대 폭력적이지 않았다는 것을 기억할 때, 모든 것을 더 혼란스럽게 만들었다.104) 적당한 역사적 방향 설정 안에서, 처음 2세기를 해석하는 것은 표준적인 반유대주의 읽기와는 완전히 다를 것이다.

거룩한 전쟁과 신적 통치가 위임된 왕권은 유대인의 국가 이야기의 끝이 아니라 시작이다. 그런 이야기는 역대기의 기록 시기에 의하여 히스기야와 여호사밧의 이야기 형식 이후 비폭력적 구원의 모델이 규범적이도록 하고자 앞선 시기로 이동한다. 에스라와 느헤미야는 하나님의 보호하심 아래정치적 주권은 없는 채에 있는 유대 안에서 유대인의 예배하는 태도를 회복하도록 했다.

우리는 에스라가 바빌론에서 예루살렘으로 돌아오도록 착수했을 때를 다음과 같이 읽게 된다.

---

104) 몇몇의 엘리트 유대인들, 즉 마카비 가문 사람들은 예수 이전 2세기 동안 폭력적이었다. 그리고 몇몇 사람들은 66~70년과 132~135년에 폭력적이었다. 그러나 대부분의 유대인들은 앞으로 우리가 살펴보게 되겠지만, 예레미야 시대인 다윗 왕국이 끝난 이래로 비폭력적이었다.

그 곳 아하와강 가에서 나는 모두에게 금식하라고 선언하였다. 우리
는 하나님 앞에서, 우리와 우리 자식들이 모두 재산을 가지고 안전
하게 돌아갈 수 있도록, 하나님이 보살펴 주시기를 엎드려서 빌었
다. 왕에게는 우리가 이미, 하나님을 찾는 사람은 하나님이 잘 되도
록 보살펴 주시지만, 하나님을 저버리는 자는 하나님의 큰 노여움을
피하지 못한다고 말한 바가 있어서, 우리가, 돌아가는 길에 원수들
을 만나게 될지도 모르니, 보병과 기병을 내어 달라는 말은 부끄러
워서 차마 할 수 없었다. 그래서 우리는 금식하면서, 안전하게 귀국
할 수 있도록 보살펴 주시기를 하나님께 간절히 기도드렸으며, 하나
님은 우리의 기도를 들어주셨다. 스8:21-23, 새번역

왕권이나 국가 주권이 부재한 국가 공동체의 재정의는 약함에 관한
충고가 아니었다. 그것은 야훼의 백성에게는 부적합한 것으로 왕권에
관한 예언자적 비판이 절정에 이른 것이었다. 사사기와 사무엘서와 역
대기의 이야기 밑에 놓여있는 비판은 예언자들이 계속 진행해온 것과
같이 점진적으로 분명해진다. 이사야 시대 동안, 예언자적 비판은 대체
적으로 정치와 외교, 이집트와의 동맹 그리고 근대화된 군사 기술의 공
식적 포기를 요구했다. 예레미야 시대에는, 하나님을 신뢰하는 것이 국
가의 지위105)를 포기하는 결과를 가져왔고 하나님의 백성이 살아가는
적합한 방법으로 디아스포라Diaspora를 받아들이는 결과를 가져왔
다.106) 예레미야가 바빌론 포로들에게 보낸 편지렘29장는 그들에게 각

---

105) "국가"는 물론 우리 현대 시대의 개념이다. 586년에 멸망했을 때 유다는 왕권, 군대,
   귀족의 도시 복합체였다.
106) 참조. *For the Nations*에 나오는 나의 글 "See How They Go With Their Faces to
   the Sun" 참조.

나라에 흩어진 것을 정상적으로예를 들어, 사명으로 받아들이도록 요구했다. 초기 회복의 약속들은 묻혀버린 꿈으로 비난받는다. 초기 회복의 약속을 한 예언자들은 야훼에 의해 보냄 받은 것이 아니었다.

> 너희는 그 곳에 집을 짓고 정착하여라.
> 과수원도 만들고 그 열매도 따 먹어라.
> 너희는 장가를 들어서 아들딸을 낳고,
> 너희 아들들도 장가를 보내고
> 너희 딸들도 시집을 보내어,
> 그들도 아들딸을 낳도록 하여라.
> 너희가 그 곳에서 번성하여, 줄어들지 않게 하여라.
> 또 너희는, 내가 사로잡혀 가게 한
> 그 성읍이 평안을 누리도록 노력하고,
> 그 성읍이 번영하도록 나 주에게 기도하여라.
> 그 성읍이 평안해야, 너희도 평안할 것이기 때문이다. 렘29:5-7, 저자 강조

이 시기 이후 계속해서 팔레스타인보다 바빌론이 더 영속적인 유대인 이야기의 근거지가 되었다. 에스라와 느헤미야 밑에서 회복하고자 했던 시도들은 성공적인 것으로 기록되지 않았다.[107]

폭력성을 띤 마카비 가문의 민족주의적 등장은 그다지 많이 기록되지 않는다. 마카비 가문의 이야기는 히브리 정경 속에 들어있지 않고,

---

107) 나는 위에서 에스라 이야기 안에 있는 하나의 특징을 언급했다. 즉, 그는 야훼를 신뢰한다는 개념 때문에 군사적 호위를 포기했다는 것이다. 에스라와 느헤미야 이야기들은 국가의 지위와 군대의 포기를 문서화한다. 그 두 사람이 동쪽 제국의 관리들이기 때문이다. 그러나 팔레스타인 유대주의가 다시 진전된 방법에 관한 생각이 디아스포라에게 사명을 불러일으키거나 왕권을 회복하도록 하지는 않았다.

랍비들에게 하나님의 축복 아래에 일어났던 사건으로 이해되지도 않는다. 66~70년에 있었던 므나헴Menachem과 132~135년에 있었던 바르 코흐바Bar Kochba의 열심당 사건은 신실한 공동체의 연장으로 볼 수 있는 것이 아니라, 하나님이 심판하셨던 실수로 볼 수 있다. 랍비적 공동체들-이 공동체의 증언은 미쉬나the Mishnah를 낳았는데-은 예레미야의 메시지에 투영된 사회적 형태의 연장이었다. 70년 이후, 그리고 최종적으로 135년 이후, 헤롯당, 사두개파, 또는 열심당의 모델을 따르는 해결 방법에 랍비들이 더는 관심을 두지 않았다.

두 종류의 유대의 정체성은 후대의 역사 속에 살아남은 것이었다. 메시아 예수가 오셨다고 확신했던 유대인들은 이제부터는 **그리스도인들**이라고 불렸다. 그리고 다른 사람들은 랍비들을 중심으로 모였다. 팔레스타인 지역에서조차, 유대인들-요하난 벤 자카이Jochanan ben Zakkai가 열심당과 관계를 끊었을 때, 그에 의하여 정착된 질서의 상속자들-은 이산dispersion의 사회학 안에서 왕권이나 주권을 위한 어떠한 요구 없이 계속해서 살아갔다. 숫자상 지배적인 유대의 정체성은 수 세기 동안 바빌론을 위하여, 그리고 바빌론에서 정의된 것이었다. 바빌론 공동체는 요하난의 세대가 열심당을 포기했을 때, 5세기에 달하는 시간이 흘렀고, 아키바Akiva의 세대가 정체성의 교훈을 완전히 받아들였을 때의 시간은 6세기가 흐른 후였다. 예수를 이해하고자, 자신들이 규범적 유대인의 대표자로서 열심당이나 사두개파를 선택해야 한다고 여겼던 그리스도인들은, 유대 정경과 실제 유대인의 역사 둘 다를 잘못 해석했다.

예레미야 이후 정의된 것처럼, 유대교는 자신의 역사적 선물을 위하여 왕권과 주권의 비전을 버렸을 뿐만 아니라, 폭력도 버렸다. 전체 랍비 문학은 본래 복잡하고 모순적이다. 어떤 단락들은 자기 방어에서도 완전히 폭력을 거부한다.108) 다른 단락들은 그들의 고대 역사 안에 있었던 그대로, 사람들을 처벌하는 권한이 주어진 사법 체계와 제한된 전쟁의 기억을 그대로 간직한다. 그러나 전진하는 유대 공동체의 도덕적 삶에 대한 랍비의 길잡이는 근본적으로-박해 아래에 있다 할지라도-비폭력적 삶의 방식을 요구한다. 이러한 길잡이는 전술이나 연약함의 근거에서 나온 것이 아니다. 비폭력적 삶은 이제 하나님의 의지가 행해지는 것을 보여주기 때문이다.

유대 평화주의의 모델은, 그리스도인들이 카이사르와 동맹을 맺은 이후, 중세 시대를 지나는 동안 계속해서 유지되었다. 유대 평화주의의 모델은 우리가 사는 시대까지 그 상태로 이어졌다. 역설적이게도, 전시기를 지나오면서 예수가 가르치신 방어하지 않는 도덕성의 방식을 유럽에서 가장 충실하게 대표하는 사람들은 실은 유대인이었다. 그러한 입장을 설명하는 유대인들의 방법들은 다음과 같이 여러 가지이다.

(1) 피의 신성함. 피는 생명이고 하나님께 속한 것이다. 동물의 피조차도 의례적 상황을 제외하고는 흘려져서는 안 된다. 인간 동료의 피를 흘리는 것은 사회에 반하는 다른 모든 죄에서 파생된 인간의 존엄성에 대한 근본적인 부정이다.창4장 피 흘림의 부당함에 관해 예외 조항이 만들어질 수 있는 구약성서의 지점들은 백성을 관리하기 위한 모세의 율법이나 거룩한 전쟁 내러티브의 상황 안에 놓여있다. 그리고 **기껏해야** 포로기 이전의 국가 상황에서 적용될 수 있을 것이다. 그러나 그때조차도, 만약 유대 국가가 포로의 상태가 되지 않았

---

108) 참조, 나의 웹사이트에 있는 논문 요약본, "Jewish Nonviolence from Jeremiah to Hertzl." 편집자 주: 존 하워드 요더의 웹 사이트 주소 http://theology.nd.edu/people/research/yoder-john/. 논문 요약본은 http://theology.nd.edu/people/research/yoder-john/documents/thenonviolenceofjudaismfromjeremiahtohertzl.pdf. 를 보라.

다면, 조항들은 엄격하게 적용되지 않았을 것이다. 왜냐하면, 유대교는 더 큰 은혜와 자비하심을 향하여 움직이는 전개 과정을 가정하기 때문이다.

(2) 메시아는 아직 오지 않았다. 만약 누군가 보복 행위의 패턴에 대해 회복하는 권한을 가질 수 있다면, 피 흘림을 정당화할 수 있다면, 그 권한의 대상자는 메시아가 되어야만 할 것이다. 그러나 우리는 메시아가 올 때, 평화의 시기가 될 것임을 안다. 만약 메시아 도래의 시기가 평화의 시기가 된다면, 우리는 이미 평화 안에 거하는 동안에 메시아 도래 안에 참여한다. 평화 안에 거하는 행위는 메시아의 도래에 대한 공헌이다.

(3) 유대교는 이미 위에서 부정적으로 언급된 열심당의 경험에서 교훈을 배우는 것과 관련하여 특징짓는다. 이런 경험은 바르 코흐바와 함께 130~135년에 마지막 파국을 맞았다. 그러나 더 앞선 파국은 66~70년이었다. 이런 일들과 훨씬 더 앞선 마카비 가문의 극적 사건이 모두 똑같은 전략을 구사했고 모두 실패했다. 마지막에 실패한 사람들은, 적어도 어느 정도 그들의 힘을 가졌던 때이기 때문에, 그들은 그들이 약속했던 정의롭고 평화로운 공동체를 가져올 수 없었다. 70년 이후나 135년 이후를 시작으로 열심당의 경험에 대한 랍비적 유대교의 역사가들의 말에 관해서, 만약 어떤 랍비적 유대교의 요소를 이루고 있다면, 그것은 열심당이 걸어간 길의 부당함의 교훈을 배우는 것에 대해 명확하게 하는 관심이다. 그러한 열심당의 방침은 하나님이 분명히 명령하시지 않았고 축복하시지 않았다. 열심당의 방침을 축복하지 않는 것으로 볼 때, 하나님은 우리에게 한 번 이상 반복해서 말해야만 하셨다.

(4) 하나님이 **이방인들**goyim의 업무를 주재하신다는 지혜는 어떠한 단순

한 방법으로 우리에게 계시되지 않는다. 우리는 하나님이 전체 우주를 다스리시기 때문에 모든 나라를 다스리신다는 것을 안다. 그러나 하나님이 나라들을 다스리시는 **방법**은 하나님이 계시한 토라를 통하여 우리를 다스리시는 방법과 같지 않다. 그러므로 하나님이 더 넓은 세상에서 진행되는 일들은 하나님이 행하시는 것이라는 것과 하나님을 대항하여 배역하는 것에 대하여, 우리가 즉각적인 결론을 이끌어 내는 것을 허락하지 않으신다. 하나님이 우리에게 그러한 일들에서 하나님 판단으로의 계시를 보여주지 않으시므로, 메시아의 도래에 앞서서, 우리가 하나님이 원하시는 것이라고 생각하는 것을 폭력적으로 행하는 것은 말할 것도 없고, 우리가 하나님의 분노의 도구가 되려고 애쓰는 것은 주제넘은 것이 될 것이다.

(5) 고난은 신적 경륜 안에 놓여 있다. 신실한 사람들이 고난을 받아야만 한다는 것은 유대교적 역사 이해에서는 그다지 명확하지 않지만 신비이다. 한편으로는, 불순종과 그 결과로서 일어나는 징벌, 그리고 순종과 결과적 번영 사이에 상관관계가 있다. 만약 우리가 고난을 받는다면, 그 고난은 우리의 불순종 때문인 것이다. 그러나 이러한 연결은 자동적인 것이 아니다. 왜냐하면, 악한 것이 때때로 번성하기 때문이다.[109] 때때로 하나님의 백성이 고난 받는 것은 설명으로는 이해되지 않는다. 과거를 거의 알지 못하는 사람들만이 오직 아우슈비츠Auschwitz 사건에 대해 최초로 표면상 문제를 초래했다고 생각한다. 여하튼, **이방인의 손에 의해 고난 받는 것은 하나님의 이름을 거룩하게 하는** 것으로 받아들여진다.

비록 랍비들이 주는 답은 다양하지만, 대부분의 답은 신실한 사람들

---

109) 물론 이것은 욥기, 예레미야애가 그리고 하박국의 메시지이다.

이 고난 받는 것을 막거나 그들이 스스로 무기를 잡고 보복하는 것이 그들의 손 안에 있다는 것을 부인하는 데 동의한다. 때때로 우리는 우리의 죄로 벌을 받는다고 생각한다. 그럴 때, 고난을 피하는 것은 하나님의 징벌을 방해하는 것이 될 것이다. 어떤 때는 고난 받는 것을 징벌로 보기보다는 오히려 제자훈련 또는 연단, 영의 순화로 생각한다. 다시 고난을 막는 것은 잘못된 것이다. 어떠한 설명을 한다 하더라도, 우리의 고난 받음은 하나님의 섭리에 의하여 사건을 통제하는 틀 안에 있다. 하나님이 고난의 일들이 일어나도록 하셨기에, 우리는 고난 받는 것들을 막으려고 무기를 들어서는 안 될 것이다.

이러한 생각의 합일은 중세 시대의 유대인들을 모순되지 않고 이해할 수 있도록 만드는 광범위한 경험을 만들어냈다. 이러한 입장은 생존에 적합했다. 왜냐하면, 유대인 대학살 과정에서 그러한 소수를 위한 사회에 존재하는 일부 안전한 장소 중에 관용의 손길들이 있었기 때문이다. 이러한 입장은 자기 강화적이고 이해할 만한 것이었다. 왜냐하면, 그들 '그리스도인' 억압자들의 노골적이고, 폭력적이고, 반⁴이교적이고, 종족적인 문화는 유대교의 도덕적 우월성에 대한 살아있는 증거였기 때문이다.

유럽과 미국의 그리스도인들은 국가적·종족적 이기주의의 이해관계로 수 세기 동안 행해진 공식적인 반유대주의로 요구되는 회개를 절대로 하지 않고 있다. 기한이 지난 명예 회복의 한 부분은 수 세기를 걸친 유대인의 비폭력의 힘과 깊이 있는 신학적 뿌리가 인식되어야만 한다.110)

---

110) 현재 가장 주목받는 유대인의 비폭력에 대한 서술로 다음 책이 있다. *The Challenge of Shalom*, ed. Murray Polner and Naomi Goodman (Philadelphia: New Society, 1994), and Evelyn Wilcock, *Pacifism and the Jews* (Gloucestershire, UK: Hawthorn Press, 1994).

제 5 장

예수: 급진적 정치 행동의 모델

내가 정한 제목이 단 하나의 자명한 의미를 지닌다고 가정하는 것과, 나의 과제가 독자의 마음속에 이미 있는 **급진적 정치 행동**이 의미하는 것에 부끄럽지 않은 생활을 했는지를 어떤 식으로든 예수가 단순히 설명했다고 가정하는 것은 실수하는 것이 될 것이다.[111] **급진적**이라는 용어는 다양하게 정의 내릴 수 있다: 광신적인, 화난, 이데올로기적인 등등. 나의 과제는 오히려 예수가 누구였는지, 예수가 어떻게 일을 수행해 나갔는지를 서술하는 것과 독자들에게 예수의 사역을 명명하는 방법을 결정하는 데 자유로울 수 있도록 해 주는 것이 되어야만한다.

예수의 사상이나 가르침, 그리고 그의 행동이나 정치적 인물로서의 경력 사이에는 구분이 없었다. 마치 예수 시대 당시 **종교적인** 것과 정**치적인** 것 사이에 구분이 없었던 것과 같다. 그러나 내가 서술한 것은

---

111) *Faith and Freedom: A Journal of Christian Ethics*과 *Faith and Freedom: Christian Ethics in a Pluralist Culture, ed. David Neville and Philip Matthew* (Adelaide, Australia: ATF Press, Australia, 2003) 안에 앞서 출판되어졌음. 허락 하에 재출판됨.

만약 내가 예수 이야기를 두 번 했다고 하면 아마도 더욱더 접근하기 쉬울지도 모른다. 즉, 한 번은 사상의 관점에서, 또 한 번은 공적 행동의 관점에서 본다면 말이다.

하나님나라 도래의 좋은 소식

복음서를 설명하는 앞선 장들에 대한 모든 것은 기대에 관한 의미-족보, 스가랴와 마리아와 시므온에 대한 약속, 양치기와 동방박사들의 알아차림-를 전달해 준다. **복음**이라는 용어는 바로 소식을 뜻한다. 침례세례 요한, 예수 그리고 예수가 복음전도자로 보냈던 열두 제자의 첫 번째 메시지는 "하나님나라가 임박했다"는 것이었다. 그래서 **급진적 정치 행동**의 첫 번째 전제는 실재하는 하나님이 상황을 올바로 해놓고자 실제로 인간의 사건에 개입하고 있다는 확신이다. 예수의 행동들은 단지 인간의 이상주의가 아니었다. 예수의 행동들은 성취된 약속들과 곧 이행되려고 하는 정의justice의 상황 가운데서 정의定義됐다. 이런 확신은, 깊이 있게 변화할 수 없다는 전제종종 사물의 이유 또는 본질로 불리는 위에서, 어느 것이 가장 도덕적인 사고를 시작하는가 하는 "이전과 다름 없는" 가정의 효력을 약화시킨다.

예수의 산상수훈은 이러한 새로움의 의미로 시작한다. "복있도다! … 하는 사람들이여"라는 예수의 말씀 구절은 하나님의 임박한 통치의 성격과 분명히 반反문화적 방법들에 앞서서 나갔던 것 사이의 대조를 이룬다.[112] 마태복음 5장 20절에 나오는 "만일 너희의 의로움이 서기관들과 바리새인들의 의로움을 넘어서지 못한다면, 너희들은 결코 하늘의 하나님나라에 들어가지 못할 것이다"라는 예수의 선포는 진실을 말하기, 자신의 이웃을 사랑하기, 그리고 성별에 대한 과거의 지배적인

---

112) 마5:1-16을 보라.

도덕적 가정과 관련되는 여섯 개의 특별한 소개념의 형태 안에서 이러한 새로움을 상세히 설명한다.("너희들은 …라고 말하는 것을 들었다. 그러나 나는 …라고 말한다")113) 어떤 상황에서는, 율법을 성취하는 것을 급진적으로 **안으로 받아들이는 것**이라고 부를지도 모른다. 즉, 우리가 포기하도록 요구받는 것은 살인이나 간음이 아니라, 그런 방식으로 생각하는 것이다. 또 다른 상황에서, 급진성은 밖을 향한다. 즉, 이웃을 사랑하는 것은 원수를 포함하여 무차별적으로 사랑하는 것이 된다. 어리석게 맹세하지 않는 것은, 누군가 말하는 것을 인정한다는 맹세를 전혀 필요로 하지 않는다는 의미로까지 확장된다.

둘 다, 전통적인 의미에서 이렇게 급진적인 재정의를 율법주의적이거나 도덕적으로 엄격한 것으로 생각하는 것은 오해이다. 여섯 개의 소개념의 급진적인 재정의는 용서하시고 회복하시는 하나님의 능력 안에서 지향하는 새로운 세상에 관한 좋은 소식의 일부분이다. 여섯 개의 소개념은 하나님의 능력과 하나님의 의도를 지닌 실체를 실제적인 것과 비교할 때, 인간의 잠재성과 관련해서는 그다지 이상적이지 않다.

"하나님의 의도를 지닌 실체"라는 구절은 진실 말하기, 성별, 노동과 부, 사회 조직 그리고 자산과 관련된 구체적 행동에 대한 풍부한 세부 사항에 붙여진 코드 라벨code label이다. 그러나 예수의 우선적인 독창성으로 예수가 율법을 바꾼 것이라고 생각하는 것은 실수이다. 오히려, 우리가 보았던 것과 같이, 예수가 말했던 것은 예수가 율법들을 완전하게 수행했고, 율법의 함축적 의미를 모두 상세하게 설명한 것이었다. 급진적인 사회적 행동의 완전한 견해는 전체 토라만큼 광범위한 의제를 마음속에 그려야 한다는 것을 의미한다.

만약 예수의 산상수훈의 일부분을 따로 떼어 둔다면, 산상수훈은 율

---

113) 마5:21-48을 보라.

법을 엄격하게 실행하는 것으로 이해될 수 있을 것이다. 즉, 더 기본적이고, 더 급진적인 것은, 하나님나라가 도래하는 이러한 새로운 가능성들의 토대이다. 그럼에도, 교육이나 어려운 선택에 빛을 비추는 것을 통하여, 예수가 "그러나 나는 너희에게 … 라고 말한다"는 어구 중 일부는 아주 중대한 것이다. "악한 사람들에게 저항하지 말라"는 것이 함축하는 모든 의미 때문에 톨스토이에게 "복음에 대한 열쇠"가 되었다. 우리 시대에서, "너의 원수를 사랑하라" 또는 "가난한 사람들은 복되도다"는 예수의 메시지의 급진적 본성을 명확히 표명하는 가장 확실한 방법이 될지 모른다.

행동은 말한다. 언덕 위에 있는 도시나 방 안에 놓여있는 등불에 관한 예수의 이미지는 모든 행위를 연설의 종류로 만든다. 만약 세상이 하나님나라 도래에 대해 배워야 한다면, 그것은 율법을 성취하고, 진실을 말하고, 원수를 사랑하는 제자의 삶을 관찰함으로써 배우게 될 것이다.^{마5:14~16} 그러한 행위는 하나님나라가 가까웠다는 것을 말해줄 뿐 아니라, 또한 하나님을 묘사해준다. 예수는 제자들이 자신들의 원수를 사랑하는 것에 의하여 하늘에 계신 아버지와 같이 될 것이라고 말한다.[114) 예수는 다른 윤리적 이슈들에 대해 말하는 것이 아니다.

비폭력적 해방자

누가복음을 시작하는 노래는 팔레스타인 유대인들의 기대를 매우 잘 묘사한다. 그들은 낮은 사람들을 높여주고 높은 사람들을 낮아지게 할 해방자를 기대했다. 천사가 예수의 어머니에게 그녀의 아이는 "주님이 해방하신다"라는 의미의 '예수' 라고 불려야 한다고 했다. 예수는 가나안 땅에 최초의 이스라엘 민족 정착의 지도자였던 모세의 후계자

---

114) 마5:43~48; 눅6:32~36.

의 이름이었다. 마태복음 3장 1-12절과 누가복음 3장 1-17절에 나오는 침례 요한의 설교는 다가올 변화를 기다리는 사람들에게 필요한 **회개**에 관하여 묘사한다. 즉, 하나님나라는 빈곤한 사람들과 공유될 것이다. 요한의 청중 중에서 "우리가 해야만 하는 것은 무엇입니까?"라고 성급하게 물었던 사람들은 정확하게 로마의 압제의 대표자들이었다. 그들은 세리들과 군인들이었다.

예수는 일부 사람들이 기대하고 있었던 것처럼 일종의 폭력적 해방자가 되는 것이 아니었다. 그러나 예수는 그의 청중에게 그들이 압제받는 상황에 관심 없다고 말하지 않았다. 예수는 하나님나라와 의로움에 대해 말하면서 청중이 기대하는 정치적 언어를 사용했다. 예수는 지역 정치를 통제하는 헤롯과 사두개파를 공격했다. 예수는 수많은 군중을 끌어들였다. 그 군중은 예수의 말씀을 듣고, 예수를 왕으로 세우기를 원했던 사람들이었다. 또한 예수는 그에게 헌신한 훈련된 제자들의 무리를 구성했다. 예수는 그가 유대인의 왕이 될 것을 선포했다는 이유세부적으로 잘못된 것이지만 원칙적으로는 확실한로 처형당했다. 만약 예수의 관심이 종교적인 것을 정치적인 것에서 분리시키고, 오직 "종교적인" 것만 다루는 것이었다면, 이 중 어느 것도 일어나지 않았을 것이다.

예수는 진정으로 역사가들이 **'열심당의 유혹'** 이라고 불러야 했던 것과 직면했다. 비록 역사가들은 얼마나 빨리, 그리고 얼마나 광범위하게 실제로 **열심당**이라는 용어가 사용되어졌는지 논쟁했지만 말이다. 로마제국을 몰아내고 공정한 자치국가를 다시 수립하려는 의도를 지닌 폭력적 혁명은 반역적 그룹들에 의하여 자주 일어났고 아마도 예수의 청중, 심지어는 예수와 가까운 대부분 제자들이 가졌던 초기의 기대였을지도 모른다. 그런 구체적인 정치적 선택을 거절하는 것은, 예수가 아주 뚜렷하고 자기 의식적으로 했던 것처럼, 예수 자신과 그의 제자들을 위하여 위에서 서술했던 예수의 세계관 때문에 뜻이 통했다. 예수의 뚜렷한 자기의식을 통하여 예수 자신의 세계관과의 관련성을 구체화했다.

그러나 열심당의 폭력을 예수가 거절한 것은, 열심당의 폭력이 원칙적으로 매력적인 호소력을 지니기에 상당히 중요했다. 예수는 자신을 해방자로 보았다.[115] 예수는 사람들이 하나님의 통치의 새로운 원칙들에 관한 전달자가 되도록 조직했다. 예수는 국가나 전쟁에 대하여 폭력을 사용하지 않았다. 폭력을 사용했다면, 의미상 모순되었을 것이다. 그러나 예수와 예수가 뒤에 남겨놓은 공동체는 원수사랑, 떡을 나눔, 낮은 자를 높여줌 같은 정치적인 새로움을 실현시켰다.

우리보다 앞서 이러한 설명을 함으로써 정의 내리는 데로 되돌아가는 것은 그만한 가치가 있을 것이다. 소위 ‘정치적’이라는 것은 거의 모든 것이 될 것이다. 중요한 공직의 후보자는, 정치가 의미하는 것이 단지 일부 특별한 행동이나 진술이 정당 선거의 이익을 위한 계산에 의해서만 동기가 유발된 것이 아니라면, 그것들은 ‘정치적인’ 것이 될 수 없다고 자주 말한다. 다른 사람들에게 ‘정치적인’ 것은 오직 그리고 특별하게 국가에 관심을 둔다.

폴리스polis라는 그리스 용어는 단순히 ‘사회’를 의미한다. 그래서 그 안에 뿌리를 두는 ‘정치적인’ 것은 힘, 결정 그리고 계급과 관련되는 것 등 무엇이나 의미한다. 단체corporation는 정치적인 면에서 국가보다 탁월하면 탁월했지 못 하지 않다. 시민 불복종은 정치적인 면에서 절대적 충성보다 못 하지 않다. 소수의 증언은 정치적인 면에서 제국의

---

115) 『예수의 정치학』의 1장에 들어있는 이러한 빛 안에서 예수의 목회에 관한 나의 간단한 해석은 학자들의 작업에 의하여 계속해서 보강되어져 왔다. 그 작업들 중 일부는, 예수는 사실 폭력적 열심당이었다라고 과대진술한 브랜든(S. G. F. Brandon)의 논문에 의하여 촉발된 것이다.

지배보다 못 하지 않다. 그래서 **급진적 정치 행동**은 자동적으로 특별한 국가의 정책을 밀어붙이는 일부 방법을 의미하는 것이 아니다. 비록어떤 때(게라르 윈스탠리Gerrard Winstanly, 윌리엄 펜William Penn, 간디, 독일 교회의 투쟁, 마틴 루터 킹처럼)에는 급진적 정치 행동이 하나님 나라의 새로운 소식에 의하여 요구될 것이지만-그리고 또한 앞으로 요구될 것이지만-말이다.

급진적 랍비와 비폭력적 열심당은 우리의 스승이다

예수가 '하나님은 신자를 필요로 한다' 는 것을 보여주는 것보다 신약성서에 더 광범위하게 드러나는 주제는 없다. 예수가 팔레스타인에서 목회하는 동안, 그는 청중에게 비용을 계산해보지 않고 예수의 운동에 참여하지 말 것을 경고했다. 즉, 예수처럼, 그들은 사회와의 갈등, 그리고 심지어 죽음까지도 포함하여 짊어져야 할 십자가를 가지게 될 것이다.눅14:25~33; 요15:18~27을 보라 만약 예수의 운명이 세상의 권력 구조가 감당할 수 없는 의로움을 실현시키는 것에 관한 댓가를 치르는 것이었다면, 마찬가지로 예수를 따르는 사람들은 예수와 동일한 과정의 일부분이 되기를 기대해야만 할 것이다.

서로 다른 사도 저자들은 그리스도의 삶에 동참한다는 개념을 서로 다른 방법으로 조절한다.116) 어떤 저자는 그리스도와 함께 죽고 그와 함께 부활하는 것에 대해서 쓴다. 또 어떤 저자는 예수가 행하셨던 것처럼, "하나님과 동등됨"을 포기하는 것, 그리고 "주님"이라는 호칭이 예수에게 주어진 것에 동참하는 것에 대해서 쓴다. 어떤 저자는 복종의 자리 가운데 있는 그리스도인의 자세는 예수가 그러셨던 것과 같이 되어야만 한다고 말한다. 다른 저자는 권력의 자리에 있는 그리스도인들

---

116) 아주 다양한 동참/제자도의 방식은 『예수의 정치학』의 7장에서 개관된다.

은 종이 되어야만 한다고 말한다. 이러한 모든 방법을 통하여, **예수를 따르는 것**은 경직된 흉내를 내는 것이 아니라 예수가 정치적인 존재로 특징지어지는 특성 속으로 참여하는 것이다. 신자의 삶 속에서 반복되어져야 하는 것은 예수의 영적이고 사회적인 자세이다. 그것은, 후대 그리스도인들이 결혼을 포기하거나, 맨발로 다니거나, 생계를 위해 구걸하거나, 수공업으로 생계를 유지하는 것을 문제 삼는 (비록 이러한 특별한 행보 중 어느 하나가 어떤 경우에서는 복음에 의하여 지시되고 정치적으로 의미심장한 것이 될지도 모르지만) 그러한 고지식한 "모방" 언어에 의하여 풍자적으로 묘사되어져서는 안 된다.

다음 세대의 창조적 충성

초기 그리스도인들의 경험에 관한 기본적 설명은, 우리에게 예수의 급진성은 한 세대가 지나기 전에 사라졌다는 확신을 갖게 해준다. 우리는 팔레스타인의 메시지가 복음서의 시대보다 아마 더 앞선 시기에 쓰였거나, 바울의 시대에 헬레니즘의 세계 속으로 받아들여지면서, 예수의 급진성은 상실되어져야만 했다고 말한다. 예수가 선포했던 것은 실제 역사적 운동 차원으로 연결될 수 없었을 것이다.

그리스도인의 다음 세대가 필연적으로 등을 돌린다고 하는 가정은 철학적으로 이미 예견된다. 그 가정은 신약성서의 본문에서 나온 것도 아니고 1세기의 현실에서 나온 것도 아니다. 학자들과 설교자들은 그리스도인이 가진 우선적인 철학적 편견에 의해서, 본문에서 이러한 가정을 추론해 왔다. 그러나 이런 관점에 대한 반응으로 우리는 별도로 똑같은 자료들을 재고해봐야만 한다.

어떤 사람에게, 초기 그리스도인들이 가족 제도와 경제 구조—여러 사도의 본문은 "상호 복종"의 경우로 기록하는데—를 수용한 것은 예수의 급진성에 관한 배신행위로 보인다. 왜냐하면, 사도들의 본문은 가족 제도나 노예제를 한 번에 폐지하지 않았기 때문이다. 그러나 면밀히 살펴보면, 그와 같은 '복종'으로 미미한 기독교 운동이 강압적 구조를 위태롭게 하는 유일하고도 진정한 방법이었다는 것은 분명하다. 게다가 로마제국의 존재를 받아들인 것은예를 들어, 롬13:1-4; 딤전2:2; 벧전2:13을 보라 사회의 보수성을 의미하는 것이 아니라, 유대인들이 예레미야 예언자 이후 제국적 압제의 시기 동안에 자신들의 도덕적인 완전을 보존해왔던 국가 종교와의 분리 상태에서 생존을 위한 전복적인 전략으로 로마 제국 안으로 확장하는 것을 의미했다. 하나님이 "권세"의 영역에 "명하시는" 것은, 당국의 권위가 의심할 여지가 없다는 의미가 아니라, 명령은 제한되고 그들의 역할을 정당화하는 기준들이 명령을 결정한다는 의미이다.

사도 바울이 세상의 권력 구조와 그 구조들에 대한 교회의 증언을 이해하는 가장 개인적 방법은, "정사들과 권세들"의 고대 우주론이었다. 그런 개념들 속에서, 그 개념들은 우리가 사회과학이라고 부르는 것만큼 지루하지 않은 은유나 신화보다 더 실속이 있는데, 바울은 우리가 사는 세상의 권력 구조는 악마가 아니라 창조물인류의 안녕을 목적으로 하는, 그러나 "타락했고" 그로 말미암아 압제적인이라고 주장한다. 예수 그리스도는 권세들을 따르지 않는다. 그들을 무장해제한다. 그리고 권세들의 손에 죽으심으로써 그들의 노예상태에서 우리를 구하신다. 그로 말미암아 예수는 권세들을 복종시키시고 인간의 존엄성을 지키는 데 권세들을 사용할 수 있도록 만든다. 20세기가 지난 후에, 이것은 우리가 **급진적 사회 의식**이라고 부르는 것이다. **급진적 사회 인식**은 시대의 우주론을 분석하고, 타락한 권세들의 우상숭배의 요구들을 공경하는 것이 거부되었을 때, 어떻게 제자들의 대단히 작은 공동체가 이미 그리스도의 승리에 참여하는지를 보여준다.

초기 교회의 사도적 증언에서 자주 나쁘게 말하는 다른 차원 중 하나는 묵시의 장르이다. 순진하게 여겨지거나 현대 근본주의에 의하여 남용될 때, 도래하는 종말의 비전은 그리스도인의 증언을 비정치화한다. 그러나 1세기 때 묵시문학의 요점은 하나님의 궁극적 승리 안에서 젊은 교회들의 자신감을 지키는 것이었다. 교회들의 현재 고난은 교회들이 내버려지고 있다는 것을 의미하지 않았다. 그러한 세상에서 묵시문학은 역사 읽기예를 들어, 존칭의 비문 또는 찬미의 연대기의 다른 표준적 방법들보다 역사적으로 더 실제적이다.

한 번 시작된 이야기는 계속된다

이것이 예수의 메시지와 업적의 본질이어서, 이야기는 정의 내리기에 의하여 멈출 수가 없다. 만약 예수의 주요한 의도와 성취가 특별한 교회의 제도를 만들어 내거나, 특별한 일련의 의례적 실천을 수행하거나, 아니면 사물의 본질에 대한 통찰력의 정확한 부분을 나누어야만 했다고 말한다면, 예수의 일은 완수되었을 것이고, 역사는 이제 필요하지 않게 되었을 것이다. 그러나 만약 예수가 했던 것이 이 땅 위에 불을 밝히는 것이었다면, 화해와 공동체 형성의 역사적 과정을 진정으로 시작하는 것이었다면, 예수의 의도를 진전시켜나가는 유일한 방법은 무식, 혼돈, 유한함 그리고 틀리기 쉬움의 영향들을 포함하여 역사성의 상황에서 행해지는 것이 되어야 할 것이다. 수적 성장, 문화 상호간의 소통, 그리고 비유대인의 광적 신앙의 결과로서 기독교 운동 안으로 들어온 이중 의식은 피할 수 없었을 것이다. 이중 의식은 비전의 질을 높이는 것뿐만 아니라 비전의 희석됨을 위해서, 신뢰할 만한 창조성뿐만 아니라 배교를 위해서 필연적으로 발생했다.

비록 예수의 원래 메시지가 다른 식으로 양보되었지만, 크리스텐둠을 만들었던 과정 중에서, 가장 근본적인 배교―다른 종류의 배신행위를 가능하게 했고, 확증케 해준―는 제국적인 전제 정치와 부귀에 관해 콘스탄틴적인 영화로움에 동조하여 왕권으로 향하는 것으로 예수가 가르친 삶의 자세와 반대되는 것이었다. 그래서 전복을 가져오는 예수의 기억은 우리가 **급진적 종교개혁**수도원 제도, 성 프란체스코, 왈도 교도와 체코 형제회, 아나뱁티즘과 퀘이커교도의 교리, 도로시 데이(Dorothy Day)와 헬더 카마라(Helder Camara), 클라렌스 조던(Clarence Jorda)n과 에이솔 길(Athol Gill)이라고 부르는 급진적 제자도의 유한하고, 틀리기 쉽고, 역사적인 운동에서 그저 대응할 수 없었을 것이다.

이러한 급진적 제자도의 운동들은 폭력과 부귀와 사회적 계급 제도, 그리고 무의미한 의례가 지배하는 것에 대해 정기적으로 이의를 제기했다. 제자도의 회복을 촉구하는 그러한 각각의 권고들은 우리의 역사 안에서 예수의 중심성을 더욱 견고하게 한다. 전진하는 혼란과 개혁의 과정들이 없었다면, 우리는 예수 그리스도의 소명에 관한 오늘날의 형태를 알 수 없었을 것이다.117) 우리는 예수의 권고들이 동일한 급진적인 본질을 유지하고 동일한 권한 부여를 조정하는 인식을 매 시기마다 새롭게 하는 올바른 질문들을 던지지 못하게 될 것이다.

---

117) 편집자 주: "혼란과 개혁"으로 말미암아, 요더는 이전의 단락을 언급하고 있음에 틀림없다. 이 단락은 타협과 개혁 또는 배교와 개혁을 대조한다. 요더는 충성스럽게 예수의 부르심을 따르는 제자도에서 우리의 주의를 딴 데로 돌리는 타협을 뜻한다.

제 2 부

정당한 전쟁과의 대화
: 상호 학습의 사례

제 6 장

정당한 전쟁과 비폭력:
분열, 대화 또는 상보성complementarity

정당한 전쟁의 전통은 1500년 간 서양의 법적, 신학적 사상을 지배해왔다.[1] 정당한 전쟁의 전통은 결정권자들통치자들, 군대사령관들, 심지어 시민이 군사적 폭력의 사용을 허용할 수 있는 것과 허용할 수 없는 것 사이에서 도덕적으로 책임 있는 한계를 이끌어 내는 것이 (주장하는 바에 따르면) 가능한 일련의 기준을 제안한다.

비록 정당한 전쟁의 전통이 보여주는 일부 태도들과 원리들이 고대의 것이지만, 이에 비해 **비폭력**은 상당히 역사가 짧은 용어이다. 비폭력은 아마도 태도나 행동에서 **실용적으로** 폭력의 이성적인 거부에 지나지 않음을 가리킨다. 우리 시대에서 비폭력은 여기서 내가 사용하는 것을 제안했던 것처럼, 다른 종류의 힘진실, 일치, 양심이 작동하도록 하기 위한 **비폭력적 행동**폭력을 단념하는 실천 방식으로 매우 자주 사용되어왔다.

---

1) 이 장은 원래 1992년 몬트리올에서 있었던 폭력과 공존(Violence and Coexistence)에서 행해진 강연이었다. *Proceedings: International Association for Scientific Exchange on Violence and Human Coexistence*, Second World Congress, Montreal, July 13–17, 1992, 171–78에 출간되었음.

처음 볼 때에는 두 개의 체계들-정당한 전쟁과 비폭력-은 양립할 수 없는 것으로 보인다. 정당한 전쟁과 비폭력은 상당히 이질적인 것에 확실히 익숙하다. 심지어 하부 문화들이 대립된다. 추상적인 도덕적 절대의 용어로 말해질 때, 정당한 전쟁과 비폭력은 "폭력"이 도대체 "도덕적으로 받아들여질 수 있는지"-비록 다양한 용어들의 의미를 고려할 경우, 대체로 차이들이 완전히 분리적 성격이라는 것이 완전히 명확하지 않지만-에 대해 차이가 있다.[2]

여기서 나의 의도는, 두 개의 체계가 **언뜻 보기에** 모순된 것으로 인정됨에도, 정당한 전쟁과 비폭력이 같은 담론의 세계에 속하고, 또 다른 사람의 존엄성과 관련된다는 것을 논증해 줄 대화를 위한 의제를 투영하는 것이다. 그 의제는 다음 세 가지 요소로 이루어진다.

(1) 일부 사상가들은 이미 내가 서술하는 것과 유사한 상보성을 제안했다.

(2) 비폭력은 정당한 전쟁에 대한 생각을 더 솔직하게 만드는 데 도움이 될 수 있다.

(3) 정당한 전쟁에 대해 사고는 비폭력을 좀 더 훈련하도록 만드는 데 도움이 될 수 있다.

두 개의 체계가 서로 손을 맞잡도록 요구하는 것

제임스 칠드레스는 정당한 전쟁 체계를 지탱하는 도덕적 논리가, 언

---

2) 비폭력 행동주의자는 다른 단체의 승인 없이 계속적으로 폭력적이 될 것이라는 사회적 제도의 존재를 가정하지 않을 수 없다. 용례는 군사적 행동 없는 부정의한 사회 상황이 "폭력적"이라고 불려야만 하는 것과 비교해 크게 다르다. 정당한 전쟁 방식으로 도덕주의자들은 종종 "도덕적으로 받아들여지는 것"의 개념에 관한 조심스러운 뉘앙스-"죄가 있는 그러나 필요한" 또는 "불완전하게 정당한" 또는 "실질적으로 악한 그러나 도덕적으로 악하지 않은"과 같은-로 재정의한다.

뜻 보기에는 해악을 주지 않아야 하는 모든 사람의 권리또는 전혀 해를 끼치지 않는 모든 사람의 상호관계적 의무라고 논증한다.3) 모든 폭력을 거절하는 사람들은 해악을 주지 않아야 하는 권리를 양보할 수 없는 것으로 생각한다. 그들은 해를 끼치지 않는 의무가 절대적이라고 믿는다. 다른 한편, 정당한 전쟁론은 다른 사람들의 권리가 해악을 주지 않아야 하는 권리를 짓밟을지도 모른다는 태도를 유지한다. 그리고 여러 가지 정당한 전쟁 기준은 언제, 왜 권리의 짓밟힘이 일어날 것인가를 결정하는 것으로써 가장 잘 이해된다.4) 그래서 비폭력은 **선험적** 자세이다. 그에 반해 폭력적 행동은 정당화된 각각에 따른 필요한 예외이다. 정당한 전쟁론의 주요 흐름에 따르면,5) 사람들은 전쟁은 악이다6)라는 사실을 칠드레스가 정확하게 제시한 것에 동의하는 언급7)에 관한, 자신들만의 독특

---

3) *War or Peace? The Search for New Answers*, ed. Thomas A. Shannon (Maryknoll, NY: Orbis, 1980), 40–58; James Childress, *Moral Responsibility in Conflicts* (Baton Rouge: Lousiana State University Press, 1982); "Just-War Theories: The Bases, Interrelations, Priorities, and Functions of their Criteria," *Theological Studies* (September 1978): 427–45.

4) 전통적 기준들에 대한 가장 상세한 목록은 나의 책 *When War Is Unjust*의 147–61에 편집되어 있다. 칠드레스는 실제로 모든 기준을 항목별로 나누지 않았다. 또한, 그는 그것들 각각이 어떻게 그가 말한바 그것들이 행하여지는 방법 안에서 역할을 다하는지 자세하게 설명하지 않는다. 그는 자신의 목록이 철저하지 않다고 말한다. 나는 그의 목록 안에서 11개의 항목을 열거한다. 그러나 그가 그것들을 설명한 것처럼 그것들이 상호 간에 점차적으로 변화한다. 그의 관심은 먼저 그것들이 모두 언뜻 보기에 의무들 또는 권리들이라는 하나의 논리로 귀결될 수 있다는 것을 보여주는 것이고, 그러고 난 후 모든 기준이 접촉되는 것을 요구할 수 있는지를 탐구하는 것이다. 그는 그것들이 각각 책임 있게 수행될 수 있도록 그것을 공식화하는 데에 그다지 관심을 두지 않는다.

5) 권리들과 의무들의 언어에 관한 이러한 의견version을 뒷받침해주는 개인주의와 결과주의는 도전받을 수 있다. 폴 램지는 "아무런 해악을 끼치지 않는 것"에 대한 정치적 의무들이 축소되는 것을 거부한다고 다음 책에서 말한다. *Speak Up for Just War or Pacifism: A Critique of the United Methodist Bishops' Pastoral Letter "In Defense of Creation"* (University Park, PA: Penn State University Press, 1988), 83–84, 108–9.

6) 대략 소위 말하는 정당한 전쟁론은 일부 다양한 모습들과 구별되어야만 한다. 다시 말하면, "거룩" 또는 대략 "현실적인"이라고 불리는 것들과 구별되어져야만 한다. 비록 그것들이 자신들의 옹호자에 의하여 "정당한" 것으로 요구된다 하더라도 말이다. 참조. 나의 글, "How Many Ways Are There to Think Morally About War?" *Journal of Law and Religion* 11, no. 1 (1994): 83–107.

한 철학적 준거틀을 통하여 확신을 가져야 할 필요는 없다. 정당한 전쟁론에 호소하는 사람은 누구든지 증명이라는 짐을 지게 된다. 그리고 정당한 전쟁론은 일련의 기준들이 규정해야만 하는 바로 그 짐이다.

브라이언 헤이르Bryan Hehir의 박사학위 인증에 랄프 포터Ralph Potter 가 공헌했던 하버드 대학교에서, 포터8)에 의하여 생각되고, 제임스 칠드레스9)에 의해 폭넓게 전해진 논제는 지적인 구성 개념으로 매우 잘 구성되어졌다. 그 논제는 본질상 논의를 위한 것으로 노력을 기울여 만든 가치가 있다. 주교들 자신은 지도력의 진정성에 대해 전적으로 책임지는 것을 피하기 위해서 그 논제를 이용한 것이 정직하지 못한 것이었다는 사실에도 불구하고, 형식적으로 솔직하지 않았다.10)

제임스 스테르바James Sterba는 '평화에 관심을 지닌 철학자들의 연합'11)에서 행한 주제 연설에서, **상보성** 논의에 관한 또 다른 형태를 말했다. 리차드 밀러Richard Miller는 더 많은 질문을 자아냈다.12)

---

7) 최근 일부 도덕주의자들은, 전쟁은 악의 도덕적 정당성에 관한 질문에서 나온 해악들 (harms)에 충격을 가한다는 사실들과 구별하여서, 이것을 "도덕 이전의"(pre-moral) 또는 "실질적인"(material) 악이라고 부를 것이다.

8) Ralph B. Potter, *War and Moral Discourse* (Atlanta: John Knox, 1969). Potter, "Moral Logic of War," *McCormick Quarterly 23*, no.4 (May 1970), 203–33. J. Bryan Hehir, "The Catholic Church and the Arms Race," *Worldview* (July-August 1978), 13–18. 이외 다수.

9) 편집자 주: *The War of the Lamb*에 관한 요더의 잠정적 윤곽을 살펴보면, 그는 "폴 (Paul)은 조화되지 않는다. 폴 램지는 찰스 리버(Charles River)의 집단에 의하여 따돌림을 받고 있다"라고 논의하는 글을 포함하는 것을 고려했다. "찰스 리버의 집단"은 하버드 대학교 교수들인 포터, 칠드레스, 그리고 헤이르를 언급한다. 우리는 이 글을 가지고 있지 않다. 그 논쟁은 다음 책에 요약되어있다. David P. Gushee, "Just War Divide," *The Christian Century*, August 14–27, 2002, 26–28.

10) 편집자 주: 요더는 미연방 가톨릭 주교 문서인 *The Challenge of Peace*에 대해 언급하고 있다. 이것은 아래 설명한 것처럼 먼저 브라이언 헤이르에 의해 초안된 것이다.

11) the association Concerned Philosophers for Peace

12) Richard B. Miller, "Christian Pacifism and Just-War Tenets: How Do They Diverge?" *Theological Studies*, 47 no.3 (Summer 1986): 448–72. 두 견해의 일관성을 나타내는 것은 이미 상보성 논문 안에 들어있는 프로그램이기 때문에, 그로 인해 그가 논의하고자 하는 프로그램은 그가 비판하는 여러 저자에 의해서 추론의 부적당한 치밀함을 보인다. 그 논문은 실제로 알맞은 것보다 논쟁에 더 부합한 모습을 나타낸다.

포터, 헤이르, 칠드레스가 심어놓은 씨앗은, 「평화의 도전」*The Challenge of Peace*이라는 목회편지를 보면 대중적 상황 안에서 열매를 맺었다.[13] 그 편지는 주로 브라이언 헤이르가 이끌었고, 1983년에 미국 로마 가톨릭 주교들에 의하여 회람되었다.[14] 주교들은 때때로그러나 항상은 아니었고 평화주의와 함께 비폭력을 언급했고, 초기 그리스도인들의 입장으로 서술했다. 주교들은, 비폭력과 정당한 전쟁론 둘 다 가톨릭 신자들이 양심적으로 취할 수 있는 입장이기에, 이 둘을 상보적인 것으로 서술했다. 이러한 확증은 로마 가톨릭 사상에서는 혁신이었다. 현대에 와서 로마 가톨릭의 관료적 문서 중에 이보다 더 앞서서 평화주의 입장을 시인한 것이 발견되지 않는다. 「목회헌장」Gaudium et Spes, 즉 "현대 사회에서 교회에 기초한 목회헌장"은 제2차 바티칸 공의회에서 나온 것으로, 양심적 반대에 관한 법적 인식을 옹호하며 오직 조건적이라는 것을 처음으로 나타냈다.[15] 「평화의 도전」에 보면, 주교들은 이렇게 썼다. 비폭력과 정당한 전쟁론은,

---

13) 명백한 이유로, 나는 여기서 "대중적인" 표현에 대한 나의 서술을 제한해야만 한다. 더 완전한 취급 방법은 리처드 밀러의 다음 책을 재고하는 것으로부터 얻을 수 있을 것이다. *Interpretations of Conflict: Ethics, Pacifism, and the Just War Tradition* (Chicago: University of Chicago Press, 1991). 밀러는 서로 다른 다섯 개의 체계 안으로 "모아지는" 평화주의와 정당한 전쟁을 바라보는 방법을 분석하는 칠드레스의 가정으로부터 탈피한다.

14) U.S. National Conference of Catholic Bishops, *The Challenge of Peace: God's Promise and Our Response* (Washington, DC: United States Catholic Conference, 1983).

15) *Gaudium et Spes*, par. 79, "전쟁의 야만성을 억제하기." 미연방 주교들은 베트남 전쟁에서 처음으로 부정의한 전쟁에 참여해야 하는 "선택적인" 거절을 인식했다. 참조. 나의 글, "The Moral Responsibility to Refuse to Serve in an Unjust War: The Movement of 1968-75 and Its Prehistory," Joan B. Kroc Institute for International Peace Studies, University of Notre Dame, Document (3:WP; 9-95) 1992. 그러나 또한, 위의 각주 3을 보라. Childress, *Moral Responsibility in Conflicts*. 주교 문서 두 번째 초안을 보면, 평화주의에 관한 도덕적 요구의 인식이 신약성서와 초기 교회 안에 나타난 평화의 비전을 재고하는 것에 의하여 주교들에게 강조되었다. 그리고 정당한 전쟁의 관례적 탁월함에 대해 정당한 전쟁을 회복하기 위해서, 세 번째 초안은 신약성서 이후 정당한 것에서 111 단락 이하로 초대 교회에 관한 논의는 이동했다.

구분되지만 전쟁을 평가하는 별도의 방법들이다. 비폭력과 정당한 전쟁론은 일부 특별한 결론에 대해 의견을 달리 한다. 그러나 비폭력과 정당한 전쟁론은 논쟁을 해결하는 수단으로 무력force을 사용하는 것에 대항하여 공통적인 주장을 한다. 비폭력과 정당한 전쟁론은 기독교의 신학적 전통 안에서 그들의 뿌리를 찾는다. 즉 각자 우리가 필요한 완전한 도덕적 비전에 기여한다. 또한, 각자 왜곡으로부터 상대를 보호한다.

결론적으로, 과학 기술의 전쟁 시대에서, 비폭력의 관점으로 보는 갈등에 관한 분석과 정당한 전쟁 가르침의 관점으로 보는 분석은, 사실은 전체 전쟁과 구별할 수 없는 전쟁의 방법에 대해 반대하는 것에 종종 의견이 집중되고 동의된다.[16]

핵전쟁 억제에 관한 평가는 「평화의 도전」과 그 시대의 정치적 상황 가운데 중요한 공적 증언의 핵심을 이루었다. 그런 평가 후에, "제안과 정책"에 관한 부분은 "갈등 해결에 관한 비폭력적 수단들"의 주제로 방향을 바꾸었다.[17] 상보성은 앞서 추상적 용어들로 묘사되었는데, 여기서는 실용적으로 확증되었다. 위의 모든 내용을 요약하자면, 두 개의 체계가 다음과 같은 공통점을 지닌다.

(1) 폭력에 대항하는 도덕적 추정 (비록 그런 추정이 짓밟히는 것에 대

---

16) *The Challenge of Peace*, par. 120-21. 두 개의 견해가 상보적이라는 것은 그 견해들이 대칭적이라는 것을 의미하지 않는다. 오직 정당한 전쟁은 정부-자기 방어에 관한 도덕적 의무의 수행자로서-에 적절하다. 오직 양심적 개인들을 위해서만 비폭력은 정당하다. 가톨릭교도가 아닌 사람들은 여기서 "가르침들"과 "복음적 조언"-서로 다른 종류의 배우들을 위해 서로 다른 두 개의 도덕적 체계들을 세우는 것으로서-사이의 고전적 구별의 흔적을 분별할 것이다.
17) 단락 221-30. 정당한 전쟁과 비폭력의 이론적 해석들이 서로 맞물리는 것은 224 단락과 226 단락에서 다시 명확해진다.

해 차이가 있지만)

(2) 모든 전쟁을 거부하고, 그래서 받아들여질 수 없는 국가 정책들에 대항하여 정치적으로 공통의 이유를 만들어 내는 위험성

(3) 국가의 방어를 포함하여 정당한 사회적 목적들을 추구하는 비군사적 수단의 잠재성을 극대화하기 위한 지원[18]

「평화의 도전」를 능가하지는 못했지만, 미국 연합감리교회의 감독들 또한 목회편지를 준비했다.[19] 핵전쟁 억제의 특별한 정치적 이슈에서, 감리교인들의 결론은 로마 교회 교구에 있는 **동료들**의 결론보다 다소 관용적이지 못한 채 가려진 부분이다.[20] 정당한 전쟁과 비폭력사람들은 평화주의라는 용어를 더 선호한다 사이의 논쟁을, 그들은 변증법적으로 정당한 전쟁과 비폭력을 유지하기보다는 오히려 **정당한 평화**[21]의 개념으로 정당한 전쟁과 비폭력을 넘어설 것을 요구한다. 우리의 목적에서 볼 때 차이는 경미하다. 감리교인들은 정당한 전쟁과 비폭력 양쪽 안에 들어 있는 한 무더기의 진실이 화해될 수 있다는 요구를 계속한다.[22]

---

18) 여기서 주교들은 진 샤프(Gene Sharp)의 저작을 인용한다. 나는 그것을 아래에서 다시 볼 것이다.

19) *In Defense of Creation* (Nashville: Graded Press, 1986). 여러 개의 맞물리는 본문들이 있다. 그 중 가장 완전한 것은 "기초 문서(Foundation Document)"라고 불린다.

20) 로마 가톨릭 본문은 원리적으로 핵전쟁 억제를 거부한다. 그래서 핵을 유지하기 위한 정당화로 그것을 없애버리기 위해 교섭하는 동안에도, 결국 핵을 유지하는 것으로 눈감아준다. 연합감리교 본문은 더 의미가 강한 단어를 사용한다. 그러나 "상호성"을 위하여 결국 일방적 군비 축소를 포기한다. 예를 들어, 적이 위험스럽지 않다면 위태롭지 않다는 것이다. 그래서 어느 문서도 실제 위험에 처한 국가에서 도움을 구하지 않는다.

21) 비슷한 논증의 한계(line)는 연합 그리스도의 교회 내에서 산출되고 1985년에 있었던 15번째 일반 종교회의(General Synod 15)에서 채택된 진술에 의하여 더 많이 전해졌다. 참조. *A Just Peace Church*, ed. Susan Thistlethwaite (New York: United Church Press, 1986). 폴 램지는 양다리를 걸치려는 것으로 정당한 전쟁과 "평화주의" 사이에서 어려운 결정을 내리는 것을 피하려는 이런 일종의 시도(effort)를 혹평했다.

22) 폴 램지는 그의 책 *Speak Up for Just War or Pacifism*에서 로마 가톨릭 본문이 정당한 전쟁 안에 평화주의를 포함하는 반면에, 연합 감리교회의 상호성에 관한 묘사는 다른 방향으로 기울어지게 한다고 매우 신중하게 비평하는데, 나는 그것이 정확하다고 믿는다. 그것은 그것이 (즉, 바꿔 말하면 실제로 전쟁을 위한 타당한 근거들을 인지하지

이러한 첫 번째 개관을 마무리 지으면서, 우리는 주교들의 주된 임장body을 절대 인정하지 않았다는 점을 밝힐 필요가 있다. 시민, 정치가, 군인으로서 책임감을 지닌 자리에 있는 감리교인들과 가톨릭교도들을 포함한 현대 국가들이 하는 연설과 실천은, 대부분 **정당한 전쟁도 평화주의도** 아니었다. 사실 모든 전쟁은 우리의 문화를 특징짓는다.23) 때때로, 모든 금지를 위반했던 것은 어떤 사람들이 **현실주의**라고 부르는 단순한 국가의 이기심이었다.24) 때때로, 완전한 전쟁으로 이끄는 것은 어떤 사람들이 **거룩하다**고 말하는 초월적 종교나 이데올로기적 요구였다.25) 때때로, 피를 흘렸던 원인은, 일부 통치자들이 자기 자신과 그의 국민들에게 그의 사내다움을 재보증해야 하는 필요처럼, 도덕적으로 그다지 가치가 적은 것이었다. 이러한 각각의 방법으로 전쟁은 총

못하는) 평화주의자이지만, 그런 기본적 위임의 함의를 지닌 채 끝까지 자신의 입장을 고수하는 정치적/목회적 근거들에 대해 마음 내켜하지 않는다는 것을 원리적으로 말한다. 이것은 스테판 롱(Stephen Long)에 의해서 철저하게 분석되고 비판된다. 편집자 주: 이 주제에 대한 롱의 책으로 *Living the Discipline: United Methodist Theological Reflections on War, Civilization, and Holiness* (Grand Rapids: Eerdmans, 1992)가 있다.

23) 참조. 다른 유형에 대해 위에 있는 참고자료를 보라. 또한, 나의 글 "A Historic Peace Church Perspective" in *Peace in a Nuclear Age: The Bishops' Pastoral Letter in Perspective*, ed. Charles J. Reid Jr. (Washington, DC: Catholic University of America, 1986), 273-90을 보라.

24) 마이클 왈처(Michael Walzer)는 그의 책 *Just and Unjust Wars* (New York: Basic Books, 1977)에서 "현실주의"라는 용어의 사용을 그가 정당한 전쟁론을 옹호하는 것에 대항하는 이상적 유형과 동일시했다. 다른 방법으로 클라우제비츠(Clausewitz), 한스 모르겐타우(Hans Morgenthau), 마키아벨리(Machiavelli)는 이런 태도를 대표했다. 휴고 그로티우스(Hugo Grotius)는 고대 철학자들 사이에서 나타났던 "냉소주의자"를 같은 입장으로 여겼다. 그것은, 역설적이지만 그렇기에 솔직하게, 도덕적 고려가 국가 간 갈등에서 적용되지 않는다고 진술하는 것이 도덕적으로 책임이 있다는 주장을 가정한다. 참조. 나의 글 "How Many Ways Are There to Think Morally About War?"

25) 제임스 터너 존슨(James Turner Johnson)은 *Ideology, Reason, and the Limitation of War* (Princeton: Princeton university), 9, 134 이하에서 "거룩한 전쟁"은 서로 다른 유형을 구성한다—롤랜드 베인톤(Roland Bainton)이 이런 대조를 해석했던 것처럼—는 생각에 부분적으로 타당한 비평을 지나치게 한다. 존슨은 나의 현재 의견에 동의한다(15ff.). 다시 말해서, 현대의 이른 시기에 정당한 전쟁론은 효율적 제지를 강요하는 수용력을 상실했다. "How Many Ways Are There to Think Morally About War?"라는 글은, 존슨이 어떻게 유형들을 명확하게 보여주는지 그렇지 않은지를 논의한다.

력화되었다. 그 결과, 서양이 겪었던 대부분 전쟁의 경험에서 효율적 제재가 없었다. 정당한 전쟁론은 최근 군사적 현실의 어느 정도 중요한 방법에서도 조작된 것이 아니었다.

대부분의 주교들과 교구 성직자들과 수많은 도덕 신학자를 포함하여, 4세기 후반 밀라노의 암브로스Ambrose에게서 20세기 후반 뉴욕의 스펠만 추기경Cardinal Spellman까지 이르는 시기 동안 나타난 자신을 스스로 가톨릭교도들로 여겼던 대부분 사람들은 완전히 다르게, 즉 역사적 공정함은 서로 다른 두 개의 방법 가운데 하나로 전쟁의 도덕성을 보았다.26)

(1) 많은 경우, 통치자가 내린 어떤 명령에 대해 판결하는 상황이나 개인이 명령을 받았을 때, 어쨌든 살인을 거부하는 근거를 제공하는 도덕적 기준에 관해 형식적으로 거부하는 것을 포함하여, 규칙은 항

---

26) 편집자 주: 이 섹션의 마지막 단락에 보면, 우리는 같은 목적을 지닌 요더의 출판되지 않은 글 "How Just War Thinking and Pacifism Do and Do Not Coinhere"로부터 일부 자료-요더는 그것을 "컬럼"으로 불렀다—를 받아 중간에 끼워 넣는다. 요더는 혼자서 이와 같은 세 부분의 단락으로 시작했다. 그리고 그 안에 우리는 다음과 같은 인용문들을 (괄호 안에) 집어넣었다:
"여기서 나의 목적은 논쟁점을 만드는 것이 아니다. 논쟁을 이해하려는 동시에 또한 (의도하지 않았지만) 혼란스럽게 만드는 시도에 익숙한 언어를 지닌 다양한 방법을 찾아봄으로써 연례적 논쟁의 내용들을 명확하게 하는 것이다.
이런 논평은 제임스 스테르바에 의한 같은 방식에 들어있는 논의에 의하여 나타났다. 그러나 같은 수준에 관한 반응으로 제안된 것은 아니다. 나의 의도는 스테르바의 논의보다는 오히려 그의 가정에 도전하는 것이기 때문이다.
"위트모어(Whitmore) 도서에 들어있는 듀에인 프리즌(Duane Friesen) [Friesen, "Peacemaking as an Ethical Category: The Convergence of Pacifism and Just War," in *Ethics in the Nuclear Age*, ed. Todd Whitmore (Dallas: Southern Methodist University, 1989)]과 리차드 밀러(Richard Miller)[in *Interpretations of Conflict: Ethics, Pacifism, and the Just War Tradition*]의 같은 노력에 주목하라. 그리고 가능하면 가교 역할을 하는 주제에 관해 논문을 쓰라. 그것이 '자백하기'에 관한 것이라면, 폴 램지에게 되돌아가라. [Paul Ramsey, *Speak Up for Just War or Pacifism*]. 주요 요점은 자신들의 왼편에 있는 소수의 평화주의자들과의 관계를 논의하는 데 모든 에너지를 쏟아 붓는 정당한 전쟁을 주장하는 사람들은 자신들의 오른편에 있는 부정의한 군인들에게는 정치적 현실 속에서 암묵적인 동지들이다."

상 "허용된 것"이었다. 때때로 그런 거부는 마키아벨리 같은 사람들에 의하여 철학적 작업이 행하여졌다. 때때로, 의심하지 말고 헌신하라는 명령은 "혁명" 또는 "자유"라는 이름으로 나타났다. 때때로 이러한 이해는 "왕의 신적 권리"라는 이름으로 신학적 작업이 수행되었다. 때때로 신학적 작업의 형태나 기초는 군인들을 주권자들에게 붙들어 매는 절대적 충성의 맹세였다. 때때로 신학적 작업은, 클라우제비츠에 의한 것이든지, 아니면 한스 모르겐타우에 의한 것이든지, 현실에 관해 자명한 정치학적 설명이 되도록 요구되었다. 이러한 다양한 방법을 통하여, 개인은 통치자의 명령에 저항할 수 있는 기초가 없는 틀에 박힌 말들을 해왔다. 대부분 로마 가톨릭의 주교들과 사제들은 관례적으로 기독교 역사를 통하여, 역사 기록으로 말할 수 있는 범위 안에서 이러한 신학을 개인에게 말해왔다. 「평화의 도전」의 저자들은, 적어도 잠재의식적으로, "왕의 신적 권리"라는 이름의 신학적 작업을 진실이 되도록 해야 한다는 것을 알았다. 그러나 그들은, 적어도 잠재의식적으로, 그 신학을 솔직하게 인정하지 않는 방향으로 선택한다.

⑵ 종종 더 적게, 그러나 분명히 그렇게 적지는 않지만, 전쟁의 도덕적 정당성에 관한 확증이 오히려 더 용기가 있다고 말했던 시기가 있었다. 전쟁의 도덕적 정당성에 관한 확증은 종교상의 인물들에 의하여 심지어 개인의 순교를 예상하고 국가의 성공 가능성을 계산하지 않는다는 점에 대해 의무가 되도록 선포되었다. 우리가 살아온 지난 십년의 기간 동안 전쟁의 도덕적 정당성에 관한 종류의 사고는 이란의 청소년들을 이라크의 군대에 대항하여 죽음을 맞이하게 했으며, 밴을 모는 레바논인 운전자가 자동차에 폭탄을 싣고 자살을 감행하게 했다.

중세 시대에 이와 같은 기독교의 형태는 십자군이었다. 그리고 그것을 거룩한 땅을 획득하도록-또는 튀니스나 이스탄불을 약탈하도록-수행해야 할 그리스도인의 의무로 선포했던 사람들은 특별히 로마 가톨릭의 주교들과 수도원장들이었다. 제1차 세계대전 동안에 십자군의 언어는 여전히 로마 가톨릭과 개신교 양쪽의 기독교 설교자들에 의하여 사용되고 있었다. 비록 정치인들과 장군들(그리고 그때 이후로 정치적 과학자들)이 도덕적·기술적인 군사상의 숙고에 준해서 옳다고 인정할 수 있는 것이 전쟁은 아니라는 점을 매우 잘 알았지만 말이다.

거룩한 전쟁의 논리는 분별없는 영웅주의-배와 함께 침몰하기, 마지막까지 남은 사람과 싸우기-가 요구되는 곳에서는 어디나 존재한다. 그리고 항복이 부도덕이나 반역과 동등한 것으로 받아들여질 때 존재한다.[27] 간단히 말해서, 거룩한 전쟁의 사상 유형들은 여전히 활동 중이다. 비록 주교들이 전쟁을 무시하지만 말이다.

그렇다면, 어떻게 「평화의 도전」이 우리에게 정당한 전쟁 논리와 평화주의 입장이 기독교의 전통이라고 말할 수 있는가? 그들의 인용(예를 들어, 저술을 이끌었던 기독교 윤리학과 정치 과학 분야의 학자인 브라이언 헤이르와 브루스 러셋에 관한 인용)은 통찰력을 지닌 소수의 도덕 신학자들과 종교 사상가들거룩한 전쟁이나 "허용된 것"을 존중하는 사람들에게 막혀있기 때문이다. 이러한 한계는 현대 로마 가톨릭에서 나온 자기 이해-대부분 기독교 시민, 무장하도록 명령받은 대부분 그리스도인, 대부분 기독교 통치자, 그리고 대부분 가톨릭 주교와 사제가 1500년

---

27) 존 커트니 머레이(John Courtney Murray)는 항복의 가능성에 대하여 어떠한 우발적 계획(any contingency planning)을 행하려는 미연방 정부의 중개 행위(agents)가 불법이라는 미연방의 법률(U.S. law)을 비난했다. 비록 우리 군사 교육 전문가 중 일부가 그것을 따르지 않지만, 이 법률은 분명히 기록된 것이다.

동안 전쟁이 "거룩한" 것이고 "허용된 것"이라는 견해를 유지해오고 있었음을 인식하는 책임감을 암묵적으로 회피하는 것―의 독특한 산물이다. 로마 가톨릭의 지식층 지도자들이 현재와 미래의 상황에서 개선된 이해를 향해 나아가고자 하는 준비는 과거의 실수와 잔혹함에 대해 공개적으로 회개하는 것을 포함하지 않는다. 우리는 가톨릭 지도자의 한계를 1990년대 초반에 콜럼버스의 유산 주변에서 다시 보았다.

신학자들은 정당한 전쟁 전통의 기준이 지난 세기 동안 거의 존중받지 못했다는 것을 정직하게 인정할지 모른다. 그러나 주교들은 미래의 진리는 "고대의 선善을 투박하게 만들도록" 허락하지 않는다는 것에 의해서 허구의 분위기 속으로 이동하려는 것으로 추측된다.[28] 이러한 발전 중 일부분은 사건들이 과거의 태도제2차 바티칸 공의회가 "시대의 표시들을 분별함"이라는 문구를 공식적으로 인정했던 관대함가 부당했음을 우리에게 가르치는 방법으로써 받아들여질 수 있다.[29] 그럼에도, 「평화의 도전」 안에 있는 역사적 설명은 단순히 통계상 노골적으로 잘못된 것이다. 이 설명이 진실이라고 들은 사람들(예를 들어, 특별한 전쟁이나 특별한 무기나 전술에 대해 부정적 판단을 명료하게 설명하고 강제로 시행할 수 있기에 안간힘을 써서 정당한 전쟁 입장을 고수하는 사람들)은 약삭빠른 소수의 신학자들과 예언자들이었다. 드 비토리아de Vitoria, 데 라스 카사스de las

---

28) 1940년대에 예수회 신부 존 포드(John Ford)와 1950년대에 존 커트니 머레이는 이렇게 말하는 것에서 합당한 신뢰를 아주 많이 얻었다. 나는 그것으로부터 관심을 딴 데로 쏠리게 하는 것을 원하지 않는다. 그러나 나의 요점은, 가톨릭주의(Catholicism)는 그것을 말하지 않는다는 것이다. 대부분의 주교들, 대부분의 교구 사제들, 대부분의 도덕적 신학자들, 그리고 대부분의 군종 사제들은 그것을 말하지 않았다. 포드와 머레이가 거의 유일했다. 로마 가톨릭주의에 대해 추가되어야 할 것 중 하나는 다음 세대가 지금껏 듣지 못했던 올바른 입장을 위한 신뢰를 획득하는 방법이다.

29) 내가 나의 책 『그럼에도 불구하고』 1장에서 그것을 서술해야 했듯이, 베네딕트 15세 이후 현재까지 요한 23세의 책 *Peace on Earth*과 그리고 바오로 6세의 국제연합의 방문처럼 교황들이 전쟁을 비난했던 방법은 그 자체의 특별한 "목양적" 모습을 지닌다. 내가 서술했던 네 가지 또는 다섯 가지의 유형론에 반대하여 시작하고자 할 때, 그것은 "위에서 설명한 것은 아무것도 없고" 그것들 모두와 양립해 왔다.

Casas 그리고 수아레즈Suarez 같은 사람들을 위하여 그렇게 했다. 그것은 소수의 영웅에게 정신적 중요 요소와 어휘를 제공할 수 있는 개념적 구성으로서 정당한 전쟁론의 고결함에 속한다. 그러나 정당한 전쟁 입장은 그러한 사람들가톨릭의 대표자들이나 성직 계급 제도에 의하여 지지받지 못하는 이 가톨릭주의의 대표자가 되도록 역사를 왜곡한다.

정당한 전쟁 입장이 역사적 허구라는 것이 상보성 논제를 도덕적으로 흥미 없는 것으로 만들지 않는다. 정당한 전쟁 입장은 고유의 논리를 가진다. 정치적으로 평화주의와 정당한 전쟁이 덜 억제된 다른 상태에 대항하여 연합하는 것이 당연할지도 모른다. 일반적인 국가주의적 국가수호권right-of-state, 마키아벨리주의자, 그리고 전쟁 시 십자군의 정당화라는 상황을 볼 때, 평화주의와 정당한 전쟁은 일반적으로 일어나는 것을 바로 잡으려는 동지들에 더 가깝다. 평화주의와 정당한 전쟁은 둘 다 폭력을 비판 없이 받아들이는 것을 거부한다.

비폭력은 어떻게 정당한 전쟁 논리의 사용을 훈련할 수 있는가

체계들 사이에서 나타나는 아주 명백한 교차점은 **마지막 수단**에 대한 개념이다. 전통적으로 부정의를 바로 잡으려는 다른 모든 합리적 의지는, 선한 신앙 안에서, 전쟁에 대한 수단이 정당화되기 전에 시도되어야만 한다. 만약 효율적인 비폭력 행동의 경험이 지금 우리에게 타당한 사회적 목적을 위해 효율적으로 애쓰는, 상상할 수 없는 방식들을 미리 고려할 수 있다면, 공격을 받는 사회나 국가는 속히 마지막 수단의 문턱에 도달하지 못할 것이다.

진 샤프가 반복해서 지적해왔듯이, 비폭력적 집단 행동에 관한 성공적인 많은 현상은 자발적이거나 아니면 적어도 최소한 미리 생각하기 또는 계획하기의 산물이었다. 서로 싸우는 데 있어서 계획하고 훈련하고 조직하고 장비를 갖출 때, 먼저 시간과 자본을 투자하는 것을 확장하지 않고서 균형 잡힌 효율성이나 군사적 전술의 성공 가능성을 평가하는 것에 관해 생각하는 사람은 아무도 없다. 그렇기에 만약 비폭력행동의 전략들이 앞서 행해지는 조사와 훈련의 주제가 된다면[30], 국가의 자기 방어를 위한 비폭력 행동의 전략들의 잠재력은 비교할 수 없을 정도로 더 커질 것이다.[31] 마지막 수단은 논리적으로 갈등과 관련된 대안적 도구의 발달을 요구할 것이다. 일부 사람들은 외교정책, 국제 재판소, 제재와 같은 현존하는 자원들을 더 잘 사용할 것이다. 또 다른 사람들은 비폭력적 대안 전략들의 권한 안에서, 국내의 경험에서 창조적으로 추정함으로 아직까지 잘 알지 못하는 도구들을 만들어낼 것이다.

그러나 **마지막 수단**은 두 개의 체계 사이의 유일한 교차점이 아니다. **정당한 의도**그것은 적대적 행위 이후 확립되어져야 하는 평화의 생존 능력을 기대한다의 개념은, 비폭력적 수행을 뒷받침하는 적대자의 인간적 존엄성을 떠올리게 하는 사람에 의하여 '강화' 될 것이다. 하나의 기준으로서 **합법적 권위**는 공공의 진리를 말하는 힘에 대한 예민함으로 말미암아 굳세게 될 것이다. **전쟁 행위의 정당성**전쟁에서 사용되는 수단들 제한을 위한 고려는 사정에 밝고 회의적인 대중들에 의하여 강조될 것이고 제한받지 않는 미디어궁극적으로 불필요하거나 어울리지 않는 수단들의 사용에 이의를 제기하는에 의하여 제공될 것이다.

---

30) 이러한 명령은 *The Challenge of Peace*에서 상세히 서술된다. 또한, 진 샤프의 책 *The Politics of Nonviolent Action*을 보라.

31) 이러한 요구를 하는 주체들 중 하나는 영국 왕실 해군의 사령관인 스테판 킹-홀 경(Sir Stephen King-Hall)으로 그의 책 *Defense in the Nuclear Age*(1957)에서 그렇게 했다. 비평화주의자이면서 군사학의 강연자로서, 킹 홀은 민주주의가 핵무기의 파괴로 지켜질 수 없다는 실용적 근거를 단호하게 표명했다. 그러므로 민주주의를 방어하는 수단들은 목적과 조화를 이루는 가운데 세워져야만 한다. 킹-홀이 썼던 용어 "심리적 교전 상태"는 적절하지 않았다. 그러나 그의 요점은 샤프가 1세기 후에 말한 것과 동일했다. 살인 또는 살인의 위협을 이용하는 새로운 방법을 위한 군사적으로 확립된 계획에 대한 대안은 아무것도 하지 않는 것이 아니라 무엇인가—그것은 더 작은 계획, 용기, 위기를 요구하는 것이 아니다—를 하는 것이다.

정당한 전쟁 사유가 어떻게 비폭력의 전술을 구성하는 것을 도울 수 있을까

비폭력적 갈등이 한 방울의 피도 흘리는 것을 원하지 않는다는 사실은, 정당한 전쟁 기준과 어느 정도 유비의 관계에서 볼 때, 전쟁에 참여하는 군인들로 하여금 폭력과 관련된 제한들에 대하여 반드시 생각하도록 만든다. 보이콧boycott이나 대중 집회, 파업이나 가두 행진에 의한 정상적인 사회 흐름의 파열은 마지막 수단에 관해 고려하기 쉽다. 특별한 위법 행위예를 들어, 시민의 불복종는 악한 법률을 승낙하는 것이 본질적으로 부도덕하다는 확신에 의하여 움직여지는지, 아니면 정당한 법률은 부정의하게 적용되고 있다는 더 불확실하고 복잡한 요구에 의하여 움직여지는지32), 아니면 도덕적으로 중립적인 규칙이 상징적으로 진술하는 것을 방해한다는 신념에 의하여 움직여지는 것인지를 결정하도록 점검받을 필요가 있다.

이러한 종류의 결정을 통하여 행동하는 것은 어떤 종류의 **합법적 권위**사람들의 용납에 의하여 정당화되는가 될 필요가 있다. 그러한 자격부여는 정부라는 정당성 형태를 가질 수 없다. 어떤 다른 타당성의 방식이 필요하다. 단지 이데올로기적으로 교정하는 것예를 들어, '민족' 또는 '가난한 자들' 또는 '내세'의 측면에 치우치는 것은 충분하지 않다.

정당한 전쟁론에서 볼 때, 마지막 수단과 합법적 의도의 기초는 전쟁의 공식적 선포이다. 그리고 전쟁의 선포는 적이 평화를 얻을지 모르는 상황을 공표해준다. 게다가, 비폭력적 행동은 명시되고, 제한적이고, 달성할 목표가 있어야 한다. 일단 적이 압박을 받는다면 비폭력의

---

32) 이러한 유형에 관한 마틴 루터 킹의 논의는 공공의 질서를 위하여 퍼레이드는 허용될 필요가 있다는 것은 정당하다는 것이다. 그러나 만약 허용된 것이 인종적 이유로 거부된다면, 본질적으로 수용될 수 있는 법률은 비합법적으로 되고 그것은 허용하지 않은 채로 퍼레이드를 명령할 수 있다.

요구들은 점차로 증가하지 않음이 분명하다. 이런 점에서 간디와 킹은 비폭력의 요구를 명확히 말했다.

책임질 수 있는 어떤 권위자들에 의하여 명시된 목표와 마지막 수단에 대해 그와 같이 결정을 할 경우, 비폭력적으로 갈등을 발생시키는 사람들의 명칭인 "민족"people에 대한 정의定義를 어느 정도 내릴 필요가 있다. (킹 홀과 진 샤프 때문에, 일부 국가적인 성격을 지닌 공동체는 비폭력적인 선택을 자유롭게 환대할 것이라는 요점에 우리가 다다를 때까지) 전쟁의 경우에서와 같이 민족은 완전히 하나의 단일민족 국가가 될 수는 없다. 우리가 간디, 킹, 바웬사Walesa, 하벨Havel, 그리고 1986년 마닐라와 1989년 라이프치히의 경험에서 볼 수 있는 것처럼, 그와 같은 도덕적으로 책임 있는 지지자층이 함께 다다를 수 있는 방법들이 있다. 독창적이고 모험적인 발기인들initiatives은 권위를 정의 내리는 방법이 부족했기 때문에 좌절했다.

거대한 갈등의 상황 속에서 비폭력을 사용하는 것은 대응폭력을 유발할 수 있는 위험으로 치닫는다. 한 예로 간디와 킹은 이것을 잘 알았다. 폭력이 쉽게 회피될 수 있다는 개념은 언제나 하나의 풍자이다. 즉, 비폭력적인 행동 안에 들어있는 요점은, 폭력에 대한 의지 수단이 부정의의 중개자로 남게 된다는 것이다. 이것은 비례적으로 고전적인 정당한 전쟁에 대한 사고를 끌어올린다. 비폭력적 행동은 소유물과 직접적으로 관련되지 않은 사람들에게 피해를 입히거나 문제를 일으키는 위험으로 치닫는다. 보이콧과 파업은 전쟁에 의해 발생한 **무고한 자의 고난**과 유사한 해악을 일으킨다. 어떤 중요한 갈등의 경우(비록 전쟁의 경우보다 더 하지는 않지만) 일부 그와 같은 "간접적이고 의도하지 않은" 피해를 피할 수 없다. 그래서 도덕적으로 중요한 것은 노력이 아주 잘 조직화되어서 미리 알 수 있는 이러한 종류의 모든 피해를 피할 수 있고, 보상을 위한 준비가 되어 있다는 것이다.

1세기 전까지만 해도 고전적인 정당한 전쟁론은 "이성적 창조물-거짓말하는 것을 금하는 가장 특별한 결정체-로서 적에 대한 인간적인 존엄성을 존중해주는" 기준을 포함했다.[33) 초기 퀘이커교도들이 그랬던 것처럼[34), 간디는 비폭력 힘의 근원으로 진리를 더 많이 말했다.[35) 킹은 캠페인을 계획할 때 전략에 대한 비밀 유지를 요구하려면, 예외를 정당화해야 한다는 것을 알아차렸다.[36) 비폭력적인 용사들은 적들이 행하는 것보다 적들의 인간적인 존엄성에 대한 헌신의 수준을 더 높게 잡아야만 한다.

정당한 전쟁 기준의 명부roster에서 나온 견본 꾸러미 배후에서, 나는 사회적 전략으로서의 비폭력적 행동은 다양한 요소로 나누어지는 분석에 실용적이고 원칙에 근거한 사고가 뒤섞인, 도덕적 담론의 혼재 체계라는 것을 설명해왔다. 이런 면에서 또한 비폭력적 행동은 정당한 전쟁론과 같다. 비폭력적 행동 이론은 실용적이고 원칙에 근거한 사고의 혼합이기 때문이다. 비폭력적 사고 안에 들어있는 어떤 사고는 상황

---

33) 어떤 로마 가톨릭 교회 법률가는 진지한 자세로 거짓말하지 않고 전쟁을 하는 것은 성공적으로 가능하다고 논쟁한다. Joseph Macksey, SJ, "War", in *The Catholic Encyclopedia* vol. ⅩⅤ (New York: 1911), 550. 누군가에게 거짓말을 하는 것은 사람을 죽이는 것보다 더 나쁘다는 논쟁은 조지 오웰(George Orwell)과 나의 노틀담 대학 동료인 로버트 로드(Robert Rodes)에 의하여 다소 심각하게 계속해서 옹호되었다.
34) 간디의 자서전은 *The Story of My Experiments with Truth*이라는 제목을 달고 있다. 바츨라프 하벨(Havel)은 정치적 정당성의 요점으로 진리를 말하는 것을 똑같이 강조한다.
35) 영성의 통일성과 윤리학을 나타내고자 초기의 프렌드교도가 사용했던 하나의 문구는 "테러와 빛의 힘"이었다. 즉, 죄인들을 회심(conversion)으로 인도하는 동일한 신적 힘은 이웃을 억압하거나 죽이는 것을 피한다. 만약 하나님이 진리의 순수한 힘으로 나를 의에 순복하도록 한다면, 나는 나의 이웃과 나 사이에서 작동하는 같은 힘을 설명해야만 한다. 휴 바버(Hugh Barbour)의 책 *Quakers in Puritan England* (New Haven: Yale University, 1964)에 있는 "The Terror and Power" 장 참조.
36) *Why We Can't Wait* (New York: Mentor, 1963). 버밍햄(Birmingham)에서 있었던 결선 투표의 결과를 미리 처리하지 않도록 하려고, 최초로 그 도시 내에 있는 시민 권리 캠페인을 위한 전술 계획의 세부사항들은 최초로 비밀을 유지했다. 킹은 간디주의자의 관점으로부터 이것은 설명될 필요가 있는, 의문스러운 결정이었다는 것을 인식했다.

에 대한 경험적인 독법과 행동의 가능성들에 의하여 분명하게 된다. 반면 다른 것들은 그렇지 못하다. 그러한 형식적인 특성은 상호작용할 수 있게 하는 두 개의 체계를 만들 것이다. 비폭력적 행동은 또한 종교적·도덕적 헌신을 헷갈리지 않게, 혼자 힘으로는 절대 이해시킬 수 없는 이유를 보여준다.

비록 원칙에 근거한 비폭력의 지지자들이 정치적으로 독창적이면서 효율적이 될 수 있지만, 그리고 실용적인 사고에 주의를 기울일 수 있지만, 비폭력의 지지자들은 비폭력의 효율성에 의하여 그들의 자세를 유효하게 하지 않는다. 게다가, 비폭력적 행동의 일부 지지자들은 폭력을 포기하는 것이 개인의 도덕적 절대라고 여긴다.

마찬가지로, 정당화된 폭력을 지지하는 사람들은 결의론적으로 추론하지만, 그들이 절대 행하지 않을 어떤 일들이 있다고 말한다. 그래서 정당화된 폭력을 지지하는 사람들은 원칙에 근거한 궁극적인 출발점을 지닌다. 그러나 실제적 실천에서, 그들의 원칙에 근거한 출발점이 계속해서 빗나갔다는 것을 인정해야만 했다. 나는 이 책의 7장에서 원칙에 빗나간 출발점에 대해 보여줄 것이다.

제 7 장

평화교회와 주류 기독교 사이의
변화하는 대화

나는 철저하게 논의되지 않을 것이라 여겨지는 일부 가정들을 검증하는 것으로 시작하려 한다.[37] 첫째, 우리의 문화에서 평화운동은 평화교회보다 그 범위가 더 넓다. 그 중 일부는 학문적이고, 일부는 실천적이다. 평화교회 사람들이 평화운동 중 일부를 이끈다. 그리고 나머지는 분명하게 세속적이다. 거시사회적인 용어로 볼 때 평화운동의 대부분은 상당히 중요하다. 그러나 평화운동은 너무나 광범위해서 내가 모든 평화운동을 문서로 기록하기는 어렵다. 범위가 넓은 평화운동이 청원하는 대화자는 국가, 세계, 유력한 사회이다. 그러므로 평화운동이 호소해야만 하는 가치들은 너무 다양하고, 장황하고, 오래 지속되지 못하기에 평화운동과 교회 세계와의 대화에 관한 어떠한 설명은 신학보다는 저널리즘에 더 가까울 것이다.

둘째, 스워스모어 대학Swarthmore College에서의 회합을 보면, 내가 태

---

37) 이 장은 평화에 관심을 아주 잘 기울이는 역사적 퀘이커(프렌드교도의 공동체) 대학인 스워스모어 대학에 객원교수로 방문했던 1995년 9월 29일에 한 강의였다.

도와 행동 둘 다, 프렌드교도, 브레드런 그리고 메노나이트가 전쟁을 거부하고, 대안들을 조화시키도록 옹호하는 입장을 함께 취하고 행동하는 것을 나타내는 공통성을 명명하고자 속기용 용어인 **평화교회**를 사용하는 것은 적합하다. 이 세 집단은 중요한 방법 면에서 서로 다르다. 바로 1930년대 이후로, 제2차 세계대전을 치르기 위해 국제적 동원을 위한 위협이 일어나는 것에 직면하여서, 세 집단의 지도자들은 징병제와 해외 봉사 행위들에 관해 정부에 자신들의 의견을 조율하려고 정기적으로 만났다. 바로 1950년대 이래로 유럽에 있는 세 집단의 대표자들은 세계교회협의회WCC에 모인 교회들에게, 전쟁에 반대하는 공동의 증언을 알리는 데 함께 일하기 시작했다.[38] 바로 1968년 이래로 북아메리카에 있었던 세 집단의 연차 총회 주선자들은, 세계교회협의회의 총회 기간 동안, 세 집단 지도자들의 실제적 참여를 잘 조화시켰다. 바로 1980년대 초반 이래로 그들은 "평화만들기에 대한 새로운 부르심"New Call to Peacemaking이라는 이름 아래 일련의 상당히 주목을 끄는 학술 행사와 집회들을 해나가면서, 반전 증언보다 더 광범위한 공동 의제에 관해 공동의 인식과 수행을 장려하고자 총회를 주선했던 지도층과는 별도로 모이기 시작했다. 그래서 **역사적 평화교회**와 같은 것이 나타났다. 그러나 대다수 프렌드교도, 브레드런 그리고 메노나이트에게, 역사적 평화교회는 매우 중요한 정체성의 표지를 의미하지 않는다. 많은 프렌드교도는 메노나이트교도들이나 브레드런들보다는 교회와 관계없이 평화운동을 하는 사람들 사이에 있는 것을 더 편안하게 느낀다. 일부 브레드런들은 심의 기관의 주류 개신교도들 사이에 있는 것을 더 편안하게 느낀다. 많은 메노나이트교도와 몇몇 브레드런들은 복음주의자들 사이에 있는 것이 더 편안하게 여긴다. 그럼에도, 내가 이야

---

38) Douglas Gwyn et al., *A Declaration on Peace*, Appendix C, 93-105에서 나는 이처럼 서로 공유한 증언의 제도적 모습과 공동의 내용 둘 다에 관한 평론을 모았다.

기해야 할 적은 분량의 내용이 남아있다.[39]

소수의 평화주의자 공동체 안에 있는 그리스도인들은 절대 다수의 비평화주의자의 자백을 무시하는 호사를 부리지 않았다. 다수의 비평화주의자는 대부분 우리 역사 속에서 사회, 정부, 학교를 지배해 왔다. 그런 비평화주의자들의 지배는 재고할 필요가 없는 것을 당연하게 여기면서, 정부가 전쟁에 관해 우리에게 요구할 때는 언제든지, 전쟁은 그리스도인의 의무라는 가정을 틀에 박힌 채 포함시켜 왔다. 기독교 평화주의 사상가, 즉 행동하는 시민이 극단적 상황 속에서 병역이라는 시민으로서의 책무에 참여하는 것을 위한 주류 논증을 설명할 필요가 없었다면, 자신의 평화주의자로서의 책무를 지지할 수 없었을 것이다. 다른 한편, 비평화주의자들은 평화주의자의 증언에 대해 어떠한 관심을 수반할 필요가 없다. 라인홀드 니버나 폴 램지와 같이 진지하게 역사적 평화주의자의 증언을 행하는 주요 윤리학자들은 예외이었고, 심지어 그들은 철저하게 연구하지 않았다. 그리고 만약 평화주의자 단체와 다른 단체 사이에서 이루어지는 대화상 관계의 모습 안에 어떤 중요한 변화가 있어야 한다면, 그 변화는 아주 쉽게, 예를 들어 비평화주의 그리스도인들이 우리를 바라보는 방법에 일어나는 변화로서, 평화주의자 단체와는 다른 편에서 이야기될 것이다. 나는 이 작업을 단순화하고 도식화함으로 매우 잘 할 수 있다.

전쟁의 도덕적 이슈는 신학적이라는 것을 인식하기

여러 세대에 걸쳐서, 조직화된 에큐메니컬 운동은 교회를 다른 것들

---

39) 이들 세 집단은 기독교 평화주의자 확신에 관한 보다 폭넓은 이야기의 핵심일 뿐이다. 그들의 공통된 미국의 경험은 그들을 시각적이고 협력할 수 있게 만든다. 그러나 많은 다른 갱신 운동 또한 평화주의자이다.: 프란체스코회, 왈도파, 체코 형제회, 그리스도의 교회, 일부 웨슬리언들, 오순절주의자들 그리고 구세군.

과 분리시키는 교리와 구조일반적으로 신앙과 직제로 법전 안에서 언급되어짐의 중요한 내용들을 구분하는 사명에 관한 이해를 가지고 움직여왔다. 그리고 다른 차이들은 일치에 대한 도전으로 대면할 필요가 없다는 이해를 가지고 움직여왔다. 이렇게 지나치게 단순화하는 것은 역사적 평화교회 중 일부가 심의 기관의 대리인 측에 참여하지 않았다는 사실에 의하여 촉진되었다. 그리고 그 낌새를 알아채고 동참한 사람들이 거의 없었다면, 수긍할 정도로 많은 표를 획득한 소수자의 대표들이 반대 의견을 중시하는 것은 좋은 방법이 될 수 없었을 것이다.

주요한 에큐메니컬 총회1937년 옥스퍼드, 1948년 암스테르담, 1954년 에반스톤, 1961년 뉴델리, 1968년 웁살라는 전쟁이 도덕적 문제를 제기했다는 사실을 더 이상 피할 수 없을 정도로 알게 되었을 때, 에큐메니컬 진술들이 다다른 결론은 판에 박힌 결론이 아니었다. 에큐메니컬 진영이 제안했던 것은 여러 가지의 입장에 대한 애매한 서술, 의견을 달리하도록 제안된 협정, 그리고 더 연구되어야 하는 효력에 대한 진술이다.[40] 그러나 더 진행된 연구가 없었다.

오직 최근에 와서 그리고 오직 북아메리카 지역에서만 심의 기관의 대리인들은 위에서 서술되었던 회피 논증이 계속 되지 않을 것이라고 인식하고 있다. 전쟁의 문제는 사실상 교회를 분할하고 항상 그렇게 해왔다. 이것은 한 가지 방법 이상에서 사실이다.

(1) 몇몇의 신앙고백 관련 문서, 즉 주목할 만한 성공회, 루터교, 장로교

---

40) 주제에 관해 대화하는 노력이 거의 없는 예는 그해 여름에 웁살라 회의를 기획한 후에 보세이Bossey에 있는 세계교회협의회의 연구센터에서 모였던 "평화에 대한 기독교의 증언에 관한 협의"이다. *On Earth Peace*, ed. Donald Durnbaugh (Elgin, IL: Brethren Press, 1978), 306 이하를 보라. 전체 던바우 출판물(entire Durnbaugh volume)은 아주 미미한 반응에도, 그들의 증언에 의하여 고수하는 가운데에 역사적 평화교회가 영속할 것임을 나타낸다.

관련 문서들은 정당한 전쟁의 교리를 확증한다. 그래서 확신을 심어 주는 평화주의는 원리상 이단적이다. 비록 현대 시대에서 그러한 신 앙고백들 범위 내의 평화주의자들이 이단으로 징계되지는 않았을 지라도, 이러한 교리 속에는 변화가 없었다.

(2) 이미 앞서 역사적 평화교회로 언급된 세 개의 주요 집단은 전쟁 참 여를 거부하는 것에 관해 입헌적으로 그리고 역사적으로 위임받았 다. 비록 현대 시대에 세 그룹들이 언제나 일상적으로 징병을 받아 들인 회원들을 징계하지는 않았지만 말이다.

(3) 전쟁이 발발하고 동일한 공동체의 회원들스스로 자신들이 정부에 의하여 적 으로 규정되어졌다는 것을 발견한 회원들이 자신들이 존중하는 지도자의 명령 에 따라 서로 살해하는 것을 받아들이는 경우에는 언제든지, 그들이 자신들의 신앙에 의해 연합된다고 말하는 것은 우스운 것이다.[41]

에큐메니컬 대화 과정 중 가장 신중하고 치밀한 분과인 '신앙과 직 제 분과' The Faith and Order branch는 지금껏 이 사실을 인식해오고 있다. 현재 연구 과정이 진행 중인데, 여러 다양한 크기와 형태의 회합으로 이루어져있다. 그리고 한 기록물은 윤리적 다양성뿐 아니라 교회론의 문제예를 들어, 교회 연합의 의미에 관한 문제를 제기하는 것로 전쟁 이슈를 설명한 다.[42] 그러나 이러한 과정은 규모 면에서 매우 소규모여서 거의 알아차 리지 못했다.

---

41) "…양쪽에 자리를 잡은 교회들이 국가의 노력을 눈감아주거나 지지하는 모든 전쟁은 교 회라는 범위 안에서는 악한 전쟁이 된다. 그리스도인이 그리스도인을 죽이는 임무를 지 닌 이러한 국가는 우리의 연합을 분열시켜온 한탄할 만한 신앙고백의 차이들보다 에큐 메니컬적 교제에서 더 커다란 불화가 아닌가? 사실, 우리 그리스도인들은 우리가 전쟁 터에서 서로를 죽음의 상황에 내버려 두는 한, 예배 안에서 우리의 연합을 회복하실 것 을 기대할 수 있는가…?" Peace Is the Will of God (1954), A Declaration on Peace (1991), 70에 재수록됨.

42) The Church's Peace Witness, ed. Marlin E. Miller and Barbara Nelson Gingerich (Grand Rapids: Eerdmans, 1994).

고전적인 정당한 전쟁 전통이 효율적 제한을 조장할 수 있는지 묻기

만약 당신이 일반적인 윤리학 안내서를 참고로 한다면, 전쟁의 도덕성에 관하여 기독교 역사 안에서 취해온 지배적인 신학적 입장은 정당한 전쟁의 전통이다. 정당한 전쟁론은 일련의 기준이 도덕적으로 정당화될 수 있거나 될 수 없는 행위들을 구분하고자, 어느 정도 객관성의 수준을 지닌 특별한 갈등의 사실들에 적용될 수 있다고 주장한다.

실제로 정당한 전쟁 전통이 그렇게 진지한 의미로, 대부분 그리스도인의 도덕적 선택을 인도해온 것은 아니다.[43] 그럼에도, 자신들이 도덕적 관점을 견지한다고 말하는 사람들은 정당한 전쟁이 지니는 함축적 의미에 솔직하도록 도전받는 것은 중요하다. 효과적 질문은, 전쟁이 원인, 권위, 의도, 마지막 수단, 차별, 균형, 그리고 정당하고 필요한 수단들에 관한 정당한 전쟁 요구사항들과 만나지 **않을** 때, 누가 그런 전쟁에 참여하는 것을 거부할 것인가 하는 것이다. 1960년대 이래로 **선택적 양심적 병역거부**와 같은 가능성에 대해 말하게 되었다. 전쟁을 무능하게 하는 특별한 월권행위가 핵의 무효화에 관한 위협일 때, 어떤 사람은 그것을 **핵의 평화주의**라고 부른다. 공동체의 도덕적 요구를 믿을만하게 만들 필요가 있는 것은, 일괄적으로 **어떠한** 위반에 대한 사람들의 적용이다. 이와 같은 부정적 실행이 논리적으로 요구된다는 생각은 마틴 루터와 프란치스코 수아레즈Francisco Suarez만큼이나 오래 전으로 거슬러 올라간다. 이제 조금씩 변하는 것은, 정당한 전쟁 기준 중 일부아주 일부만와 관련하여, 도덕적 질문에 대해 반응한다.

젊은이들이 베트남에 가기를 거절했을 때, 실제로 그것은 모두에게

---

43) 성실하고 피상적인 해석자들은 오직 정당한 전쟁과 평화주의만이 진지한 선택이라고 믿을지 모른다. "How Many are There to Think Morally About War?"에서 나는 다른 도덕적으로 진지한 입장들이 있다는 것을 설명했다. 역사적으로 정당한 전쟁 규율은 좀처럼 성직자에 의해 가르쳐지거나 정치가들에 의해 보완되지 않았다. 또한, 다음 책을 보라. Yoder, *When War Is Unjust*, rev. ed.

외로운 개인적 결정이었다. 시간이 지나면서 루터교회와 가톨릭교회 고위층 사람들은 원칙상 젊은이들을 지지했다. 이것은 의문을 지닌 젊은이들이 일부 전쟁이 정당하지 못하다는 생각에 정직해지려고 노력했음을 보여줬다. 또한, 교회 지도자 중 일부는 그러한 젊은이들을 지지하던 당시에, 지도자들이 존중했던 것은 개인적인 양심이지 정당한 전쟁 기준의 객관성이 아니었음을 보여준다.

개신교의 몇몇 목소리들은 히로시마와 나가사키에 핵 공격이 가해진 직후에 바로 불거져 나왔지만, 국가와 동맹국들은 서둘러서 국제연합을 조직하고, 전쟁 이후 평화 구조를 보증하려고 움직였다. 오직 1950년대 후반에 가서야 정당한 전쟁 기준에서 볼 때, 히로시마의 폭격은 잘못된 것이고, 도시를 향해 미래에 핵무기를 사용해서는 안 될 것이라는 주된 목소리들이 다시금 나왔다. 이것은 거의 동시에 독일 개신교 단체, 세계교회협의회가 개입한 에큐메니컬 단체, 로마 가톨릭교회의 도덕 신학자의 수장격인 존 커트니 머레이, 그리고 개신교 윤리학자의 수장격인 폴 램지가 말했다. 그들 모두에게 반대를 위한 기초로 삼았던 효율적 기준은 비전투원의 면제라고 하는 고전적인 것이었다. 25년 후에 그런 통찰력은 엘리트 학자에서 교회지도자로 옮겨갔다. 1980년부터 1983년까지 미국 로마 가톨릭 주교들은 폭넓은 의제를 지닌 야심적인 연구 과제를 수행했다. 거기엔 어떠한 핵무기의 실제 사용에 관한 공식적 비난과 억제에 관한 다소 누그러진 비난이 포함된다. 세계교회협의회는 1983년에 열렸던 밴쿠버 총회와 유사한 입장을 취했다. 미국 연합감리교회의 감독들과 장로교회의 총회는 그 입장을 곧 따랐다.

1983년 로마 가톨릭 교회의 성명서 「평화의 도전」은 그러한 의문을 위한 시험대로 우리에게 도움을 줄 것이다. 정당한 전쟁 전통은 사람들이 정당하지 못한 전쟁에 참여하는 것을 거부하도록 움직일 수 있을까?

1983년 성명서가 있던 초기, 미국 로마 가톨릭 주교들의 편지는 전쟁에 대한 사상의 역사히브리 근원까지 거슬러 올라가는를 재검토했다. 그들은 표준 평가에 네 가지의 변화를 만들어냈다.

(1) 가톨릭의 사상이 4세기 이래로 지배적이었다는 설명과는 대조적으로, 「평화의 도전」은 평화주의가 신약성서와 초기 기독교의 입장에 가깝고, 여전히 그리스도인 개개인이 취할 수 있는 입장이라고 단언한다.

(2) 평화주의에 대해 극단적이고 분리된 대안으로 정당한 전쟁을 고려하는 대신에, 「평화의 도전」은 정당한 전쟁론과 평화주의를 상보적으로 해석한다. 기본적 가치의 수준에서 놓고 볼 때, 둘 다 해악을 미치는 전쟁, 가능하다면 피할 수 있는 전쟁을 고려한다. 정치적 실행의 수준에서 놓고 볼 때, 둘 다 정당한 전쟁 기준과 맞닥뜨리지 않는 정책들을 거부한다.

(3) 비록 모호하고 비판적이지는 않지만, 마틴 루터 킹의 방식에서 비폭력적 행동은 마지막 수단의 상태를 고려해야 하는 상황을 변화시킨다는 것을 인식한다.

(4) 미국인으로 받아들여질 것을 염려하여, 애국심에 관한 보통 이상의 수준—이것이 주로 미국 로마 가톨릭교회의 특색이다—을 나타내는 최근 이주자들 자손의 정신 상태와는 대조적으로, 주교들은 처음으로 정당한 전쟁의 논리적 결론에 대해 판단을 내리면서 정당한 전쟁의 논리를 따랐다. 다시 말해, 어떤 종류의 무기들과 어떤 종류의 무기 사용심지어 어떤 종류의 위협적 사용은, 비록 지난 수십 년 동안 뚜렷한

정부 정책에서 소중하게 여겨졌지만 도덕적으로 받아들여지지 않았다. 레이건 정부는 무기 사용이 위협적이라는 것을 인식했고 무기 사용을 멈추게 하려고 로마 교황청까지 가서 배후에서 조종하려고 했다.

여기서 식별되는 변화 중에 평화주의자 그리스도인들의 에큐메니컬 증언에 대한 반응으로 여겨질 수 있는 것은 하나도 없다. 매우 극소수의 주교들만이 역사적 평화교회에 관한 개인적 인식이 있었다. 내가 역사의 기록에서 말할 수 있는 범위를 놓고 볼 때, 주교들이 취했던 방향으로 그들을 움직였던 가장 효율적인 압박은 퀘이커교도나 메노나이트교도들 또는 심지어 성 프란체스코의 말에 귀 기울이지 않고, 오히려 다음 사항들을 따르는 것이었다.

(1) 제조하는 무기들이 도덕적으로 사용될 수 있는지 의문을 가졌던, 무기 제조 공장에서 일하는 가톨릭 민초들의 도덕적 감수성.

(2) 미국 로마 가톨릭교회 단체의, 수적으로는 적지만 도덕적으로는 무게감을 지니는 헌신적 평화주의자의 단체로, 주로 도로시 데이와 그녀가 이끄는 가톨릭 노동자 운동을 찬양하는 사람들. 도로시 데이는 「평화의 도전」에서 언급된 유일하게 생존해 있는 평신도였다. 그녀는 스펠만 추기경의 안장 아래 튀어나온 거친 돌출부위였다. 그러나 그녀의 성스러운 이미지, 그녀의 보수적 경건심, 그리고 그녀의 조직망은 스펠만 추기경이 그녀를 가만히 있도록 만드는 것을 도덕적으로 불가능하게 했다.

(3) 추상적 지식의 수준에 관한 사상의 출현. 다시 말해서, 이미 위에서 말한, 평화주의와 정당한 전쟁 전통은 극단적 대안들이 아니라 상보

적인 것이라는 개념. 이것은 처음에는 몇몇 아이비리그 개신교인들에 의해서 공식화되었다. 그중 두드러진 인물로는 장로교인 랄프 포터와 비평화주의자 퀘이커교도 제임스 칠드레스가 있다. 그리고 「평화의 도전」의 주요 입안자인 브라이언 헤이르를 포함하여 폭넓게 다른 사람들에 의해 이어졌다. 이 사상은 가톨릭 도덕 신학자들의 주된 흐름을 고착화하려는 것이 절대 아니다. 그러나 그것은 1980년대 초반에 주교들이 직면했던 목회적 도전 앞에 전술상 상당한 도움이 되었다.

이렇게 설명하는 것은 동시에 「평화의 도전」이 확실히 진행되는 과정 중이지만, 전쟁에 대한 사상에서 전체적 변형을 나타내지 못한다는 것은 분명하다. 수많은 방법 가운데 1983년 편지는 완전하게 설명할 수 있는 진지함을 지닌 정당한 전쟁 기준을 채택하는 데 미치지 못한다.

(1) 편지에 들어있는 기독교 역사에 관한 설명은 가톨릭 사목 지도부의 역사 안에 있었던 십자군 전쟁, 제국주의 그리고 마키아벨리주의 또는 "현실적인" 전쟁의 입장을 언급하는 것을 피한다. 정당한 전쟁 논리를 진지하게 취급하는 것은 실제로 일어났던 것에 관하여 판결과 회개의 용어를 조금은 요구하는 것이 될 것이다.

(2) 1980년대의 도덕적 이슈에 관한 전체적 토론은 고전적인 정당한 전쟁 가르침과 사상에 관한 많은 기준 중 오직 하나만을 진지하게 취급하는 것에 집중한다. 다른 기준 중 약간은 언급된다. 마치 모든 점에서 명확한 것처럼. 그러나 하나의 미국 정책이 모든 기준을 만족시킨다. 즉, 다른 것들은 전혀 언급되지 않는다. 적어도 그러한 다른

기준 중 일부는 미국 정책에 관하여 추가적 판결을 요구할 것이다.

(3) 비록 **선택적 반대**의 가능성은 원칙상 승인되지만, 베트남 전쟁 이후 그래왔듯이, 문서는 특정한 시민들과 군대를 설명할 수 있는 방법으로, 반대 입장을 취하도록 이끌지도 모르는 지침을 제공하지 못하게 한다. 이것은 일반적으로 성 윤리의 문제에 관해서 가톨릭 성직자들이 취하는 주요 입장과 확실히 다르다.

(4) 정당한 전쟁론은 걸프전의 예산을 삭감할 만큼 진지하게 취급되지 않았다. 단지 1991년 걸프전 종전 몇 주 후에, 「로마 예수회 저널」 *Civiltà Cattolica*에 나온 비공식적 사설에서 정당한 전쟁 전통은 이라크에 반대하는 적대감들을 억제하게 하는 데 그다지 잘 작동되지 않았던 점을 말했다. 그런 가운데에서 저널 기자는, 비록 정당한 전쟁 전통은 도덕 신학의 저술들을 오랫동안 주도해왔지만, 그것은 공의회나 교황 같은 사람이 절대 규범적인 교리로 공포하지 않았다는 주장을 내세웠다. 교황은 거부했을 것이라는 입장을 절대 취하지 않았음을, 로마 가톨릭 저널이 널리 생각하도록 한 이후, 그 사설은 요한 바오로 2세가 전통의 충분함에 관하여 의심을 가진다는 표시로 널리 읽혔다. 확실히, 걸프전의 경험은 정당한 전쟁 전통을 강화시켰을 것이다. 그러나 이것은 요한 바오로 2세가 다른 것들로 정당한 전쟁 전통을 대체할 준비가 되었다는 것을 의미하지는 않는다. 보스니아 사태와 관련하여 그는 군대를 "평화만들기"peacemaking에 사용하는 것에 관해 승인할 준비가 되었음을 확증했다. 기자가 정당한 전쟁 기준예를 들어, 전쟁의 개시를 연기할 것인지 아니면 전쟁의 강도를 줄일 것인지 하는 점 점 더 어려운 질문들을 던지는 것에 관해 더 철저하게 사용하는 것을 선호하는지를 그 사설에서는 명확하게 볼 수 없다. 아니면 그는 국제연합이 보스니아에 가는 것을 전혀 원하지 않는 것인가?

정당한 전쟁론에 대해 변형된 접근조차 제한하는 것을 인식하기

「평화의 도전」 선언에 참여한 사람들은 전례 없이, 정부에 의해서 그리고 충실한 대중에 의한 교회 관료제의 거부에 의해서 충분히 반발이 생길 수 있는 입장들을 취했다.44) 성명서교회 사람들에게 익숙하지도 않고, 위험성이 있는를 만든 교인들은 이러한 문제들에 관해 이전 사람들이 생각했던 관점을 평가할 때, 용감하고 창조적이었다. 성명서가 사람들에게 평가받았던 첫 번째 척도였다. 그러나 이제 우리는 다른 수준의 척도로 돌아서야 한다. 사실 개척자적 진술은 새롭고 적당한 입장을 개략적으로 묘사하는 데 성과를 나타내는가? 사람들은 자신들이 열어놓은 문에 들어가는가? 자신들이 제기한 질문에 답하는가? 사람들이 이미 했던 진전들은 여러 질문을 열어놓고 있다.

(1) 「평화의 도전」이 진지하게 수행했던 유일한 정당한 전쟁 기준은 분별, 균형, 면제의 전쟁과 관련된 삼각 편대이다. 전통적인 전쟁 수행에 관한 규범조약과 관습에 대한 존중, 불신의 배제, 약탈, 강간, 보복, 죄수 살인에서 나온 더 중요한 다른 고전적 기준은 쉽게 무시된다. 이러한 누락 중 일부는 평화의 시기에는 정당화될지 모른다. 사람들은 자신들이 적용하는 것이 사실 이전에 거의 모두 논의될 수 없었다는 것을 주장할 수 있기에 그렇다. 그러나 조약 본문 중 일부는 무기 배치 선택에 관해 무언가 말할 것이 있을 것이다. 한국과 베트남에서의 경험은 우리에게 조약의 본문의 일부에 대해서 경고할 것이다. 아마도 더욱더 의미 있는 것은 전쟁 전의 기준이 「평화의 도전」에 올라 있는 반면에, 주교들은 미국의 정책이 기준 중 어느 것에도 미치지 못할 것이라는 가능성에 전혀

---

44) 편집자 주: 우리는 1980년 1월에 오하이오주 데이톤(Dayron)시의 연합신학교(United Theological Seminary)에서 한 요더의 헥크 강연(Heck Lectures)에서 section Ⅲ을 가져왔다.

주목하지 않았다는 사실이다.45) 오직 수단에 대해서만 질문을 던지면서, 주교들은 목적에 있어서 미국의 국제적 정의에 유리하게 해석한다.

이런 점에서 볼 때, 「평화의 도전」이 대표한다는 사실이 염려된다. 주교들은 목양적 관심에 내몰려 도덕적으로 비판적 입장을 취하게 된다. 그들은 정당한 전쟁 전통의 완전함에 대해, 모든 상황을 적용하도록 철저하거나 엄격하게 관심을 기울이도록 이끌려진 것이 아니다. 그들은 모든 지역이 도덕적으로 동일한 가족의 일부였던 크리스텐둠의 원래 중세적 비전에 관한 갱신에 의해, 원칙적으로 지역적인 미국주의를 넘어서도록 이끌려진 것이 아니다.

오래전에 로버트 터커Robert Tucker는 정당한 이유예를 들어, 국가적 목표와 관련된 정의 같은가 다른 기준들보다 우위를 선점하는 경향이 있다는 생각을 미국의 특별한 경향으로 확인했다.46) 미국은 전쟁에 늦게 참전했다. 그러나 일단 전쟁이 옳다고 결정하면 정당하게 싸워야 하는 기준에 비해 전쟁을 멈춰야 할 경우에 대해서는 거의 배려하지 않는 경향이 있다.

아마도 미국이 수단에 관해서 주의를 기울이기 원하는 시기를 알아채려고, 주교들은 미국의 동기는 항상 정당하다고 가정할 준비가 된 것 같다. 두 번의 세계대전과 한국전쟁의 경험은 정당한 준비됨으로 우리 자신들에게 이해될 수 있는 의심의 이익을 가져다주도록 만든다. 그러나 쿠바와 필리핀의 경험, 여러 중남미 국가들의 실험, 그리고 베트남에서의 경험은 미국의 동기를 더욱 어렵게 만들었음에 틀림없다.

---

45) 가톨릭 주교의 국제 컨퍼런스, 「평화의 도전」*The Challenge of Peace*, 28-31.
46) Robert W. Tucker, *The Just War: A Study in Contemporary American Doctrine* (Baltimore: Johns Hopkins University Press, 1960), 11, 21, 25, 61-66, 74-79, 86; Robert W. Tucker and David C. Hendrickson, *The Imperial Temptation, the New World Order, and America's Purpose* (New York: Council on Foreign Relations, 1990), 133-34.

(2) 주교들의 설명을 보면, 기독교의 도덕 사상과 수행의 역사에 관한 축소된 중요 부분이 있다. 「평화의 도전」이 전쟁에 관한 질문에 답할 수 있는 두 개의 그리스도인의 답변_{정당한 전쟁론과 평화주의}이 있어왔다는 것을 기록했을 때, 신학자들에 의한 진지한 도덕적 가르침이 관계되는 한, 이 답변은 옳다.47) 그러나 지난 1500년 동안 로마 가톨릭교회가 행한 사목적인 실행과 관련된 실제 제도상의 역사 속에서 보면, 이러한 기록은 정말로 잘못된 것이다. 대부분 주교들이 수 세기에 걸쳐 축복해왔던 전쟁들–침례를 받은 사람들이 참회에 대한 요구 없이 사람들을 죽이고 영웅으로 호칭되는 가운데 죽어갔던–은 교회 지도자들이나 주교들에 의해 행해진 진지한 도덕적 비판의 주제들이 아니었다. 이러한 전쟁들은 정당한 전쟁 기준들과 조우되지 않았지만 그럼에도, 계속 지지받았다.

최근 수 세기에 걸쳐 정당한 전쟁론은 불화 가운데서 존중되어왔음을 언급하는 가운데, 존 커트니 머레이_{John Courtney Murray}가 십계명은 이제 존중되지 않지만 그래도 여전히 타당하다는 것을 우리에게 상기시켰을 때 그는 정말로 옳았다. 그러나 여기서 내가 가진 에큐메니컬과 관련된 질문은 정당한 전쟁론이 개념 체계로서 완전무결한가 하는 점이 아니다. 이상적인 도덕적 훈련에 양심상 순응하는 역사에 대한 고위 성직자 계층의 요구가 완전무결한가 하는 점이다. 그들과 관련있는 역사가들의 증언에 의하면, 이러한 "순응"은 기록으로 남겨지지 않는다. 회개에 대한 부름_{call}은 항상 옳게 여겨진 요구보다 더 설득력이 있었을 것이다.

(3) 만약 전면적인 핵전쟁이 용납될 수 없다는 것이 분명하다면, 어느 정도의 선까지 용납될 수 없는 것인가? "전면적인" 것의 절반만이라

---

47) *The Challenge of Peace*, 35–37.

하더라도 여전히 너무 많은 것 아닌가? 10분의 1일은 어떤가? 먼저 비율의 정점까지 이동해 나가는 것, 즉 오직 다른 반대편에서 도덕적 훈련을 위한 상황을 조성하는 것에 의해서, 과거 40년 동안 있어왔던 대부분 논쟁은 적정선보다 더 밑으로 떨어진 조심스러운 평균적인 정도를 넘어서 있었다. 「평화의 도전」은 핵의 방화선nuclear firebreak을 넘어선 **어떠한** 단계는 필연적 결과로 통제할 수 없는 단계적 확산을 가져올지도 모른다고 예측되어 나온 질문을 무시한다. 그래서 분명히 전면적 극단은 평가될 필요가 있다.48) 「평화의 도전」은 평균적인 이성적 사고가 지금 작동하는 것을 의미하지 않는다. 그래서 비율의 정점에서 명확하게 결단을 내리는 자세는 비율의 최저점현재 무장하기, 위협하기, 그리고 계획하기가 완료된 지점에서 정확하게 될 필요 없이 유지된다.

(4) 당신은 도덕적으로 볼 때, 당신이 도덕적으로 하지 못하는 것을 행하도록 **위협할** 수 있는가? 의도하고 보충하는 것이 일치되어야 한다는 상식적 근거를 고려해 볼 때, 가톨릭 주교들 사이에서 있었던 초기의 토론은 이에 대한 대답으로 "아니다"라고 가정했다. 그러나 세 번째 성명서의 기안은, 반대자들에 의해서 결정됐다는 점에서, 대규모의 살인을 하는 확실한 의도와, 명시되긴 했으나 실행될 것으로 확신되지 않는 위협어떤 사람들은 부정확하게 엄포라고 부르는 사이에 어중간하게 놓여있는 의문을 남겨두었다.49)

(5) 명료성의 가치는 얼마나 될 것인가? 「평화의 도전」은, 부정적인 면에서 정당한 전쟁론이라는 결론이 나와야만 하는 일관성 있는 도덕적인 밀접한 관련성은 조목조목 설명하지 않은 채, 사람들의 모든 범주

---

48) 같은 책.

49) Richard B. Miller, "The Morality of Nuclear Deterrence: Obstacles on the Road to Coherence," in *Ethics in the Nuclear Age*, 35–58; Yoder, "Bluff or Revenge: The Watershed in Democratic Deterrence Awareness" in *Ethics in the Nuclear Age*, 79–92.

로서 시민, 정치가, 직업 군인, 젊은이 등과 같은 의무를 정면으로 대하도록 몰아댄다. 만약 정당한 전쟁론의 제약 안에서 성공적으로 전쟁을 수행할 수 없다면, 정치 지도자들의 도덕적 의무는 평화를 구애하는 것이다. 만약 누군가의 국가가 도덕적으로 받아들일 수 없는 정책을 추구한다면, 전통에 따라서, 시민들의 도덕적 의무는 반대하고 군인들이 복무 거부하는 것이 도덕적 의무이다. 이러한 종류의 구체적 목양 훈련은 전통이 요구하는 것이다. 그러나 그것은 「평화의 도전」에서 제공하는 것이 아니다.

「평화의 도전」은 모든 범주의 사람젊은이, 성직자, 정치인들, 군수산업체 노동자들, 직업 군인들에게 신중해야 하지만, 절대 의무가 선택적 불순종 때문에 우연히 일어날 수 있는 일이라고 말해서는 안 된다는 것을 말해준다.50) 그런 점에서 볼 때, 주교들은 베트남 전쟁 이후 수년 동안 선택적으로 전쟁을 반대해왔던 것을 인식하는 진지함이 부족하다. 또 그런 진지함은 감리교 문서인 「창조의 변론」에도 들어있지 않다. 더구나 가톨릭 문서 이상으로 감리교 문서는 단정적 국가 정책 사안들을 구체적 개인 결정의 사안들과 독립적으로 논의한다.

⑹ 무엇이 도덕적 명료함의 필요조건인가? 만약 그리스도인들이 행해야 할 올바른 일이 그들의 정부에 반대되는 문제와 관련하여 효율적인 도덕적 결정을 내려야 한다면, 그리스도인들은 도덕적 결정의 기초가 되는 신뢰할 만한 정보의 원천이 필요할 것이다. 우리는 결정적으로 신뢰할 수 있는 정보를 어디서 얻을까? 그리스도인이 도덕적 자신감과 인내심을 지닌 채, 그러한 반문화적이고 익숙하지 않은 결정을 내리려면, 그 결정은 독단적 영웅주의충동적이고, 개인주의적이고, 인상적인가 되어서는 안 되고 공유되어야 한다. 주교들은 공유된 도덕적 분별에 관한 구

---

50) *The Challenge of Peace*, 92-99.

조 중 어떤 것이 실제로 발생하거나 또는 그 구조를 만들어내는 신중한 결정을 위해 필요한가에 관해서 어떤 생각을 지니고 있는가?

(7) 조건적 양보는 훈련될 수 있는가? 「평화의 도전」에 의한 전쟁 억제의 수용51)은, 로마 교황의 성명에 따른 구절에 의하면, 전쟁을 제지하려는 모습은 "그 자체에서 끝이 아니라 단계적 군비 축소를 향한 행보이다"라는 요구에 기초한다. 그런 제한은 실제적인가 아니면 수사학적인가? 그리고 모스크바를 공격할 준비가 된 시기에 전쟁 억제와 같은 "행보"인지 아닌지를 어떻게 아는가? 그 성명서의 두 번째 밑그림은 전략무기제한협정에 관한 두 번째 공청회에 대해 필라델피아의 크롤 대주교Cardinal Krol가 했던 성명을 안간힘을 써서 인용했다. 그 구절은 시간과 기능상 제한적인 허가의 형태에서 신중한 견해를 진술한 것이다. 만약 **실제 무장해제에 대한 수단**으로서 억제하도록 사용한다는 약속을 지키지 못한다면, 그 형태는 철회되어야 할 것이기 때문이다. 그 진술은 정당성을 입증할 수 있는 가능성 또는 사실에 근거를 둔 채 자신을 위장했다. 그러나 그 진술의 세 번째 밑그림은 증명할 수 있는 신중함을 포기했다.

결국, 그 문서의 가장 진지한 입장을 읽어낼 수 있으려면, 미국 가톨릭 제1항: 도덕적으로 책임 있는 비평화주의를 추구하는 것은 상당히 큰 걸음을 내딛는 것이다. 그러나 그 조항이 진정으로 믿어질 수 있다면, 그것은 어느 정도의 행보를 내디딘 것이다. 정당한 전쟁 현실주의와 원칙에 근거한 평화주의 사이에 있는 관련된 공통성은 모든 행보와 함께 더 커져간다. 그래서 그 둘과, 대개 정당한 전쟁 사상으로 알려진 **현실정책** 사이의 거리는 더 커져간다. 그러나 우리는 미국 로마 가톨릭

---

51) 같은 책., 51-56.

연합에서 교사들과 목회자들의 부분에 관한 이러한 점진적 인식이 공동체 간의 공감 안에 어떠한 변환shift을 나타낼 것인지를 이미 보아왔다. 만약 그렇게 된다면, 이러한 변환은 전쟁의 위험이 가중된다는 것에 대해 점증하는 인식과 정당한 전쟁론의 복합성에 관해 계속해서 조율해온 것보다 더 강력한 기초를 필요로 할 것이다. 그것은 어쩌면 다른 관점을 발견하면서 기초를 필요로 할 것이다. 그 기초는 우리가 나중에 살펴볼 것이다.

효율성에 대한 요구에 도전하기

프렌드교의 초창기에 거룩한 장소로 명명된 도심과 대학 내에 있던 청중과 마찬가지로 다음 사항을 알아야만 한다. 수십 년 동안 프렌드교도들은 자신들의 원수를 사랑하는 사람들이 효율적으로 사회생활을 해나갈 수 있다고 생각했다. 이 공동체는 프렌드교도의 확신을 따라서 시민 사회를 관리하는 가운데, 역사학자들이 "거룩한 실험"이라 불렸던 것을 시작했다.52) 그러나 1760년대에 펜실베니아 프렌드교도 사이에 다른 사람을 공감하게 하는 또 다른 견해를 발견했고, 그것은 그 이후 우리의 대화를 지배해 왔는데, 전형적으로 우리 시대에 라인홀드 니버에 의하여 반세기 이전에 가장 많이 공식적으로 논의되어져 왔다. 이러한 견해는 두 종류의 도덕 체계 사이에 건널 수 없는 두 갈래의 길이 있다는 것을 염두에 둔다. 결과들의 도덕성이 있는데, 이것은 때때로 가치 있는 사회적 목적에 관한 봉사 속에 있는 효율성을 위해서 살인을 포함하는 부도덕한 행위를 행해야만 할 것이다. 다른 한편, 정결 또는

---

52) 절대 펜실베니아는 이 일에 혼자만 참여하지 않았다. 펜실베니아는 또한 저지(Jersey)와 델라웨어(Delaware)의 설립자였다. 다른 프렌드교도들은 남북전쟁 이전에 로드 아일랜드(Rhode Island)와 노스 캐롤라이나(North Carolina), 그리고 인디안 지역에서 내각을 지냈다.

절대의 입장이 있다. 이 도덕성의 결정에 따르면, 결과에 대해 계산을 안 해도 되는 확고한 **원리들**의 영향에 놓일 수 있고 그래야만 한다. 진정한 평화주의는 후자의 범주에 속한다. 시민 행정 또는 사회 복지에 대한 관심으로 화해할 수 있는 것으로 생각하는 것은 자신과 다른 사람을 기만하는 것이다.

몇몇 목소리들이 항상 논리나 영성에 평화주의의 근거를 둔 선험적이고 방법론적인 이분법의 타당성에 도전장을 던져왔다. 그러나 그들은 니버의 실용주의 비전의 힘에 직면하여서 거의 목소리를 내지 않았다. 그러나 이 이슈를 공식화하는 그 방법은 반대편에서 빌려온 용어 안에서 평화주의자의 증언에 관해 새로 명확하게 말하는 일이 일어나도록 했다. 논의를 위해서 논쟁의 결과주의자들의 법칙을 받아들이고, 그러한 법칙 아래에서 원수를 사랑하고 진리를 말하는 윤리는 효율적으로 타당성 있는 국가적 목적을 이룰 수 있다는 것을 요구할 수 있다. 이러한 논증은 두 논의의 흐름 안에서 특별히 나타났다. 하나의 흐름은 종교적 뿌리를 가진 것이고, 다른 하나는 종교적 뿌리를 가지지 않았다.

1930년대에 인도에서 온 한 젊은 이민자인 크리쉬나랄 쉬리드하라니Krishnalal Shridharani는 『폭력없는 전쟁』*War Without Violence*이라는 제목의 책을 출간했다. 그는 서양의 실용주의자들은 이해될 수 있다는 용어로 간디의 비전을 해석한 것으로 이 책을 계획했다. 쉬리드하라니는 타고르Tagore와 간디의 지도 아래 공부했는데, 이 두 사람은 1920년대에 학교를 다녔던 사람들이다. 쉬리드하라니는 폭력의 폐지–역사적으로 몇몇 인도 종교 전통에서 아힘사ahimsa, 힌두교나 불교의 불상생 혹은 비폭력주의–편집주라고 하고, 이제는 간디의 실천주의를 긍정적으로 **'무저항 불복종 운동'**으로 이름이 바뀌었다–를 종교적 세계관 중 외적 부분에 속하는 것으로 서술했다. 그러나 위에서 언급된 서양의 합의처럼, 종교적 뿌리는 계획된 사회적 효율성에 대해 분리적인 대안이었다. 비폭력 또는 **무저항 불복종 운동**은 각 계층의 관심사들이 상충되는 상황에서 갈등을 일으키는 방식이라 할 수 있다. 그것은 최근 주짓수jiu-jitsu와 비교된다. 주짓수는 적을 패배시키는 가운데, 적을 파멸하는 것을 피하는 갈등 방식이다.

최근 보스턴대학교 정치학자인 진 샤프는, 그의 이론이 절대 새롭다거나 혼자 이룬 것은 아니지만, "비폭력적 행동의 정치학"은 군사력과 비길 만한 방법들로 효율적일 수 있다는 우리 시대의 견해를 대표하는 가장 두드러진 해석자가 되어왔다. 사람들은 비폭력을 위해 훈련할 수 있다. 전략과 시나리오, 이론과 예산을 개발할 수 있다. 사람들은, 샤프 자신의 거대한 종합적 개관이 그랬듯이, 수 세기 동안 기록된 많은 비폭력 투쟁의 경험에서 배울 수 있다. 그 효율성은, 보통 호의적으로 무장 투쟁의 비용과 이득을 고려해볼 때, 견실한 실용적 기반에 비교될 수 있다. "시민 사회에 기반을 둔 방어"는 전 방위 국가 방어 전략으로 아직 채택되지 않았다. 그러한 무장 투쟁은 국가적 정책으로 인정되지 않을 수 있다. 그러나 시민 사회에 기반을 둔 방어는 발칸반도의 몇몇 국가가 가진 관점에서 연구되었다. 이러한 입장은 동유럽 국가들이 소련의 제국주의 전제 정책에 대항한 국가적 투쟁이나 1986년 필리핀 마닐라에서 시작해서 1990년 마다가스카에 이르기까지 독재 정치에 반대하는 국내의 반발과 같은 유사한 경험에서 배울 수 있다. 그것은 버나드 해링Bernard Häring 53) 같은 가톨릭 내의 정당한 전쟁주의자나 로널드 사이더Ronald J. Sider 54) 같은 평화적 복음주의자에 의해서 흡수될 수 있다. 너무 완고한 의무론적 주장을 의지하지 않은 채, 그들 각자의 문

---

53) Häring, *The Healing Power of Peace and Nonviolence* (New York: Paulist, 1986).
54) Sider, *Nonviolence: The Invincible Weapon?* (Dallas: Word, 1989).

화를 지배하는 상식적 실용주의를 회피하는 방법으로 그렇게 한다.

쉬리드하라니와 샤프에게, 간디 사상의 경험은 가능성 주장의 기초이다. 물론 샤프는 다른 많은 사례를 덧붙인다. 이것은 **마지막** 수단이 언제나 정당한 전쟁 기준 중 하나였다는 정당한 전쟁의 순리적 성향에 들어맞는다. 전쟁의 옹호는 비폭력적 대안들의 무게를 가늠하기 전에는 다른 방안이 없다고 말할 수 없다.

쉬리드하라니와 샤프는, 어떠한 다리 역할이나 종합하는 입장이 되어주어야만 하는 것처럼, 양쪽 모두의 진영에서 도전을 불러일으킨다. 정치적 행동주의의 좌파political-activist left나 학술적 방법론의 우파에서, 예외 없는 도덕적 기반과 관련되는 모든 폭력을 그들이 거부하는 것은 배반으로 볼 수 있다. 그들에게 입장을 분명히 하도록 요구할 때, 순교는 의무적이고 기본적 충성에 관한 단기간의 대가하나의 평가 기준과 관련하여 어려운 경우들을 회피하는 것로 비난을 받을 수 있다.

다른 평가 기준으로 볼 때, 이러한 견해는, 평화를 위해서 누군가는 다른 사람을 죽여야만 하는 것처럼 보이는 난감한 사례를 회피한다. 이러한 견해는 전쟁을 위한 애국심의 경우, 맹목적 심취와 인종차별, 자만심과 끝없는 욕망의 차원들을 알리는 데 실패한다. 이것은 고난이라는 점에서 원수를 **사랑하는** 것이 아니다. 다시 말해서, 이 견해는 단지 피를 흘리지 않은 채 원수를 굴복시키도록 하려는 것이다.

방법론적으로 좌파에 속하는 사람들은 단지 일반적 언어가 쓸모 있는 것이 되도록 논리적으로 앞뒤가 들어맞는 논증들을 믿는다. 그러므로 이성적 결과주의를 반감시키는 논쟁을 피하려고 보람 없이 비폭력의 힘에 애써 호소하는 것을 비난한다. 비폭력의 힘은 실용주의적 효율성을 보장할 것을 요구한다. 그러나 효율성이 최후의 도덕적 표준이라고 인정하지는 않는다.

애국주의적/현실주의적 우파가 볼 때, 최소한으로 피를 흘리고도 이기적 국가의 목적을 성취할 수 있다고 샤프가 예측한 약속이 너무나 위태로운 듯이 보인다. 만약, **오랜 기간**, 그리고 **평균적으로** 비폭력이 전쟁보다 **상당수** 더 많이 "실행된"다면, 우리는 경보음을 울리지 않을 것이다. 축전은 **항상** 벌어질 것이다. 그렇지 않다고 하는 이의에 대해서는 어떠한가?

그래서 배심원들은 실용적인 결론으로 도덕적으로 이해가 되는 경우에만 전쟁에 반대할 준비를 하고 있다.

1세기에 관한 역사적 정확성을 평가하기

톨스토이부터 니버까지, 전쟁에 반대하는 특정한 그리스도인의 경우, 지배적 이해는 산상수훈에서 상당하게 발견되는 직설적이고 윤리적인 가르침에 호소했다. 예수가 그의 청중에게 살인하지도 말고 미워하지도 말 것이며, 보복하지도 말고 십 리도 갈 것이며, 친구를 사랑할 뿐 아니라 또한 원수도 사랑하라고 말한 세 개의 소개념은, 실제 불가능한 수준의 비이기적이 되라는 도덕적 요구의 강화intensification로 널리 여겨졌다. 물론, 이것은 내가 이미 실용적인 것과 원칙적인 도덕적 추론 사이를 구분했던 상식적 이분법의 힘을 고양시키는 경향이 있다. 예수가 먼저 유토피아의 확장에 대해 급진적으로 도덕적 요구들을 단행했던 도덕적 교사였다면, 혹은 교사라면, 현대 논쟁의 나머지가 뒤따라간다. 달성하기 어려운 정결에 대한 예수의 부름은 하나님 아래에 있는 인간 사회상에 나타난 모든 관심을 고려하지 않는다.

그러나 만약 도덕적 요구의 강화가 예수에 관한 것을 먼저, 혹은 독점하는 것이 아니라면 무엇인가? 톨스토이와 니버 이전과 이후 모두, 다른 사람들은 올바르게 살고 행동하는 복음의 다른 근원적인 면을 보아왔다. 이전에, 그리스도인들은 전쟁을 거부했던 다른 방법들이 있었다. 그 방법 중 어느 것도 유토피아적 순수주의의 개념이 생각의 중심은 아니었다. 초기의 아나뱁티스트들, 초기의 프렌드교도들, 그리고 초기의 브레드런은 모두 다른 곳에서 등장했다. 그들의 운동은 각각 독특한 갱신 의제와 양식을 지녔고, 산상수훈의 절대론적 해석학the absolutist hermeneutics에 대하여 이론화 작업 없이 전쟁을 거부해왔다.55)

에큐메니컬 입장에서 더욱더 중요한 것은 아마도 톨스토이와 니버 이후 그리스도인 사상에 변화가 있다는 것이다. 초기 기독교의 사회학적 차원에 대해서 더 많은 압박을 가하며 질문을 던지는 새로운 학파와 운동이 성서를 연구하는 학문 안에 들어있다. 초기 운동은 실현할 수 없는 교훈을 이끌어 내기 위한 주춧돌podium보다 더 많았다. 사회적 지위와 민족성의 문제와 관련하여, 자신만의 권리를 지닌 새롭고 색다른 사회였다. 초기 운동은 복음서의 시작 부분에서 민족적 해방자로 고대되는, 그리고 끝부분에서 반란자로 죽음을 맞게 되는 한 남자의 생애를 기억하게 했다. 이런 견해는 이상주의자로 예수의 도덕적 가르침을 해석하는 것을 비껴나간다. 동시에 초기 그리스도인들이 예수를, 그들이 따르고 있는 모델로 생각했다는 관찰은 똑같은 설명을 가져다준다.

그래서 복음이야기 자체는 예수가 도덕적 순수주의자가 아니라 사회적 지도자였음을 보여준다. 더 폭넓은 상황 속에서 예수를 해석하는 기초로서, 더 깊이 있게 살펴볼 것은, 주목할 만한 학문적 태도가 다음 사실을 밝혀내고 있다는 점이다: 초기 그리스도인들은 유대인들이었고, 유대인들은 예레미야 이래로 하나님이 왕권과 전쟁을 역사 안에서 정의를 위한 그분의 관심도구로서는 포기했다고 믿었다. 자신들은 정

---

55) 나의 글 "The Free Church Syndrome" in *Within the Perfection of Christ*, 169–76 은 많은 신자 교회(believers-church) 초기의 의제 사안들이 나타났던 다양성을 개관한다.

당하게 무장 봉기를 일으켰다고 하는 마카비가문과 열심당, 그리고 로마제국과 함께 빈틈없이 연합전선을 펴는 헤롯당과 사두개파는, 권력이 없는 신앙 공동체로서 세계 여러 곳에 흩어져 살고 있는 유대인 집단과 비교해보면 아주 작은 소수 집단에 불과했다. 예수의 평화주의는 하나의 혁신이 아니었다. 그것은 예레미야, 에스겔 그리고 이사야서에 나오는 고난 받는 종의 노래를 기록한 기자의 비폭력에 관한 강화였다.

20세기에 대한 현실주의 수용하기

적어도 아시시의 프란체스코와 피에르 보데Pierre Vaudès의 시기 이후, 사람들은 콘스탄틴 시대에 지배적이었던 정치권력에 대한 기독교의 관계를 비난해오고 있었다. 그러나 최근의 시기는 국교회의 시대가 사그라지는 것의 중요성에 대하여 종교적이고 세속적 사상가들 사이에서 명료함이 점증하는 것이 보인다. 적어도 4세기 이래로, 전쟁에 관해 신학자들이 승인하는 이유 중 일부는 크리스텐둠이 하나님의 도구라는 확신이었다. 그러한 콘스탄틴적 원리는 그 이후 다양한 방법으로 해석되어 왔다. 그 결과, 특정한 국가들과 특정한 정치 제도들이 그런 신정 정치의 망토theocratic mantle의 역할을 떠맡았다.

상당히 점진적으로 그리고 최근의 세대에서만, 심지어 근대성의 신랄함에 직면하여, 그리스도인들은 대항문화적 복음에 부합하여 자원봉사적 실천으로서 그리스도인 실천의 비전을 회복하기 시작했다. 이것은 그리스도인의 믿음이 현존하는 권력의 신호를 수신하지 않는 소수자의 입장임을 의미한다. 이 입장은 국가의 정치적 목적들에 대해 비판적 태도를 명령하는 것이 절대 아니라, 비판적 태도가 비판적 입장을 가능하게 하는 것이다. 소수의 비판적 입장은 그리스도인들이 항상 정부를 변호하는 방법을 따라야만 한다거나, 아니면 도덕적 이슈들을 정의 내리는 데 현재 통치자들에게 항상 의심의 이익을 주어야만 한다는 원리를 잘라내 버린다. 소수의 비평적 입장은 사회학자들이 **종파주의** sectarian라고 부르는 개념적인 가능성을 다시 만들어준다. 즉, 그리스도 인들은 하나님의 목적을 당연히 그들 국가의 안녕과 동일시한다는 가정 외의 다른 이유로 그들에게 도덕적 결정을 내릴지도 모른다. 그러나 소수의 비판적 입장은 사회적 안녕을 위한 '책임 있는' 관심과 사회의 규칙을 인계받음으로써, 사회적 관심을 보충하려는 필요 사이에 있는 논리적 연결고리를 끊는다. 결과주의자의 콘스탄틴적 논리, 즉 그리스 도인의 의무가 제국을 관할하는 것이라는 **이유로** 전쟁의 권한을 부여 하는 것을 지속한다면, 더는 세상을 지배할 수 없다는 것이 명확해질 때 그 힘을 잃게 된다.

전쟁은 영성에 관한 물음인가?

에큐메니컬적인 대화가 나에게 의무적으로 지워졌기에, 나는 정치 윤리에 대한 표준적 논쟁의 일반적 특성을 기록해왔다. 그러나 표준적 논쟁은 인간의 현실에 관한 다른 차원들이 행동의 무게를 기울어지게 하는 방법을 무시한다. 어떤 사람에게, **영성**은 개인적 경험보다 더 합 리적 차원으로 분류된다. 또 다른 사람에게, 영성은 도덕적 현실보다 더 인간적 차원을 지향한다. 평온한 또 다른 사람에게, 영성은 신자들 이 할 수 있는 일들기도, 떡을 나눔, 용서 같은의 도덕적 취지에 대해 질문하 도록 우리를 강권한다. 이러한 일들은 일대일의 방법으로 평화교회와 주류 교회들 사이에 있는 논쟁의 여러 양상과 상호 관련을 갖지 않는 다. 그러나 이것들은 전쟁에 반대한다는 점에서는 더 무게감을 갖는 경 향이 있다. 여기서 나는 더는 어떤 입장을 추구하지 않는다. 그러나 평 화교회의 여러 양상은 적절한 논평에서 무시되지는 않을 것이다.

"테러와 빛의 힘The Terror and Power of the Light"이라는 제목을 지닌, 영국에 있는 근원적 청교도주의의 주관적 종교 경험에 관한 휴 바버 Hugh Barbour의 해설은 압도적 은혜의 내적 경험 안에서 폭력에 관한 포기의 근원을 심오하게 해석한다. 16세기의 아나뱁티스트들이 **비움의 충만**이라고 불렸고, 또는 초기 던카드 형제단Dunkards이 **완전한 사랑**이라고 불렸고, 또는 19세기의 선구적인 농부 설교자들이 **겸허함**humility이라고 불렸던 것, 또는 19세기 동시대의 웨슬리언들이 **성화**라고 불렸던 것은 인간의 존엄성을 위하여 밀접하게 연관되면서도 서로 구별할 수 있는 표지를 드러낸다. 이 인간의 존엄성은 세상의 권세가 무력으로 확립되도록 요구된다고 느껴지는 유혹에서 신자들을 자유롭게 한다. 아마도 이러한 공통성은, 내가 이전에 살펴보았던 표준으로 삼는 윤리적 이슈보다도 평화교회의 평화 증언을 위해서 주관적으로 볼 때 더 중요하다.

내가 대화하는 현장에서 기록했던 변화들은 처음 마음에 떠올랐던 것들이고, 평화교회 입장과 주류 입장 사이에서 있었던 고전적 논리와 가장 밀접하게 연관된 것들이다. 특별히 세계의 변화들로 볼 때, 다른 것들이 있을 것이다: 초강대국의 핵위협이 불량국가들rogue nations의 위협으로 대체된 것, 제국주의 침략이 소련, 유고슬라비아, 그리고 소수 다문화 국가의 민족적 해체로 대체된 것, 즉각적인 도시의 파괴가 우리의 기술자들이 "강도 낮은 전쟁"이라고 불러왔던, 동시에 한 마을 소작인들을 추적해서 잡아내는 것으로 대체하는 것 등. 생태학, 가난한 사람들의 인식론적 특권, 고유한 문화적 유산의 회복 그리고 가부장적 문화 형태의 해체에 대한 관심은 대화의 유형을 변화시키는 잠재적인 것들이다. 동시에 다른 발전들이 다른 방향으로 이끌어가도록 계속되고 있다. 인종간 자기 이해와 종교에 대한 반동적 호소에서 나온 적대감을 갱신하는 것, 그뿐 아니라 돈, 산업 그리고 선전propaganda과 관련하여 다루기 쉬운 권력powers을 점차 확대해 나가는 것 등이 가장 두드러지는 것이다. 내가 알 수 있는 범위 내에서, 대화하는 상황의 거대한 변화들은 논쟁을 복잡하게 만든다. 그러한 변화들이 우리의 전통적 어휘 중 일부를 앞지르기 때문이다. 그러나 변화들 자체가 기본적 이슈를 변화시키지는 않는다.

제 8 장

고든 잔Gordon Zahn은 옳다
정당한 전쟁과 함께 십리Second Mile를 걸어가기

만약 전통적인 방식tradition을 사용하는 사람들이, 책임 있는 실천가들교회 지도자들, 시민들, 정부 관리들, 제복을 입은 사람들이 특별한 전쟁, 특별한 전술, 특별히 불법적 명령에 관해 반대하는 판결을 효율적으로 보완하려는 진지한 가능성을 따라가지 않는다면, 그 체계는 믿을 수 없다는 나의 논의에 대해, 진지하게 반응하는 정당한 전쟁론자는 없었다.[56] 알렌Joseph L. Allen은 『전쟁: 그리스도인을 위한 입문서』*War: A Primer for Christians*라는 책에서 정당한 전쟁 전통을 따르면서 얼마나 진지하게 고려하지 않는지를 증명한다.[57] 일부 사람들은 질문을 던지는 나의 권리에 도전한다.[58] 그런 도전 자체는 스스로 자신들을 옭아매는 것이

---

56) 편집자 주: 1997년 9월 4일에 그가 써 놓은 간략한 글을 보면, 그가 『어린 양의 전쟁』의 결론으로 이 글을 금방 작성한 것을 알게 된다: "가톨릭 평화주의자로 오랫동안 활동해 온 고든 잔은 정당한 전쟁에 관해 내가 팔아치운 것을 비난한다. 정당한 전쟁 체계가 지니는 도덕적 타당성의 한계에 대해 그가 말한 것은 옳다. 9월 1일에 써 놓은 글 중에서 참고문헌만 제외하고 편집함."

57) Paul Ramsey, *Speak Up for Just War or Pacifism: A Critique of the United Methodist Bishops' Pastoral Letter "In Defense of Creation"* (University Park, PA: Penn State University Press, 1988), 83-84, 108-9.

다.

4세기 이후, 대다수 기독교 신학자들이 전쟁에 관해 숙고하려고 했던 가장 도덕적으로 진지한 방법은, 지적인 역사가들에 의하여 정당한 전쟁 전통으로 알려진, 천천히 변화되는 평가 개념의 체계였다. 예수 그리스도의 제자인 나로서는 도덕적으로 적합한 평가 개념 체계를 고려하는 것이 쉽지 않다. 그러나 나는 신학자들이 평가 개념 체계를 유지하거나, 적어도 평가 개념 체계를 유지한다고 말하는 사람들의 인간적 존엄성을 존중하려는 나의 책임감 중 일부로서 그 체계를 고려해왔다.59) 갈등은 피할 수 없다고 말하는 사람들이 극단적으로는, 치명적 폭력을 사용하도록 강요해온 것으로 정당한 전쟁 전통이 알려져 있다는 조심스러운 생각으로 나는 사람들에게 정직해질 것을 정중히 요구해 왔다.

이런 도전을 추구하는 나의 동기는 여러 가지이다. 만약 정치와 전쟁의 영역에서 소수의 책임 있는 실천가들이 남용을 억제하고, 그들이 진정으로 존중할 것을 요구한 제한들을 자신들이 중시한다면, 아마도 우리 자신이 폭력에 대한 책임을 포기하는 것보다 더 많은 생명을 살리고 더 많은 갈등을 줄이게 될 것이다. 사실, 이것은 아마도 모든 전쟁이 잘못이라는 나의 선언을 확신하는 모든 개인보다도 더 살인을 줄일 수

---

58) Joseph L. Allen, *War: A Primer for Christians* (Nashville: Abingdon, 1991).

59) 그 결과에 대한 나의 논의는 『국가에 대한 기독교의 증언』*The Christian Witness to the State*, 90쪽 이하에 출간되어 나와 있다. "물론 정당한 또는 의로운이라는 단어에서 보게 되는 기독교의 의미에는 정당한 전쟁이 가능할 수 있다는 것이 정의상 제외된다. 다시 말해, 사람들은 그저 부정적으로 주장할 뿐이다. 정당한 전쟁에 대해 정통적 입장을 취해온 상황들이 실현되지 않을 때, 그 때에는 폭력을 사용해서 문제를 해결해왔던 국가조차도 검찰 내부에서 규칙을 위반한다는 점에서 전쟁은 부당하다."
이 주제에 관해 여러 논문을 쓴 이후 다음 글에 내용을 요약했다. "How Many Ways are there to Think Morally about War?" in *The Journal of War and Ethics* 11, no. 1 (1994): 83-107, and *When War Is Unjust*. 내가 아는 평화주의자 중에는 그러한 전통을 진지하게 여기는 사람은 한 사람도 없다.

있을 것이다.

그러나 아예 정치와 전쟁과 관련된 사람들이 나의 말에 귀 기울이는 것을 거부한다면,[60] 그리고 책임 있는 실천가들이 이론상 행하기로 한 제한들을 존중하지 않는다면, 내가 정치와 전쟁 영역의 도덕 문화나의 도덕 문화가 아나라의 견지에서 사람들에게 알려주고자 하는 것을 동료 인간일부는 동료 그리스도인인으로서 정치와 전쟁과 관련된 사람들의 존엄성에 짐을 지우겠다.[61] 다른 사람들의 언어 세계에 대해 스스로 무방비 상태로 만들어 놓는 것에큐메니컬 대화 과정 중 일부은 그 자체가 소수의 견해이다.[62] 많은 경우, 에큐메니컬 상황 속에서 오직 존경받을 만한 태도는 자기 자신의 정통 교리orthodoxy가 옳다는 것을 자신 있게 옹호하는 것이다. 나에게, 정통 교리와 다른 것은 실천성, 윤리 그리고 영성이라는 이유로 부득이하다는 것이다.

정치와 전쟁 영역의 언어를 내가 사용하는 것은, 정치와 전쟁과 관련된 사람들이 하는 것보다 더 진지하게 잠재적 고결함을 취하면서[63], 예수가 가르치고 살았던 십리+甲를 가는 반응의 형식이라 하겠다. 나

---

60) 그들이 항상 그렇게 귀 기울이지 않는 것은 아니다. 여러 차례 비평화주의자가 속해 있는 기관들은 나를 불러 논의를 해왔다. 찰스 루츠(Charles Lutz)는 교단의 행정가로서 루터교단이 베트남 전쟁에 대해 비판적으로 정당한 전쟁 개념을 적용하도록 이끌었는데, *When War Is Unjust*, 1st ed. (1984) for Augsburg Press라는 책을 쓰도록 나에게 정중히 부탁했다. 그리고 이 책을 비평화주의자들에게 추천했다. 노틀담 대학교는 상당히 오랫동안 그 영역에 관해 강의할 수 있도록 내게 맡겨 주었다.

61) 나의 가장 초기 저작 중 하나인 *The Ecumenical Movement and the Faithful Church* (Scottdale, PA: Herald Press, 1958)는 에큐메니컬 운동을 옹호하는 것이었다. 에큐메니컬 운동과 관련한 나의 언급은, 십리를 가는 원리 안에 대화자들이 쓰는 용어로 그들에게 알려주도록 맡겨졌는데, *Royal Priesthood*에 요약되어 있다.

62) 참조. 예레미야와 초기 교회 그리스도인 이래로 유대인에 대한 공통된 문화 양식에 대한 나의 글, "On Not Being in Change" in *War and Its Discontents*, ed. J. Patout Burns, 74-90.

63) 내가 이러한 찬사를 비평화주의자들에게 던지는 것은 나의 책 *When War Is Unjust*의 초판 서문에서 이미 찰스 루츠에 의해 인정된 것이다. 찰스 루츠는 베트남 사건에 루터교인들이 오랫동안 잊어 왔던 정당한 전쟁 전통에 관해 비판의 날을 다시 세우도록 용감하게 이끌었던 사람들 중 한 명이다. 그 서문은 개정판(Maryknoll, NY: Orbis, 1996)에도 계속 남아있다.

는 증명될 필요가 있으며, 내가 의심하는 그 영역에 있는 사람들의 상태가 고결하기 때문이 아니라, 타당한 결과에 의존하지 않는 나 자신의 상태가 고결하기에 그렇게 멈추지 않고 해나가는 것이다.

나의 다양한 동기 중 또 다른 면은 내가 아주 좋은 상태에서 정당한 전쟁 전통을 이해하고 해석하는 데에 좋은 성과를 낸다면, 정당한 전쟁 전통의 결정을 내가 더 확신 있게 진술할 수 있을 것이다. 그리고 확신 있는 진술로 말미암아, 복음의 가르침에 맞는 대안이 될 것 같은 상황을 만들 수 있을 것이다. 나는 정당한 전쟁 전통 자체의 언어(바꿔 말하면, 나 자신의 언어) 안에서 나의 입장을 설교하는 것을 강요하지 않고, 내가 생각하는 상황을 만든다. 이 언어는 스스로 "현실주의자"라고 여기는 사람들이 이미 선험적으로 거부해왔으나,[64] 변증법적으로 거부해왔던 것이다.[65]

가톨릭의 선구적인 양심적 전쟁 반대자, 사회학자, 역사학자, 편집자이며 작가[66]인 고든 잔이 나의 책 『전쟁이 불의해질 때』*When War Is*

---

64) 아미시 메노나이트 교단 특유의 문화 안에 있는 나의 문화적 근원들은 다른 사람들이 내가 외딴 이방인이 되었던 근거를 말하는 것을 특히 쉽게 도외시하도록 만든다. 그러나 비슷한 차이를 만드는 기술이 또한 예수의 말씀을 축소시키는 데 사용된다. 더 일반적인 것들 중에는 나의 책 『예수의 정치학』 *Politics of Jesus*, 2nd ed., 19-32쪽과 42-8쪽에 나와 있다.

65) "내부에서 나오는" 이러한 논증 중 하나가 "The State of the Question" in *When War Is Unjust*에 개요가 나와 있다. 그와 같은 논증들 중 학술적인 글은 "The Credibility of Ecclesiastical Teaching on the Morality of War" in *Celebrating Peace*, ed. Leroy S. Rouner (Notre Dame, IN: University of Notre Dame Press, 1990), 31-51과 "The Credibility and Political Uses of the Just War Tradition" in *Morals and Might*, ed. George A. Lopez and Drew Christiansen, SJ (Boulder, CO: Westview, 1997), 11-24. 내가 다음과 같이 말한 구절, "그들이 그것을 움켜쥐고 있다(hold to)고 말한 사람"은 신중한 의미를 지닌다. 전통에 대해 충성심이 확고한 사람들 대부분은 사실상 어렵게 결정하는 가운데 그것을 존중하지 않는다. 그리고 그들 중 많은 사람이 도전받을 때, 그 전통을 확고하게 존중하지 못하도록 논증할 것이다.

66) 양심적 전쟁 거부자: *Another Part of the War: The Camp Simon Story* (Amherst: University of Massachusetts Press, 1979). 사회학자: 양심적 전쟁 거부자의 사회적 배경에 관한 서술적 연구로 다음 책을 보라. *Civilian Public Services during World War II* (Washington, DC: Catholic University of America), 1953; 또한, *The*

*Unjust*의 개정판의 추천문을 써달라고 오르비스 출판사Orbis Press가 요청했을 때, 고든 잔은 정당한 전쟁 전통에 정당성을 부여하려는 지식인들에게 이의를 제기했다.

나는, 이론적인 제시 면에서, 정당한 전쟁 전통의 약속들을 고려하는 것 이상으로 정당한 전쟁 전통의 일관된 실패 기록을 강조해 왔다. ⋯ 그리스도인 세대들이 자신들의 주님으로 그분을 섬기고 있다는 믿음 안에서 서로를 파멸하는 것이 가능함을 발견하는 상황에서, 교리가 그런 학자적인 인정이나 장려를 받을만한지에 대한 ⋯ 질문들은 남아있다.[67]

고든은 옳다. 나 역시 정당한 전쟁 전통에 정당성을 내비치는 듯이 보이는 지식인들에게 이의를 제기한다. 나 역시 정당한 전쟁 전통의 일관된 실패의 기록을 강조해 왔다. 또한, 정당한 전쟁 추론은 실제로 도덕적으로 설명할 수 있는 담론의 진지한 형태라는 것을 부정한다. **정당성**은 토론되는 대상에 관한 것이다. 정당성을 움켜쥐고 있다고 말하는 사람들은, 실제로 전쟁의 제한을 존중하지 않음을 보여주는 것으로, 이로 말미암은 교리의 정당성에 나는 이의를 제기한다.[68]

Military Chaplaincy: A Study of Role Tension in the Royal Air Force (Toronto: University of Toronto, 1969). 역사학자: *In Solitary Witness* (Springfield, IL: Templegate, 1986); *Franze Jägerstäter, Martyr for Conscience* (Erie, PA: Pax Christi, 1984). 우리에게 프란츠 제게르슈테터Franz Jägerstäter의 순교가 널리 알려지고 바티칸이 그의 시복을 진지하게 고려하는 것은 전적으로 고든 잔의 덕분이다. *German Catholics and Hitler's Wars* (New York: Sheed and Ward, 1962). 편집자: Thomas Merton, *The Nonviolent Alternative* (New York: Farrar, Strauss & Giroux, 1980), 이전에는 *Thomas Merton on Peace*. 작가: *War, Conscience, and Dissent* (1967); *Vocation of Peace* (Baltimore: Fortkamp, 1992).

67) 오비스 출판사에게 고든 잔이 보냄, 허락 하에 인용함.
68) 만일 내가 그들이 행하는 것 이상으로 그들의 겸허함을 존중한다면, 간접적 교육학의 일종으로 불리지도 모른다. 만약 그들의 체계가 더럽혀진다면, 체계가 알아서 작동하도

그러나 다른 사람들의 확신에 관해 훌륭하다는 의미를 "내비치는 것으로 보이는" 변증법적인 도전은 언제나 에큐메니컬적 도전의 중심에 자리 잡고 있다. 나는 이러한 자세를 실용주의의 근거들 위에 놓지 않는다. 왜냐하면, 나는 그런 자세가 사람들을 바꾸어놓으리라는 확신이 있기 때문이다. 나의 입장은 원수를 사랑하기, 반대편 뺨을 돌려대기, 전쟁을 반대하기와 같은 나의 입장의 근거가 되는 적대자의 엄포를 확언해주는 형태 그 자체이다.

모든 에큐메니컬적인 대화는 "정당성을 내비치는 듯이 보이는" 것과 같은 위험이 흐른다. 나는 로마 가톨릭이 당연하게 여기는 교황제, 성례전, 마리아의 이해에 "정당성을 내비치는 듯이 보이는" 것에 대하여, 언제나 로마 가톨릭과 대화를 주고받는다. 비록 그들이 그런 것들에 대해 나를 이해시키려고 더 많은 관심을 보여주지는 않아도 말이다. 제1차 바티칸 공의회[69] 이후, 1950년에 로마 가톨릭은 성모 마리아의 몽소승천 교리the Assumption;교황 권위의 무오류에 관한 유일하게 공식적 교리를 공포했다. 이 교리는 이미 1세기 이전에 정리된 무원제 잉태설Immaculate Conception;성모 마리아의 원죄없는 잉태과 관련된다. 자칫하면 내가 이 교리의 "정당성을 인정해 주는 듯한" 인상을 줄지도 모르지만, 나는 그러한 위험을 감수하면서 "호수의 성모 마리아Our Lady of the Lake"의 이름과 성상의 테두리 안에서 논의를 해 나가려 한다. 비록 이러한 신조들이 나의 많은 가톨릭 동료에게 분명하게 실존적으로 중요하지 않다 하더라

록 그냥 두어야만 한다는 것을 설명해주고, 실제로는 체계가 작동하지 않는다는 것을 보여주는 하나의 좋은 방법이 될 것이다. 마치 체계는 더 나빠질 것이라는 나의 생각처럼 말이다.

69) 그 당시 나는 바젤 대학교 개혁 신학부에서 박사 과정 중이었다. 에큐메니컬적으로 분명한 입장을 표명하는 역사학자 에른스트 스타에헤린(Ernst Staeherin)-후에 나의 박사과정 지도교수가 되어 주었다-은 노트르담 대학교에 나와 함께 있는 가톨릭 학자들이 나에게 그 교리에 대해 칭찬하는 것보다 더 에큐메니컬적으로 공정하게 되는 데에 많은 노력을 기울였다.

도 말이다.

이처럼 대화 상대의 존엄성을 존중하는 **십리를 함께 가는 대화적인
준비**second-mile dialogical readiness:가톨릭 동료들 자신들이 했던 것보다 더 많이 준비하는는 내가 할 일을 발견하게 되었던 로마 가톨릭의 상황 안에서만 적용되는 것은 아니다. 오히려 1937년[70] 이래로 세계교회협의회가 주장하는 기독교의 연합을 위한 노력에서 동맹 심의 모델federative conciliar model이 "우리가 추구하는 일치"The Unity We Seek, 71)를 표현하거나 이루려고 애쓰는 데에 가장 적합한지 아닌지에 대한 나의 의심을 지닌 입장을 그대로 둔 채, 나 또한 여러 해 동안 제네바Geneva에 있는 세계교회협의회the World Council of Churches의 사무실을 자주 방문했고, 그곳에서 일하는 친구들과 섞여서 몇 주간 보조 직원으로 봉사하기도 했다.

모든 진지한 대화는 그런 종류의 위험을 내포하고 있지 않은가? 에큐메니컬한 대화에큐메니컬한 증언 중 부득이하게 해석하지 않으면 안 되는 것들이 있다. 그것을 해석하는 매우 도움이 될 만한 방법은, 그것을 거부하는 것에 대비하여 "그것이 정당하다는 인상을 주는듯한 위험성을 각오"해야만 한다는 것인데, 이러한 생각이 내 안에서 거부할 수 없

---

70) 세계교회협의회는 암스테르담에서 1948년에 공식적으로 구성됐다. 그러나 세계교회협의회의 창설 원리는 1937년 옥스퍼드와 에딘버그에서 있었던 주요 대표자들의 회합에서 결정되었다. 나중에 가서 내가 참여할 수 있는 특권을 갖게 되었던 전쟁에 관한 에큐메니컬 대화는 그 당시 시작된 것이다. 그렇게 기획된 대화의 이야기 중 일부는 다음 책 안에 연대기로 나와 있다. Doug Gwyn et al., *A Declaration on Peace*, Appendix C, 93ff.

71) 참조. *Royal Priesthood*, 221-41과 300이하에 이 표어가 미친 영향에 대한 나의 논의가 나와 있다. 세계교회협의회의 상황에서 볼 때, 전쟁에 대하여 동의하지 않는 것에 진지하게 귀를 기울이는 것이 언제나 어려웠다(On Earth Peace, 388-89). 그러나 적어도 무효가 된 불찬성은 주목받을 수 있다. 압도적 "주목"의 상황 속에서 심의되지 않은 교회 관련 논의는 여전히 주목받는 것이 어렵다. 매우 전도유망한 예외가 하나 있는데, *The Church's Peace Witness*, ed. Marlin E. Miller and Barbara Nelson Gingerich에 기록된 북아메리카의 신앙과 직제 대화의 신중한 노력이다. 편집자 주: 이러한 전도유망한 신앙과 직제(Faith and Order) 대화들을 묶은 특별한 책들이 계속해서 출판된다: *The Fragmentation of the Church and Its Unity in Peacemaking*, ed. John Rempel and Jeff Gros (Grand Rapids: Eerdmans, 2001).

을 정도로 솟아난다.[72]

가장 영향력있는 대담자의 용어를 보면, 대화를 시도하는 이러한 에큐메니컬한 준비에 따른 손실들 중 하나는, 영성이나 세계관의 문제들을 무시하거나 제외시키는 일을 감수하고라도 대화를 윤리적 문제만으로 범위를 좁히려는 경향이다.[73] 같은 맥락에서 또 다른 손실은, 덕행, 종말론, 거룩한 법과 같은 도덕적 담론의 다른 차원들에 마음을 쓰기보다는 오히려 필연적 결과에 대해 윤리적으로 접근하지 않는 것이다.

대담자의 용어를 받아들이는 위험은 문화적 상황을 대화적 상황 안에서 무수한 불균형이나 그밖에 어떤 것이 다른 것을 포함할 수 있기 위한 요구에 대한 모임들 중 하나를 이끄는 특별한 형태를 취하는 것이다. 그 형태는 가톨릭이 되도록 요구하는예를 들어, 심지어 불찬성을 포함하여 통제력을 잃지 않은 채 다양성을 다룰 수 있는, [74]교회들의 자기 이해의 일부분이다. 역설적으로 소수의 예언자적 목소리는 소수이기 때문에 죽임을 당하거나 파문당하거나 할 필요 없이 더 많은 지지를 얻는다. 때때로 들어야 하는 의견 목록에 관한 소수의 입장으로 대화를 나누는 것, 또는 어떤 기초 위에 의견을 놓아두는 것은 다른 의견 목록을 진지하게 듣는

---

72) 신앙 간 대화-기독교 전통 안에서든지 아니면 다른 종교의 신앙 안에서든지-에 심도 있게 참여하는 대부분의 사상가는 서로 뜻이 맞지 않는 확신을 가진 사람들 사이에서 나오는 대화는 아주 각각의 대화자가 다른 사람들의 진정성에 확신을 지니는 정도를 어느 정도 허용할 것인지에 대해 진지하게 되도록 논의할 것이다. 참조. 이슬람에 대해서는 케네스 크래그(Kenneth Cragg)가 쓴 몇 편의 글이 있음. 존 듄(John Dunne)의 저작들 내에 있는 주요 주제 색인에서 자주 등장하는 "건너뛰기passing-over"의 주제를 주목하라: CSC, *The Way of All the Earth* (Notre Dame, IN: University of Notre Dame Press: 1982), 239와 *The Church of the Poor Devil* (Notre Dame, IN: University of Notre Dame Press, 1982), 178.

73) 고든 잔(Gordon Zahn)이 *Catholic and Nuclear*, ed. Philip J. Murnion (New York: Crossroad: 1983), 119 이하에 영향을 주었던 "평화주의와 정당한 전쟁" 장은 가톨릭 신앙 안에서 문제시되는 전쟁 현실의 수많은 윤리적 차원 이상의 것으로 명명되었다.

74) 이러한 요구는, 미국 안에서 대화에 사용되는 용어가 교파적 함축의 의미를 가지게 된 경험 이후, "가톨릭"이라는 한정사를 종종 사용하지 않는다. 개신교단의 주요 흐름은, 심의 운동 안에서 에큐메니컬적으로 협력하는 주요한 교파와 신학교에 의해 대표되듯이, 이와 동일하게 지지하는 입장을 취하려 한다.

역할을 대신하는 것이다. 이것은 마르쿠제Marcuse가 "억압적 관용" repressive tolerance이라고 말한 것의 신학적 번역이다. 고든 잔과 나는 둘 다 억압적으로 관용되고, 우리 중 그 어느 누구도 동시에 밖으로 드러나 보이게 압도당하고 무시되는 것을 받아들이지 않는다.

나는 십리를 함께 가는 변증적 방법의 취약성을, 대담자를 존중하는 정상적 방법으로 설명해오고 있다. 만약 대담자가 중대한 성서적 패러다임에서 보듯이 실제 원수이거나 적의에 맞서는 상속자라 한다면, 이러한 소명의 힘은 더 커진다. 예수는 "그들이 자기들이 하는 것을 알지 못했기"눅23:34 때문에, 그를 핍박하는 자들을 위해 기도했다. 원수 사랑은 예수가 잘못을 저지르지 않았다는 사실을 믿는 근거를 강화한다. 신약성서의 우주론사람을 지배하는 "정사와 권세들"은 여전히 인간적으로 유용할 수 있다는 것에 따르면은 정당한 전쟁 사유 밑에 놓인 핵심적인 제한 사항의 의도에 관심을 기울일지도 모른다. 만약 그리스도가 주님이라면, 본성과 이성을 포함하여 가치를 지닌 우주의 모든 구성 요소는 모두 권세를 가지고 인간화의 도구가 될 수 있다. 오르비스Orbis 출판사에 써 보낸 고든의 서문은 우리 사이에 나타난 차이점에도 불구하고, 그는 사회학자로서, 나는 신학자로서의 가능성을 내비쳤다. 어쨌든, 로마 가톨릭의 회원으로 태어난다면, 그 사람은 반대편에 서서 논쟁하는 것에서 자유로울 것이다. 반면 나는 에큐메니스트의 유리한 판단benefit of the doubt으로 시작해야만 한다.75)

고든 잔의 염려에 동감하며 내용을 더 충실하게 만들 더 나은 두 가지 방법이 있다. 하나는 "여러 세대의 그리스도인들이 자신들의 주님을 섬기고 있다는 믿음으로 서로를 파멸시킬 수 있는지를 발견해 왔다

---

75) 나는 나의 동료들 중 일부가 그들의 관심사에서 주교제에 대해 적대감을 가졌음에도, 로마 가톨릭을 편안하게 느끼고 "로마 가톨릭에 순종"하는 그들의 상태에 어찌할 바를 몰라 두렵다. 그들의 명예를 위해 그들의 이름을 언급하지는 않을 것이다.

는" 고든 잔의 진술을 더 따르는 것이다. 역사적 사실로 볼 때, 그리스도인들은 수 세기에 걸친 대부분 시기에 서로를 파멸시키면서, 정당한 전쟁 전통을 제한하는 것을 중요하게 여기지 않았다. 대부분 그리스도인은 자주 정당한 전쟁 전통이 있다는 것을 몰랐다. 물론 정당한 전쟁 체계를 이론적으로 공들여 만들어내고, 주요 인물로 인용될 수 있는 신학자들이 있지만 사실 소수에 불과하다.76) 고해를 수단으로 정당한 전쟁 전통의 제한을 보완해야 한다는 고백자들이 있었다. 그러다보니 중세 시대를 지나오면서 정당한 전쟁 전통의 주요한 발전은 법전 안에 있었다.77) 정당한 전쟁 근거에 관해서 감히 자신들의 통치자의 전제적인 통치를 비판하는 신학자들은 드물었다.78) 그러나 이러한 목소리들은 언제나 많은 표를 얻었다. 군인들은 도덕적인 지도를 따른다는 경험적이고 사회과학적인 주장을 자신에게 비춰보는 사람은 아무도 없었다. 정당한 전쟁 전통을 제한하는 사람들의 입장은 신학적인 완전무결함을 지니고 있지만, 교회적으로 볼 때 시행될 것이 아무것도 없다고 말할

---

76) 이 신학자들의 글은 수많은 역사학자에 의하여 재검토되어 왔다. 대부분은 제임스 터너 존슨의 뛰어난 간행물에 들어있다. 그리고 이 글들은 1983년 주교들의 사목편지인 *The Challenge of Peace*와 같은 평판이 좋은 작품의 토대가 되었다. 그 편지는 요약하자면, 전통은 사실상 서양 기독교 역사 안에서 효과적으로 적용되었다는 잘못된 인상을 준다. 그런 인상은 단정적으로 잘못된 것이다. 비록 그런 인상을 주는 주교들은 그것을 인식하지 못했음이 틀림없지만 말이다. 참조. 나의 글 "A Historic Peace Church Perspective" in *Peace in a Nuclear Age*, 273-90.

77) 러셀(Frederick H. Russel)의 책 *The Just War in the Middle Ages* (Cambridge and New York: Cambridge University, 1975)은 전쟁을 하고자 하는 통치자들의 결정에 대한 것이 아니라, 금지된 살인을 해나가려는 가톨릭 사상가들에 대한 것이다. 가장 구체적 사유는 용서의 성사(聖事,sacrament)를 적용하려는 고백자에 의해서 발전된 규칙들 안에서였다. 교양적 질문은 "전쟁이 좋은 것은 언제인가?"가 아니라 "어떻게 전쟁이 용서받을 수 있는가?"였다. 제임스 터너 존슨은 리사 소울 카힐(Lisa Sowle Cahill)이 아퀴나스(Aquinas)를 과대평가한 것을 비판하면서 이것을 우리에게 알게 해 주었다.

78) 프란체스코 데 비토리아(Francisco de Vitoria)가 가장 대표적 예이다. 그는 처음으로 책만 한 크기(예를 들어, 모든 강의 시리즈의 기록)로 정당한 전쟁 전통을 나열해 놓았다. 아마도 그가 신세계 안에서 이베리아 모험(Iberian adventure)-대략 비그리스도인의 도덕적 상태에 대해 생각하는 것-에 의해서 대표되는 정당한 전쟁의 완전무결함에 대한 특정한 도전의 형태를 구분하려 했던, 그리고 자신의 통치자의 제국적 정책을 공식적으로 비판했던 최초의 사람일 것이다.

만큼 정당성을 인정받지 못했다. 주교, 공의회, 교황 그 누구도 정당한 전쟁 전통의 제한과 관련하여 자신들의 소명을 확인하지 않았다.[79] 서로 죽고 죽였던 일반 백성 또는 그 백성이 위해 싸웠던 귀족들 사이에서 실제로 진행되고 있었던 것중세 시대를 거쳐 30년 전쟁을 치른 형성 과정 중의 유럽에서든지, 아니면 레이드 에릭슨 이후 그러한 상태가 지속되는 서반구에서든지은 도덕적 논리학자가 "현실주의"와 "거룩한 전쟁"이라 부르는 그다지 미덥지 못한 입장들이 혼합된 것이었다.[80]

정당한 전쟁 근거에 관하여 정치적 또는 군사적 결정권자에 의하여 행해진 진지한 제한의 사례는 기록상 찾아보기가 어렵다. 역사학자들이 국가 관리들이 정당하지 못한 근거를 가지고 자신들의 이익을 위해 행동한 군사 작전을 포기하는 사례를 찾으려고 하는 것은 어렵다. 존 커트니 머레이가 1958년에 현시대는 정당한 전쟁 전통이 절대 진지하게 존중되지 않았다고 썼는데, 그는 확실히 옳았다.[81] 정당한 전쟁 전

---

79) 나는 가톨릭주의가 어떠한 권위적 교리를 만드는 것으로 인식되는 수단에 의하여 절대 정당한 전쟁 전통이 권위적으로 선언되어서는 안 된다고 예전에 논증했었다. 공의회 또는 교황 어느 누구도 여태껏 교리를 속박으로 선포하지 않았다. 살해를 거부하는 것은 절대 공식적 저주에 의하여 알려지게 된 것은 아니다. 평화주의 신학자는 이단들을 교회의 법에 따라 정죄하지 않는다. 로마 가톨릭 평화주의자는 더 많은 지지를 얻는다. 그러나 엄밀히 말하면 이단으로 불리지 않았다. 왜냐하면, 그 여자 또는 그 남자가 거부하는 것은 절대 신조가 아니기 때문이다. 오직 사용이 금지된 무기에 관하여, "하나님의 평화" 또는 "하나님의 휴전"에 관하여 중세 공회의가 내린 특별한 판결 중 몇 개 정도만 기록에 남아있다. 그들은 좀처럼 강압적이지 않다. 그들은 단지 정당한 전쟁 체계의 작은 쪼가리에 불과하다. 그러나 여기서 나의 요점은 교리는 신조가 아니라고 말하는 것이 아니라, 교회 지도자들이 특별한 전쟁을 판결하는 시행에서 특별한 설명이 필요한 행동에 관한 믿을 만한 기록을 남기지 않았다는 것이다.
80) 참조. 내가 논리적으로 유용하게 사상의 유형에 관한 레퍼토리(repertory)의 대부분을 열거한 나의 글 "How Many Ways Are There to Think Morally about War?" 그 목록에서 내가 빠뜨린 한 가지 범주는, 전 세계적으로 유럽의 군사적 확장 안에 나타난 사실이 당면한 아주 결정적 문제인데, "원주민들" 또는 "미개인들"은 우리가 인간으로 완전하게 누려야 할 같은 권리들을 가지지 못한다는 확신이다.
81) "Theology and Modern War," *Theological Studies* 20 (1959), 40–61과 종종 선별되어 편집되는 글들: "전쟁에 대한 가톨릭 교리의 사용에 의심을 품는 경향은 가톨릭 신자에 의해 그다지 오랫동안 사용되지 않았던 사실로부터 처음에는 발생한다. 즉, 그것은 공공 정책에 관한 사려 깊은 비판을 위한 기초가 되지 못했고 올바른 공공 의견을 형성

통이 진지하게 존중되지 않았기 때문에, 무익함의 근거에 관하여 논박하지 않았다고 그는 말했다. 만일 **무익함**에 의하여 충분히 공정하다면, 정당한 전쟁 전통은 우리가 **성공하지 못했음**을 의미한다. 그러나 동시에 그런 기록은 살해할 것을 결정한 군주와 신하에게 침례를 베풀었던 것에 근거하여 규범적인 입장을 취했어야 한다는 정당한 전쟁 전통의 주장을 논박한다.

이러한 보완의 실패가 정당한 전쟁 전통을 단순히 부적절한 것으로 만들지 않았다. 소수의 정치적 입장에서 나온 특별한 전쟁에 관한 비판들은 여전히 정당한 전쟁 전통에 대해 명확하게 찬성하지 않음을 표명한다는 것을 호소할 수 있었다. 이것은 영국에 대항하여 발생한 1812년의 전쟁을 거부했던 뉴잉글랜드의 일부 사상가들에 의해서, 그리고 전쟁과 관련하여 멕시코에 반대하는 수많은 비평가에 의해서 행해졌다.[82] 스코틀랜드의 귀족 데이비드 우어콰트David Urquhart는 전쟁을 정당화하는데, 사제들이 부정의한 전쟁에서 살인을 행한 사람들에게 면죄하는 것을 거부해도 되는 정도의 결정권을 갖는 기구를 로마 안에 만드는 것에 대해, 바티칸의 일부 기관에 위임하는 아주 심각한 상황을 발전시켰다.[83]

제2차 세계대전 당시 독일에서 폭격이 가해졌던 지역의 비평가들

하기 위한 수단도 되지 못했다… 나는 전통적 교리가 제2차 세계대전 동안에 아무런 관련이 없었다고 말하는 것은 진실이라고 생각한다."

82) 1812년의 전쟁: 요더의 책, *Christian Attitudes to War, Peace, and Revolution*의 4장 안에 있는 "The unsystematic nature of just war theory" 부분을 보라. 가장 잘 알려진 비평가는 링컨(Lincoln)과 소로(Thoreau)였다. 정당한 전쟁 논증을 이용했던 사람들이 교회론적 전통에 호소하지 않았던 것은 주목할 만하다. "마지막 수단" 또는 "정당한 근거"에 대한 그들의 의심은 상식적 논리의 문제들이었다.

83) 비공식적으로 출판된 나의 글 "David Urquhart and the Challenge of 'Just War' at Vatican I"을 보라. 공의회는 전쟁의 발발로 첫 달을 과오가 없음을 확인하는 데 보내야만 했고 완결되지 못했던 일들이 다 사라졌기에, 그 제안은 변화passage의 중요한 기회들을 갖게 되었다.

은, 영국의 대중 언론과 상원의회 안에서 불찬성에 대한 목소리를 내는 정당한 전쟁 전통에 호소했다. 그러나 그러한 모든 제한은 이미 사실상 "폭격자" 해리스Harris뿐만 아니라 윈스턴 처칠과 윌리엄 템플William Temple 대주교에 의해서 무효가 되었다.

그래서 **개념 체계로 볼 때**, 정당한 전쟁 전통은 전쟁을 계획하는 사람들의 선택을 **논리적으로** 제한할 수 있도록 **해야만** 하는 한계들을, 명확한 형태로 본질상 표현하기 쉽다고 우리는 말할 수 있다. 비도덕적인 전술과 전략들의 비평가들에 대해 개념상의 공격수단을 제공할 수 있다. 정당한 전쟁 전통은 개개인이 도덕적으로 생각하도록 돕는 적절한 질문 명단을 제공한다.84) 정당한 전쟁 전통은 그런 체계의 한계들이 승리의 기회들을 진지하게 양보하는 것을 고려할 때, 책임 있는 결정권자에 의하여 절대 **진지하게** 그 체계가 **고려되지 않음**을 인식하는 것을 더 중요하게 만든다. 정당한 전쟁 전통은 일부 정직한 군인들에 의하여 상당히 존중될 뻔 했다.85) 그러나 정당한 전쟁 전통은 대부분 교회 지도자들에 의하여 비교적 덜 엄격하게, 정부 관료들에 의하여 계속해서 비교적 덜 엄격하게 여겨왔다.

이것은 1983년 5월에 만든 주교들의 사목 편지인 「평화의 도전」에서 명료하게 보지 못했던 하나의 중요한 진리이다. 암브로스와 어거스틴같은 몇몇 주교 이래로, 그리고 중세 시대의 몇몇 중요한 신학자들 이후 정당한 전쟁 논증을 명료하게 말해준 주교들의 기록은 단정적으로 틀린 것은 아니다. 하지만. 주교들의 기록은 믿을만하지 못하다. 주교들의 기록은 실제 군사 행동을 좌우하는 **효율적인** 정당한 전쟁 규율

---

84) 잔은 "개인들이 현대 전쟁에 지지하거나 참여하기 전에 자신의 양심을 탐구하는 도덕적 의무를" 제공하는 이러한 기능을 확신한다.
85) 나는 노트르담 대학에서 장교가 되려고 준비하는 책임 있는 동료들에 의해서 정당한 전쟁 전통이 진지하게 고려되어졌음을 증언할 수 있다.

과 관련하여 오래도록 지속되는 전통이 있다고 하는 그릇된 선입견에 대한 여지를 남겨두었다. 마키아벨리적 현실주의의 권력과 종교적으로 인가받은 인종적 자부심은 말할 것도 없고, 주교들의 기록은 유럽의 문화적 유산 안에 십자군 전쟁의 흔적을 한쪽 구석에 완전하게 남겨두었다.

전체 체계의 신뢰성에 완전하게 타협하는 현실주의의 또 다른 차원이 있다. 그것을 **미끄러운 경사면** 또는 **방아쇠 효과**라고 부른다. 냉정한 군사 당국을 포함하여, 돌이킬 수 없는 적대감이 합법화되어지고 거기서 드러나는 폭발적 힘을 제어할 수 없다면, 파죽지세로 몰아붙이는 전쟁을 중간에서 중단시킬 수 없다고 말하는 사람들이 있다.

> 모든 전쟁은 가슴 아픈 실수들을 수행한다. … 이것은 가슴 아픈 속전贖錢, ransom, 즉 피할 수 없는 전쟁의 보상이다. … 사실은, 단지 하나의 원인이 있기 때문에 우리는 이러한 불행한 사건들의 원인들을 더 남겨두지 않는다. 그 원인은 전쟁이고, 정말로 책임을 져야 할 유일한 사람들은 전쟁을 원했던 사람들이다.

이것은 제2차 세계대전이 끝나기 3주 동안 가능성이 없는 전술적 이유로, 보르도Bordeaux 지역 안에 있는 후아양Royan 시市의 전멸을 책임지고 있던 프랑스의 장군 드 라미나de Larminat의 말이었다.86) 영국 공군 중장 로버트 선드비 경Sir Robert Saundby은 드레스덴Dresden의 폭격 당시 그 공포에 대해서 비슷한 말을 했다.

드레스덴의 폭격은 전쟁 시기에 때때로 발생하는 끔찍한 일들 중 하

---

86) 하워드 진, 「오만한 제국」*Declarations of Independence* (당대 역간)

나였는데, 불행한 상황들이 얽어지면서 발생했다. … 이러저러한 면에서 볼 때 폭격은 부도덕하거나 비인간적인 전쟁을 만드는 그다지 대단한 수단은 아니다. 비도덕적인 것은 전쟁 그 자체이다. 일단 규모가 엄청난 전쟁이 발발하면 전쟁은 절대 인간적이거나 문명적이 될 수 없다. … 우리가 국가 간의 격차를 해소시키는 데 전쟁이라는 수단을 의지하는 한, 계속해서 우리는 전쟁이 가져오는 공포, 만행, 무절제를 견뎌내야만 할 것이다. 이것이 나에게 가져다준 드레스덴의 교훈이다.[87]

예전에 전쟁은 식별할 수 있는 능력을 가져다주는 것이 불가능하다고 주장하는 것한 때 전쟁을 벌이는 합당한 이유가 되었던을 합법화하려는 장군들과 정치인들이들은 평화의 시기에 그럴듯한 미사여구를 곁들여 마치 그들이 평화주의자인 양 행세한다 에게 특별한 이름을 붙여주어야 한다. 어떤 장군 한 명이 선택의 여지가 없었고, 제한할 수도 없었다는 이유를 들어 잔학 행위를 정당화할 때, 특별한 극단의 도덕적 부패가 활동하게 된다.

장군이 아닌 사람들은 장군을 따라 분명히 똑같은 주장을 한다. 그러나 독자들은 그들의 미사여구가 조금은 심각하다는 것을 느낀다. 알버트 아인슈타인Albert Einstein은 전쟁의 규정과 관련하여 1932년에 열렸던 제네바회담에서 다음과 같이 응답했다. "만일 우리가 전쟁의 규정을 고안해냄으로써 전쟁의 횟수를 줄이지 않는 한, … 우리는 인간다워질 수 없다. 전쟁 규정은 오직 폐기되어져야만 가능하다."[88]

---

87) David Irving, *The Destruction of Dresden* (Ballantine: 1965), 진의 책, 98에서 인용.
88) Ronald Clark, *Einstein: The Life and Times* (New York: World, 1971), 370. 이처럼 거짓이 숨겨진 도덕적 엄격함은 독일이 원자폭탄을 먼저 준비할 것이라는 이유 때문에 원자폭탄을 준비하는 것을 지지하는 것에서 아인슈타인을 막지 못했다. 저자인 클락 자신은 아인슈타인이 현실에 대한 인식이 부족했음을 안타깝게 여겼다. 하워드 진은 지그문트 프로이트(Sigmund Freud)와 윌슨(E. O. Wilson)에게서 비슷한 진술들을 얻어냈

장군들이 이런 종류의 논의를 할 때, 마치 강대국의 전쟁을 일으키는 힘이 처음에는 통제되지 않다가 나중에 가서 식별력을 가지고 억제될 수 있는 것처럼, 자신들을 "현실주의"라고 부르게 될 것이고, 여전히 계속해서 이야기하거나 글을 쓰는 언론인, 역사가, 그리고 정치적인 과학자들에 의해서 진지하게 취급될 것이다.[89] 정치적인 과학자인 로버트 오스굿Robert Osgood이 처음 전쟁에 참가하기를 꺼려하는 것은, 일단 마지막 수단의 발단이 방해받게 되면 우리의 지도자들을 더 독선적이거나 거리낌 없는 사람으로 만든다는 개념을 특별히 미국인의 입장에서 드러냈다.[90]

「평화의 도전」이 대화를 진전할 수 있도록 했던 또 다른 점이 있다. 주교들의 편지는 평화주의와 정당한 전쟁은 상호보완적이라는 개념을 그 편지의 해설 속에 억지로 집어넣었다. 주교들이 단지 부당한 전쟁을

다(「오만한 제국」, 34 이하). 인류학의 한 분야는 인간의 호전성에 대한 유전학의 공헌을 극대화한다. Thomas Merton의 책 *Faith and Violence* (Notre Dame, IN: University of Notre Dame Press: 1968), 96 이하에 있는 글 "Is Man a Gorilla with a Gun?"을 보라.

89) *When War Is Unjust*, rev. ed. (1996), 102 이하에 관한 드류 크리스티안센(Drew Christiansen)의 기여는 일부 로마 가톨릭 사상가들과 주교들이 정당한 전쟁 규율의 다양한 함의에 대하여 더 주의를 기울이게 된 여러 대목에서 인정받는다. 그러나 나는 마치 그것이 주요한 전쟁에서 그 스스로 효력을 내는 것과 같이 비평화주의자인 도덕 신학자들이 이러한 "방아쇠" 현상과 충분히 씨름하는 것을 세심하게 보지 않는다. "핵무기 억제"의 개념 속에 그것에 대한 하나의 유사함이 있다. 통상적 전쟁이 단계적으로 확대되는 것에 대하여 진지하게 생각하지 않았던 사람들은 때때로 그들이 핵무기를 생각할 때 그것을 알게 된다. 그러나 그 사람들은 핵무기의 발단에 대해서는 종종 무비판적으로 남아있을 준비를 한다. 또한, 나는 (크리스티안센을 포함하여) 그들이 만약 효율적 식별의 도구가 되어야 한다고 주장하는 체계가 대부분의 역사에서 사실 보완적이지 못하다면, 그것은 규범적 교리의 상황에서 논박된다는 고든 잔의 주장을 붙들고 씨름할 것이라 보지 않는다.

90) 편집자 주: 요더는 확실히 이전의 내용들을 보면 오스굿보다는 로버트 터커에 관심을 기울인다: Robert W. Tucker, *The Just War: A Study in Contemporary American Doctrine* (Baltimore, MD: Johns Hopkins University Press, 1960), 11, 21, 61-66, 74-79, 86; Robert W. Tucker and David C. Hendrickson, *The Imperial Temptation, the New World Order, and America's Purpose* (New York: Council on Foreign Relations, 1990), 133-34.

거부하는 데 동의하는 것은 아니다. 즉, 주교들의 편지는 이웃에게 해악을 끼치는 것에 반대하는 앞선 행동에서 개념적으로 나온 정당한 전쟁 사상 안에서 전쟁의 용납을 해석할 뿐이다. 정당한 전쟁의 기준에 대해 정의 내리는 상황정당한 전쟁이 특별하다는 것을 알게 하려고 속에서, 그런 추정은 평화로운 사회에서 기본적으로 나타나는 평화 원리의 예외적인 부분을 무효로 만들 수 있다. 다시 말해서, 당신은 사람들에게 해악을 끼쳐서는 안 된다.

이런 추정과 예외 논리는 주교 중 입안을 주도했던 브라이언 헤이르에 의해서, 그와 같은 시대의 도덕 신학자들제임스 칠드레스, 랄프 포터, 그리고 데이비드 호렌바흐와 함께 시작되었다에 의해서 공유된다.[91] 그러나 정당한 전쟁 사상가 중 개신교 수장격인 폴 램지는 가정과 예외 논리에 도전했다.[92] 우리가 논리에 관하여 생각하는 것이 무엇이든지 간에, 「평화의 도전」 안에 보이는 논리는 신학적·정치적 의미 양쪽 모두와 관련하여 중요한 혁신을 나타낸다. 비록 가톨릭 지지층 안에 있는 아주 소수의 사람들에게만 나타나긴 했지만, 어찌되었든 간에 평화주의가 처음으로 합법적인 것으로 인식되었다는 사실은[93] 소수자의 증언을 강력하게

---

91) 칠드레스: in *War or Peace? The Search for New Answer*, ed. Thomas A. Shannon (Maryknoll, NY: Orbis, 1980), 40–58;, 칠드레스의 논문집 *Moral Responsibility in Conflicts* (Baton Rouge: Lousiana State University Press, 1982); 그의 글 "Just-War Theories: The Bases, Interrelations, Priorities, and Functions of Their Criteria," Theological Studies (September 1978): 427–45. 포터: War and Moral Discourse. 호렌바흐: David Hollenbach, *Nuclear Ethics* (New York: Paulist Press, 1983). 예외로, 바뀐 추정에 따라 설립된 대로 도덕적 식별의 일반적 형태를 보는 것은 필립 워거만(Philip Wogaman)이 그의 책 *A Christian Method of Moral Judgement* (Philadelphia: Westminster, 1976)에서 기획했던 것이다.
92) Paul Ramsey, *Speak Up for Just War or Pacifism*. 램지에게, 정당화될 수 있는 전쟁은 해악을 끼치는 것에 반대하는 일반적 규정에 대한 하나의 예외가 아니다. 정당화될 수 있는 전쟁은 순진한 사람들을 보호하려는 독립된 사랑의 명령을 위하여 일한다. 비록 정당화 할 수 있는 전쟁이 또 다른 사람에게 해악을 끼침으로써 그렇게 된다 하더라도 말이다.
93) 바오로 6세는 가장 최근에 양심적 반대를 거부했던 권력자였다. 평화주의의 한 부분으로 정당한 전쟁을 정의 내리는 것에 더하여, 이제 미국의 주교들은 완전한 평화주의에

승인한 것으로 여겨진다.94) 물론 베트남 전쟁 때문에 평화주의가 어떤 주교들에게는 단순히 관용적인 포용함으로 사목하는 데 무시될 수 있었던 것을 상세하게 설명하지만 말이다.95)

「평화의 도전」이 가차 없이 무차별한 폭격과 핵무기를 비난했다는 것은, 주교들이 상당히 명확하게 표준적인 정당한 전쟁 개념을 적용했던 완전한 목록처럼 칭찬받을 만하다.96) 그러나 다른 한편, 주교들이 정당한 전쟁론과 평화주의의 상보성 논리를 소개한 것은, 고든 잔97)과 같은 사람의 고결함에 대해, 이론의 "위력"에 관해 비준하는 것 그 이상으로98) 기여를 했다.

관한 직업상의 도덕성을 인식하고, "선택할 수 있는 양심적 반대"의 합법적 인식을 요구한다.

94) 고든 잔의 멘토인 도로시 데이는 *The Challenge of Peace* 안에 있는 글에서 인용된다. 제2차 바티칸 공의회 중 주교들에게 던진 그녀의 증언이 광범위하게 기록되었다. 데이비드 오브라이언(David O' Brien)은 그녀를 나라에서 가장 중요한 가톨릭 신자라고 불렀다.

95) Patricia McNeal, *Harder than War* (Piscataway, NJ: Rutgers University Press, 1992)은 1927년부터 1983년까지 가톨릭주의 안에서 반대 입장을 취하는 평화주의자의 삶을 연대순으로 기록한다. 그러나 숫자상의 중요성을 측정하는 수단을 제공하려고 하지는 않았다. 그들의 수가 매우 작음에도, 가톨릭 평화주의자들은 주변 환경을 대단하게 변화시켰기 때문에 1980년대에 주교들은 글에서 그들을 언급하지 않을 수 없었다.

96) 다른 전통적 기준들(사람들이 어떻게 자세하게 설명하느냐에 따라 4개에서 12개 이상까지 가능하다. *When War is Unjust* [1996], 147-60) 중에서 어느 것도 *The Challenge*에서 진지하게 시험되지 않았다. 전쟁할 권리(ad bellum) 기준 중 7개가 기준들을 적용하려는 논의 없이 설명된다. 전쟁의 정당성(in bello) 기준 중 결백한 면책(innocent immunity)만이 진지하게 취급된다. 반면에 다른 기준들은 쉽게 무시된다. "The Challenge of Peace: A Historic Peace Church Perspective" in *Peace in a Nuclear Age*, 273-90을 보면, 나는 *The Challenge* 안에서 역사적 설명 부분이 (내가 순진하게 믿기로는) 잘못된 방향으로 기록되어있는 몇 개의 방법을 기록했다. 그러나 나는 많은 기준 중에서 오직 하나에 관하여 주교들은 미국 정책이 부족하다고 느꼈을 가능성을 기꺼이 숙고했다는 무언의 함의를 따르지 않았다. 또한, 나는 "충분함"을 넘어선 제재받지 않는 무기 공급 정책-이것들이 비난받음에도-이 정치적으로 또는 전략적으로 이성적이지 못하고 누군가에 의해서 옹호되지 못하기 때문에, 이러한 입장은 그 누구에게도 더는 희생의 대가를 치르게 하지 않는다는 사실을 강조하지 않았다.

97) 도로시 데이의 이름이 간디와 킹의 이름과 더불어 *The Challenge of Peace* 본문 안에 거론된다, 제 117항.

98) 실제로 *The Challenge of Peace*에는 "위력"이 없다. 주교들은 모든 사람이 선하게 살도록 격려한다. 그러나 예를 들어, 군수물자 관련 종사자 또는 미사일 기술자가 일하는 것을 거부해야만 한다는 점에 관한 상세한 설명은 없다.

1983년 이후 시간이 지나서, 정당한 전쟁 전통이 근거를 획득하기보다는 상실하고 있다는 것은 분명하다. 도시의 미국인들이 자신을 잠재적 핵무기의 목표물로 보는 경향이 있었을 때, 그들은 거대한 핵전쟁을 위한 계획을 비난할 준비가 되어있었다. 그러나 현재 비합법적 살해가 가난한 나라 안에서 수백 만 개의 지뢰로 인해 자행되고 있음에도, 지뢰에 대한 폐기는 그다지 단호하지 못하다.[99]

도전을 풀어나가는 제3의 방법은 "지금껏 정당한 전쟁이 있었는가?"라고 묻는 것이다. 비평적 도구인 논증의 유용성은 질문에 일반적으로 답하는 것에 달려있지 않고,[100] 전쟁을 준비하는 사람들의 도덕적 신뢰성이다. 수많은 사람을 체계적으로 조직하고, 무장하고, 훈련시키는 것을 도덕적으로 허용하는 것은, 그 사람들이 준비하는 살해가 적어도 정당한 전쟁 기준을 접촉하게 해줄지도 모르는 실질적 가능성에 달려있다. 과거 일어났던 대부분의 전쟁이 정당한 전쟁의 요구들과 접촉하지 못했다면, 이것은 이상적 체계인 정당한 전쟁 전통에 관한 비난이 아니다. 그러나 이것은 정당한 전쟁 전통을 실행시키는 데, 실패한 정치적이고 군사적 결정권자들에 관한 고발**이다. 그로 말미암아** 결정권자들에게 도덕적 가르침을 준 사람들에 관한 고발이다. 그 결과, 시민들에게 희생할 것을 요구하는 권한을 지닌 사람들에 관한 고발이다.

전쟁 기록에서 **어느** 때 정당한 전쟁 규칙에 적합**했는지**를 묻는 폭넓은 회의주의로부터 정당한 전쟁에 관한 의문에서 내가 한 걸음 물러선

---

99) 다이애나 왕세자비는 지뢰 문제를 공론화시켰던 사람이었는데, 그녀가 죽었을 당시에 미국은 지뢰 사용을 가능한 한 금지하는 협상에 참여하는 것에 동의했지만(이것은 9월 초에 발표됐다), 조약을 약화시키기 위한 것일 뿐이었다. 우왕좌왕하는 외교정책 가운데에서 여러 논의가 조약의 수위를 제한했다는 사실에 주목하지 않았다. 최근의 세대에서는 지뢰의 사용이 비전투원들을 의도적으로 목표물로 삼는 뻔뻔스러운 상황임을 말하는 정직함을 지닌 사람은 아무도 없었다.

100) 우리는 머레이가 십계명이 순종되지 않는다는 사실 때문에 부적절한 것이 되지는 않는다고 말하는 것을 기억한다. 그러나 십계명을 가르치는 사람들을 믿을 수 있는 것은 그 사람들이 십계명을 실천하는 것을 보는 것과 별개의 것이 아니다.

다면, 내가 생각해 낼 수 있는 최선은, 1940년대에 소비에트 연방에 반대하여 핀란드가 스스로 자신의 나라를 지켜낸 때이다.[101] 그러나 나는 고든 잔과 같은 입장이다. 내가 계속 요구하는 정당한 전쟁의 증거문학 작품 속에서는 발견하기가 매우 어렵다는 어떠한 이론을 뒷받침하고자 행하여지는 실험에 지나지 않을 것이다. 다시 말하자면, 아주 심각한 상황 속에서는 전쟁이라는 원칙을 지지하면서도 전쟁 행위에는 반대하는 원칙을 지닌 결정권자들은 전쟁을 발발하게 만든 이유만을 놓고 볼 때, 어느 한 편만을 이롭게 하는 규칙은 반대한다.[102] 나는 내가 더욱더 확고하게 이러한 정당한 전쟁 전통에 관해 반박할 수 있기를 바란다. 왜냐하면, 고든이 주장하는 것 이상으로, 나는 정당한 전쟁 체계가 지금껏 의도되었던 것에 대한 의문이 증폭되었음에도, 작동하도록 도전하기 때문이다.

정당한 전쟁을 작동시키려고 하는 나의 노력 대신에, 오르비스 출판사가 정당한 전쟁 전통의 가치에 대해 공식적으로 논쟁하는 것을 더욱 잘할지도 모른다고 제안함으로써 고든은 다음과 같이 결론 맺는다: "더 직접적으로 정당한 전쟁 전통이 지금껏 작동되어 왔는가, 그리고 더 중요한 것으로 정당한 전쟁 전통이 작동될 수 있을 것 같은가와 관련된 질문들이 실려 있는 '찬성'과 '반대'의 글들로 결론 맺는 것이 더

---

101) 기준이 미국의 지원을 받은 소수 독재자들에 반대하는 중앙아메리카의 저항 운동 중 일부에 의하여 경험되었다는 것을 논의해도 좋을 것이다. 그러나 사람들은 선거 과정이 없이는 "합법적 권위"를 주장할 수 없다. 참조. 비평화주의자들의 최선의 후보자들을 위해 John Lewis, *The Case against Pacifism.*을 보라.

102) *When War Is Unjust*에 대한 예수회 신부인 드류 크리스티안센의 반응을 보면, 그는 정당한 전쟁 전통의 기준 중 일부가 과거에 비해서 최근의 저작들 속에서 더욱더 명확하게 정의되는 여러 방법들을 기록한다. 그러나 그는 전체 가톨릭교회가 규율 막대기를 만들도록 권력을 지니게 된 것은 아니라고 거듭해서 인정한다. 그는, 마치 그런 정황들의 결여가 증가되기 이전에 그러한 상황들이 있었던 것처럼, "정당한 전쟁 분석을 믿을 수 있고 효율적으로 사용하기 위한 사회적 정황들의 결여가 증가되는 것"과 관련하여 글을 썼다(103).

나을 것이다."

나는 다시 글을 쓰려고 더 많은 시간을 투자하는 데 그다지 흥미가 없다. 마치 그것은 정당한 전쟁론과 평화주의의 동등한 면^{선한 신앙의 같은} ^{수단으로 논증하는 정당한 전쟁론과 평화주의의 면}으로 실제 논쟁하는 것과 같다. 정당한 전쟁론은 대부분 사람들이 했던 것보다 내가 이미 더 깊이 있게 분석해냈던 대화이다. 나는 삼십 년 동안 정당한 전쟁론을 실험해온 것을 통해, 정당한 전쟁 전통은 믿을 수 없다고 하는 점을 **내면으로부터** 분별한다.103) 나는 정당한 전쟁론이 믿을 수 있다고 생각하기 때문에, 나는 정당한 전쟁 전통과 대화하지 않는다. 그러나 정당한 전쟁론은, 내가 하나님의 형상을 가졌다고 믿는 사람들이, 그들 스스로 하나님의 형상을 지닌 다른 사람들을 파괴하는 권위를 부여하고자, 남용하는 말이기 때문이다.

---

103) 참조. 다시 "The State of the Question" in *When War Is Unjust*, rev. ed. 119–29.

제 9 장

리사 소울 카힐은 관대하다
평화주의는 규칙들과 예외들이 아니라
회심과 공동체에 대한 것이다

리사 소울 카힐의 책 『네 원수를 사랑하라』*Love Your Enemies,*
104)는 평화주의와 정당한 전쟁 사이의 상보적인 변증법을 지각할 수
있게 재평가하는 일에 지난 수 세기 동안의 논의를 기록하고 있다.105)
대다수 사람들의 견해에서 나온 평화주의와 구별하여 평화주의의 주장
들을 소개하는데, 그녀의 기본적 혁신은 규칙들과 예외들의 변증법을
다르게 다루는 것이 아니라, 규칙들과 예외들의 용어로 도덕적 담론를

---

104) Lisa Sowle Cahill, *Love Your Enemies: Discipleship, Pacifism, and Just War Theory* (Minneapolis: Augsburg Fortress, 1994).

105) 편집자 주: 요더는 『어린양의 전쟁』을 기획하면서 다음과 같이 썼다. "*Love Your Enemies*을 보게 되면, 나에 대한 리사 카힐의 일말의 관심 속에 들어있는 그녀의 신중함과 선한 태도는 그녀가 일치되는 최소한의 어떤 것을 발견하기 원했던 이래 계속되어 온 대화를 사실 진전시키지는 못한다. 그것은 두 개의 앞선 본문들의 기초에 관하여 기록되도록 하려는 것이다. 다른 사람들의 견해를 대화적으로 조사하는 또 하나의 견본으로써 고든 잔의 글에 더하여 도움이 된다." 우리에겐 요더의 "앞선 문서들" 중 하나가 있는데, 여기서 그것을 소개한다. 그러나 다른 하나는 없다. 요더는 나(글렌 스타센)에게 리사 카힐이 요더의 입장를 다뤘던 배려와 식견 있는 평가에 특별히 감사했다고 했다. 그는 *Authentic Transformation*을 쓰는 일이 끝났을 때 이것을 언급했다. 우리가 리사에게 서문에 언급될 수 있는지 요청할 것을 제안했다. 우리는 그녀에게 요청했고 그녀는 동의했다. 그녀는 심사숙고하여 감사의 글을 썼고 이에 우리는 감사를 표했다.

행하지 않는 것이다. 이것은 전에 그다지 정확하게 산출되지 않았지만, 이제는 내가 존중하기 원하는 통찰력이다. 나는 그녀가 식별했던 요점에서 나온 대화에서 계속 진전함으로써 존중하기 원한다.

카힐은 기독교 평화주의가 폭력과 비폭력의 이론적 분석에서 나오기보다는 대개 그리스도인의 회심과 공동체의 경험에서 흘러나온다고 썼다. 정당한 전쟁론자들은 종종 이 점을 간과한다. 정당한 전쟁론자들은 평화주의를 폭력에 대항하는 **절대적 규칙**규칙에 근거한 예외들을 근거로 하는 정당한 전쟁론의 거울 이미지으로 보는 경향이 있다. 정당한 전쟁론자들은 다음의 글을 충분히 인식하지 못한다. "진정한 성서적 평화주의는 어떤 인간적 가치나 규칙들이 절대화되는 것의 주변을 맴돌지 않는다. 하지만, 평화주의는 모든 '자연적인' 행동의 양식을 포괄하고 종종 변화하는 **그리스도 안에서 회심한 삶** 주변을 따라 움직인다. 평화주의와 정당한 전쟁론의 모순incoherence은, 가장 특징적으로는 그리스도의 은혜에 의하여 하나님나라가 실제로 이루어진 인간의 삶 속에서 얼마나 현재적이고 근접할 수 있는지에 대하여 불일치 안에 나타난다."106)

나는 리사 소울 카힐이 규칙/예외 방식의 부적절함을 식별해내고 다른 방식을 지명한 것에 관해–직업상 윤리학자로서, 신앙고백상 교파의 대화에 참여한 사람으로서, 개인적으로 언급된 사람 중 하나로서, 그리고 기독교윤리학회와 가톨릭신학연구협회의 친구와 동료로서–그녀에게 감사한다.

규칙/예외 방식 **내에서** 논쟁하는 것보다, 그녀는 다른 방식들의 차이를 식별해내는 데 분명히 옳다. 이것은 모든 면에서 내가 그녀의 명료한 진술이 적절하다고 여긴다는 것을 의미하지 않는다.

---

106) 편집자 주: 우리는 요더의 요점과 관련하여 카힐의 제안을 요약해 놓은 이 문단을 첨가했다. Lisa Sowle Cahill, *Love Your Enemies*, 213에서 인용함.

(1) 카힐은 전체적 설명을 구성하는 정당한 전쟁과 평화주의 사이의 극
단적 대화는 지나치게 간소화한다. 극단적 대화는 많은 그리스도인
을 몰아가는 다른 방식들"현실주의", "람보"에 부적절한 인식을 준다. 그
녀는 십자군 운동에 주목한다. 비록 나는 그녀가 원수 사랑의 형태
를 갖추려고 십자군 운동을 진지하게 고려한다고 확신하지는 않지
만 말이다.107)

(2) 평화주의자들이 어떻게 그다지 비슷하지 않은 수많은 용어에 의지
하는 것resorts을 추론하는지를 관대하게 서술하려는 그녀의 노력: **공
동체, 희망, 회심.** 이런 것들은 각각 한 가지 이상의 의미를 지닐지도
모른다. 예를 들어, 공동체가 전체 사회와는 다른 집단의 충성을 받
아들이는 것을 단순히 의미하는가, 아니면 공동체는 성령의 능력 안
에서 특색 있는 대화의 인식론을 의미하는가? 회심은 오직 타락한
세상의 주장에서 분리된 것을 의미하는가, 아니면 회심은 성화와 능
력을 부여받은 것을 의미하는가? (세 가지보다 더 많은 의미를 지닌)
이러한 세 개의 용어는 모두 옳지만, 어느 것이 중심이 되어야 하는
가? 내가 던지는 질문들은 이런 것들이다.

(a) 예수는 그리스도로 고백되는가? 즉, 이스라엘에 대한 약속의 성
취로 고백되는가?

(b) 예수가 주님으로 고백되는가? 즉, 역사의 의미에 핵심으로 고백
되는가?

대화의 불가능함

사상의 예외/규칙 방식은 당연히 자신의 기반이 무엇인지에 대하여

---

107) 편집자 주: 카힐의 책 제목은 *Love Your Enemies*이다. 요더는 아마도 카힐이 자신의
책에 십자군 운동 내용을 포함시킨 것은 그녀가 원수를 사랑하는 형태로 십자군 운동을
바라본다는 것을 암시하지 않는다고 말한다.

정의상 대화할 수 없다. 예외/규칙 방식이 탐구하는 모든 입장은 그 방식의 기준선망grid을 관통할 것임이 분명하다. 예외/규칙 방식은 "예외 없음"을 요구하기 직전에 다른 입장에 있지도 않은 엄격함을 이야기하면서 그 다른 입장을 뒤로 미루어놓는다. 내가 예외를 많이 수용하든지, 적게 수용하든지 아니면 다른 예외들을 수용한다고 말하든지 결정을 내려야 하는 것이지, 일정 범위 안에서 이 방식을 다루거나 반대하거나 할 수 없다. 일단 부조화가 지체되지 않고a punctual collision 분명해지면 예외/규칙 방식은 논박하기 어렵다.

아니면 나는 예외들이 없다는 것을 논의하지 못할 것이다. 예외/규칙 방식은 핀란드에 해당되지만, 그 방식은 실제로 분명하지 않다. 만약 갈등하는 가운데 두 가지 예외 없는 규칙들이 있다면, 그것은 다음 중 선택해야만 한다.

(1) 예외/규칙 방식 중 어느 하나가 결국 다른 것을 압도적으로 이기고, 다른 것은 실제로 예외들을 갖게 되는 것. 또는,

(2) 우리는, 양쪽 모두를 만족시킬 수 있게 하는 기적/섭리 그리고/또는 순교를 이용하는, 필연적이지 않은 우주론을 의지할 수 있다는 것. 또는,

(3) 예외/규칙 방식을 승인함이 없이 예외들을 만드는 일련의 규칙들을 추가하는 것. 즉, 두 배 효과처럼 기본적인 전략적 행동, 또는 당연히 살인이 아닌 일종의 살해에 대한 목록.

이 게임은 선의로 하는 것이지만, 근본적으로는 정직한 것이 아니다. 왜냐하면,

(1) 예외/규칙 방식은 예외 없음을 가정함으로써 중요한 근거를 요구하고, 결국 예외들을 승인한다.

(2) 예외/규칙 방식은 그 방식이 거부하기를 요구해 온 결과주의를 또 다른 이름 아래 가져온다.

(3) 예외/규칙 방식은 서로 반대하는 입장에서 가치를 고려하거나, 아니면 각각 정당한 근거를 증명해 내는 데 사용했던 계수들을 정의 내리는 (대부분의 결과주의와 같이) 데 실패한다. 다시 말해서, 특별히 예외/규칙 방식은 가치 정의에서 이기주의적인 것을 훈련하거나 인식론에서 자기중심적인 것을 훈련하지 않는다.

예외 없음의 유형을 받아들이지 않기

내가 예외/규칙 구조의 타당함을 거부하는 것은 "예외가 없는" 유형을 받아들이지 않는 것을 의미한다. 이 유형은 예외/규칙 구조에 대한 대안이 아니라, 그 방식의 종속적 형태 중 하나이기 때문이다.

나는 예외가 있을 수 있다는 것을 원칙적으로 확언하지도 부정하지도 않는다. 또한, 나는 예외에 대하여 말하는 것을 조금도 거부하지 않는다. 나는 우리가 방해 세력과 맞닥뜨리지 않고도 윤리학의 의제 대부분을 다룰 수 있다고 확언한다. 예외에 대하여 말하는 것은 방해 세력이 어디에 있는지, 또는 정확히 규칙들에 의하여 정의 내려진 한계들이 어떤 것이고, 규칙들과 관련하여 예외가 있을지도 모르는 곳이 어디인지를 정의 내리는 문제가 아니다. 즉, 그것은 본질 한가운데로 우리의 삶을 인도하는 제자도의 형태에 대해 증언하는 것에 관한 질문이다.[108]

그래서 나는 다른 방향으로 논증을 한다. 나는 사람들에게 그들 자

---

108) 편집자 주: 우리는 더 명확한 설명이 되도록 이 문장을 첨가했다.

신의 표현을 통해 그들의 존엄성을 보여주려고 예외/규칙 방식에 도전한다. 그것은 규칙이 깨질 때, 사람들이 (자신들의 존엄성을 위해서) 예외조항 만들기를 지배하는 규칙이 있다는 것을 보여줄 필요가 있음을 의미한다. 이것은 일반적 의미에서 볼 때, 결의론casuistry이다. 만약 예외 만들기가 원칙을 준수한다면, 규칙의 적용은 요구 사항을 충족시키지 않는 예외를 부인할 수 있을 것이다. 부인의 가능성은 체계를 어느 정도 신뢰하는가와 관련된다. 즉, 만약 당신이 적합하지 않은 예외에 대해 "아니오"라고 말할 수 없다면, 당신이 예외조항 만들기를 주장하는 것을 정당화할 수 없다. 부인의 가능성이 없다면, 예외/규칙 방식의 미사여구는 용어의 기술적인 면에서 위선 행위를 숨기는 것이다. 예를 들어, 전부를 지닌 누군가가 하나의 조항을 주장하는 것에 대해 규칙을 요구하는 것은 사실 일어나지 않는다. 다른 말로 하면, 설명할 수 있는 결의론이 되도록 주장하는 것은, 사실 미끄러운 경사면을 지나는 것과 마찬가지이다. 미끄러운 경사면을 내려가는 동안, 사람은 다음과 같은 것을 주장할지 모른다. (a) 나는 경사면에 미끄러지면서 그렇지 않은 듯이 보이려고 '규칙'이라는 수사법을 사용한다. 아니면 (b) 나는 내가 어쩔 수 없이 예외를 만드는 데 동참했다고 하는 죄를 고백한다.

만일 내가 예외/규칙 방식의 추론의 압제, 중심성, 우선성을 부정한다면, 내가 해야 할 것은 무엇인가?

(1) 나는 도덕적 요구를 시험하는 방법으로 예외 만들기를 중심에 두는 것을 거부한다.

(2) 나는 (특별하고 실제적인 윤리상의 충돌과 동떨어진 채) 예외 만들기 자체의 권한에서 방법론적 이슈로 예외 만들기의 논의를 먼저 논의 대상으로 삼는 것을 거부한다. 그것은 마치 높은 학식을

지닌 학자들이 개연론probabilism, 엄격 개연론probabiliorism, 안전 채용론tutiorism 등에 관하여 벌이는 결의론 논쟁과 같다.

(3) 나는 단지 예외로써 정당한 행동을 위한 준비를 정해진 시간보다 빠르게 제도화하는 것을 거부한다. 예를 들어, 나는 폭력적 자기 방어를 위해 제도적으로 준비하지 않는다. 극단적인 예외를 위해 준비하지 않는 것은, 극단적인 예외로 말미암아 발생할 수 있는 것들을 상당히 감소시킬 것이다. 만약 당신이 정기적으로 총을 휴대하지 않는다면, 당신은 총을 언제 사용해야 하는지에 대한 많은 어려운 결정을 피할 수 있다.

(4) 나는 앞서 언급했던 정당한 근거들, 계수들, 자기중심주의egoism 에 대한 질문들선의를 가지고 논의했었지만, 근본적으로 부정직한 게임이 돼버린 을 회피하는 것을 거부한다.

결과주의결심주의 또는 엄정주의에 반대하여

나는 결과주의에 반대하여 논쟁할 것이다. 왜냐하면, 결과주의는 결심주의decisionism(또한, 단안주의quandaryism 또는 엄정주의punctualism라고 불리는) 의 한 부분이기 때문이다. 그것은 결정을 내리는 순간이나 결정 사항, 또는 도덕적으로 곤란할 때, 어떤 행동이 최선의 결과를 가져올지를 요구한다. 결심주의는 실제 결과로 나타나는 이해관계를 추정하는 것을 왜곡한다.

(1) 결심주의에 나타나는 자기중심적 견해나 관점은 진실의 많은 차원/양상을 걸러낸다.

(2) 결심주의에 나타나는 자기중심적인 가치 기준들은 많은 차원에

나타나는 공동선을 과소평가한다.

(a) 그것은 실재의 폭을 과소평가한다: 다른 사람의 관심사들, 가족 연대, 그들에게 부여된 약속들, 결정 과정의 제도적 차원들.

(b) 그것은 도덕적 실재의 깊이를 과소평가한다: 영성, 세계관, 인간 존재론거듭남, 성화의 차원들.

(c) 그것은 도덕적 실체의 길이를 과소평가한다: 과거의 경험들, 습관화, 전통, 덕행들 그리고 미래의 희망과 목적들.

(3) 결심주의는 결정이 내려지는 상황을 비용이 많이 들고 역설적 결정의 방식과는 반대로 향하도록 한다.

(a) 어머니는 당연히 자녀들을 위해 희생한다. 군인은 국가를 위해 희생한다.

(b) 신약성서에 따르면, 십자가를 지는 것은 그래도 예외가 아니라 적대적 세상에서 충실함의 정상적 구성요소이다.

(c) 용감한 순교는 군대에 의해 존경받는다.

(d) 간디와 킹의 글들과 실천들로 말미암아 무고한 고난의 힘은, 충성스럽게 수행해 나가는 것과 관련된 문제이다. 그것은 결과주의자들의 계산에 의한 것이 아니다.

(4) 결심주의는 윤리학(자기 비판적 분석)을 에토스ethos 위에 놓는다. 그것은 구체화하는 것에 의해서가 아니라 보편화하는 것에 의해서 시험한다.

이러한 관점결심주의가 과소평가하는 중 어느 것도 결과에 관심을 기울이지 않는다. 오히려, 관점들은 각각 보다 큰 상황다른 차원들이 처음으로 나타나고 예외를 위한 경우를 숙고하려고 앞서서 목소리를 내는 가운데에서 나타나는 결과들에 대해서 심사숙고한다.

필연적으로 발생하는 "균형 잡힌 추론"만으로 충분하다고 말하는 사람들과 마지막 질문보다 오히려 첫 번째 질문에서 "어떤 예외가 있는가?"라고 묻는 사람들은, 수단 대 목적의 엄정함이나 원칙에 의거한 결과에 대한 무관심을 다른 사람들의 탓으로 잘못 돌린다. (넓이, 길이, 깊이 그리고 역설을 지닌) 비결심주의자들의 결과주의는 균형 있는 추론에 관심을 덜 기울이는 것이 아니라, 오히려 더 많이 관심을 기울인다.

제 3 부

효율적 평화만들기의 실천사항들:
폭력에 대해 적극적 대안을 제안하는 사례

제 10 장

갈등에 관한 연구

전쟁과 관련된 문제에 영향을 끼칠 필요가 있는 일부 분석은 협소한 의미에서 볼 때, '신학적'이다.[1] 우리는 성서와 전통에 대해서, 어떻게 하나님의 의지가 신앙 공동체 안에서 계시되고 해석되어야 하는지 물을 필요가 있다. 우리는 그리스도인들이 자신들의 용어와 연구되어야만 하는 방법들 안에 있는 이슈에 대해서 얼마나 서로 다른지를 재고할 필요가 있다.

그러나 그 방법은 역시 도덕 신학에 대한 논쟁들이 인간의 본성과 사회의 모양에 대해서 서로 다른 논쟁을 교차시키는 것에 해당한다. 우리는 같은 현상을 다른 관점에서 연구하는 인문학을 서로 의지하지 않고는 신학을 논할 수 없다. 신자는 예수 그리스도를 믿는 신앙이란 원수를 사랑하도록 명령하고 가능하게 하는 것이라고 말한다. 심리학자들은 왜 신앙을 설명하고 측정할 수 없었는가? 만약 사랑이 사람을 세상으로 나가도록 하고 대적자들과 평화를 이끌어 낸다면, 사회학자들은 왜 이 사건을 설명할 수 없었는가? 설교자가 "폭력은 언제나 자신을

---

1) 이것은 1980년 1월에 오하이오주 데이톤시 연합신학교에서 한 헥크 강연에서 행해진 내용을 발전시켰으나 출판하지 않은 유인물 6장에 있는 내용이었다.

망하게 만든다"[2]라고 주장할 때, 그 주장은 역사가들이 입증하거나 반박했던 주장이 아닌가? 우리가 화해의 메시지를 지닌 실제성을 현실 속에서 더 충실하게 만들 때, 우리가 다양한 학문 분야에 참여하는 것은 타당하다. 심지어 다른 학문에 참여하는 것은 부득이한 것이다. 이 원론 같은 경우, 범주들에 대한 불신이나 혼동을 나타내는 근거들 때문에, 교차연구cross-references를 피할 여지가 여기에는 없다.

갈등에 대한 사회학적 관심

평화주의 확신을 지닌 사람들은 다양한 영역에서 일부 학문적 연구를 수행해 왔다. 그들은 폭력을 포기하는 것이 사건들의 과정에 대한 관심을 포기하는 것을 의미하지 않는다고 설명해왔다.[3] 다른 연구들은 이러한 특별한 이데올로기적 헌신과는 상당히 별개의 것이다.[4] 그러한 연구자들은 갈등 과정들을 특별히 사회학적 분석의 도전의식을 복돋우는 대상으로 본다.

경험과학으로서 사회학의 발단은 안전성 또는 평형equilibrium의 모델을 사용하는 경향이 있었다. 그 모델은 건강한 사회를 모든 기관이 건강하게 움직이는 인간의 몸에 비교하거나, 자신의 거처가 있는 평화로운 마을에 비교하거나, 모든 필요에 부응하는 균형 잡힌 시장market에 비교했다. 그 모델은 사회를 하나의 유기체organism로 해석했다. 그래서 사회가 뒤틀려졌을 때, 그 사회의 균형을 회복하는 것을 추구하도록 구성되었다. 그래서 사회의 변화들은, 일부 외부의 세력이나 내부의

---

2) 폴란드 상황 속에서 내가 인용했던 널리 알려진 독일 속담은 *Auf der Gewalt ruht kein Segen*("어떤 축복도 폭력에 의지할 수 없다")이었다.
3) 나는, 사회과학 영역에서 갈등연구의 기원에 대한 주요한 공헌자들인 경제학자 케네스 보울딩(Kenneth Boulding), 사회학자 엘리스 보울딩(Elise Boulding) 그리고 교육학자 애덤 컬리(Adam Curle)의 저작을 특별히 고려한다.
4) 이런 것으로는 특별히 진 샤프의 저작에 속하는 경우이다.

약점이 위험에 빠뜨리게 하는 균형을 회복하려는 경향 가운데에서, 불균형에 대해 균형을 바로잡는 것으로 생각되었다. 그런 접근은 사회적 가치를 갖게 해주었다.

그러나 점진적으로, 모든 철학 학파의 사회적 관찰자들은 회복된 균형의 방식을 따른 단순한 단계보다 그들 자신의 기준으로 보는 실체들로서의 불균형과 갈등을 설명하는 것이 더욱더 건설적이고 교훈적이라는 것을 발견하고 있다. 건강한 균형이 무엇인지에 대한 수많은 정의定義를 포함해서, 이런 방식으로 우리는 모든 사회가 얼마나 수많은 결정과 발의initiative의 중심점을 가졌는지 보게 된다.

사회 봉사와 정치 행동을 해석하고 이끄는 데 필요한 분석과 기술skills과 같은 데서 대응하여 나타나는 발전은 서술적인descriptive 과학으로서 사회학 안에서 갈등에 대한 현실주의realism와 나란히 행동을 같이 해왔다. 여기서 갈등은 모든 단체의 타당한 이익들과 인간적 존엄성을 고려하는 방법으로 "조치될" 필요가 있다고 말하는 것이 더욱더 타당하다.5) 이것은 평화로운 질서거의 확립된를 이끌어 나가도록 도와주는 비전을 유지하는 것보다 더 현실적이다. 그런 비전은 오직 화해를 방해하는 사람들의 저항에 대항하여서만 지켜질 필요가 있다.

유기적 일치의 모델에서 상호단체간의 갈등의 모델로 이렇게 전환되는 것은 평화신학을 위한 다양한 가치를 지닌다. 평화신학은 폭력만이 오직 의지할 수 있는 것이라고, 과거에 생각되었던 상황 안에서, 이제는 더 효율적이고, 더 경제적이 될 수 있는 위협이나 부정의에 대한 반응에 주의를 돌린다. 오래된 정당한 전쟁 전통의 용어로 평화신학을

---

5) 참조. Paul Wehr, *Conflict Regulation* (Boulder, CO: Westview, 1979). "조치" 또는 "규정"이라고 말하는 것은 가능성 있는 "해결"에 대해서 비현실적 오해들을 피하려는 의도가 있다. 더 최근 들어, 일부 사람들은 더욱더 낙관적 비전으로 "갈등 변형"을 선택해 왔다.

말하는 것은 의미가 있다. 평화신학을 추구하는 이유가 정당하고 그 권위가 합법적일 때조차, 폭력은 오직 마지막 수단이라는 현실 안에서 정당화되었다. 그러므로 만약 우리가 더 커다란 정의를 향한 진지한 대안적 변화의 도구들이 이용되고, 미처 알지 못했던 것을 알게 되면, 평화신학은 도덕적 이슈의 근본 구조를 변화시킬 것이다.

오직 하나의 의지만을 소유할 필요가 있는 몸으로 표현되는 사회적 유기체의 이미지들위에서 보완되는 것은 정책과 관련하여, 특별히 개인과 소수자들의 권리를 위태롭게 하는 해결방법과 일치한다. 그 이미지들은 자신들이 정의 내리는 "평화"에 관한 공격으로 아주 빨리 강압을 하게 된다. 대조적으로, 사회를 서로 다른 관심사를 가진 다양한 집단그들 중 많은 집단이 정당화되고, 일부 집단은 다른 집단보다 더 타당하고, 일부 집단은 불필요하고, 일부 집단은 있을 수 없다으로 이루어진 것으로 보는 것은 적대적 세상에서 하나님의 백성에 관한 성서적 비전에 더 부합된다. 그리스도인들은 4세기에 상당한 분량의 현실적인 성서적 비전을 포기했다. 왜냐하면, 그리스도인들이 하나님나라를 카이사르에 의해 이루어진 "평화"로 축복함으로서 자신의 임무에 최선을 다했다고 믿기 시작했기 때문이다.

갈등 양상을 보이는 이러한 사회의 모습은 더 현실적일 뿐 아니라, 그것은 우리가 사회적 세상에서 신학의 고립을 극복하게 돕는다. 오랫동안 지속된 기독교의 화해와 용서의 교리는 하나님과 인간의 영혼 사이에 나타난 불화에 적용된 것으로 여겨왔다. 그러나 다만 하나님의 창조물 사이에 나타난 불화는 그저 간접적으로만 관련되는 것으로 여겨진다.

성서적 증언은 우리에게 화해의 언어를 가져다준다. 그러나 화해의 언어가 감성적이거나 무감각한 방법으로 이해되어서는 안 된다. 정당들 중 하나가 더 정당한 질서를 받아들이는 데 그다지 호의적이지 않다

하더라도, 갈등 해결 방법의 과정은 지금껏 실패한 적이 없다. 종종, 더욱더 정당한 해결 방법을 수용하는 것은 사람이 새로운 질서에서 적응하는 것과 마찬가지로 시간이 걸린다. 갈등을 다루는 사울 알린스키Saul Alinsky같은 사상가들과 대니로 돌치Danilo Dolci같은 행동가들은 우리가 대적자들의 '회심' 완전은 별개로 하고 우리가 긍정적 개선의 단계를 거부하는의 내적 진정성에 상당히 몰두하는 것에 대항하여 바르게 경고한다.6)

눈에 보이는 사회적 행동으로써 갈등을 다루는 훈련에 대한 가장 단순한 그리스도인의 접근은, 제자들을 향하여 예수가 보여주신 안내이다. "네 형제가 죄를 범하거든 가서 너와 그 사람과만 상대하여 권고하라"마18:15 화해의 의도는 대부분 직접적 대면에 의해서 수행되는 것이지 회피되지는 않는다. 만약 필요한 것이 있다면, 범위는 넓어질 수 있다. "만일 듣지 않거든 한두 사람을 데리고 가서"마18:16 그 의도는 승리가 아니라 온전함과 공동의 약속을 회복하는 것이다. 이 구절은 사람의 순응함에 관한 진심어린 마음을 측정하는 것이 아니다.

갈등 해결과 갈등 조치

사회과학으로서 갈등 해결에서 창조적 연구와 이론은 학문적이다. 다시 말해서, 전통적으로 학문상의 특성화가 이루어진 다양한 분야를 뛰어넘어 연결고리를 만든다. 미시간 대학교에서 「갈등해결저널」The Journal of Conflict Resolution이라는 잡지를 한 세대 동안 출판해온 센터의 설립자인 케네스 보울딩은 폭넓은 능력을 지닌 경제학자였다. 아나톨 라포포트Anatol Rapoport와 피트림 소로킨Pitrim Sorokin은 상당히 중요한 철학적인 유럽 학파의 사회학자로서 공헌했다. 엘리스 보울딩, 클라젯

---

6) 갈등의 다른 변호인들은 추가하였을 수도 있다. 나는 여기서 자신들의 전술상의 빈틈없음의 상당수를 만들어낸 사람들에 주목한다.

스미스Clagett Smith 그리고 제임스 라우에James Laue는 미국인 사회학자들이다. 어떻게 상호작용이 "평화만들기"를 시작하도록 하는지에 관하여 과정 분석을 발전시키는 데 선구자적 역할을 했던 애덤 컬리는 가르치는 교사부터 시작했다. 평화만들기 연구와 관련하여 제2세대로 주목받는 『비폭력 행동이 지닌 정치학』*Politics of Nonviolent Action, 7*)의 저자 진 샤프는 정치학의 영역에서 학위 과정으로 평화만들기 관련 연구 논문을 제출했다. 다른 공헌자들은 사회 심리학에서 나왔다.

이러한 연구자들의 저작은 공립/사립 대학교와 국제평화연구회, 평화학회 그리고 평화 연구, 교육, 발전에 관한 연합과 관련하여 북미와 연관된 연구기관들에서 그 뿌리를 찾을 수 있다. 젊은 훈련생이 연구한 것처럼, 그 저작은 한계와 방법에 대하여, 한편으로는 과학적 정직함과 기술적 능력 사이의 관계, 그리고 다른 한편으로는 가치 수행을 격렬하게 논쟁하는 것이 주목할 만하다. 여기서 나는 어느 정도의 결과물을 견본으로 보여줄 것이다.

역사가들의 갈등 방지 연구

우리가 누구인지, 어디에 있는지를 이해하는 역량은 우리가 여기까지 어떻게 왔는지 이해하는 것을 조건으로 삼는다. 그래서 사회학의 개정revision은 역사의 개정을 의미한다. 미래의 갱신은 과거의 개정을 요구한다. 그렇게 하는 가장 단순한 방법—하지만, 대개 충족할 만한 결과를 얻는 방법은 아니다—은 또 다른 편에서 우리의 역사를 고쳐서 말해주는 것이 더 나은 방법이다. 모든 전쟁이 끝나면 승자들은 다음 세대를 위하여 역사책을 쓴다. 만약 자료들archives이 파괴되지 않았다면, 그래서 다른 방법으로 사건들을 볼 수 있게 되면, 후에 희생자들이나 제3

---

7) 진 샤프, *Exploring Nonviolent Alternatives* (Boston: Porter Sargent, 1970).

의 단체 후손들이 증거를 발견하게 될 것이다. 그와 같은 방법으로 우리는 패배자의 역사와 민족통일주의자의 역사를 얻는다. 그래서 1990년대는 1940년대의 역사에 관한 다양한 개정 작업으로 특징짓는다.

그러나 그런 종류의 개정은 우리 자신의 소속을 정당화해주는 글쓰기인 까닭에 여전히 싸움이야기처럼 역사를 말하는 오래된 방식 중 일부분이 될 것이다. 그 결과, 주권을 위해 벌이는 싸움은, 어느 정도 사건을 해석하는 권한을 차지하려는 싸움인 것이다.

더 근본적인 개정은 단지 다른 편에서 나온 같은 질문들을 조명하는 것이 아니라 다른 질문들을 던지는 것이 될 것이다. 어떻게 통치 왕조들이 국경선과 세금에 대한 권리를 놓고 서로 갈등해왔는지를 대개 연대기적으로 기술하는 대신에, 우리는 어떻게 부모들이 서로, 이웃들과 함께 하면서 그들의 자녀를 양육했는지를 질문할지도 모른다. 학문 소양이 있는 소수의 사람들에 의해서 작성된 문서에 아주 대단한 기교를 덧붙이는 대신에, 우리는 글을 쓰고 읽기 이전 사회의 현인賢人들이 얼마나 그들 자신의 문명에 관한 역사적 깊이를 그들의 후손들에게 소통시켜왔는지를 질문할지도 모른다. 요동치는 지하수면water tables, 쥐 개체군rat populations, 미생물 안에서의 변형, 또는 일부 대장장이의 절단도구를 날카롭게 하거나 쟁기를 만드는 새로운 발견은, 지배 가문이 세금을 거두고 처벌하는 권리를 가져야만 하는 전쟁이 이루어낸 것보다 일상적인 인간 존재의 질에 대해 더 큰 차이를 만들어낼지도 모른다는 점을 우리가 찾아볼 것이다.

폭력과 관계된 통상적 역사 편찬은 군대가 했던 것에 종종 초점을 맞추어왔다. 이것은 우리에게 국가의 운명은 군대 손에 달려있다는 것을 가르친다. 그러나 이제 일상적인 사람들의 공동체 구조에 관한 역사 편찬은 다른 종류의 사실들을 기대한다. 그리고 기대하기 때문에 찾고 있다. 그 역사 편찬은, 우리에게 대부분 인간 공동체의 질은 국가가 폭력을 합법화하기보다는 폭력을 **제한하는** 것을 발견했던 방법들에 의존한다는 것을 가르친다. 즉, 진정한 기본적 가치들은 무력으로 그 가치들에 책무를 다할 것을 주장하는 사람들에 의해서는 좀처럼 만들어지지 않는다.

톨스토이는 역사의 진보는 박해받는 사람들에 의해서 이루어진다고 오래전에 말했다. 만약 아이들이 결실할 것이 많은 어른으로 자라난다면, 만약 들판이 비옥함을 유지하는 방법으로 경작된다면, 만약 신중하게 조절된 노동이 커다란 목적을 이룬다면, 그것은 폭력을 최소한으로 유지되도록 하는 방법이 발견됐기 때문이다. 이러한 방법을 찾는 것은 사회학과 심리학의 목적이다. 폭력을 다루는 더 나은 방법들과 더 나쁜 방법들이 있다. 그 차이는 연구될 수 있다. 우리는 그 차이에서 여러 가지를 종합하고 추론할 수 있다. 이것은 글로 기술하는 연구 분야인데, 가장 뛰어난 지성들로 하여금 관찰하고 분석하도록 도전한다.

갈등에 관한 실제적 조치는 폭력을 다루는 통찰력에 가져온 하나의 기술 또는 적용된 과학이다. 건강한 사회의 경우, 갈등에 관한 실제적 조치는 직업상의 특별한 경우가 될지도 모른다. 가족 안에서의 불일치처럼, 작은 모임에서나 도시 이웃들 간의 갈등처럼, 보통 크기 이상의 집단 안에서 일하면서, 숙련된 전문가들은 강한 인상이 남는 결과를 이루어가고 있다.

비폭력의 직접적 행동과 시민의 민주주의 방어

대규모 갈등을 다루는 연구는 간디와 킹의 사상 속에서처럼 비폭력의 직접적 행동을 분석하는 것으로 변화한다.[8] 더욱 대규모로, 국제적

---

8) 바르샤바 강연 시리즈를 보면, 이전의 강연들은 간디와 킹의 가르침을 이야기했다. 그것

평화유지나 국제적 갈등의 수준에 관한 것이나 국가의 주권이 없는 채로 국민들이 국가의 가치를 방어하는 것에 관하여, 이런 연구는 아직 초기 단계에 있다. 하지만, 모든 연구의 교훈은 비슷할 것이라고 기대하는 여러 이유가 있다.

다음과 같은 제안을 하는 것은 과학적으로, 신학적으로 현실적 기획이다. 오랜 기간을 두고 볼 때, 사람들이 추측하는 것처럼, 오직 치명적 폭력에 의해서만 보호될 수 있을 것이라는 가치의 방어는, 비폭력적 수단에 의해서 더 경제적으로, 덜 파괴적으로 방어되는 것으로 보일 것이다. 그래서 증명할 수 있는 비폭력적 수단의 잇점은 늘어나고 있다. 그 사이에 무기의 파괴성은 더 빠른 속도로 증가하고 있으며, 반면 무기에 대한 통제가능성은 감소하고 있다.

영국 해군 사령관이었던 스테판 킹 홀Stephen King Hall:육군과 해군 사관학교를 위한 군사학과 관련한 전문가들의 공보지의 편집자와 강연자은 히로시마의 사건이 어떻게 그가 살던 세계를 변화시켰는지 명확하게 말한 최초의 전문가였을 것이다. 1945년 8월 16일자 「킹 홀이 보내는 서신」King-Hall Newsletter에서, 킹 홀은 인류 역사상 처음 사용된 두 개의 원자폭탄에 대해서 썼다: "그 두 개의 폭탄은 대규모 전쟁의 역사에서 결론상 마지막 폭발이… 되어야 하고, 그렇게 되도록내 생각에는 입증될 것이다. 총력전대규모 국제 전쟁은 끝난다. …총력전은… 정치적이고, 경제적 민족주의를 의미 없는 것으로 만들었고, 그래서 총력전은 스스로 폐지되었다."

이 진술은 이상주의가 아니었다. 이것은 순수한 실용적 군사학이었다. 만약 당신이 무기를 사용해서 나타난 비슷한 결과가 당신 자신을 파괴하는 것이라면, 무기의 사용을 정당화할 수 있는 상황이 없어지게

은 진 샤프가 자신의 일화의 대부분을 끌어냈던 그 강연들과 같은 경우에서 왔다. 그러나 처음으로 그렇게 창조적인 일을 했던 사람들이 그와 같은 과학에 의하여 인도되지 못했다는 것은 놀랍다.

된다. 그러나 킹 홀은 어떻게 서양 민주주의가 그들의 가치에 무력을 사용하지 않고, 방어할 수 있었는지에 대한 일련의 확언들에 대해 계속 반대 입장을 취했다. 킹 홀은 그것을 **심리전**이라고 불렀다. 그러나 킹 홀은 심리전을 일종의 조작이나 기만을 의미하는 것으로 말하지 않았다. 킹 홀은 자유롭게 열려 있는 소통, 대중적인 발의, 악법과 잘못된 행정과의 비협조, 그리고 사회적 가치의 나눔과 관련된 기본적 사회 가치들이 민주적 가치들을 방어하려고 잠시 민주적 가치들을 보류하기보다는 오히려 민주주의 체제의 방어 안에서 작동되어져야 할 것으로 보았다. 조직화된 비폭력적 행동의 능력에 관한 진 샤프의 연구들을 살펴보는 것으로 논의를 시작할 때, 과거에서 살펴본 비슷한 행동 중 이야깃거리가 되는 많은 기록은 미래의 전술적인 창조성을 위하여 사용할 수 있는 형태로 귀납법적 방법을 통해 종합될 수 있다.

피할 수 없는 폭력을 일상적으로 조장하는 주장들을 검토하는데, 첫 번째 논리적 요구는 어떤 증명이 행하여질 수 있고 없는가를 간주하는 증거에 대해 이성적으로 평가하는 경우이다. 예를 들면, 대략 70여 명의 항거자들이 죽임을 당했던, 1971년에 발생한 샤퍼빌Sharpeville 대학살 이후, 아프리카민족회의에 속하는 무장 계파는 "비폭력을 시도했고, 실패했다"는 발언을 한다. 그러나 폭력에 의하여 희생된 수많은 인명을 계산해내려고 같은 기준을 사용하는 사람은 없다. 1956년 헝가리의 저항, 1968년 체코의 저항, 1980년대를 들끓게 했던 자유노조운동은 자발적으로 그 기준을 제거했다. 그러나 비평가들은 자유노조운동의 효율성을 장기간의 계획, 담당자 배치, 장비 준비, 훈련, 재정 지원, 축하의식을 통한 합법화를 통해 자신들의 이득을 추구하는 반대자들의 역량과 비교한다. 마닐라의 2월 혁명 이후 진 샤프가 다음과 같이 말한 것과 같다.(여전히 다시-그는 이미 그다지 극적이지 않은 상황에서 말하고 있었다.)

과거에는, 광범위한 규모의 준비나 훈련이 없는 채로, 대부분 비폭력적 투쟁은 즉흥적으로 행해졌다. 그래서 그런 투쟁들은 단지 신중한 노력에 의해서 전개될 수 있는 것의 원형이 될 뿐이다. 비폭력적 투쟁이 학문적 소양과 함께 결합되어 준비된다면, 앞으로 비폭력적 투쟁은 더욱더 효율적으로 만들어질 것이 확실해 보인다. 비폭력적 투쟁의 역량은 해방을 위한 투쟁에서, 심지어 국가를 방어하는 데, 폭력에 대한 완전한 대체가 될 수 있게 한다.

하버드 국제정세센터Harvard Center for International Affairs에서 발표한 샤프의 논문 「갈등과 방어 안에서 나타나는 비폭력적 제재에 관한 프로그램」*Program on Nonviolent Sanctions in Conflict and Defense*에서 지속적으로 이야깃거리가 되고 이론적으로 상세하게 다듬어진 것은, 갈등 조치와 해결의 과학과 연관된 주제이다. 이것이 내가 사회학과 심리학의 새 분야로 생각하고 계속해서 설명해온 것이다. 샤프가 "대비"라고 말한 것의 의미는 그 자신이 사관학교에서 행한, 외국의 개입을 위한 "평화유지군" 창설에 대한 다음 강연에서 나온 것일지 모른다.

전투를 벌이고 있거나 전투를 벌이려고 하는 두 군대 사이에서 일어나는 일이 무엇이든지 간에 어쨌거나 무기 없이 조정하려는 지구방위대 또는 평화수호단의 비중 있는 존재감은 상당한 영향을 미칠지도 모른다. … 예를 들어, 만약 그러한 몇 천 명 정도 되는 지구방위대가 헝가리가 자유를 얻었던 5일 또는 6일의 기간 동안 부다페스트Budapest에 낙하산으로 강하했다면, 그러한 노력의 결과는 상당히 달라졌을지도 모른다.

또한, "대비"는 무장한 적군이 갑자기 쳐들어올지도 모르는 상황에 대비하여 저항 기술을 국민들에게 훈련하는 것을 의미할지도 모른다. 가장 필요하다고 여겨지는 것은, "연구"와 "대비" 사이의 중간 단계-공동체 구조의 성장, 합의된 가치, 삶의 형태, 참여 문학과 축하의식을 통한 양식, 특정한 이야기들, 고백적인 정체성, … 등등-와 관련된 것이 믿을 만한 상황이 되는 것이다. 비과학적인 평화주의의 특별한 변론이 비난받기를 원하지 않기에, 이러한 것들은 샤프가 피하는 문제들이다. 그러나 그것들은 우리가 기독교 윤리와 더 넓은 사회적 과정으로 나아갔던 기독교의 공헌에 관한 연구를 하는 데 피해야 할 필요가 있는 문제들이 아니다. 만약 우리가 이러한 가능성들에 주의를 기울이지 않는다면, 결국 우리는 마지막 수단을 사용해야 하는 상황에 처하게 되지 않을 수 없다. 즉, 우리는 특별한 공헌과 관련하여 신앙의 공동체의 특별 사항이 되어야 하는 의무를 게을리하는 것이 된다.

프리먼 다이슨Freeman Dyson의 무기 경쟁에 관한 과학과 정치의 폭넓은 지식에서, 그는 어떻게 희망의 미덕이 우리가 정의 내린 대로 비극적 상황을 넘어서 우리를 이끌 것인지에 관해서 조심스럽게 유망한 해석을 이끌어 내었다. 다이슨은 전 지구적 문화 현상인 핵 시대의 충격에 관한 가장 지각력 있는 해석자 중 한 명이다. 양극화된 세상polarized world:다이슨의 초창기의 서술에서 안타깝게도 설명할 수 없는 것으로 보이는의 난제에 관한 여전히 변함없는 정독close reading은 더 주의를 기울여서 궁극적으로 변함없이 난감한 사실에 관해 더욱더 유연성 있고, 묵묵히 일하고, 가능성 있는 이해에 대한 무대를 만들어준다. 그런 비전은 비폭력적 저항의 잠재력과 (부분적으로 조지 케넌을 따르는) 비핵화 저항의 잠재력에 대해, 비록 샤프의 입장보다는 그다지 상세하게 설명하지는 않지만, 어느 정도 주의를 기울이도록 한다.

국제연합의 평화유지

폭력을 반대하는 도덕적 상황에서, 이것을 시민공동체가 이해할 수 있는 용어로 해석할 수 있는지를 시험해 보는 합리적 방법이 하나 있다. 그 방법은 먼저 군인들에게 무기 사용을 금지하라는 군사 명령을 내리는 것이다. 그리고 나서, 그러한 금지 명령 하에서 군인들에게 질문을 던지는 것이다. 이것은 실행될 수 있다. 마치 군인들이 규정을 따라 싸우거나, 아니면 어떤 다른 명령에 순종함으로써 다른 위험을 무릅쓰도록 요청할 수 있는 것처럼, 사격하지 말라는 명령은 그들에게 설명될 수 있다. 훈련된 군인들은 어떠한 위험을 지불하고라도 명령에 순종할 수 있다. 이러한 일은 국제연합의 보호 아래에서 간헐적으로 일어났다. 완충 세력의 조정은, 잠시 동안이지만 자이레Zaire, 시나이 반도the Sinai, 사이프러스Cyprus 등지에서, 일반적으로는 매우 효과적이었다. 훈련된 군인들은 전쟁을 승리하거나 평화를 강요한 것이 아니다. 군인들은 다시 시작되는 평화의 과정과 아주 멀리 거리를 두려고 하는 적대적 부대들 사이의 거리를 유지할 수 있고 그렇게 한다. 이러한 상황에서 유엔 평화유지군은 훈련된 군인들에게 총을 쏘지 말라는 실행사항을 유지하는 일관성 때문에 심지어 무장을 한 경우에도 적대적 부대들 간에 정확히 간격을 유지할 수 있었다. 브리가디어 마이클 하보틀Brigadier Michael Harbottle과 로살린 히긴스 박사Dr. Rosalyn Higgins는 사이프러스의 경험에서 배운 교훈을 다음과 같이 설명했다. "전쟁에 관한 유엔의 기록은 하나같이 좋은 것이다." 이처럼 유엔 기록에 나타난 활동은 시간을 벌어주는 중간 조정자의 역할을 하는데, 정치적이고 경제적 임무를 대신하지 않는다. 그러나 국제연합의 활동은 사람들이 같은 환경 아래에서 행할지도 모르는 그 어떤 것들보다 해를 덜 미친다. 군대를 위해 움직여지는 명령 체계의 정신chain-of-command ethos에서, 그리고 평화의 기회들을 증가시키려고 행하는 가운데에서, 국제연합의 활동은 정당한 전쟁론의 제한보다 더 엄격하게 폭력을 사용하는 것에 관하여 제한을 강요하는 것이 충분히 가능하다는 것을 발견함으로써 활동을 행한다.

상호 의존에 관한 국제 네트워크

이제 우리는 대안적 정치 이론의 비전에 눈을 돌린다. 세계교회협의회WCC가 중앙위원회에 다음 차례를 따라 재니스 러브Janice Love를 지명했기에, 세계교회협의회에 파견될 대표자로 연합감리교회에 의해 지명된 정치학자인 재니스 러브는 감리교 감독들의 성명서인 「창조의 수호」In Defense of Creation를 설명해줬다. 그녀는 동료들의 규율을 기술적이고 규범적인 과학으로 여기는 정치학의 규율discipline에서 많은 동료의 저작에 주의를 환기시켰다. 그녀의 제안에 의하면, 우리는 초창기 학파나 정치학의 경향을 대표하는 것으로, 그녀가 추천했던 최초의 저자인 로버트 요한센Rpbert Johansen의 연구를 택해야 할지도 모른다. 요한센은 규율의 일반 원칙을 갖고 유엔의 "평화유지blue line" 군인들과 함께 점진적으로 실행하기 시작했던 것, 또는 다이슨이 사회 심리학의 실제적인 부분the nuts and bolts으로 실행하고 있었던 것처럼 무언가를 실행한다. 요한센의 중요한 책 『국가적 관심사와 인류적 관심사』The National Interest and the Human Interest는 **국가적 관심사**와 관련하여 상당수 도덕과 관계없거나 제멋대로 내리는 정의를 '현실적'이라고 말하는 무비판적 가정을 논한다. "관심사"와 관련된 어떠한 정의라도, 문제를 지닌 "자아"의 구성 요소를 포함한다. 이 구성 요소는 절대 도덕적이거나 규범적인 차원이 배제된 것이 아니다. 국가의 "자아"는 더 커다란 인류 공동체의 사리사욕의 일부분일 뿐이라고 보는 것은 이상주의가 아니라 더 깊은 의미를 지닌 현실주의이다. 이러한 현실주의를 요한센은 완전한 세부 규정으로 상세하게 설명한다. 요한센의 관점에서 볼 때, 국가적 관심의 매우 협소한 개념에 이의를 제기하는 것에 의하여 요한센은 전 지구적 체계로써 전쟁에 대한 특정한 대안을 조명해 볼 수 있다. 1978년 요한센이 펴낸 안내책자 『적합한 안전 체계를 위한 제안』 *A Proposal for an Appropriate Security System*과 1983년 개정된 『대안으로서의 안전 체계를 향하여: 권력의 균형으로부터 세계 안보로의 이동』 *Toward an Alternative Security System: Moving from the Balance of Power to World Security*을 보면, 요한센은 상호 위협에 관한 조직화되지 않은 현재의 체계에서 호혜적인 상호의존의 인증된 체계에 이르기까지 가능한 궤적을 기획한다. 요한센은 편견의 전복과 다국적화와 관련하여 행할 수 있는 과정을 설명한다. 그 과정은 실행할 수 없는 경박함을 지니지 않은 채, 우리가 있는 곳에서 시작하며, 세계 연방주의자의 비전의 도덕적 힘을 지상으로 가져 내려온다.

그래서 우리 문화가 지닌 군사적 가정은 특별하게 남성적인 것이라는 방법에 주의를 기울이는 가운데, 재니스 러브는 요한센의 호의가 담긴 추천을 뛰어넘어 더욱더 기본적 비평까지 앞서 간다. 그러나 우리의 상황에서 "페미니스트"라고 불리는 대안적 방향 중 상당 부분은 단순히 "그리스도인"이 되는 것과 더 거리가 있을 것이다. "긍정적인 여성다운 가치"로서 재니스 러브가 행한 당대의 분석은, "협동, 돌봄, 동등, 정당, 사랑 그리고 다양성에 대한 인정"으로 명명된다. 신약성서는 이러한 가치들을 예수의 본성과 사역에 동참하는 일부분 여성보다 남성에게 꼭 필수적인으로 서술한다.

인간 본성 안에 있는 공격성

더 많은 관심이 갈등 해결에 기울여질 때, 심리학과 사회학의 부문에서 두 가지 질문이 생겨난다. 사회학에서는 우리 본성의 기본적 요소인 공격성aggressivity;이것은 다른 동물들도 지니고 있다의 위치를 해석해야 하는 과제가 있다. 심리학에서 **공격성**은 우리 행동에서 나타나는 이중적 요소를 나타내는 데 사용하는 용어이다. 동물학과 인류학에 관한 최근 연구는 우리와 현재 남아있는 동물 집단특별히 우리와 다른 영장류 동물들 사이의 연속성을 강조하면서, 인간의 본성에 대한 이와 같은 접근을 확장시켜 나간다. 과학자들은 우리 인간과 동물 사이에 일부 공유된 특징들에 대해 빛을 던져주려고, 인간 본성을 투영해 주는 다른 동물의 연구에서 특징들을 이끌어 낸다.

1960년대 이래로 동물학자들과 동물학 방향으로 기울어진 인류학 출판물의 폭넓은 범위에 따르면, 동물학의 하위부문의 발전과 가장 두드러지게 연합하는 과학자는 오스트리아의 동물학자인 콘라드 로렌츠Konrad Lorenz이다. 로렌츠는 "공격성"이라는 용어를 사람들이 연구할 수 있는 모든 종류의 동물이 지닌 특징으로 설명했다. 방어하려는 의도를 지닌 공격성은 사회적으로 필요하다. 동물들은 함부로 상대를 공격하지 않는다. 그러나 동물들은 특정 시점에서 서로를 공격한다. 그 시점은 동물들의 '영역'territories의 경계와 관련된 것인데, 이 경계는 각각의 동물들이 '세력권'을 방어하는 곳이다. 이것은 위엄 있는 난폭함은 아니지만, 필요한 방어이다. 일부 고등 영장류는 그들의 세력권을 확장하려 하지 않는다. 그러나 일반적으로 공격성의 의도가 위엄 있는 난폭함이 아니다. 사회적 동물 안에서 만들어진 방어적 공격성이 나타난다. 그것은 생존하려는 동물 본성의 다원주의적 이해에 따르면 생존을 위한 한 원인이다. 이에 사람에게까지 동일한 관찰의 손길을 뻗친다. 사람들은 전쟁이 동물 집단의 초기 역사와 별도로 진화된 유기체가 되고자 피할 수 없는 의미상의 일부분으로, 자연적 표현이라고 한다. 싸움은 우리의 본성이다. 그렇다면 무엇 때문에 싸우는가?

일부 사람들은 평화주의자에 반대하는 결론을 앞선 계통의 논의에서 이끌어 낸다. 그리고 화해의 개념과 더 넓은 인간 공동체의 개념당신의 실수에서, 또는 당신의 신앙에서, 또는 기독교인의 교육에서 배울 수 있다는 생각은 본성에 거스르기 때문에 나쁘거나 싫증이 난다고 말한다.

어떤 사람들은 대안적 결론을 똑같은 자료에서 이끌어 낸다. 똑같은 자료는 실제로 우리가 가진 문제의 모습에 대하여 더 많은 것을 우리에게 말해준다고 한다. 우리가 행할 필요가 있는 것은 파괴적이지 않은 유형들에 우리의 공격성 있음을 알게 해주는 방법을 발견하는 것이다. 우리 본성 중 이러한 부분은 순화되거나 풍성한 과실을 결실하도록 이끌어 줄 수 있다. 그 결과, 서로를 향해서보다는 다른 적대자들에게 적용될 수 있을 것이고, 우리 자신의 세력권을 정당하게 방어하기보다는 다른 이유들을 위해 사용될 수 있을 것이다. 그래서 우리는 인간 구성에 관한 이러한 독법reading을 용납할 수 있고, 여전히 비폭력적으로 관련된 능력에서 쫓겨나지 않을 수 있다.

사회학적으로 검토된 갈등과 관련하여, 나는 이미 그리스도인의 평화 메시지에 관한 답은 나누어지는 것도 아니고 "세상적 지혜"를 거부하는 것도 아니라, 지구적 화해의 약속에서 모든 합리적 통찰력이 하나가 되도록 하는 것이다. 마찬가지로, 이러한 동물/인간의 통찰력 있는 관찰에, 우리는 궁극적으로 하나님이 우리를 만드신 이유로서 평화에 이방인싸人이 되어서는 안 된다고 말해야만 한다. 동물의 기본적 공격성에 관한 요소 중 일부는 타락했거나 파괴적인 것으로 여겨질 것이다. 반면, 그 요소 중 어떤 것들은 근본적으로 도움이 되는 것으로 간주되고, 인간 공동체의 갱신에 대한 힘과 구조를 제공하는 데 사용될 준비가 될 수 있다. 인간 본성의 이러한 차원들에 관하여 앞선 정보를 맞닥뜨리는 것에 대해 두려워할 것은 아무것도 없다.

다른 교차학문적cross-disciplinary 도전은 심리학 분야와 연관된다. 인격 이론personality theory이나 상담을 통한 고백counseling professions에 의해 알게 되듯이, 공격성은 개인의 구성 중 일부분이다. 공격적 의지가 없는 사람은 아픈 사람이다. 당신은 자기 확신의 사람self-affirming이 되어야만 한다. 그러므로 당신은 당신의 인격과 이웃의 인격 사이에 놓여 있는 경계선을 밀어버려야만 한다. 만약 당신이 잘 되도록, 복종하도록 그리고 사람들을 공격하지 않도록 가해지는 어머니의 압력을 완벽하게 받아들인다면, 이것은 결국에는 당신을 책임 있게 성숙하도록 하는 것에서 멀어지게 만들 것이다. 다른 사람들에게 복종하고 원수를 사랑하는 것에 관하여 적당하지 않은 시기에 너무나 많이 강조하는 것은 심리학적으로 위험하다. 그것은 정상적이고 건전한 자기 확신과 관련하여 성장의 밑동을 잘라버리는 것이 될 것이다.

건전한 인격 발전과 모순되는 방법으로 비폭력적인 윤리적 실천을 해석할 수 있다. 더구나 비폭력적인 윤리 실천이 선호하는 용어가 톨스토이, 개리슨, 발루, 그 밖의 메노나이트 교도들이 사용했던 것처럼 **비저항**이라는 것을 알게 해 줄 것이다. 비저항의 도덕적 명령에 대한 가르침이 자아를 성숙한 의식으로 발전시키는 일에 거의 변화가 없게 만든다. 그러나 비저항이 그렇게 효과를 가질 필요가 있는가? 나는 비저항이 왜 그래야만 하는지 알 수 없다. 목적의식을 가지고 적극적으로 비폭력적이 되는 것은 말할 것도 없이, 확실하게 의식을 해서 비저항이 되는 갈등의 상황이 있을 것이다. 비인도적 방법으로 당신을 위해 만들어진 갈등 때문에 그저 충동적으로 내달리는 것보다는 더 많은 인격,

더 많은 자기인식, 더 많은 자아통제, 더 많은 자기이해, 그리고 더 많은 자아용납을 요구할 것이다.

우리가 갈등의 사회학과 공격성의 인류학에서 살펴본 것처럼, 인간 정신의 온전함에 관심을 기울이는 학문은 인류 안에서 평화에 관한 신학적 관점을 평가하는 가운데 마음을 같이 하는 사람들에게 환영받을 것이다. 정신의 만족함과 원수 사랑 사이에는 갈등이 일어나지 않는다. 원수를 사랑하는 것은 마조히즘masochism이나 자아학대self-hatred가 아니라 아주 넓은 의미의 자아용납이다. 원수를 사랑하는 것은 하나님에게서 온 선물이다. 누군가의 자아를 받아들이는, 그리고 하나님에 의하여 많은 사랑과 은사를 받은 자신과 같은 창조물들이 자아를 공유하는 상당히 포괄적 방법이다.

제 11 장

창조, 언약 그리고 갈등 해결

앞 장에서, 나는 두 가지 수준에서 기독교의 도덕적 사상 안에 나타난 문화적 변화들을 연대기적으로 기록했다.[9]

(1) 우리는 전쟁에 대하여 기독교 사상가들의 관심이 상승하는 수준을 관찰해 왔다. 그것은 무기 경쟁이라는 사실에 의하여 촉발되어졌고, 현재 전략상 중요한 가정들의 통제할 수 없는 파괴적 잠재력이 더욱 두드러져 보이게 되었기 때문이다. 우리가 보듯이, 반응 중 일부는 자기파멸의 위험에 직면한, 단순한 실용주의적 생존자의 현실주의이다. 그것 중 일부는 정당하다고 여겨지는 전쟁 전통이 지닌 잠재력을 회복하려고 하는, 목회적인 도덕적 현실주의이다.[10]

(2) 우리는 복음에서 시작된 새로운 발단이 어떻게 옛 자취들을 앞질러 왔는가를 간략하게 기록으로 남겼다: 예를 들어, 톨스토이의 예수, 간디의 진실성의 힘, 그리고 킹의 꿈. 우리는 전례가 없는 열매를 맺

---

9) 1980년 1월 오하이오주 데이톤시에 있는 연합신학교에서 한 헥크 강연에서 가져왔다.
10) 편집자 주: 여기서 요더는 8장 "평화교회와 주류 기독교 사이의 변화하는 대화"에 나오는 그의 논의를 요약하고 있다.

기 시작한 성육신의 권위 안에서 희망의 실천을 보고 있다. 성육신의 권위는 충실함과 효율성 사이의 경계면에서 서로 다른 구도를 볼 수 있도록 해준다.[11]

우리의 다음 단계는 기독교의 도덕 담론discourse의 논리를 위해서 현재 일어나는 사건들의 가능한 의미를 식별하는 것에 대해 그 사건들을 기록한 시점으로 돌아가는 것이다. 당신은 내가 도덕적으로 추론하는 방법에 관한 기본적 질문의 유리한 위치에서 전쟁을 생각하면서 현재 일어나는 변화들을 조명할 것이라고 말할지 모른다. 다시 말해서, 당신은 또한 그것이 다른 방법의 주변적인 것이라고 말할지 모른다. 당신이 선호하는 것들 중 어떤 것이 기호의 문제가 될지, 아니면 세대와 관련된 것이 될지 모른다. 우리가 선호하는 것을 말하는 데, 더 선호하는 것이 어떤 것이든지 간에, 이제 우리는 도덕적으로 추론하도록 가르쳐온 방법에 의해 제기되는 연례적 이슈 중 일부에 대해 전쟁 관련 질문을 넘어서서 볼 수 있도록 해야 할 것이다.

우리 가운데 학술 전문가들은 도덕적 대화 속에서 방법론에 관한 전쟁 관련 질문들을 요구할 것이다. 그러나 나머지 사람들은 다소 같은 방법으로 추론할 것이다. 즉, 우리는 단지 그 방법을 상식이라고 부르거나 자명하다고 생각한다.

창조와 언약

반세기 이전까지만 해도, 라인홀드 니버는 사회 윤리학에서 미국 사

---

11) 편집자 주: 3장 "희망의 정치적 의미". 요더는 희망의 의미에 대한, 그리고 지금은 *For the Nations*에서 6장 "The Power Equation, Jesus, and the Politics of King"이란 제목으로 출간된 성실성과 효율성을 위한 선결조건인 예수의 완전한 성육신적 인간성에 대한 그의 강의를 또한 언급하고 있다.

회의 논쟁을 주도했던 기본적 규칙의 근간을 이뤘다. 그 당시, 라인홀드 니버는, 이전부터 주장했으나 지금은 이상주의라고 부르는 견해에 반대하여, 자신의 관점을 현실주의realism 또는 길들여진 냉소주의cynicism라고 불렀다. 니버는 자신의 논의를 자신의 자유주의적 개신교 입장 중 중도적 입장으로 시작했다. 그러나 나중에 니버는 루터, 어거스틴, 바울 이래로 서양 사상을 지속시켜왔던 오래된 토대를 회복시켰다. 즉, 이것이 우리가 놓치지 말아야 하는 서양의 오래된 토대-도덕적 인식론의 형태를 지닌 지배적 설명-이다.[12]

내가 이번 장의 제목과 각 단락들의 부제에서 고전적 용어를 사용하면서 지적했듯이, 여기서 위험에 처해 있는 것은 전쟁에 관한 도덕적 이슈만이 절대 아니다. 비록 현대 개신교의 경험 속에서 전쟁이 초점을 맞추는 데로 돌아가게 된 것은, 특별히 전쟁 이슈가 도처에 널려있기 때문이다. 그 질문은, 실은 기독교의 도덕성 전체와 그리스도인의 정체성 전체에 영향을 미친다.

에른스트 트뢸치는 기독교 역사를 관통하여 진행되어 온 논쟁을 서술했다. 그 논쟁은 본성의 법칙law of nature에 나오는 두 개의 개념들에 대한 논쟁이다. 그 중 하나는, 본래 신적 의도에 따르면, 사물들이 존재**해야만**should 하는 방법을 **선천적**으로 의미한다. 다른 하나는 사물들이 **실제로** 보이는 것이 사라졌을 때 존재하는 방법을 의미한다. 전자는 본성을 노예제 금지, 개인 사유재산에 대한 도전, 종족주의tribalism의 초월 그리고 전쟁 반대로 이해한다. 후자는 사물을 사물들이 존재하는 것으로 그리고 위의 네 가지 모두를 받아들이는 것으로 여긴다.

트뢸치에 관한 미국인 해석자인 리차드 니버는 서로 우선 순위의 차

---

12) 니버가 때때로 사회 비평의 저작들에서 인간의 본성과 인간의 운명에 대하여 했던 그의 기포드 강연(Gifford lectures)까지 그의 생각을 움직여나갔을 때 오래된 뿌리까지 "거슬러 올라가는 것"이 특별하게 나타났다.

이에 의해 동일한 긴장을 재진술했다. 그 우선순위는 한편으로는 아버지로서의 하나님하나님의 의지는 창조의 질서정연함 속에서 우리에게 접근되고 논리적으로 설명되어 알려진다을 알도록 공헌한 지식과, 다른 한편으로는 "그리스도"그리스도의 방법은 예수의 특별함 안에서 계시되고 구원의 사역 안에서 나타난다를 알도록 공헌한 지식 사이에서 나타난다.13)

트뢸치와 니버 형제들은 상당히 오래되고 고전적으로 구조적 질문을 단지 바꿔서 말하고 있을 뿐이다. 그들은 자신들의 방법 안에 미세한 차이가 있는 그러나 본질상 대등하지 않은 질문을 바꿔서 말한다. 그러나 각자 고전적 물음에는 답하고 있다. 고전적 물음은 하나님의 의지를 알아가는 두 개의 상충되는 접근방법들 사이에 나타나는 긴장에 대한 것이다.

긴장의 한쪽 측면은 **창조**의 질서 안에 근거를 두고 있을 것을 요구한다. 창조 질서는 기본적으로 다루기 쉬운 인식론적 장면에 의존한다. 누구나 관찰할 수 있는 것처럼 "거기 밖에 있는" 세상은 여전히 우리가 존재해야만 하고, 실행할 수 있는 하나님의 의지들God wills에 관한 계시를 우리에게 제시한다.14) 비록 우리가 타락했고 우리의 이성이 죄로 말미암아 훼손되었지만, 우리는 인간의 이성으로 계시를 알 수 있다. 하나님의 계시는 이성적인 사람 모두에게 접근할 수 있고 믿을 만하다.

그런 신적 의지의 사회적 요구는, 사물은 그 자체로 안에서부터 알려지는데, 현재의 질서를 따라 근원적으로 불연속이 될 수 없다. 분명히, 인간의 일 중 주된 주동자들은 국가와 시장이다. 주어진 틀 안에서 사람들에게 구원을 희망하라고 말하는 것은 잘못된 것이다. 즉, 그 자

---

13) 그러한 삼위일체의 분배적이거나 양태론적 이해는 Stassen, Yoder, and Yeager, *Authentic Transformation*, 61이하에 개략적으로 설명된다.
14) "하나님의 의지들"이라고 말하는 것은 적당하지 못한 신인동형론적인 것이 된다. 이러한 논쟁에서 "이성"에 관하여 많은 사상가가 "개인적인" 언어는 진지하게 여겨지지 않을 것이라고 제안한다.

체의 수단에 의한 그 자체의 용어에서 사회질서의 치료, 보존, 강화와 관련 있는 것이 될 수 있다.15) 그러나 근본적 변화는 될 수 없다. 체계 자체의 본질적 잠재력을 뛰어넘는 것에서 오는, 변화를 위한 원천기준, 관점, 힘이 없다. 그래서 구원은 질적으로 다른 영역에 속한다. 다른 영역이란 성례전, 장래, 개인적 자아용납에서 구별될 수 있는가, 아니면 "하나님 앞"에서 구별될 수 있는가에 관한 것이다.

이런 설명에 따르면, **그리스도인**으로 만드는 도덕적 입장이나 결정은, 내용이 아니라 형태이다. 그 형태는 아무리 본래의 방법이라도 "옳은" 것이 아니다. 오직 자연적 사리분별이 옳고 그름을 결정할 수 있다. 이런 설명에 따르면, 그리스도인의 입장을 만드는 것은 지방 신학 provincial theology, 하위문화의 상황, 종파간의 합병, 또는 행위자의 경건함이지, 그리스도인 만들기를 위한 행동이나 이유라고 할 수 있는 것을 명시할 수 있거나 의미 있는 것이 아니다.

이런 관점에서 볼 때, 그리스도인의 도덕적 진실은 **특별하며**, 잘 알려져 있고, 타당한 것으로 여겨진다는 생각보다 받아들여질 수 있는 것은 없다. 먼저, 공공의 합의에 의해서라기보다는 어떤 다른 방법으로 그렇다.

긴장의 다른 측면은 **언약** 안에 근거를 둔 것이다. "하나님의 기묘함은 유대인을 선택하심 아닌가!"라는 격언이 있다. 우리가 **언약** 또는 **선택**이라고 하는 은혜로운 기묘함은, 본성과 이성의 권위를 요구하는 세계관에 직면하여 축소할 수 없는 무한수를 나타낸다. 예레미야 예언자가 나라들 사이에서 그랬던 것처럼, 은혜로운 신비는 유대민족이라는 존재처럼 이성적 담론을 위해 줄일 수 없는 것이다.16)

---

15) 가톨릭교회는 종종 이렇게 주어진 도덕적 질서를 자연이라 부른다. 반면에 루터교인들과 칼빈주의자들은 도덕적 질서를 **창조**라고 부른다. 도덕 규정은 기본적으로 동일하다.
16) 유대 민족의 흩어짐의 의미를 예레미야 예언자가 다시 정의내린 것은 유대 민족 정체성

특별한 때를 위한 기독교의 암호cipher는 **기쁜 소식**evangel;복음, 좋은 소식이다. 기능적으로 정의한다면, 좋은 소식은 새로운 무엇, 또는 이전에 발생한 적이 없기 때문에 자연법칙에 의하여 알려진 적이 없는 특별한 상황에 대한 소식을 지니고 있다.[17] 특별한 상황은 소식을 말하는 데 적합한 사건이다. 즉, 무언가 새로운 것이 발생했다. 새로운 것을 위하여 우리는 성서로 돌아가고, 복음, 또는 주主와 구주救主이신 나사렛 예수에 대한 좋은 소식으로 돌아간다. 복음은 갈등을 회피하지 않는다. 복음은 갈등으로 가득 차 있고, 갈등과 정면으로 마주한다.

갈등 회피와 복음 언약에 따른 갈등 해결

갈등은 모든 인간 경험의 일부분이고, 아직은 우리가 직접적으로 다루지 않는 것이 더 낫다.[18] 갈등을 두려워하는 적합한 몇 개의 이유들이 있다. 결정을 하는 방법에서 갈등이 매우 중요한 부분을 차지하고, 갈등이 파괴적 효과를 가져오는 사회들이 있다. 어떤 집단들은 계속해서 서로 간에 불이익으로 교전을 벌인다. 결투를 벌이는 것과 마찬가지로, 어떤 문화는 서로 다른 집단의 대표자들 중간에서 의례적인 갈등을 일으킨다. 어떤 사회에서 한 명의 지도자로 세워지는 것은, 경쟁자를 물리치는 것에 의해서이다. 심지어 **군사 지도자**caudilo인 거칠고 "힘이

에 관한 실질적 시작이다. "역사 속의 예레미야" 또는 예레미야 29장의 특정한 메시지는 실제로 "도시의 평화를 찾고자 하는" 활동의 문을 열어주는 역사적 이유였다. 후에 유대인의 새로운 삶의 터전으로 바벨론을 수용한 것은 히브리인 역사의 새로운 장을 열어주는 받침이 되어주었다.

참조, 나의 글, "Exodus and Exile," 297-309, 그리고 "See How They Go With Their Faces to the Sun" in *For the Nations*.

17) 편집자 주: 이 문장은 프레토리아 패널 발표(Pretoria panel presentation)에 변화를 주려고 첨가되었다.

18) 다음은 1979년 7월 6일 프레토리아(Pretoria)에서 행해진 남아프리카 기독교 지도자 대회(South African Christian Leadership Assembly)에서 배정받은 패널 기고문이다. 같은 대회의 각 분과에서 읽힌 글은 나의 책 *For The Nations*, 11장에 나오는 "The Spirit of God and the Politics of Men"이다.

센 남자"로서 자긍심이 강한 지도자를 존중하기 위한 어느 정도의 준비가 많은 문화 속에서 발견될 것이다. 갈등은 의례적으로 향유된다. 갈등은 고상하게 여겨짐으로 추앙받는다. 외부인, 적은 그런 권한이 없다. 갈등을 힘으로 사용하는 것은 파괴적이다. 폭력이 육체적으로 행해질 때, 육체적으로 파괴적인 것이 되고, 폭력이 정신적으로 행해질 때, 정신적으로 파괴적인 것이 된다. 결정은 진실이나 사실의 발견보다는 오히려 힘의 논리 위에서 내려지기에, 결정 내려진 것은 종종 모든 단체가 가진 최상의 행복을 위한 것이 아니다.

복음은 전투에 의해 내려진 결정이 시행되는 것에 반대하여 압박을 가한다. 복음은 우리에게 가장 힘센 사람이 누구인가에 대하여 말하는 대신에, 진실이 무엇인가를 질문하도록 말한다. 우리는 우리의 원수를 사랑하라고 가르침을 받았고, 박해를 받아들이거나 비방하지 말라고 가르침을 받았다. 우리는 예수 자신의 모델에 호소한다. 예수는 자신을 죽이려고 했던 사람들을 향한 사랑 때문에 부정의하게 고난을 당했다. 고백하건대, 이것은 사실이다. 하나님은 대가를 지불하기 원하신다. 그리하여 어느 누구도, 심지어 가장 악하고 가치 없는 사람조차도 멸망하기를 원하지 않으시기 때문이다. 그리스도인들은 성령의 권능 안에서 고요한 진리가 우세하게 된다고 확언한다. 그리스도인들은 평화와 질서의 사회적 가치를 개인 전체와 사회 생산성을 위한 기초로 이해한다. 그래서 일부 그리스도인들이 갈등을 회피하는 것을 보편적 명령이라고 믿는 것은 그다지 놀랄 만한 것이 아니다. 일부 그리스도인들은 사람들에게 주어진 상황이든지, 아니면 일이 진행되면서 결정된 간접적 상황이든지, 아무튼 알력clash은 풀어야만 한다고 믿는다.

그래서 개인과 사회의 분석은 행동의 특별한 유형으로 **갈등 회피**를 말하게 되었다. 어떤 사람들은 갈등을 회피하는 것이 그리스도인의 임무이웃 사랑과 동일한 행위라고 믿는다. 다른 어떤 사람들은 갈등 회피를 도움이 되지 않는 것으로, 사회적 병폐를 눈감아주는 것으로 비난한다. 이런 위험성은 특별히 다음 두 가지 상황에서 발생한다.

(1) 어떤 사람들은 그리스도인들은 사회의 평화나 질서에 관하여 높은 가치를 두어야만 한다고 믿는다. 그래서 갈등에 의하여 문제시되는 것을 피하려면, 우리는 기꺼이 사회 내의 부정의하고 압제적 질서를 받아들여야만 한다고 한다. 때때로 갈등을 회피한 결과는 결정이 미뤄지거나, 눈에 보이지 않을 정도로 만든다.

(2) 어떤 사람들에게, 갈등에 관한 혐오는 작은 집단이나 개인 수준에서 사용하기 위한 것이다. 관대함을 추구하고 공격을 회피하는 개인은 감정을 감추고, 중요한 진술을 발설하지 않은 채 남겨두고, 파괴적 결과를 낳는 모욕감과 상실을 받아들일지 모른다.

이러한 두 가지에서, 기꺼이 고난을 감내하는 그리스도인의 의지와 관련된 영적 토대는 기억에서 사라졌고, 갈등 회피는 도움이 되기보다는 오히려 그 자체가 목적이 되어버렸다. 이러한 위험에 대항하여 우리는 경고를 받을 필요가 있다. 그러므로 여기서 우리의 주제가 갈등 회피가 아니라 갈등 **해결**인 것은 중요하다.

(3) 계속되는 또 다른 갈등 회피의 전술은 때때로 **관용**이나 **다원주의**로 정당화하는 것이다. 우리는 다른 누군가의 처지나 행동을 공격이라고 하기보다는 "견해의 차이"라고 부른다. 그래서 우리 자신을 징계와 화해의 의무와 특권에서 자유롭게 한다.

의례적이고 파괴적 갈등의 잘못에 관하여 복음이 판단을 내리는 것을 철회하지 않고는, 우리는 일부 환경 속에서 몇몇 종류의 갈등에 관한 공정을 다시 진술할 필요가 있다. 여기서 언급되어야 하는 그 만큼의 필요들이 오직 그리스도인에게만 진실은 아니지만, 나는 무엇보다도 먼저 그리스도인으로서 그리고 기독교의 상황 속에서 말할 것이다.

기독교의 상황은 초기 그리스도 교회에서 핵심적 중요성에 관한 하나의 특별한 논쟁을 우리에게 떠올리도록 도와줄 것이다. 기독교의 상황은 동시에 다른 요점에 관한 간접적 울림으로 사도행전 15장과 갈라디아서 2장에 직접적으로 서술된다.[19]

초기 기독교 공동체는 예수 안에 있는 이방인 신자들이 유대교의 생활방식을 따라야하는 것인지, 아닌지에 관한 물음에 직면해야만 했다. 그런 이슈가 생긴 이유는 초기 유대인 기독교 선교의 성공 때문이었다.

갈등은 삶과 성장의 표시이다. 즉, 살아있는 유기체는, 특별히 메시지 선포의 대상인 주님께서 책임지시는 교회 같은 유기체는, 우연이나 잘못으로 인한 것이 아니라 각 상황의 본성으로 말미암아, 새로운 사람들이 남들과 대립할 것이고 새로운 물음들이 해결될 필요가 있기에 갈등은 피할 수 없다. 모든 갈등이 성공적 선교나 창조적 문화 성장의 결과는 아니다. 방어적인 사회와 축소하는 문화는 또한 갈등이 있을 수 있다. 그러나 갈등이 올바르게 다뤄질 때, 대부분의 갈등은 삶의 이정표이고 삶의 원천이다.

갈등은 하나님의 의로우심에 의해 일어난다. 모든 갈등이 화해할 수 없는 이기적 관심사를 가진 사람들에게서 또는 옳고 그름 사이에서 나오는 것이 아니다. 그러나 종종 갈등으로 나타나는 형태와 갈등 해결의 긴박성 정도는, 질책할 필요가 있거나 변화에 대한 요구가 필요한 도덕

---

19) 참조. 나의 책 *Royal Priesthood*, "Binding and Loosing", 323이하.

성이나 관심사의 문제와 관련된다. 하나님의 예언자들과 우리 시대의 예언자적 공동체는 죄의 잘못을 선포한다. 그들은 의righteousness의 하나님나라에 관한 요구를 선포한다. 하나님나라는 부정의와 불순종에 관한 부정적 판결에서 분리될 수 없다. 이러한 갈등의 종류는 하나님의 의로우심을 선포하는데, 불성실함으로 인한 것 외에는 피할 수 없다. 그러나 복음의 하나님이 부정의함으로 행하는 것은 사울의 시대나 여호수아의 시대에 하셨던 것과 똑같은 것은 아니다. 하나님의 의도는 파괴가 아니라 회개와 회복이다. 하나님은 하나님 자신을 그런 회복의 대가비록 값비싼 수단이지만로 여긴다. 그 대가는 정의에 관한 요구를 팔거나 죄의 대가를 부정의함에서 가져오지 않는다.

예수는 그렇게 더 위대한, 우리가 모두 비난하는 입장을 취하는 예수의 빛 안에서 의를 선포한 예언자이다. 또한, 예수는 받으실만하고, 우리의 화해를 이룬 희생제사를 드린 제사장이다. 예수는 새로운 질서를 확립한 왕이다. 우리의 사역들도 마찬가지로, 예수의 사역에서 이러한 면 중 어느 것이 갈등을 일으키지 않는가?[20] 그러나 각각, 목적과 수단은 우리의 옳음이나 우리의 승리를 확인해주지 않는다. 그러나 신을 모르는 사람들을 의롭게 하심, 죄를 용서하심, 그리고 새로운 사람들을 창조하심을 확인해 주고 있다.

그러면 사도행전에서 이방인들이 모든 율법을 지킬 필요가 있다는 신념의 차이에 관해 신자들이 발견했을 때 그들이 한 것은 무엇인가?

---

20) 편집자 주: 요더는 다음과 같이 썼다. "우리의 사역과 마찬가지로, 예수의 사역 중 이러한 면들 중 어느 것이 갈등을 일으키는가?" 그러나 그 상황은 그가 각각의 면들이 갈등을 일으킨다는 것을 제안하려는 의도였음을 알게 해준다. 그러나 그럼에도, 목적과 수단은 일치된다. 그는 "갈등은 삶과 성장의 표시"라는 것을 전체적으로 논의했다. 즉, 갈등은 하나님의 의에 의하여 일어난다. 다시 말해서, 갈등은 악을 필요로 하지 않는다. 다만 치유될 수 있다. 그래서 여기서 하나님의 행동은 갈등을 불러일으키고 또한 화해를 가져온다. 비록 이러한 편집이 요더의 의도를 바꿀지는 모르나, 우리는 요더의 의도에 더 충실하고자 한다.

신자들은 신념의 차이에서 오는 갈등을 숨기거나 미루기 보다는 이슈에 직면했다. 자신들의 사역이 이슈를 일으켰던 사람들^{바울, 바나바 그리고 안디옥에서의 지지자들}은 어중간하게 대화하지 않았다. 그들은 자신들이 보았던 하나님이 하신 일들을 이야기했다. 베드로 같은 사람도 자신들의 경험을 자세하게 말했다. 그들은 말할 것이 더는 없을 때까지 서로에게 귀 기울였다. 그리고 온건한 조정자인 야고보가 본래의 위반을 풀어나가는 데 아주 적합한 타협을 제안했다. 그들은 결론^{실상은 합리적이고 실용적}협상은 성령에 의하여 그들에게 주어졌다고 고백했다. 갈등에 대한 다른 성서적 지침은 예수의 말씀에 있다. 예수는 알기 쉽게 말씀한다. "네 형제가 죄를 범하거든 가서 너와 그 사람과만 상대하여 권고하라 만일 들으면 네가 네 형제를 얻은 것이요"^{마18:15} 그래서 개인적 차원에서 갈등을 다루는 성서적 방법은, 기꺼이 용서할 준비를 하고, 직접적이고 개인적으로 대면하는 것이다. 사도 바울도 동일한 과정을 서술한다. "신령한 너희는 온유한 심령으로 그러한 자를 바로잡고"^{갈6:1}

또한, 권력과 제도의 차원에서 갈등에 관한 성서적 대책이 있다. 신자들은 삶의 악한 유형에 참여하는 것을 거절하도록 부름 받는다. 그래서 신자들은 **세상에 동조하지 않거나 또는 불평등하게 얽히는 것을 거절하도록** 부름 받았다. 오늘날 우리는 그 부르심을 **비협력**, 또는 어쩌면 **시민 불복종**, 또는 어떤 경우 **거부 동맹**^{boycott}이라 부르게 될 것이다. 예언자들이 자주 했던 것처럼, 공적으로 악을 비난한 것이다.

제 **12** 장

아나뱁티스트 역사와 신학의
관점에서 본 갈등

우리는 그동안 갈등이 나쁘다고 가르쳐왔다.[21] 우리가 경험적으로 전체적 요약을 살펴보았던 것처럼, 나는 미국 문화, 미국 기독교 문화, 또는 미국 메노나이트 문화 같은 이렇게 전체적 요약의 정확성에 이의를 제기하려는 의도는 없다.

그러나 우리는 이의를 제기함으로써 더 많이 배울 수 있을 것이다. "갈등은 나쁘다"는 이러한 원리에 입각한 우리 문화 안에 있는 유행에 의하여, 만약 우리가 갈등이 의미하는 것과 의미하지 않는 것을 정확하게 결정할 수 있다면, 갈등은 더 연구할 만한 가치가 있을 것이다. 모든 종류의 갈등에 적용되는가? 우리의 개인적이고 사회적인 삶 중 어떤 요소들이 갈등에 적용되는 것을 의미하는가? "나쁜"이라는 의미는 무

---

21) 1969년 12월 28일 뉴욕시 이타카(Ithaca)에서 열린 메노나이트 졸업생 연례 모임에서 발표되었고, 이타카에서 있었던 모임 이후 초안을 계획했고, 오직 개인적으로 회람되었다. 메노나이트 졸업생 모임은 교단 대학생 봉사 위원회(the denominational student services committees)에서 지원을 받으면서 1958년부터 1972년까지 기능했던 자치적이고 영속할 수 있는 모임이었다. 현대 메노나이트들의 교단적 정체성이 이상적인 16세기 기원들로부터 왔고, 따라서 16세기의 지침(또는 판결)에 종속되는 것으로 여겨지기에, "아나뱁티스트"라는 단어는 시대의 사고방식을 보여준다.

엇인가? 이러한 생각은 어디에서 온 것인가? 갈등이 우리에게 어떻게 가르쳐져야 할 것인가?

나는 여기서 갈등의 분석을 내놓을 계획은 없다. 나는 단지 갈등이 유익할 것이고, 우리가 갈등의 질문들에 대한 대답을 알고 있다거나 그 대답들이 즉시 나타날 것처럼 보이는 것이라고 여겨서는 안 된다는 것을 말하는 것이다.

갈등이 나쁘다는 가정은 예수나 아나뱁티스트에게서 나온 것이 아니라는 것을 지적하는 것만으로도 현재 나의 목적에 충분하다. ('예수'로 말미암아 나는 신약성서에 나오는 중심된 윤리적 증언을 언급한다. 신약성서의 책들은 주Lord로서의 예수를 선포하는 내용들을 모은 것들이다. "아나뱁티스트"로 말미암아 나는 16세기 이전에 시작되었고, 계속해서 현재에 이르기까지 모든 세기를 뚫고 나온 급진적 종교개혁의 유산을 언급한다. 미국 메노나이트의 선조실제 그들은 존재하지 않는다라고 해서 나의 관심사를 특별하게 16세기 아나뱁티스트들에게 두지 않는다. 오히려 나는 급진적 종교개혁의 입장에 나의 관심사를 둔다. 그런 입장은 매 시대에 걸쳐 특별한 관련성을 주장할 수 있다. 일부 메노나이트들과 다른 사람들은 갱신을 위한 프로그램으로 급진적 종교개혁의 입장에 호소한다.)

그것은 "갈등은 나쁘다"고 하는 구호의 기원에 대해 질문하는데, 어느 정도 시간을 끌어주는 데 유익할 뿐 아니라, 또한 갈등의 의미론을 분석하는 데 유익할 것이다. 당신이 갈등에 관해 죄가 있는 사람을 처리한다고 가정하는 것은 무엇인가? 어떤 종류의 긴장이 갈등과 동일시되는가? 당신은 정말로 갈등이 좋거나 나쁘다고 일반적으로 말할 수 있는가, 아니면 당신은 어떤 종류의 갈등이 다루어져야만 하는지 그리고 방법은 무엇인지 질문하지 말아야만 하는가? 일관성을 지닌 의미론

분석조차도 아마도 우리를 단순한 일반화에서 밀어낼지도 모른다.

　　그러나 당분간 우리는 직접적인 확언을 향해 단편적 분석을 뛰어넘어야만 한다. 즉, 갈등은 본질적으로 약간 애매하고 유해하다. 그 용어는 오히려 다루어져야 하는 도전의 범주들을 동일시한다. 아마도 어떤 종류의 갈등은 좋거나 그와 다른 종류의 갈등은 나쁠 것이다. 어느 쪽이나, 갈등을 어떻게 다루어야 할 것인가에 초점을 맞추는 데 더 많은 뜻이 통한다.

갈등과 회중

　　나의 논쟁의 첫 번째 단계는 그리스도인 공동체 안에 나타나는 갈등을 다룬다. 여기서 나는 1969년 11월 8일에 콘라드 그레벨 대학Conrad Grebel College의 로렌스 버크홀더Lawrence Burkholder가 했던 강의를 통해 나의 논의의 출발점을 충분하게 다룰 것이다. 세 개의 연속된 강의 중 두 번째 강의 제목이 "갈등의 전례연구The Ritualism of Conflict"였다. 버크홀드는 신약성서가 그리스도인 회중 안에서 갈등을 다루는 유형화된 방법을 규정하고 있다는 분명한 사실을 다루었다. 가장 정확하게 우리는 이것을 마태복음 18장 15~20절에 나오는 가르침에서 발견하게 된다. 이 가르침은 후대에 마틴 루터와 아나뱁티스트들이 "그리스도의 법"으로 언급했던 구절이다. 동일한 관심과 동일한 과정에 관한 다른 표현들을 바울 서신에서 찾을 수 있다.

　　"갈등을 해결할 수 있다"고 버크홀드는 관찰했다. "이해 가운데 성장하고, 사랑 안에서 성장하는 것은, 갈등 해결을 통해서 일어난다." 그래서 갈등을 처리하는 것은, 갈등을 숨기는 것도 아니고, 갈등이 나쁘다고 말하는 것도 아니라, 특별한 방법으로 갈등을 해결하는 것이다.

　　"그리스도의 법"에 의하여 요구되는 진행 절차는 다음과 같은 필수적 요소들을 갖추고 있다.

(1) 발의는 개인적이다. 만약 당신의 형제가 당신에게 죄를 지었다면(두 개의 대명사 모두 단수이다), 당신은 그에게 혼자 가야한다. (개혁주의 전통이 국가의 감독 역할에 대해 죄를 위임했던 방법은 물론이고) 이런 교회 규율은 교회의 규율 감독자에게 위임될 수 있는 것이 아니다. 그것은 모든 그리스도인의 당면한 책임이다. 그리스도인은 유죄로 의심되는 단체에 대한 각각의 질문을 다루어야 한다. 이것은 소문gossip을 금지시키고, 공무원이나 전문가의 관리 하에서 갈등 해결을 위한 이런 종류의 도덕적 책임을 중심에 두는 것을 배제한다.

(2) 교섭overture은 화해하려는 의도를 지닌다. 목적은 형제를 꾸짖는 것도 아니고 그에게 고통을 가하거나 그를 배제하는 것도 아니고, 그를 얻는 것이다. 즉, 교제의 회복을 통하여 갈등을 해결하는 것이다. 이것은 그가 그의 잘못을 인정하는 것을 통해 이루어지거나, 그의 잘못이라는 나의 생각이 잘못임을 아는 것을 통해 이루어질 것이다. 도덕적 통찰 또는 사실에 입각한 정보로서, 상당히 진지하게 갈등을 다루고 우리가 할 수 있는 해명이 무엇이든지 간에 갈등에 관하여 의지함으로써만 해결이 된다. "당신이 당신의 형제를 얻었다"는 것은 기대했던 교섭의 결과이다. 이례적이고 유감스러울 때만, 진행 절차는 책임 있는 동료 그리스도인에게까지 폭넓게 더 많이 언급되어야만 한다.

(3) 진행 절차는 기독교 공동체에 뿌리를 둔다. 내가 나의 형제에게 가야하는 이유는 나 자신의 예감hunch이나 푸념 때문이 아니라, 동일한 공동체의 지체로서 우리의 공동 책임감 때문이다. 그래서 만일 나의 형제와 내가 협정을 맺을 수 없다면, 궁극적으로 의지해야 하

는 것은 회중인데, 이렇게 의지하는 것은 공동체의 회원 자격 내부에서 지도력의 단절을 생각하면서까지 처음으로 통과시키는 것이다. 형제에게 다가가는 권한 위임과 귀 기울여 듣는 형제의 권한 위임의 기초는, 침례에 참여한 자들로 구성된 회중이다. 그것에 의하여, 나는 스스로 "조언을 주고받는 것 둘 다"에 참여하였다.

(4) 행동은 구속력이 있다. 일단 이러한 과정이 수행되면, 그 결과는 역사적으로 유효하게 된다. 이러한 과정을 통하여 "땅에서 묶는" 것은 "하늘에서도 묶이는" 상태가 되고, 땅에서 풀리는 것은 하늘에서도 풀리는 상태가 된다. 구속력 있는 행동으로 역사는 진지하게 다루어져야 하고, 우리가 다루는 입장들긍정적이든지 부정적이든지 간에은 하나의 기록이 되고, 장래에 결정적인 것으로 다루어져야 한다. 교제에서 한걸음 물러서는 개인들은, 회중과 교제하는 것에서 스스로 자신들을 제한했기 때문에, 회중 밖에 머물거나 다시 승낙을 받아야만 하는 사람으로 진지하게 다루어져야 한다. 화해를 위한 교섭 제안을 받아들인 사람은, 이제 나쁜 기록이 없고, 어떤 죄의 그늘도 없으며, 악의 그늘 밑에 있지 않고, 완전하게 공동체로 복귀되고 신적 은총에 대한 회복을 의지할 수 있는 사람으로 분명히 다루어져야만 한다. 그러나 이러한 화해를 이루어가는 관심은 단순히 하나의 태도나 관심으로 진술되는 것이 아니라, 오히려 규정된 과정버크홀더가 의례라고 말했고, 나는 실천이라고 말했던 것, 22)으로 진술되는 것이 가장 중요하다.

"심지어 교회 안에서 하나님의 구원과 인간의 응답이, 예배, 침례세례 그리고 주의 만찬성만찬 가운데 의례화되는 것처럼, 갈등 해결을 다루

---

22) 편집자 주: 요더가 *Royal Priesthood*의 결론적 장으로 그리고 그밖에 다른 곳에서 쓰듯이, 그가 나중에 『교회, 그 몸의 정치』*Body Politics*에서 실천사항들이라고 말했던 것을 우리는 여기서 버크홀더를 인용한 것과 연관 지으려고 "그리고 나는 실천이라고 부른다"는 구절을 첨가했다. 마이클 카트라이트(Michael Cartwright)가 요더의 글에 나오는 실천들의 발전을 통찰력 있게 요약한, *Royal Priesthood*에 쓴 그의 서문을 보라.

기 위한 의례는 우연히 일어나는 것이 아니라 구상되어 나타난다. 갈등을 다루는 것은 주변적이거나 유감스러운 것이라는 견해를 피하고자 그 제의는 조직화되어야만 한다. 만약 의례가 없다면 폭발이 일어날 것이다. 의례를 위한 형태는 마태복음 18장에서 발견된다. 마태복음 18장에는 갈등을 신중하고 세부적으로 다루는 것이 용서의 상황 가운데 배치되어져 있다." 갈등은 작은 집단에 대한 불신임이 아니다. 관계가 더 친밀해지면 친밀해질수록 갈등은 더 많아질 것처럼 보이기 때문이다. 버크홀더는 "메노나이트들이 더 많은 갈등을 겪었던 것은 바로 공동체에 대한 관심 때문이었다"라고 썼다.

만약 내가 나의 초기 약속들에 대해 예외를 두고, 그래서 일단 16세기 고고학archaeology에 열중하게 된다면, 최초의 아나뱁티스트 신학자23)는 생겨난 지 얼마 되지 않는, 그가 사역하는 교회를 위해 세 개의 예전서liturgies;각 회원들의 자원하는 행동으로 이루어진 공동체를 구성하는 침례식, 떡을 나눔으로 공동체를 지탱하는 주의 만찬 의식, 죄의 문제를 다룸으로 공동체를 회복하는 의식를 제공했다는 점을 알려줘야만 할 것이다. 갈등 해결 성례전은 정체성에 아주 중요하고, 기독교 공동체의 생존에 더 자주 거행되는 다른 의례들도 마찬가지이다.

이제 예수와 아나뱁티스트들이 행하는 갈등 해결을 위한 이러한 규정은, 현재 우리 사회에 퍼져있는 개방, 의사소통, 예민함, 유사함과 관련된 오늘날의 선입관과 어떻게 다른가?

이러한 차이 중 한 가지 요소는 **객관성**이라고 부르기 좋아하는 것이다. 현대와 심리학적으로 관계되는 우리 서양인들은 갈등과 해결방안

---

23) 편집자 주: 요더는 여기서 아마도 미하엘 자틀러(Michael Sattler)를 언급하는 것 같다. 이에 관하여 다음 책을 보라. *The Legacy of Michael Sattler*, Classics of the Radical Reformation, Vol.1 (Scottdale, Pa: Herald, 1973).

을 사람의 내부와 감정의 수준 위에 두려고 하는 경향이 있다. 예수와 아나뱁티스트들은 오히려 이러한 실재들을 자신들의 외부에 있는 진리의 수준 위에 두려고 했을 것이고, 진정성에 대하여 주장할 때, 감정이 아니라 계시 안에 그 근거를 두려고 했을 것이다. 나의 형제 또는 자매 그리고 나는, 어느 정도는 화해할 수 있다. 왜냐하면, 우리는 우리 위에 놓인 권위자의 주권을 인식하기 때문이다. 우리는 단순히 서로의 중간 입장을 취하도록 협상하는 것은 아니다. 그 입장에서 우리는 더는 체면 손상 없이 각자 행동할 수 있다. 우리 각자는 진실로 뛰어난 권위자그의 의지가 식별되는라는 근거 위에서 급진적 변화에 원칙적으로는 감추는 것이 없다. 갈등 해결은 다수에 근거를 두거나, 다수결로 결정하는 민주주의가 아니다. 갈등 해결은 강경파들이 자신이 느끼는 식대로 행동하게 하는 것이 아니다. 그것은 판매를 위한 기술이 아니다. 즉, 갈등 해결은 대부분 사람들이 수용할 것이라고 기대하는 것이 아니다. 나의 자매나 형제 그리고 내가 행하는 것은 우리의 서로 다른 입맛, 선호하는 것, 관심사들에 대하여 흥정을 하는 것이 아니다. 우리는 모두 더욱더 큰 진리이 진리 아래에서 우리는 맞닥뜨려야만 한다가 있는지를 함께 연구한다. 진리가 우리에게 요구하는 변화가 무엇이라 할지라도 말이다.

이러한 객관성 없이, 갈등과 그 해결방안에 대한 관심은 매우 쉽게 우리를 건강하지 못한 과대 포장된 자신나 자신 또는 당신 또는 그녀 자신에 대한 존중으로 이끌 수 있다. 우리는 자신들의 요구나 권리를 존중받아야 할 필요가 있는 것으로 생각한다. 우리는 심지어 그와 같은 면에서 나의 입맛에 맞지 않는 어떤 종류의 죄를 받아들여야할지 모르는 자아에 대한 존경과 존엄을 이야기한다. 이것은 내가 복종하는 것이 현실적으로 마지못해 하는 것일 수 있다는 점을 감추려고 **자아**self라는 꼬리표를 사용할 수 있게 한다. 만약 자아의 사용이 그들에게 건의하고 이의를 제기하는 책임을 지우려고 거절하는 것을 의미한다면, 그밖에 다른 편의 자유를 상당히 존중해줄 가능성이 있다. 확실히 내가 나의 이웃 또는 나의 자매 또는 형제에게 강요해서는 안 되는 압박이나 억압의 유형들이 있다. 그러나 이것은 그리스도인의 형제애적 관심 또한 불신이나 연약함을 벗어나서 자주 무시되는 압박의 한 종류이다.

현대에 이르러 다른 단체의 자유를 존중하는 것은 잠행성潛行性 상대주의로 끝날지 모른다. 잠행성 상대주의는 다른 압박공개된 것이든지 감추어진 것이든지 간에에 좌우되어 나의 자매나 형제를 떠나는 것을 의미한다. 아나뱁티스트들과 예수는 이웃의 존엄성을 존중하는 또 다른 종류의 태도를 지녔을 것이다. 즉, 억압의 포기, 아니면 전문용어로 의지주의 voluntarism라 불리는 것이다. 그러나 스스로 결정하는 다른 단체의 자유를 내가 존중하는 한에서는, 나는 여전히 그 형제나 자매에게 문제를 제기할 책임이 있다.

갈등 해결을 위한 현대의 관심 그리고 예수와 아나뱁티스트의 방식 사이에 나타나는 다른 형식적 구분은 내가 **언약**이라고 부르는 요소이다. 나는 나의 동료 신자들에게 책임이 있고, 그(녀)는 나에게 책임이 있다. 왜냐하면, 우리는 이러한 책임감의 유형에 대해 우리 자신들을 헌신했기 때문이다. 무엇보다도 먼저, 이것은 갈등 해결의 과정이 의지하는 무엇을 지니고 있음을 의미한다. 즉, 그것은 우리가 서로에게 약속했던 계약의 완성이다. 둘째로 언약은 단순히 접촉이 남아있는 것을 의미하지는 않지만, 주어진 방식을 따라 주어진 시간과 장소 안에서 함께 살아가도록, 우리를 하나 되게 하는 어떠한 주어진 문화적 상황에 들어있는 것이 될 것이다. 그래서 상황의 위치 안에 들어있는 언약 이해는 적어도 순종이나 불순종을 측정할 수 있는 기준에서 확실하고 최소한으로 이해와 갈등이 해결되는 과정을 포함할 것이다. 의무가 있다는 것뿐만 아니라, 의무가 보여주는 것들이 있을 것이다. 다시 말해서, 이러한 문제들은 적어도 부분적으로 언약의 내용substance에 의하여 정의된다.

사회 안에서의 갈등

우리는 이제 어느 정도 차이가 있는 다른 주제로 옮겨가 본다. 갈등은 주요 문제나 대립의 격렬함 안에서 차이가 나는 것이 아니라, 사람들이 갈등과 관계하려고 노력하는 사회적 전제들 안에서 차이가 나는 것이다. 당대의 사회 내에서 발생하는 사회적 갈등에 수반되어야 하는 그리스도인의 방식은 무엇인가?

예수와 아나뱁티스트들에 의하여 취해진 입장에 대한 전통적 명칭은 비저항nonresistance이다. 만약 우리가 우리 자신의 의미론을 발전시킬 수 있는 시간을 가졌다면, 나는 비저항이 여전히 알맞은 용어라는 점에 대해 논의할 준비가 되었을 것이다. 그러나 용어 사용에 대한 배경을 알지 못하거나 메노나이트들이 용어를 특별히 내부적으로 사용할 때, 누군가에게 전해지는 그 용어의 직접적 의미는 심각한 왜곡에 노출되어 버린다. 비저항은 분명하게 후퇴했다는 이미지를 나타내준다. 다시 말해서, 일부 국가에서 군복무를 면제받는 것과 같은 특정한 메노나이트의 특권에 관심을 맞춘다. 따라서 비저항이란 용어는 나의 이웃에게 일어나는 일에 대한 관심에 대하여 오해를 일으킨다.

최근에, 더욱더 주목을 끌었던 용어는 **비폭력**, 또는 **비폭력적 행동**이다. 그러나 이것은 그다지 명확하지 못하다. 폭력이라는 용어의 범위를 정의 내리는 데에는 실제적 어려움이 있다. 물리적 학대로 특징지어질 수 없는 다른 종류의 부정의에 대한 실제적 관심이 있다. 경계를 그을 수 있는 기본적인 도덕적 계열은 폭력적인 것과 그렇지 않은 것그저 내가 말해왔던 계열은 경계를 긋기가 어렵다 사이에 있다고 하는 제안에 관하여 덧붙이자면, 경계를 그을 수 있는 더 중요한 두 개의 다른 계열이 있다는 사실을 숨긴다.

하나의 계열은 물리적 폭력이라는 다음과 같은 측면을 충분히 일으킨다. 즉, 이것은 누군가가 자신의 이웃을 멸시하기 시작하고, 그(녀)를 사람으로 생각지 않는다는 것이 요점이다. 예수에 따르면, 이것은 어떤 면에서는 도덕적으로 그의 생명을 찾는 것만큼 좋지 않다.마5:21-22 그러나 거기에 나타나는 물리적 폭력의 또 다른 측면은 다른 사람을 죽이려고 하는 행동이나 의도이다. 이것은 충격을 가하고, 무례하게 대하고, 아니면 상처를 입히는, 그러나 죽이지는 않는 물리적 힘보다 질적으로 더 좋지 않은 하나의 위험한 단계이다. 그래서 **비폭력**은 갈등에 관하여 예수가 보여준 태도에 대한 정확한 호칭으로는 그다지 좋지 못하다. 내가 주장하고자 하는 세 번째 용어에 주목하고자 하는데, 이것이 더 나은 정의定義이기에, 나는 다른 결론으로 우리의 질문에 접근할 것을 제안한다. 즉, 더 범위가 넓어진 사회 속에 나타나는 그리스도인의 갈등 방식에 대하여 예수가 우리에게 말한 것의 가장 본래적이거나 특별한 특징 중 일부를 구별해 내는 것에 의해서 그렇게 할 수 있다. 이것들은 모두 전통적으로 **비저항**이라고 부르는 것, 또는 **비폭력**이라고 부르는 것과 일치한다. 그러나 이것들은 더 정확하게 특징지을 수 있고, 더 많이 정의할 수 있고, 더 많이 알아볼 수 있고, 더 특별하게 예수의 인격과 가르침과 연관된다. 그래서 이것들은 우리가 찾고자 하는 것을 정의하는 데 필수적이어야만 한다. 나는 우리가 자동적으로 설명을 필요로 하지 않는 구절들을 찾을 수 있을 것이라고 가정하기보다는 오히려 정의 내리는 것이 필요한 구절들을 사용할 것이다.

예수는 그의 제자들에게 하늘의 아버지가 완전하신 것처럼 그들도 완전해야만 한다고 말했다.마5:48 예수의 윤리적 가르침 중 어떤 차원도 이러한 완전함에 대한 부르심보다 근본적으로, 파괴적으로 잘못 이해된 것은 없다. 신학자 대부분은 완전과 마태복음 5장 29절과 예수의 다른 많은 명령 구절들을 문자적으로 받아들이면 안 되는, 극적으로 과장해서 말한 것("만일 네 오른쪽 눈이 너로 실족하게 하거든 빼어 내버리라"마5:29는 구절처럼 시대에 따른 문화의 특색을 나타내는 과장법)으로 생각해왔다. 분명히 우리는 완전하게 될 수 없다. 정의상, 완전은 우리가 달성할 수 없는 것이다. 그래서 예수께서 우리가 완전해야 한다고 말씀하실 때, 이것은 우리가 항상 하나님 앞에 죄 있는 상태로 서있다는 것, 우리는 만족할 만큼 행할 수 없다는 것, 그래서 우리는 우리의 최선의 행동조차도 자랑해서는 안 된다는 것을 간접적으로 말하는 상징적이고 히브리적 방식이다. 물론 이 상징은 그 상황에 알맞은 핵심이다. 그러나 이 상징은 예수가 "하늘에 계신 너의 아버지께서 완전하신 것처럼 완전하라"라고 하신 말씀에서 예수가 말하고 있는 것은 아니다.

개신교 사상의 또 다른 흐름은 만약 완전이 불가능했다면, 예수가 완전을 요구하지 않았을 것이라고 한다. 그래서 우리는 앞선 논의에서 불가능하다고 말했던 완전함을 우리에게 가져다주시는 하나님을 신뢰해야만 한다. **성화**의 교리는 어떻게 하나님이 그 일을 행하시는 지를 설명하면서 발전되어왔다. 이것은 요한 웨슬리John Wesley의 영향으로 가장 철저하게, 특별히 19세기 웨슬리언 성결운동에서 따랐다. 이것이 그 상황에 알맞은 핵심이다. 그러나 이것 역시 예수가 의미했던 것은 아니다.

그 구절은 아주 분명하게 다른 어떤 설명보다 훨씬 더 정확하고, 더 겸손한 의미를 지닌 문맥에서 나온다. 예수는 그의 제자들에게 차별하지 말 것을 요청하고 있다. 제자들은 자신의 원수들을 자신들의 친구들을 대하듯이 사랑해야만 한다. 제자들은 완전이 하나님 아버지께서 하셨던 것이기에 이것을 실행해야 한다고 듣는다. 하나님은 친구뿐만 아니라 하나님의 원수들을 사랑하신다. 하나님은 차별하지 않으신다. 하나님의 사랑은 조건적이 아니다. "… 하늘에 계신 너희 아버지의 아들이 되리니 이는 하나님이 그 해를 악인과 선인에게 비추시며 비를 의로운 자와 불의한 자에게 내려주심이라 너희가 너희를 사랑하는 자를 사랑하면 무슨 상이 있으리요?"마5:45~46, 24) 그래서 흠이 없거나 나무랄 데가 없는 것에 의해서가 아니라, 차별하는 것을 포기하고 똑같은 조건으로 원수를 사랑하고, 우리가 우리의 친구들을 사랑하듯이 똑같은 방법으로 원수를 사랑함으로써, 우리는 하나님의 사랑의 자질을 본받는 바로 그것이 완전의 핵심이다. 이것은 실제적 문제로 대적자를 위하여 선택한 것을 의미한다. 즉, 그것은 우리의 친구들을 좋아하는 우리 본성을 바로잡으려는 타고난 선택이다. 그래서 그리스도인의 갈등 방식할 수 있다면 그것을 비저항으로 부르라의 첫 번째 기초는 특별한 갈등이 발생된 이해관계의 해석에서 기인하는 것이 아니라, 하나님의 본성에 대한 이해에서 기인한다.

완전의 이해에서 다음에 언급되는 특징은 종 됨servanthood이다. 또는 주인 됨을 포기하는 것이다. 복음서 전체에서 보면, 다양한 방식을 통하여, 예수는 그의 제자들에게 종이 될 것을 이야기한다. 마태복음, 마가복음, 누가복음 세 복음서를 보면, 물론 이야기 안에 배치되어 있는 곳들이 서로 다르지만, 예수의 가르침이 분명한 대구를 이루는 방식

---

24) 편집자들은 명확성을 위하여 요더의 해석이 언급하는 마태복음의 상황 속에서 5장 45-46절을 첨가했다. 이 구절들은 예수가 48절에서 "하늘에 계신 너의 아버지께서 완전하신 것처럼 완전하게(전부가 갖추어진, 모두 포함한) 되라"라고 말하기 바로 전에 나온다.

으로 나타난다. 즉, 예수는 다음과 같이 말한다. "… 이방인의 집권자들이 그들을 임의로 주관하는 줄을 너희가 알거니와 너희 중에는 그렇지 않아야 하나니"마20:25-26 이는 마치 예수를 따르던 무리가 조성하려고 했던 일종의 무정부주의적 발전을 통하여 그 사실이 제거될 수 있었을 것이라고 여기는 것과 비슷하다. 예수는 통치자들이 백성 위에 군림하려는 사실은 나쁜 것이라고 말하지 않는다. 그러나 예수는 그 사실이 좋은 것이라고도 말하지도 않는다. 그래서 그 사실은 그리스도인들이 콘스탄틴 황제 시절에 시작했듯이, 적극적 방법을 통하여 그리스도인들에 의해서 신성시되고 지지받아야 했다. 예수는 그 사실이 통치자는 군림한다는 사례라고 단순히 말한다. 우리는 예수를 **실증주의자**라고 부를지도 모른다. 그러나 예수가 그 사실이 좋은지 나쁜지 이야기하지 않는 한, 예수는 그 사실이 제자들을 위한 것이 아님을 이야기한다. 제자들은 다른 과제를 지닌다. 즉, 종이 되어야 한다. 제자들이 종이 되어야 하는 이유는 예수가 종이라는 것이다. 그래서 갈등에 관여하는 그리스도인 방식의 두 번째 표식은 이해관계나 상황에 관한 분석에서 나오는 것이 아니라, 사회에 속한 한 사람인 예수의 방식을 반영하는 데에서 나오는 것이다. 예수는 갈등을 피하지 않았다. 사실, 예수는 때때로 갈등을 선동하기까지 했다. 그러나 그런 가운데 예수는 의도적으로, 그리고 단순히 약함에서 그런 것은 아니지만, 강력한 권세를 통하여 다른 것들과 관련하여 그의 의지에 강요된 유혹을 포기했다.

예수와 아나뱁티스트들에게서 익숙한 갈등의 세 번째 특색은 초기 퀘이커교도들이 '어린 양의 전쟁'이라고 불렀던 것이다. 우리는 보통 약하면 패배할 거라고 생각한다. 그래서 우리는 패배를 직시하도록 하는 설명을 찾으려 한다고 가정한다. 그러나 죽은 자를 일으키시는 하나님을 믿는 관점에서 볼 때, 예수와 초기 그리스도인들과 아나뱁티스트들은 그들의 죽음이 승리 그 자체라고 믿었다. 그들을 향해 적대감이 날아오는turned 사회에서 충실함에 상응하는 대가로 고통을 겪는 그들의 자진하는 마음은 승리의 선결 조건이나 승리의 결과가 아니라, 예수를 향한 적대감을 넘어서는 하나님의 사랑의 승리 그 자체였다. 요점은 만약 우리가 고난을 겪고 우리가 신앙을 상실하지 않는다면, 언젠가 이후에 하나님이 승리하실 것이라는 점이 아니다. "우리의 고난으로 말미암아 우리가 신앙을 잃지 않는다는 것, 즉 그것은 하나님의 승리의 서막"이라는 것이다.25) 이것은 신약성서 안에 타당한 근거를 지닌 비전이다. 이것은 갈등으로 인한 고난에 대해 비폭력적 기술과 관련된 어떠한 현대적 접근이 가져다줄지 모르는 실용적 이해와는 완전히 다른 의미를 가져다준다.

이러한 비전은, 과거 메노나이트들이 **비저항**이라는 이름과 동일시되었던 표준적 이해와 어떻게 다른가? 첫째, 비저항은 가정이라는 이원론적 틀을 통하여 악의 문제를 여과시키지 않는다. 그래서 일련의 도덕적 기준들을 그리스도인들과 외부 세계의 상황에 적용한다. 이러한 이원론적 구조틀은 1920년대에 널리 퍼졌고, 그 후 1930년대에 갑자기 소멸된 낙관적 평화주의의 종류에 반대하는 반응이었다. 이러한 낙관적 평화주의는 전쟁 없는 세상이 가능하다는 것뿐만 아니라, 기독교의 가정에 기반을 둔 평화주의는 정치적 권력의 전달자를 포함하여 누구에게나 추천할 수 있다는 것을 가정했다. 이러한 평화주의는 이론상으로는 인간의 본성과 역사에 관한 비기독교적 관점에 적당하지 않았기에 쓸모가 없어졌고, 실제적으로는 그런 평화주의가 기대되어졌지만 귀 기울이지 않아서 쓸모가 없어졌다. 그래서 메노나이트들은, 전쟁은

---

25) 편집자 주: 우리는 요더가 여기에서 인용한 정확한 출처를 알지 못하지만, 어감은 아나뱁티스트 순교자들뿐만 아니라 고후4:16-18에도 잘 들어맞는다.

메노나이트들에게는 잘못된 것이지만, 다른 사람들이나 매개 수단으로
는 옳은 것이라는 점을 포함하는 윤리학과 관련하여 일부 비평화주의
적 해석자들과 연합했다. 이것은 이전에 사라져버린 낙관주의에서 볼
때 이해할 수 있는 수정이었다. 그러나 이것은 신약성서가 피하는 입장
이고, 초기 아나뱁티스트들이 오직 특별한 상황에서 아주 제한적으로
만 동의했던 입장이다. 예수는 신앙과 관계없는 권력 전달자들이 전쟁
을 치르지 않고 세상을 손에 쥘 수 있다는 단언과 권력 전달자들은 특
별한 전쟁을 치르거나 아니면 특별한 종류의 폭력이나 부정의를 행한
다는 단언 둘 모두를 피한다. 예수는 또한 권세를 지닌 폭력을 깊이 애
통해 하거나 눈감아 주지 않는다. 예수는 단순히 폭력의 존재를 인식하
고 폭력은, 예수가 그러했듯이, 제자들이 따라야 하는 길이 아니라고
말한다.

전통적 메노나이트 이원론이 비판하지 않는 입장 중 하나는, 군사
전문가나 현실적인 국가 통제주의자statist-realist에게 더 우세한 물리적
힘이 작용한다는 가정을 부여하는 것이다. 사실, 폭력은 양쪽에게 주어
진 갈등에서는 절대로 일어나지 않는다. 한쪽이라도 객관적 입장을 유
지하는 것은 언제나 실패로 돌아간다. 폭력은 모든 사람을 대항하여 절
대로 발생하지 않는다. 그리고 의미상, 폭력은 항상 발생할 수도 없다.
폭력을 도덕적으로 정당하다고 여기는 가운데 무한한 힘의 가능성을
부여하는 것이기에, 논리적이지도 않고 예수가 당연하게 여겨 허용하
는 것도 아니다.

예수는 어떤 특별한 행동의 지침이 있는 잘못된 것에 대하여 단순히
도덕적 판단을 선포하지 않는다. 예수는 구체적으로 살리는saving 대안
을 제시한다. 예수는 폭력적인 로마제국이나 폭력적인 열심당의 편을
들지 않는다. 그러나 예수는 뒤로 물러서지도 않는다. 예수는 로마제국

과 열심당이 영향을 끼쳤던 영역 안에서 새로운 선택을 만들어 냄으로써 그들을 비난했다. 즉, 효율성에 관한 약속과는 거리가 먼 다른 특성을 지닌 자원하는 그리스도인 공동체라고 하는 새로운 선택을 만들어 냈다. 바로 그와 같은 제시를 통하여, 이러한 대항 공동체counter-community는 부정의에 관하여 현재 나타나는 갈등 안에 있는 집단들에 의하여 나타날 수 있는 것보다 더 깊이 있는 비판을 가한다. 공동체의 정체성이나 자신 과잉이라는 면에서 볼 때, 상황을 파악해 나가는 능력 면에서 예수의 대항 공동체는 독립적이지 않다. 그러다 보니 대항 공동체는 비효율성으로 인해 파괴되지 않는다. 이것이 아나뱁티스트가 접근하는 독창성이다. 우리에게 필요한 개혁은 위에서 강압적으로 강요될 수 없다. 위에서 강압적으로 강요되는 것은 잘못된 것 중 하나이기 때문이다. 실수는 누군가가 잘못된 목적으로 강압적 힘을 사용하는 것이 아니라, 강압적 힘이 전반적으로 사용되는 것이다.

그러나 왜 강압은 포기되는가?

전통적인 도덕적 판단의 상황에서 볼 때, 강압이나 죽이려고 하는 위협의 포기는, 살인을 금지하는 규칙의 단순한 요구에 근거한다. 그리고 그것은 만약 우리가 이 규칙을 깨뜨리면 우리는 죄를 짓게 되거나, 아니면 하나님이 우리를 사랑하지 않게 되거나 우리 자신을 미워하게 될 거라고 우리에게 말한다. 도덕적 담론과 관련된 그런 형태의 불건전함unhealthiness을 최근에 많이 이야기한다. 불건전함은 폭력이나 강압에 속하는 특성이 아니라, 오히려 폭력이 이해될 수 있는 틀의 특성과 관련이 된다.

문화의 성례라는 근원에서 볼 때, 폭력에 관한 대비는 피의 신성한 의미로 이해되는데, 다소 마술적이거나 미신적으로 이해하는 데에서 뿌리를 찾는 것이 당연할지도 모른다. 우리는 피에 대해 이처럼 겁에 질린 경외감과 문화적으로 맞지 않을지 모르지만, 그렇다고 해서 금지했던 폭력을 약간만 금지해야 한다고 말하는 것은 아니다.

도덕적 명령이나 법적 대비와 관련되는 사회 계약의 근원현대 사상이 무엇이 옳고 그른지를 설명하려고 일반적으로 의지하는 것은 사람들이 보호되는지 않은 지를 기준으로 삼는 그런 종류의 사회를 고려하는 것에서 찾아볼 수 있다. 이러한 종류의 사고는 일반적으로 선한 사람들의 생명, 그리고 다른 사람들을 보호하는 이들의 생명에 관한 보호를 요구한다. 그러나 일반적으로 악행 때문에 심판받는 사람들의 생명을 거두는 것 용납한다.

예수의 인도주의, 예수의 "완전한 사랑"은 이웃들의 개인적 특질을 고려하는 데에 뿌리를 두고 있다. 비록 그 이웃이 나쁜 사람이라 할지라도 그렇다. 그 이웃은 그의 선한 자질이나 생산력 때문이 아니라, 사람으로서, 즉 하나님의 형상으로서 그 자신의 자아를 위해서 존중된다. 하나의 창조적 힘은 윤리적 담론을 통하여 각자의 길을 발견해나가는 대안적 방법이다. 사람은 자신의 손을 깨끗하게 유지시켜 주지 못하거나 자신의 양심을 신뢰하지 못하도록 하는 힘을 거부한다. 그러나 이웃의 개인적 특성을 위해서 그렇게 한다.

일종의 중요하지 않은 언급에 대해 결정 내리는 경우, 그 언급은 종종 비폭력의 옹호자를 뒤에서 끌어당기는 하나의 의미 있는 질문에 주목하는 상태로 남게 된다. 비폭력적 행동 자체가 강압적이지는 않는가? 간디나 킹의 캠페인은 권력power을 행사했다. 다시 말해서, 간디와 킹은 상황들이 발생하도록 했다. 그들은 사람들이 자신들의 의지와는 반대로 일하도록 부추겼다. 20세기 초반에 존재했던 메노나이트 지역 공동체의 사회 규율은 다른 대안들을 호의를 갖고 받아들이는 실제 자유를 좀처럼 갖지 못했던 사람들에게 삶의 유형들을 강요했다. 그러다 보니 물리적 힘을 단념하는 것이 개인적 특성이 존중받게 될 것이라고 보장하는 것은 절대 아니다. 평화주의자들의 강압에 대한 비난은 의지에 관한 일종의 경쟁 속에서 다른 종류의 압력을 자진해서 행사하려는 마음으로 타협되지는 않는가?

이러한 물음에 답하는 한 가지 방법은 강압의 정도에 따라 조심스러운 방침을 이끌어 내는 것이다. 생명을 앗아가거나 그렇게 하도록 위협하는 강압은 질적으로 치명적이지 않은 종류의 압력과는 구별된다. 시민 질서를 유지하는 경찰 권력은 (치명적이라 하더라도) 질적으로 전쟁과는 구별된다. 긴장에 관한 또 다른 목적을 가진 사람은 승리해야만 하는 사람이나, 극복하고자 하는 대상으로 여겨질 수 있는가? 갈등은 제3자가 관찰하거나 판단내리기가 쉬운가? 이처럼 질적으로 구별할 수 있을 때가 많다. 그러나 그렇게 하는 것은 회피하는 것처럼 보일지 모른다. 그래서 구별짓는 것으로는 완전한 대답이 될 수 없다.

사람들을 바꾸려고 압력을 가하는 여러 가지 방법이 있다는 것을 명확히 하는 것이 더 중요할 것이다. 라인홀드 니버에 따르면 그 모든 것을 **강압**이라 부를 수 있는 까닭은 여러 상황에서 다른 입장의 사람들이 결과를 산출해 내기 때문이다. 그러나 그 방법들은 자신들의 구조와 지지에 따라 다양하다. 대다수 서양의 도덕적 전통이 합법적이라고 여기는 무력에 의한 강압은 적대자에게 다음과 같이 말한다. "내가 말한 것을 행하라. 그렇지 않으면 당신은 고통을 당할 것이다." 만약 내가 더 강하다면, 고통당하는 것을 피하려고 그 적대자는 내가 말한 것을 행한다. 만약 그가 그렇게 하지 않는다면, 나는 그에게 위협과 고통을 가한다.

비폭력적 기술로 내가 적용하는 억압은 다른 종류의 것이다. 간디나 킹은 적대자에게 다음과 같이 말한다. "내가 말한다. 옳은 것을 행하라. 그러면 나는 고통을 당할 것이다." 만약 적대자들이 나의 도덕적 압박을 용인한다면, 그것은 내가 감당할 준비가 된 고통을 나에게 그들이 기꺼이 가하지 않으려고 하기 때문이다. 이러한 행동은 그 자체가 그들의 자존감에 대한 하나의 존경이고, 그들 자신의 인간성을 고양하는 것이다. 다른 한편으로, 만약 그들이 용인하는 것을 거부한다면, 마치 내가 나는 그렇게 할 준비가 되었다고 말했듯이, 그들의 손에 고통 당하는 사람은 바로 나다. 나의 압력을 용인하는 사람들-그들이 나에게 상처 주는 데 주저하는 이유인 인간적 자존감은 별도로 하고-이 위기 상황 가운데 있었던 문제에 대하여 여전히 만족하지 못하거나 확신하지 못할 것이라는 것은 당연한 일이다. 여전히 비폭력의 허용이 결국 시민운동가들을 실수하도록 만들었다고 믿는 미국인들이 있다. 적대자들은 내가 그들에게 해온 질문의 진실에 관해 만족하지 못하는 정도까지 살펴 볼 때, 그들은 여전히 같은 의견이 있는 것 같다. 나는 간디와 킹이 가졌던, 적대자들에게 확신을 준 목적그들 또한 자주 부족했다에는 부족할지 모른다. 그러나 적어도 강압의 질은 근본적으로 무력의 위협과는 다르다. 왜냐하면, 처벌은 **나의** 고통그들의 고통이 아닌이 될 것이기 때문이다. 그러한 처벌을 실행하는 것은 그들의 품위를 떨어뜨리지만, 그들을 파괴하지는 않는다. 즉, 오히려 나를 파괴할지 모른다. 이러한 처벌을 피하는 것은 나를 구하고, 그들의 품위를 높이고, 정당한 동기를 제공한다.

제 13 장

교회와 변화
폭력 대 비폭력 지향 행동

나는 수 세기 동안, 그리고 특히 현대에서, 표준적 유형을 지닌 일부 논의를 통한 이슈가 어떠한 틀 안에서 논의되었는지를 분석하지 않고서는 폭력에 저항하는 기독교 사례를 남겨놓을 수 없다.[26] 만일 우리가 더 앞으로 나아가길 원한다면, 이러한 유형은 분석적으로 비평되어야만 한다.

상당히 통상적으로 오해하게 만드는, 폭력과 비폭력의 질문을 다루

---

[26] 1979년 7월 24일 함만스크랄(Hammanskraal)에 있는 남아프리카교회협의회(SACC)의 연례 총회에서 행해진 강연. 당시 SACC의 사무총장은 투투(Desmond Tutu) 주교였는데, 그는 나에게 그 주제를 배정해 주었고 그 주제에 대해 처음으로 반응을 보여준 사람이었다. 프로그램에 참석한 주요 발언자들로는 시카고에 있는 오퍼레이션 브레드바스켓(Operation Breadbasket)의 제시 잭슨(Jesse Jackson)과 *Liberation Theology: An Evangelical View from the Third World* (London: Marshall, Morgan and Scott, 1979)의 저자 앤드류 커크(Andrew Kirk)였다. 총회의 주제는 "교회와 대안사회"로, 그 주제는 고 데이비드 보쉬(David Bosch) 교수의 선교학적 사상에서 빌려온 섯이다. 총회 이후, 요청에 의해 개정 작업을 거쳤지만 출판되지는 않았다. 결국, 이 논문을 이제 와서 출판한 것은 투투 대주교의 공헌에 감사해서이다. 투투 대주교가 기독교 화해의 가능성을 인식하고 난 이래로 그가 해온 일들에 대한 답례이다. 편집자 주: 우리는 오직 강연의 두 번째 부분만 포함시켰다. 첫 번째 부분은 『어린 양의 전쟁』의 앞에 있는 부분들과 반복되기 때문이다.

는 하나의 방법은 윤리학에 관한 것이 아니라 윤리학 안에 있는 방법에 관한 논의의 필터를 통과하는 것이다. 이슈는 **목적 대 수단**, 또는 **원칙 대 실용성**아니면 신중함, 또는 **규칙 대 효용성**으로 불리게 될지도 모른다. 이렇게 각각의 극단적 개념들은 아주 작은 서로 다른 차이가 있다. 그러나 각 개념들은 무엇인가를 정당화하는 것에 관하여 어떻게 생각해야 하는가에 대한 앞선 질문들에 대해 폭력을 정당화해주는 실질적 질문에서는 한걸음 물러서는 것이 되곤 한다.

사회적 변화에 관한 논의에서, 아주 초기에는, 폭력을 거부하는 사람들은 도덕적이거나 실천적 기초에 근거하여 폭력을 거부하는 지에 관한 것이 질문이었다. 폭력이 "항상 잘못"인가 아니면 폭력이 일반적으로 "오직" 반대되는 결과를 가져오기 "때문에" 잘못인가? 많은 사람이 **전술상** 폭력을 포기하는 것은, 피할 수 없는 종류의 갈등에서 의지가 되는 것으로 여길 것이다. 하지만, 폭력을 거부하는 사람들은 예외적으로 마지막 의지수단이 남아 있기를 원한다. 때때로 그러한 관심사는 **목회적**이다. 예를 들어, 어려운 상황을 인식하지 못하는 얼빠진 절대주의에 대항하는 보호수단. 때때로, 관심사는 단순하고 정직한 **실용주의**이다. 왜냐하면, 그 실용주의와 관련된 모든 도덕성이 최선을 다한 효율성의 산출 결과이기 때문이다.

이렇게 해서 논쟁은 시작된다. 즉, 당신이 규칙들을 지킴으로 의롭게 되기를 원하든지, 아니면 필요한 수단과 상관없이 그 수단으로 다른 사람에게 기꺼이 선을 행하든지그것이 다른 규칙들을 깨뜨리고 일부 사람들에게 해를 끼친다 할지라도어쨌든 논쟁은 시작된다. 실용주의 진보 시대에서, 의롭게 되는 주된 방법은 '효율적이 되는' 것이고 '독선적이 되지 않는' 것인데, 실용주의적 질문을 던지는 방법은 희망이 없고, 의미론에서 혼란스럽고, 변화의 원인에 관한 영향에서 파괴적이다. 나는 여기서 다양한 견해를 옹호하는 것에 대한 당연한 관심으로, 윤리학의 의미론과 논리 속에서 실행되는 전체 논쟁을 펼쳐 보일 수 없다. 그러나 나는 적어도 왜 실용주의가 문제를 평가하는 데 도움이 되는 방법이 아닌지를 보여 주어야만 한다.

의미론적으로 아는 척하지 않고, 남아프리카에서 해방 운동을 시작 했던 간디, 마틴 루터 킹 두 사람은 폭력적 행동을 평가하는 방법으로 목적과 수단을 나누는 것을 거부했다. 두 사람 모두 형식적으로간디는 반 복해서선한 목적을 위해 사용되는 악한 수단에 관한 개념에 반하여 논쟁 했다. 그들 각각에게, 이것은 부분적으로, 복음주의적 흑인 침례교인인 지 아니면 신힌두교도인지에 관한 유기적인 종교적 세계관의 문제이 다. 이 세계관 안에서 방향과 목표, 특성과 행동은 나누어질 수 없다. 그 세계관의 도덕적 호소는 비폭력 지향 행동의 권력과 관련된 부분이 다. 그 행동은 **단지** 요구, 비협조, 도전 같은 압력을 가하는 것이 될 수 없다. 적대자들이 행하는 것은 본래 잘못된 것이고 중단되어야만 한다 고 주장하는 몇몇 방법들이 분명하게 있다. 비폭력 지향 행동 안에 나 타나는 도덕적 호소의 중요성은, 폭력과 구별된다는 점에서, 이와 같은 수단들은 오직 선한 동기를 위해 사용될 수 있다는 것을 진지하게 여길 수 있는 것이다.

또한, 도덕적 언어가 적대자에게 호소하는 데, 필수불가결한 것은 아니다. 주관적인 도덕적 확신은 어떤 사람이나 단체가 대가를 많이 치 르는 반대의 입장을 취할 때, 하나의 필수품이다.

간디와 킹이 종교적 세계관의 용어로 말했던 것이 무엇이든지, 더 세속적인 그들의 계승자들은 사회적 과정의 용어로 말할 수 있다. 악한 수단은 사회 체계를 해치고, 그 악한 수단이 도움을 구했던 것을 위하 여 바로 목적을 부패시킨다. 그 악한 수단을 만들어낸 사람들이 의도한 것이나 그 사람들에 의해서 통제될 수 있는 한계를 벗어나서 통제할 수 없는 원인과 결과의 파장을 만들어 냄으로써 그렇게 된다.

아니면 우리는 정신적 과정의 용어로 간디와 킹을 말할 수 있다. 적대자의 개인적 존엄성에 대한 존경을 포함하여, 창조성은 현실의 경계 안에서 작용한다. 무가치한 수단에 손쉽게 의존하는 것을 정당화하는 준비는 더 나은 수단을 추구하는 것을 가로막는다.

간디 또는 킹과 같은 활동가이자 주창자만이 개념적 양극성을 거부해야만 하는 것은 아니다. 윤리를 다루는 논리학자도 반대해야만 한다. 자칭 실용주의자나 현실주의자는 기꺼이 하나의 가치측, 적대자의 삶과 같은 를 상대화할지도 모른다. 그러나 그 또는 그녀는 다른 목표들목표를 달성하기 위해 행하여진 희생의 도움을 받은 더 중요한 절대 모두를 가리키는 것을 위하여 이 것을 행한다. **국가, 정의, 사회주의, 자유**는 그러한 절대들이다. 적대자의 삶 및 존엄성은 그런 동기에 희생되어야만 하는 이유가 정당화될 필요가 좀처럼 있어 보이지 않는다. 폭력에 대하여 상대주의자가 되어야 한다고 주장하는 사람은 결국 다른 가치들에 대해서는 상대주의자가 아니다. 그 또는 그녀가 사실 어떤 가치들을 기꺼이 희생시키고자 할 때, 이슈가 되는 것이 상대주의 대 절대들, 아니면 실용주의 대 원칙 중 하나라는 것을 당연하게 여기도록 대화하는 것은 몹쓸 짓을 하는 것이다. 즉, 오히려 우리의 실용주의적 결정을 지배하려 하는 **어떠한** 원리 중 하나이다. 종종, 철저하게 실용주의적이 되어야 한다는 주장은 오직 지배자가 이데올로기적예를 들어, 우리 자신의 준거들을 벗어나 대화할 수 없는 방법으로 정서적이고 지역적이고 종파적 기초에 대한 조사 없이 실용주의적 입장을 고수하도록 일을 진행하는 것으로 지적된다.

때때로, 실용주의자가 되어야 한다는 주장은, 일부 사람들이 "마사다 요새"나 "방어 심리"이라고 부르는 책무에서 한걸음 더 나아가는 것이다.27) 여기서 신념이란 사람이 비록 가망없는 이유라도 투쟁을 이어나가게 해야만 한다는 것이다. 그래서 효과에 대한 분명한 주장에도, 조금이라도 신중함이나 효율성에 호소하는 것이 아니고 사람들이 택하는 한쪽의 탁월한 진실에 호소한다. 이것은 사람들이 비록 가망이 없다 하더라도, 그러한 이유로 희생을 감내하는 '영웅주의'이다.

이전 시대에서 폭력에 대한 실용주의적 논쟁 중에 나타난 결점은, 원인에 대한 절대주의가 아니라 수단에 대한 무책임이다. 효력을 지닌 가능성들은 무엇인가? 프린스 부델레지Prince Buthelezi는 남아프리카 기독교 지도자 총회에서 다음과 같이 정확하게 말했다. "비폭력적 변화를 향한 노력들은 좀 미숙하나 우직하게 이곳 국내와 해외에서 점차 다양하게 이야기되고 있다. 비폭력적 변화의 노력은 다른 결과를 달성할 기회가 없다."28)

사람들이 일반적으로 생각하는 것을 말했다는 면에서, 폭력에 대한 실용주의적 논쟁은 분명히 옳다. 그러나 사실이든 논리이든 간에, 의존할 수 있는 모든 것은 심도 있게 연구됐고, 그러한 결론을 내기에 앞서, 비용과 이익이라는 면에서, 폭력적 대안들을 비교·검토해 왔다는 것은 사실이 아니다. 1973년에 세계교회협의회는 다음과 같은 연구 결과를 결론으로 발표했다.

우리는 교회와 저항 운동이 정의로운 사회를 위한 투쟁에서 비폭력의 방법과 기술에 대해 거의 관심을 기울이지 못했음을 확신해왔다.

---

27) 편집자 주: "마사다"(Masada)는 로마 제국의 침략으로 포위당해서 진퇴양난의 어쩔 수 없는 상황에 처한 유대인을 가리킨다. 그래서 유대인들은 죽음으로 저항했다. "방어 심리"(Laager mantality)은 짐마차를 타고 빙빙 돌거나 변화에 반대함으로써 "최후까지 저항하는 것"을 의미하는 남아프리카 지역의 용어이다.
28) 마나스 부델레지 주교는 1979년 7월 24일 함만스크랄(Hammanskraal)에서 있었던 SACC 모임에 참석했던 사람이다. 그곳에서 존 하워드 요더는 이 내용으로 강연했다.

개종하는 것과 반대자들을 파괴하지 않는 것을 목표로 삼고 반대자와 긍정적 관계를 회복할 가능성을 앞서서 방해하지 않는 수단을 사용하는 투쟁 형태의 조직적 사용에 의하여, 폭력과 유혈을 방지하기 위한, 그리고 이미 진행 과정 중에 나타난 폭력적 갈등을 누그러뜨리기 위한 방대한 양의 가능성들이 있다. 비폭력적 행동은 비교적 개척되지 않은 영역을 의미한다. 우리는 "충분한 관심이" 대안적 기술에 "주어졌을" 경우, 어떤 기준을 공정하게 검사할 것인지에 대한 질문이 있어야만 한다.29)

종종 비폭력적 대안들은 충분하게 시도되어졌고, 그래서 우리는 이제 그만두고 폭력을 의지할 수 있다는 결론에 기대는 사람은 오직 다음과 같은 것을 생각한다.

(1) 보복하지 않음: 패배자가 종종 선택의 여지가 없는 때
(2) 특정한 시민 불복종 전술들: 어떤 상황 안에서 소망 없는 것처럼 보이는 때

이것은 쓸모 있는 분명한 비폭력적 원천들의 편파적 요약일 뿐 아니라, 암묵적으로 폭력이 실시할 수 있는 선함에 대한 약속을 비판하는데 실패한 것이다.

비폭력 지향 행동이 효율적이지 않다고 부당하게 비난하는 실용주의자는 모든 비용과 이익을 진지하게 비교하여 산출해내지 않는다. **마지막 수단** 가운데 정당한 전쟁 기준은 다른 모든 수단과의 비교를 요구

---

29) 세계교회협의회 연구분과의 후원 하에 2년에 걸친 "정의를 위한 투쟁에서 폭력과 비폭력"의 연구는 1973년 8월 중앙위원회에 보고되었다. cf. *Ecumenical Review* (October 25, 1973): 434-46. 부분적으로 다음 책에 나와 있다. *On Earth Peace*, 373-85.

한다. 아무리 그 동기가 도덕적이기를 소망한다 할지라도, 그럴싸해 보이는 성공의 기준은 동기를 상실한 폭력에 대해 **어떠한** 원천들도 허락하지 않는다. 폭력을 정당화하려고 서두르는 것은 이러한 평가 방법들을 편파적으로 빗나가게 한다.

폭력적 갈등을 준비할 때, 시간, 훈련 그리고 장비가 필요하다. 우리는 국방성, 군사학교, 조사기관, 군수산업체에 기부한다. 여전히 사람들은 어떤 필적할 만한 투자 없이는 실패로 "판명될" 비폭력을 거부한다.

사실, 무장 투쟁은 항상 시간과 조직을 요구하는 반면에, 비폭력 지향 행동은 때때로 자연스럽게 효율적이 될지도 모른다는 점이 논쟁이 될 수 있다. 또한, 비폭력 지향 행동은 가난한 사람들이 사용할 수 있는 하나의 무기이다. 이러한 생각은 사용할 수 있는 것이 아무것도 없는 비폭력적 수단에 동의하는 것으로 간주된다.[30] 그러나 우리가 한편에서 계획하고 예산을 세운 무장 투쟁의 성공을 위한 전망을 다른 편에 있는 자발적이고 가난한 비폭력의 전망과 비교해야 하는지 우리는 당황스럽다.

폭력적 갈등은 사상자를 낳을 것이다. 전투병은 죽음을 직면하도록 준비되고, 책임있는 군사 전략은 심각한 위험을 돌파해나가도록 계획될 것이다. 때때로 그것은 일부 사람들을 명백한 죽음으로 보내는 것까지 요구할 것이다. 그러나 비폭력적 대안 수단들을 평가하는 경우, 사상자의 위험 정도는 많은 사람에 의하여 폭력적 갈등을 거부하는 근거로 여겨진다. 어떤 사람들에게는, 단순히 샤퍼빌Sharpeville의 이름을 언

---

30) 제2차 바티칸 공회의에서는 "자신들의 권리를 옹호하면서 폭력 사용을 포기한 사람들과 약한 집단에 대해서 쓸모 있는 방어 방법을 의지하는 사람들"을 칭송했다(*Gaudium et Spes*, 78). 총이 없으면 사람들은 비협조, 방해, 기습을 통해서 힘을 내보이려 한다는 것은 사실이다. 그러나 그것이 살인을 반대하는 도덕적 주장보다 중요하지는 않다. 폭력을 포기하는 대부분은 패배자들이 할 수 있는 것이 아니다.

급하는 것이 비폭력은 확실히 실패할 것이라는 증거로 간주한다. 여전히 더 많은 사람이 "비폭력은 작동하지 않는다"라는 결론을 내리기도 전에 손에 들려진 총에 죽는다.[31] 1960년 샤퍼빌과 1976년 소웨토 Soweto에서 희생자들의 수는 상당했다. 그러나 결과적으로는 국경지대에서 벌어진 게릴라전보다 희생자의 수는 훨씬 적었다. 어느 누가 "효율"이라는 용어로 그들에게 대항하여 이러한 죽음을 평가할 수 있는가?

폭력을 옹호하는데, 가망이 있는 효율성은 정부를 전복시키거나 전제 군주를 죽이는 것처럼 종종 단기적이고 부정적이다. 그러나 사는 데 더 나은 질서를 확립시키는 것은 말할 것도 없이, 그것은 본질상 해방이 아니다. 최근에 일어난 많은 "해방"은—이란이나 인도차이나뿐만 아니라—그들이 했던 더 커다란 자유의 약속을 깨뜨렸다. 얼마나 빨리 그리고 어떤 기준에 의해서 체제가 매우 잘 확립되고 전보다 더 나아질 수 있는가를 알 수 있는가? **자유**는 서로 다른 것을 의미할 수 있다:

(1) 때때로, **자유**는 단순하게 "더 이상 식민 정부 아래에 있지 않는" 것을 의미한다. 그러나 본래의 정부는 억압적인 것으로 정당화될 수 있다.

(2) 때때로, **자유**는 "인간 존엄성그 비전이 사회주의든지 아니면 자유주의든지, 다른 것이든지 간에의 특별한 견해에 대해 수행되는" 것을 의미한다.

(3) 좀처럼, **자유**는 "모든 주체의 존엄성을 위하여 효율적 보호 수단을

---

31) 1960년 3월에 무장하지 않은 70명이 넘는 저항자들이 경찰에 의해서 거리에서 죽임을 당했다. 대부분의 애국자들에게 이 사건은 아프리카국가평의회(African National Congress)의 비폭력적 수행이 마침내 종지부를 찍은 시점으로 여겨진다. 왜냐하면, 비폭력적 노력이 "작동되지 않았기" 때문이다. 그러나 이 시점 이후로, 무장 투쟁이라는 다른 누군가의 결정 없이 많은 사람이 자신들의 목숨을 버린 (그리고 목숨을 건진) 수많은 시간은 작동되지 않는다.

제공하는” 것을 의미하지 않는다.

외형상 자유는 (1) 폭력에 의하여 성취될지 모른다. 물론 그것이 자유는 맞다. (2) 아마도 자유라고 해야 할 것이다. (3) 하지만 (1)이나 (2)의 경우처럼 자유가 무력을 통해 획득된다면, 그 자유는 공헌보다는 파멸로 이끈다.

1971년, 한 논쟁에서 만난 아르헨티나 대학생 한 명을 나는 잘 기억한다. 그는 폭력이 자유를 가져다 줄 수 있다고 말했다. 그가 그렇게 말한 이유는 19세기 남아메리카에서 활동한 최초의 “해방가들”이 성공했다는 것이다. 그들은 자유를 획득했다. (a) 그러나 확실하게 획득한 것은 아니다. (c) 자유는 좀처럼 획득하기가 어렵다. (b) 폭력을 행하지 않았다면, 1971년 부에노스아이레스에서는 여전히 해방 그 이상의 것을 추구하지 못했을 것이다. 남아메리카의 가난한 사람들과 원주민들의 권리는, 만약 스페인과 포르투갈 제국이 조금만 더 지속되었다면, 19세기에 더 많이 도움을 얻게 되었을 것이다. 그때까지 마드리드와 리스본은 “자유를 주는” 봉건 군주와 영주들남아메리카 대륙으로 건너가 남아메리카 전역을 차지했던이 했던 것이들은 부분적으로 기꺼이 (자유를 허용했지만 (a)) 억압적 체제를 만들었다보다 그들의 신민臣民, subjects들의 인간적 권리에 대해 더 많은 관심을 기울이고 있었다.

폭력이 효율적이라는 단순한 주장들 이면에는 단순한 비논리성 이상의 더 음흉한 기만의 힘이 놓여있다. 그 힘의 가장 극단적 형태 중 하나는 내가 “수호자 체체 게바라를 일컫는 호칭, King-Che 불일치”라고 말해왔던 것이다. 체 게바라 사상 유형은 널리 퍼져있다. 마틴 루터 킹이 암살당했던 바로 그때, 나는 1968년에 처음으로 체 게바라 사상과 맞닥뜨렸다. 많은 사람이 비폭력적 대안들은 논박당했다는 결론으로 비약했다. 동시에, 라틴 아메리카 도처에, 체 게바라Che Guevara가 볼리비아 산 속에서 총을 쏘았다는 사실은 게릴라식 폭력이 실패했음을 의미하지 않는다. 왜 그러한가?

우리가 킹 이전에 살았던 간디와 예수처럼 킹이 순교하기를 기대했다는 것을 생각하면 불일치는 더 상당하게 두드러진다. 이것은 다음 두 가지 면에서 사실이었다. 비폭력은 많은 비용이 들게 된다는 인식"그리스도의 고난을 공유해야 하는" 그리스도인의 준비됨에 의해 뒷받침되는의 일반적인 점과 킹은 그가 죽기 전 며칠 동안 불길한 조짐을 내비쳤다는 더 명확한 점에서 볼 때 그렇다. 다른 한편, 체 게바라의 패배는 마르크스주의자의 각본 속에 있지 않았다. 일반적으로 볼 때, 마르크스주의자에게 혁명의 승리는, 역학 법칙이 확신하는 만큼, 변증법적 유물론의 법칙에 의하여 보장된다. 또한, 좁은 의미에서 볼 때, 체 게바라는 그가 잡혀 죽기 바로 직전에, 볼리비아에서 폭력 반란의 주동자로 승리할 것이 여전히 기대되고 있었다.

여기서 논리적으로 어떤 결함이 없는가? 자신의 죽음을 예견했던 사람, 자신이 죽음을 받아들였던 이유를 설명했던 사람, 자신이 했던 일들이 체 게바라가 죽었다고 해서 소멸되지 않았던 사람, 비평가들은 체 게바라의 견해가 그의 죽음으로 반박된다고 논의한다. 승리를 약속하고 자신의 정치 활동이 죽음과 함께 사라져버린 어떤 사람에게, 그 사람의 신봉자는 그 사람의 부활을 주장한다("체는 살아있다"Che vive) 마르크스주의자들은 자신들 영웅의 죽음은 군사적 패배보다 어느 정도 더 영향력이 있다고 믿는다. 그러한 추론이 어떻게 불리든 간에, 그것은 기본적으로 마르크스적 실용주의가 아니라, 일종의 묵시적 신화이다.

또 하나의 이분법

두 번째 잘못된 논쟁이 논쟁은 첫 번째 논쟁과 교차되는데은 참여과 후퇴 사이에 있는 분열이다. 이 논쟁의 방향은 확실하게 우리 시대에 확립됐다. 이 논쟁은 사회비평가들 사이에서 자신을 자유주의자라고 하는 사람들과 급진주의자라고 하는 사람들을 나눈다. 한편, 이 논쟁으로 하나의 입장이 "복잡하게 얽히고" "책임을 갖게 될" 수 있다. 그러나 바로 그 상황의 특성 때문에 "타협하여 해결되어"진다. 예를 들어, 참여를 용납하는 체제의 불완전을 위하여 기꺼이 스스로 실질적 도덕 범죄를 도맡는다. 우리가 말해온 다른 깔끔한 논리적 대안은 "체제는 모두 잘못이다"라고 말하는 것이고, 할 수 있는 것은 오직 도덕적으로 존중할 만한 것은 체제와 완전히 관계를 갖지 않도록 체제를 거부하는 것이라고 말하는 것이다. 이러한 전반적 체제 거부의 "깔끔하고 단순"한 언어는 완전히 서로 다른 실제적 선택으로 인도할 수 있는 것을 일부 사람들이 알 수 없도록 만드는 경향이 있다. 그러한 경향은 "체제"상당히 중요하고 또한 결국에 가서는 도덕적으로 협상하여 참여한를 산산이 부수어버리려는 열렬한 **열광**에 빠지도록 이끌지도 모른다. 아니면 **정적주의**로 이끌지도 모른다. 정적주의는 말로는 그 체제를 허락하지는 않지만, 이의를 제기하지 못하도록 한다. 그러나 정적주의는 사막이나 게토ghetto 안에서 **대안적 구조**로 이동되거나 파괴될지도 모르는 가능성이 있다. 이러한 세 개의 전략열광, 정적주의, 게토은 다른 전략들과 상당히 다르다. 그 전략들은 "비참여"라는 표제 하에 앞의 세 개의 전략을 하나의 집단으로 만드는 것이 심각하게 속이는 것이라고 본다.

이제 이러한 논쟁은 특별히 새로운 쿠른호프Koornhof 공동체 위원회 안에서 봉사하는 흑인 공동체 지도자들을 위해서 현실realism을 폭로betrayal할 것인지 그렇지 않을 것인지의 상황에 초점이 맞춰진다.32) 당신은 똑같은 논쟁거리를 다루는 다른 형태들남아프리카 사회에서 여전히 효과를 나타내는 인종차별정책을 반대하는 다른 방법들을 둘러싼을 나보다 더 잘 알고 있다. 폭넓은 합의에도 한편으로는 참여와 협상, 다른 한편으로는 거부와 정결은 양자택일의 선택 상황을 조성하는 의미에서, 나는 잘못된 논쟁이라는 점을 제기한다. 거의 묵시적 폭정의 상황이라 할지라도, 두 가지 요소가 언제나 상존한다.

비폭력적 행동은 여하튼 참여이지 후퇴는 아니다. 비폭력적 행동은 참여의 형태로, 모든 진지한 비폭력 행동 전략들이 해왔듯이, 기존의 질서 안에 있는 폭넓은 형태의 압박을 견디면서 동시에 그것을 대체할 것을 찾는다. 모든 진지한 비폭력적 행동 전략들은 압박을 견디어 왔다. 마틴 루터 킹의 저작은 미국 법정의 유용성에 관한 강력한 확신을 포함하고 있고, 미국의 체제에서 특정한 부정의에 대항하는 미국 의회에 호소한다. 그 밖에, 킹의 활동은 선거를 인정하고 사용하는 것과 의회의 불완전함을 보완하려고 법정에 요구하는 것에서 강력한 투자를 전제로 한다.

간디는 킹이 나중에 하려고 했던 것보다는 소송에 대해 덜 의지하는 편이었으나, 간디는 자신의 정치적 정당을 만들었고, 그 정당은 후에 집권당이 되었다. 그 전에, 간디는 먼저 남아프리카에서 아쉬람과 대중 저널리즘 같은 강력한 교육 수단이 마련되도록 했다. 간디와 킹 둘 다, 주눅 들거나 타협하려는 마음 없이, 돈을 사용했고 고위층에 있는 사람들과 관계하려고 했다.

---

32) 1979년 남아프리카 정부는 일부 사람들이 더 큰 정의를 향한 움직임으로 기대했던 비공식적인 협의과정을 진행시키고 있었다. 다른 사람들은 이래저래 흑인 지도자를 선출하는 것을 정당하게 여기고 자신들의 역량의 변화를 위한 적절한 심층적 요구들로부터 주위를 돌리는 것을 두려워했다. 쿠른호프는 다른 인종간의 업무를 관장하는 부서 장관(Minister for Interracial Affairs)이었다. 쿠른호프는 남아프리카 기독교지도자협회에서 연설을 했다.

순수주의나 정적주의에서 비폭력적 행동을 제지하려는 개입의 두 번째 형태는 **대안적 문화 만들기**라는 표제 하에 함께 의기투합하려는 광범위하게 휘몰아가는 행동들이다. 간디와 킹은 둘 다 공중위생, 교육, 기술과 자존감의 개발, 저널리즘, 다른 사람의 독특한 문화사에 대한 존중, 세계와 국가의 역사 속에서 현재 행해지는 노력에 관한 지대한 관심 등에 힘을 기울였다. 그들은 둘 다 소외된 공동체 안에서 경제적 자원을 개발하는 데 주력해 왔다. 그들은 둘 다 사회적 행동을 예전, 축하 예식 그리고 어떻게 하나님이 이전에 그의 백성을 도왔는지에 대한 이야기를 말하는 것과 연관 지었다.

제시 잭슨의 사역에서 가장 감동적으로 보이는 공동체 회복 사역 community-building concern 중 일부는, 현재 살아가는 것에 대한 존엄성을 격려하는 것이다. 잭슨이 그의 청중을 축하 예식 안으로 이끌어 갈 때 "나는 대단한 사람이다"라고 잭슨의 청중은 반응한다. 존엄함에 관한 축하 예식은 또한 말할 것 없이 여기 남아프리카에서 필요한 것 중 일부이다. 비폭력적 삶과 증언, 비저항적 고난과 공격적 직접 행동은 모두 진행되는 상태이다. "우리는 대단한 일을 하고 있다"는 것은 탄원이 되어야만 한다. 나의 논지는 남아프리카의 그리스도인들이 거부하거나 알지 못했던 무엇인가를 스스로 받아들이도록 완전히 바꿔야한다는 것이 아니다. 내 요구는 이미 활동하는 것을 오히려 인식하고, 분명히 하고, 더 깊이 있고 폭넓은 상태에 머무는 것이다.

마지막은 대수롭게 여겨서는 안 되는 것이다. 간디와 킹 두 사람은 예수처럼 그들이 행하는 것을 해석하고 정당화하고자 명료한 이론을 발전시키고 주장하는 데 노력을 기울였다. 그들은 이 이론을 전통적 종교와 동시대의 논쟁의 용어를 써서 제안했다. 이러한 종류의 활동 중 대부분이, 내가 대안적 문화를 만드는 것으로 언급했던 것들인데, 이번

회의의 저명한 인사인 제시 잭슨에 의해서 이루어지지만, 그것은 마틴 루터 킹의 사역의 연장에 지나지 않는 것들이다.

이러한 두 개의 표제체제 안에 들어있는 압박 견디기와 대안적 문화 만들기는 그처럼 특별한 상징성을 나타내거나, 아니면 사람들이 비폭력 지향 행동 아래에서 먼저 종종 생각하는 몸짓들행진, 시민 불복종, 감옥에 가기이 빙산의 일각에 불과하다는 우리의 인식을 깊게 하는 상당히 애매한 방법으로 돕는다. 그 몸짓들은 더 큰 연합체 안에서 예외적으로 눈에 보이는 부분일 뿐이다. 그 몸짓들은 사실 빙산처럼 수면 아래 숨겨진 부분의 크기에 비례하여 시각적이고 효율적일 뿐이다. 완전무결함, 신뢰성, 명료함, 특정한 전술, 기술 또는 극적 직접 행동의 실제 사회적 영향은, 그 몸짓들이 법 안에 있든지 법에 대항하든지 간에, 파도 밑에 있는 빙산의 크기와 견고함에 비례할 것이다.

만약 비폭력적 기술이나 전술의 사용이 우연이거나 돌발적이라고 한다면, 어떻게 비폭력적 기술이 작동되어야만 할 것인지에 관한 우리의 기획과, 비폭력적 기술이 작동될 가능성에 대한 우리의 평가 둘 다에서, 우리는 수면 아래 놓여있는 더 깊은 차원들에 더 주의를 기울여야만 한다. 이에 가장 중요한 필수 조건들은 다음과 같다.

(1) 저항에 동참하려면 원칙적으로 준비가 되어 있어야 한다. 권력에 대항하는 것은 일부 사회적 상황 안에서는 자명하지만, 어떤 상황 속에서는 생각할 수도 없다. 한편 기독교 교회는, 그리스도인이 "사람보다는 오히려 하나님께 복종해야 한다"는 것을 실제로 선택해야 한다는 생각은 이론상 상상할 수 있다.행5:29 그런 관점에서 볼 때, 비폭력 저항이라는 선결 조건에 대해 더 생각하는 것은 불가능하다.

권력에 반대하기 위한 준비는 심리학적이고 신학적 구성 요소 둘 다 포함한다. 초기 교회에서는 분명했다. 개혁주의 신학에서, 권력의 반대는 정당한 혁명이라는 표제 하에서 고전적 극단의 가능성이다. 루터교와 가톨릭교회, 성공회와 침례교회들의 생생한 경험에서 보면, 권력의 반대는 좀처럼 생각될 수 없거나 정기적으로 실행될 수 없는 것이다. 고난의 대가를 치르는 한이 있더라도 당국에 순종하기를 거부하는 것이 자신의 의무라고 하는 명확한 입장을 충분히 가지고, 구체적으로 하나님의 뜻을 알 수 있다는 개념은 쉽게 되지 않는다.

(2) 비폭력적 저항이 우연이나 돌발적으로 발생하게 하지 않으려면, 감옥에 갇힌 사람들이 있어야만 한다. 돌발적 행동이 때때로 자발적 개인 주도의 행동을 불러일으킬지도 모르나, 돌발적 행동이 서로 아는 사람들의 집단 안에서 더 폭넓은 기반을 갖지 못한다면 절대 실속 있는 움직임은 되지 못할 것이다. 이러한 집단에 속한 개인들은 다른 사람들이 집단의 상태에 대해 자유롭고 책임 있게 일을 수행한다는 것과 그들이 서로에게 귀 기울여주고 시한과 정책에 관한 결정을 내리는 데에, 서로에게 충고할 수 있다는 것을 각자가 알기 때문에, 그들은 서로를 의지할 수 있다는 것을 안다. 그런 임무 수행은 자원하는 것이 되어야만 한다. 왜냐하면, 자발적 행동을 억누르는 것은 많은 대가를 치러야 하기 때문이다. 초기 교회 그리스도인에게, 이러한 임무 수행은 침례의 의미와 관련있다. 침례의 의미는 대부분 기독교 공동체 안에서 추측될 수 없다. 그러므로 억압자와의 협정에서 억압자를 만나는 것을 공동으로 거부하는 것과 관련하여, 우리가 억압에 대해 공동으로 함께 저항하고 있다는 것을 알려면, 어느 정도 법적 대리인

surrogate의 경험을 할 필요가 있다.

(3) 폭력의 거부에 관한 근원이 원칙에 근거하고 실용주의적이고 도덕적일 뿐 아니라 전략적이기도 하다는 것을 분명히 확언할 때, 앞선 두 개의 필요조건이 아주 쉽게 조우한다는 것은 분명하다. 폭력에 관한 "도덕적" 거부와 "실천적" 거부 사이의 구별은 도덕적으로 유해하다. 여기서 우리는 그 이유를 살펴볼 것이다. 만약 여러 회원이 모두 어떤 점에서 규율을 위해 치러야 하는 대가가 더 큰지, 또는 어떤 점에서 즉각적으로 실용적 청산이 전달되지 않았는지를 결정하는데, 자신들의 개인적 자유를 유지한다면, 헌신적 공동체들내부적 규율 안에 내려진 공동의 결정에 의해 생존할 수 있는의 성장을 살펴볼 수 없다. 마르크스주의자, "자유의 투사"인 게릴라, 애국자는 자신의 임무를 수행하는데, 단기간의 성공을 약속하는 것에 조건을 내걸지 않는다.

(4) 순수하게 존재하는 공동체는 말할 수 있는 이야기를 지닌다. 그 공동체의 회원들은 서로 기억하고 이야기하며, 그들의 자녀들과 이웃들에게 승리와 패배, 희생과 성공, 영웅들과 배신자들의 이야기를 들려준다. 중요한 저항 공동체는 누구든지 공동체가 공동체의 비평을 확언하는 공동체의 흐름에 대항하여 자신의 이야기뿐만 아니라 더 확장된 사회의 이야기를 읽는, 자신들만의 구별된 방식을 지닌다. 공동체는 대안적 미래에 관한 명확한 함축을 지니는 과거에 관한 독법을 지닌다. 모든 튼튼한 저항 공동체는 자신만의 노래, 이야기들 그리고 독특한 유머를 갖는다.

(5) 다른 표시들보다 서술하기가 더 어렵고 여전히 관계하기가 더 어려운 것은 개성을 지닌 모든 효율적 저항 운동을 위한 요구이다. 최근의 사회 이론은 **카리스마**charisma라는 이름 아래 효율적 기능

에 대하여 말하는 유형을 정착시켰다. 성서적 어휘를 보면, 모든 사람이 카리스마겉으로만 드러나 보이지 않는 은사의 표시나 다른 사람들보다 더 많이 선물로 주어지도록 하는 요구들를 지닌다는 의미에서 생각해 보면, 이것은 유감스러운 어법phraseology이다. 비폭력적 저항은 관료화 될 수 없고 군사 전략이 할 수 있는 것처럼 판에 박힌 것이 될 수 도 없다는 것이 사실로 남는다. 마틴 루터 킹은, 만일 그가 혼자 저항운동을 한다면 아무것도 아닐 수 있다고 말했던 첫 번째 사 람이다. 그러나 킹의 구별되는 번뜩임과 성격은 절대로 빼놓을 수 없다. 특정한 비폭력적 노력들의 실패 중 많은 것이 과학보다 는 예술에 더 가까운, 기교보다는 기술에 더 가까운, 제도보다는 사건에 더 가까운, 개인보다는 은사에 더 가까운 창조적인 번뜩 임시한과 몸짓에서 타당함의 감각의 부족에서 기인했다.

그러므로 비폭력 해방 투쟁을 지속할 수 없는 공동체의 특성을 서술 하면서, 나는 어떤 난해하거나 상상의 것, 또는 특별히 종교적인 것에 대하여 이야기하지 않았다. 나는 단순하게 확고한 사회과학적 지혜를 요약하고 있다. 이러한 특성 중 다음과 같은 것들은, 만약 사람들이 좋 은 대학이나 좋은 운동팀이나 효율적인 사업을 원한다면, 절대로 빼놓 을 수 없다. 그것들은 폭력적인 투쟁에서 좀 더 넓은 범위까지 해당한 다. 만약 군사적 기구가 창조성과 개성이 부재한 가운데 징병제도나 관 례화된 것에 상당부분 의지할 것을 요구한다면, 다른 편이나 인류 사건 들의 일반적인 방향의 가치에 반대하는 가치 체계에 관한 희생적 헌신 이 없다면, 군대조차도 비효율적이 될 것이다.

요점을 예증하려는 나의 시도는 처음 질문의 범위를 넘어섰다. 이슈 는 참여와 책임 사이의 괴리의 부적당함이다. 만약 우리가 조금이라도 우리 사회를 비난한다면, 우리는 언제나 양쪽의 것을 행하는 것이고, 우리가 또한 한쪽 편의 것을 행하더라도 각각의 것을 행하는 것이다. 만약 누군가가 어떠한 특별한 동시대의 사회 구조와 "전혀 관계가 없을" 것이라고 말한다면, 그것은 그 사회 구조와 약간 관계가 있는 가장 분명한 방법이다. 그 방법은 증언이나 사회적 영향에 의해서 해석되어야 하고, 토론할 필요가 있을지도 모른다. 그러나 그런 토론은 협력하는 것에 대한 거부 자체로서 참여의 한 형태이다. 마찬가지로, 누군가 그 방법을 현재의 체계가 몇 가지 문제들을 해결하거나 일부 사람들에게 덜 파괴적인 것이 되도록 도와줄 수 있는 "현실적인" 것으로 여길 때, 그 방법은 무엇보다도 어디에도 도덕적 죄책감 자체를 참여의 의미로 확언하거나 부정하는 용어로 평가되어서는 안 된다.

나는 이러한 방침에 관한 소견을 외부 사람이 보는 것으로, 그리고 논리에 의한 것으로 여기도록 한다. 남아프리카 안에서 얼마나 많은 토론이 그러한 괴리의 유산에 의하여 방해받았는지에 관해 더 많은 예들 specimens을 보여주려고 시도하는 것은 나의 권한이 아니다.

대화 계속하기

함만스크랄에서 했던 공개강좌에 따르면, 상당히 공개적인 거래가 있었다. 거래를 명확하게 하도록 도움을 주었던 일부는 이미 첫판을 뛰어넘은 개정판이 만들어졌다. 그러나 가치있는 몇몇의 부가적 관점들은 여기서 조금씩 더 적당하게 덧붙여질 수도 있다는 것을 보여준다.

(1) 직접 행동에서 긍정적 발의를 위한 요구는 함만스크랄에서 했던 나의 첫 번째 구두 강의에서, 단호할 만큼 충분히 말해지지 않았다. 이후에 있었던 토론에서는 폭력의 수동적 포기, 다른 편 뺨을 돌려대는

것, 그리고 복수하고자 하는 욕망을 계속해서 억제하는 것에 대하여 격렬한 논쟁이 중심을 차지했다.

이제 "다른 편 뺨을 돌려대는 것"이 누가복음에 나온다는 것은 분명하다. 어떤 의미에서 그것은 수동적이다. 그러나 그런 제한의 행동은 강함의 표현이지 되풀이되는 패배가 아니다.33) 공격적 "성전 정화", 누가복음 6장의 "화 선언", 성전 파괴의 예언, 새로운 사회 체제를 선포하는 집단의 형성 **또한** 같은 복음서에 들어있다. "나는 어엿한 사람이다"라고 하는 존엄성을 가진 채로, "우리는 이것을 할 수 있다"고 자기 확정을 하면서, 그리고 희생자를 희생시키는 것에서 발의하는 데까지 이동시키면서, 정확히 "다른 편 뺨을 돌려대는 것"은 "우리는 더 돌려댈 뺨이 없다"고 하는 수동성을 대체하는 비폭력 지향 행동을 위한 요구이다. 만약 권한부여가 무기나 돈으로만 될 수 있는 것이라면, 오직 몇몇의 사람만이 권한을 즐길 수 있다. 그러나 권한부여는 역시 대안적 사고에 의하여 이루어질 수 있다.

함만스크랄에서 했던 토론에서, 더는 무엇이 행해질 수 있을지에 대한 의문에 관한 표현들이 중요하든지 그렇지 않든지 간에 폭력에 관하여 확신 있는 옹호의 형태를 취하지 않았다는 인상을 나는 심겨주었다. "다른 편 뺨을 돌려대기"와 비폭력을 통하여 희생시키는 것을 구별하는 동안에, 계속해서 희생자가 되어야 했던 극단적 실패의 증언들이 오히려 있었다. 내가 충분히 명료하게 만들 수 없었던 것은 비폭력적 **행동**이 얼마나 폭력을 피할 수 없는 것인가를 이야기하는 것보다 포기와 실패에 대해 더 접근하기 쉬운 대안이라는 것이었다. 실행할 수 있는 것이 아무것도 없다는 것을 논의하는 것은, 실패의 그림자를 더 짙게

---

33) 이러한 점은 남아프리카에 대한 특별한 관심을 지닌 월터 윙크(Walter Wink)의 책 *Violence and Nonviolence in South Africa: Jesus' Third Way* (Philadelphia: New Society, 1987)에서 강하게 논의되었다.

드리우고 창조성을 방해한다.

(2) 우리는 모임에서 여러 번 그랬듯이 "폭력은 이슈가 아니다"라고 말하는 것이 상당히 다른 것을 의미할 수 있다는 것을 보았다.

몇몇이 의미한 것은, "우리는 논의할 필요도 없이 기독교와 실제적 기반 둘 다 폭력을 사용하지 않는 것에 동의한다. 그러나 우리에게 필요한 것은 다른 폭력에 대해 어떻게 반응하는 것인지 아는 것이다." 적어도 폭력에 대한 세 가지 반응이 필요하다.

(a) 만약 폭력적으로 행동하지 못하도록 하는 것이 분명하게 바뀐다면, 그렇게 하도록 주어진 **기독교** 기반들이 계속해서 유지될 것인지에 폭력에 대한 반응은 큰 영향을 준다.[34]

(b) 다른 사람들, 특별히 젊은 흑인에게, 만약 함만스크랄에서 했던 강의의 내용들이 아니라면, 그 구절의 의미는 폭력의 선택은 열려있다고 말하는 것이다. 그러면 "폭력은 이슈가 아니다"라고 하는 것은 그 자체의 권한 안에서 이슈가 되지 않는 종속 변수사용되거나 상황에 따르지 않는가 고려된 것을 의미한다.

(c) 비폭력 **행동**은 다른 사람의 폭력에 대한 반응이다. 그것은 단지 보복이나 복수를 하지 않는 것이 아니다.

모임에서 어떤 사람들은 상당히 다른 점을 말하는데, "폭력이나 비폭력은 이슈가 아니다"라는 똑같은 구절을 사용했다. 상황을 통제하는 어떤 사람들의 잘못에 의해, 폭력과 비폭력 사이의 선택은 폭력에 얽매이지 않는 우리에게는 유용하지 않다는 것을 의미했다. 폭력은 체제에 종속된다. 폭력을 피할 수 있다고 제안하는 것은 비현실적이다. 이러한

---

34) 비폭력과 약함 사이의 연관에 관하여 이번 장 각주 5를 참조할 것.

관찰은 사실상 맞지만, 주제가 달라진다. **비폭력 지향 행동**이라고 불리는 것은, 폭력을 피하거나 폭력을 금지하는 척 하는 것이 아니라, 기꺼이 그리고 의식적으로 폭력을 짊어지는 것을 피하려는 것뿐이다. 일부 비폭력적 행동은 실제로 의식적이고 매우 도덕적 책무을 지닌 폭력적 반응을 불러일으킬 것이다. 일부 비폭력적 행동은 자의식적으로 언제, 어떻게 체제의 폭력에서 고통을 겪을 것인지 결정 내리는 데 책임을 갖는다.35)

"비폭력은 이슈가 아니다"라고 하는 같은 구절 하에서, 여전히 어떤 사람들은 개개인의 존엄성에 대한 관심특별히 원수에 대한 사랑이 다른 정치적 가치들의 방법 안에 유지되는 것을 묵인해서는 안 된다고 말하는 것을 의미했다. 즉, 목적들은 가치 있는 것이고, 모든 수단, 심지어 폭력적 수단조차도 실용적으로 결정하도록 공개되어야만 한다. 이것은 논문의 주요 부분으로 어디에서나 다루어질 수 있는 주제이다. 폭력은 이슈라고 사람들이 여기지만, 다른 가치들이 충분히 중요할 때, 우리는 폭력에 도움을 요청할 자유를 간직한다.

(3) 이후의 논의에서, 내가 성급함이나 연약함 같은 인간의 이슈들에 거의 주의를 기울이지 않았다는 것은 분명해졌다. 어떤 사람들은 다음과 같이 말했다. "압제자가 나를 때릴 때, 나는 어떻게 반응해야 하는지에 대해 성서를 연구할 시간이 없다." 그것은 이따금씩 발생하는 남용에 대해 비폭력적인 자발적 반응으로 놀라게 될 것을 기대해서가 아니라 성격의 발전이라는 이유에서 강조할 필요가 있는 이유이다. 군사력 또는 게릴라 세력은 자발적 반응을 신뢰하지 않는다. 무장 투쟁이 예견되는 모든 심각한 상황에서, 적합한폭력적인 반응이 제2의 본성이

---

35) 이것은 간디가 "그들이 통제할 수 없는 것이 있는데, 바로 우리다"라고 말했을 때 그가 의미했던 것의 일부이다.

되려면 훈련, 실습 그리고 반복적 훈련이 반드시 있어야 한다. 어느 누구도 "연구를 위한 시간이 없이는" 효율적인 폭력적 전투가 가능하다는 것을 기대하지 않는다. 마찬가지로, 간디의 아쉬람 공동체의 규율이나 킹의 남부기독교지도자협의회는 당황하지 않은 채, 남용이나 실패에 직면하기에 앞서서 사람들을 훈련시켰다. 책임있는 결정이나 행동은 종종 비호감적인 도전에 대한 신속한 반응이 아니다. 대부분 도전은 예견될 수 있고, 대부분 반응은 앞선 기대감들, 태도들, 그리고 약속들의 산물이다. 다행스럽게도, 가정생활, 학교, 그리고 건강에 유익한 운동은 모두 사람들이 적대자의 존엄성을 소중히 여기는 경험에 의하여 익히게 되는 실험들이다.

(4) 비평화주의자들(대개 독립 국가에서 평화롭게 살고 있는 백인들)은 다른 사람들(종종 자유롭지 못한 사회에 살고 있는 백인이 아닌 사람들)에게 자신들과 관련된 사람들을 위한 정의를 추구하는 데 비폭력적이기를 요구할 때, 현존하는 심각한 부정직이 있다고 나는 더 강하게 말했어야 했다. 이것은 함만스크랄에서 했던 강의 중 일부로, 내가 동의하는 여러 사람들, 특별히 그쿠불레Gqubule 박사와 투투 주교에 의해서 작성된 논평들이다. 게다가 이 논평들은 "세계교회협의회의 인종차별정책에 대한 투쟁 프로그램"Program to Combat Racism of the WCC에 대항하는 유럽인들의 많은 외침에 적용된다.36) 남아프리카교회협의회SACC에서 나온 일부 논평들은, 백인들이 폭력에 반대하는 반면에 흑인들은 폭력에 찬성할 수밖에 없다는 가정을 받아들이는 것 같았다. 이것은 명

---

36) 이 프로그램은 세계교회협의회의 새로운 사업으로, 1968년 총회 이후 발전되어 온 것이었다. 그로 인해 도덕적이고 재정적인 지원이 특별히 아프리카 안에서 민족 독립 운동에 주어졌다. 비평가들, 특별히 영국과 독일 교회 안에 있는 비평가들은 그들이 생각하기에 혁명을 위한 폭력에 대한 지지를 합법화하는 것에 반대했다. 편집자 주: 그쿠불레 박사는 후에 프레토리아 대학에 재직하게 된 시몬 그쿠불레(Simon Gqubule) 박사인 것 같다.

백히 정확한 서술적인 독법이 아니다. 즉,

(a) 대부분의 백인 그리스도인은 모든 폭력에 반대하지 않는다. 4세기 이래로 절대 반대한 적이 없다.

(b) 흑인 그리스도인들은 과거와 현재에 종종 원하는 대로 하지는 않았지만, 백인 그리스도인들에 비해서 기독교적 비폭력에 종종 더 가까웠다.

(c) 폭력에 찬성하는 일부 흑인 그리스도인들이 사용하는 **논증**은 대부분 유럽인들이 항상 사용해왔던 것들과 같은 것이다. 칼빈주의자들은 위그노Huguenots 시기부터 보어트레커Voortrekkers 시기까지 같은 논증들을 사용했다. 압제에 관한 흑인들의 경험이나 아프리카 문화의 갈등을 다루는 원천들은 그들이 가질 수 있었던 그런 논증의 형태에 대해 특색 있는 공헌을 하지 못했다.

(d) 서양 문화 안에서 비폭력 지향 행동의 **긍정적인** 잠재성의 경험은 대개가 백인들과는 상관없는 창조성과 희생의 산물이었다. 간디와 킹은 둘 다 자신들의 사역의 독특한 원천을 자신들이 관계하는 백인과 상관없는 문화에서 가져왔다. 다시 말해서, 자신들의 사역의 독특한 원천을 창조적으로 기독교 및 서양의 가치들과 합쳤다. 객관적 문화사의 표현에서 볼 때, 정의를 위한 폭력 개념은 유럽적이고 비폭력 직접 행동 개념은 백인들과 상관이 없다.

(e) 함만스크랄 총회 중에 가장 극적인 경험은 경찰의 고문에서 최근 생존한 사람의 증언이었다. 그 사람이 투투 주교에게 자신이 경험한 것을 하나하나 이야기했을 때, 그의 관심은 복수나 심지어 집행유예가 아니라, 자신이 당한 고문과 그런 종류에서 인간의 존엄성을 지키는 것이었다. 사람을 압제하는 자를 하나님의 자녀라고 단언하는 것은

주님이시며 희망되시는 십자가에 달리신 그리스도에 대한 헌신에 관한 최소한 빈번하고 가장 깊이 있는 표현 중 하나이다. 그 표현은 낯선 것이 아니었다. 유럽인의 관점은 지역적 희생제물에게 책임을 강요하는 것이었다. 그러나 그 표현은 헌신된 제자도의 진정한 표현이었다.

낯선 수입품 같은 비폭력에 대한 왜곡된 그림나는 여기서 이 왜곡을 바로 잡으려고 하는데은 비폭력적 행동이 지금까지도 활동 중이라는 것을 많은 일을 통해 계속해서 알리고 있다. 스티브 비코Steve Biko, 소웨토Soweto의 순교자들, 그리고 억류되어있는 가운데 최근에 죽은 사람들이 이제 막 남아프리카의 얼굴을 변화시키고 있다. 덤불 속 국경 지대에서 무장한 채로 끔찍한 죽음을 당한 것과 비교해 보면, 남아프리카를 변화시키는 비극적 순교들은 무언가를 행하고 있다. 그런 순교가 일어날 때 예기치 못했으나 나중에 거부된 것과 비교해 볼 때, 만약 그런 순교의 사건들이 더 신중한 신학과 전략—미리 희생이 예상되는—안에서 계획되어졌다면, 그리고 나중에 노래, 전설, 기도문으로 칭송되어졌다면, 그런 사건들이 가져올 충격은 얼마나 더 하겠는가? 비폭력 지향 행동은 남아프리카 흑인 사회에서, 남아프리카교회협의회 프로그램을 지향하고, 폭력을 지양하면서, 어떠한 표현으로도 명명되고 고려된 것 없이 바로 지금 진행되고 있다. 우리에게 필요한 것은 마치 비폭력 지향 행동을 낯선 수입품처럼 논의하는 것이 아니다. 또한, 도덕적 엄격주의에서 이상한 것이 생겨난 것처럼 비폭력 지향 행동에 대해 논의하는 것도 아니다. 우리에게 필요한 것은 비폭력 지향 행동에 참여하는 더 많은 백인 그리스도인을 위하여, 그리고 더 신중하다고 생각하는 전략적 사고를 위하여 비폭력 지향 행동에 주목하고, 명명하고, 축하하는 것이다.

이러한 발표는 방식과 풍조를 따라 혼합되어왔다. 그 중 일부는 비폭력 행동의 본질과 잠재성에 관한 단순한 서술이고, 일부는 직접적 옹호이고, 나머지는 두 입장 사이에서 중도적 입장을 취하는 것이다. 즉, 익숙하지 못한 사상을 위해 공정한 시험을 거치자는 의견이다. 단지 옹호하는 입장을 넘어서, 이 땅에서 창조적 목회를 위한 잠재성은 다른 시대와 장소에서 하는 것보다 더 가치가 있다고 나는 정중하게 나의 생각을 표현했다. 왜냐하면, 나의 생각을 들어주는 것에 대해 감사를 표현하는 시간이 주어졌기 때문이다.

모든 세 개의 수준과 관계되는 논쟁적 차원의 서술은 에큐메니컬 인식의 불가피한 표식이다. 내가 서술하도록 초청된 것은 소수의 의견을 따른 것이다. 자신들이 그것을 다루어 왔다고 생각하는 사람들 중 일부, 또는 자신들이 그것을 넘어섰다고 생각하는 사람들 중 일부는 사실 그것을 깊이 있게 이해하지 못했다. 그 표식은 내 쪽에서의 불평이 아니라, 아직 끝나지 않은 토론 상태에 관한 단순한 묘사이다. 그것은 연례 총회에서 열린 마음으로 정중히 내게 귀 기울인 사람들에게 아주 깊이 감사한 이유이다.

제 14 장

정치학
그리스도의 해방하는 이미지들

현재 대화의 세 가지 특징은 내 앞에 놓인 과제를 분명히 나타 낸다.[37] 첫 번째 특징은 조직신학과 목회신학 안에 있는 특정한 유행의 다원주의가 현재 넘쳐나는 것이다. 경직된 교조주의는 신뢰성을 잃어버렸다. 왜냐하면, 교조주의는 진실한 대화를 하면서 근대성modernity의 수많은 도전 과제와 관계할 수 없기 때문이다. 4세기 이후, 전통적 경건은 교조주의와 함께 전술적 연합 상태에 있었다. 그러나 도시화는 교조주의에서 촌락 문화 안에 있었던 전통적 경건의 자명한 기초를 빼앗아갔다. 신학적 발언articulation의 훈련은 전통적 경건의 책무에 관한 전통적 구조교리든지 아니면 위계든지를 깨뜨렸다. 신학은 정신요법의 인도주의와 자유 시장 이데올로기에 의하여 예견된, 지시적이지 않은 다원주의의 상태에서 무엇인가를 빌려왔다. 비누를 파는 사람들과 스바루 자동차Subarus는 우리에게 혁신은 창조성의 **명백한** 표시라고 가정하는 것

---

37) John Howard Yoder, "Politics: Liberating Images of Christ," in *Imaging Christ: Politics, Art, Spirituality,* ed. F. A. Eogo(Villanova, PA: Villanova University, 1991), 149–69. 허락 하에 기재함.

을 익숙하게 했다. 비평 양식으로써 해체주의deconstructionism는 원래 의미로 사용했던 **규율**의 의미에서 문자적 규율을 자유롭게 하는 경향이 있다. 이러한 모든 변화의 결과로, 공간이 창조성뿐만 아니라 일시적 유행과 변덕을 위해서도 열려졌다. 어떤 사람에게, **그리스도**라는 용어, 즉 인간 활동의 대상"그리스도를 상상하기"라는 구절에서와 같이을 표시하는 것은 텅 빈 무가치한 종류유순한 대중을 가리키고 어느 조각가의 기분에 지배받는 것 같은, 그러나 우리 중 누군가는 자신의 의지를 따라 모범에서는 자유로운로 기능하는 것으로 비쳐진다. 그래서 **상상력**Imagination은 누군가에게는 규율을 느슨하게 한다는 의미가 된다. 그 규율은 엄격한 존재론이 기독론에게로 책임을 전가하는 데 사용했던 것이다. 존재론이 이렇게 한 목적은 경솔하게 굴든지 아니면 우쭐거리든지 간에 새롭고 분명하게 이야기되는 엄청난 자유를 위해서이다.

이렇게 유행을 따르는 다원주의의 상태 중 열린 선택의 스펙트럼 한 끝에서 볼 때, 동방 정교만큼 무게감 있고 전통적으로 안정적 체계는 여전히 존경할 만한 가치가 있을 것이다. 그러나 체계는, 진리가 절대 변하지 않는다는 단순한 주장보다 오히려 그밖에 누군가처럼 시장에서 의견을 진술해야 한다. 또 다른 끝에서 볼 때, 매튜 폭스Matthew Fox나 토머스 베리Thomas Berry는 자연 신비주의nature mysticism의 새로운 물결 안에서 낡은 모든 경계석landmarks을 물에 잠기도록 할 수 있다. 전통주의자들이 다시금 공식화하려는 그들의 성급함을 미끼삼아서 그렇게 할 수 있다. 그러나 전통주의자들은 여전히 **그리스도**가 자신들과 관련있다고 주장한다. 사람은 누구나 자기의 돈을 쓸 자유가 있고 그리스도의 이미지를 선택할 자유가 있다.

물론 그리스도의 이미지를 선택하는 것은 누구나 할 수 있는 게임이다. 정확히 말해서, 이러한 이유로, 실제로 흥미로운 게임은 아니다. 만일 모두 옳다면, 옳은 것은 의미를 상실하게 된다. 만약 상상력을 설명할 수 없다면, 상상력은 경청의 권리를 잃어버린다.

그래서 내가, 서문을 거치면서, 이미지의 가능성이 가져다주는 멋진 차림새에 주목했을 때, 혼동을 이유로 특별히 누군가를 비난하거나 주목을 피했어야만 한다고 제안하는 것을 의미하는 것은 아니었다. 나의 무대장치 묘사 중 일부는 제안할지도 모르지만, 나는 문제가 오직 근대라고 의미하는 것도 아니었다. 근대성은 이미지를 덜 피할 수 있게 만든다. 그러나 이미지는 1세기에 존재했고, 이미지는 어떠한 선교적 상황 안에 적당하게 존재해야만 한다.

현재 우리의 대화의 두 번째 특징은 유대교 전통의 특수한 증언이다. 유대교 전통은 성상을 반대할 뿐 아니라 성상 파괴적이다. 유대교 전통은 형상 없이 행한다. 즉, 이미지는 잘못이라고 말한다. 다른 신들을 **경배해서는** 안 된다고 말하는 것으로는 충분하지 않다. 다른 신들은 실재하지 않고 그 신들의 **형상을 만드는** 것은 인간의 활동이기에, 우리는 형상을 만드는 것조차도 금지하도록 명령받는다.[38] 신들은 스스로 형상을 만들지 않는다. 사람이 만든다. 그러나 신들이 만들어서는 안 된다. 야훼는, 우리가 돌아갈 장소는 예외로 하고, 스스로 형상을 만들지 않는다. 형상을 만드는 인간의 활동은 명명되고 금지된다.

초기 이스라엘 문화는 이러한 눈에 보이는 성상을 반대하는 삶에 부응하지 않았다. 그것은 몇몇 역사가들이 우리가 아는 형태본문의 형태나 의례에 맞는 양식으로의 십계명이 아주 초기부터 존재했다는 것을 의심하는 이유 중 하나이다. 그러나 포로의 경험과 예언자들의 사역은 그러한 형

---

38) 편집자 주: 우리는 명확성을 위해서 두 개의 문장을 편집했다. 원문에는 다음과 같이 쓰여 있다. "십계명 중 첫 계명에서 다른 신들을 **경배해서는** 안 된다고 말하는 것은 충분하지 않다. 두 번째 계명은 다른 신들은 실재하지 않기 때문에 그들의 형상을 만드는 것은 인간의 활동이라고 인식하고 그것이 행해지지 않도록 명령한다."

상 만들기를 금했을 뿐만 아니라 그런 금지는, 다른 계명들에 충실한 것보다 질적으로 더 깊이 있다는 점에서, 유대인들의 정체성과 사명을 위한 영속적인 기초였다.

이러한 성상에 반대하는 입장은 1세기 유대인들의 메시아 운동의 탄생에서 변화를 겪지 않았다. 사도행전 14장 11-15절루스드라에서의 바울과 사도행전 17장 24-29절아덴에서의 바울의 증언, 데살로니가전서 1장 9절과 고린도전서 8장 4절에 나오는 것처럼, 우상에 대한 사도들의 암시가 주는 증언, 그리고 요한계시록의 직접적 논증법계13-20장의 증언은 유대인의 일신론적 논증이 첫 번째 그리스도인 세대에 의하여 변하지는 않았다는 가정을 분명하게 보여준다. (나는 이것을 **가정한다**는 동사의 두 가지 의미에서 본다. 하나는 전제로써 '당연하게 여기는' 이고, 다른 하나는 유산으로써 '유용한' 이다.) 힌두교의 해법에 대한 공감과 관련하여 1세기에는 성상반대에 관한 분명한 흔적이 없다. 많은 성상을 가진 다신론에도, 힌두교는 생기 넘치는 광적 신앙의 자유 시장 안에서 많은 신이 싸우도록 함으로써 "그럴수록 더욱더 유쾌하게" 된다고 말한다. 힌두교는 하나의 참된 신의 질투심 많은 영예라는 이름 아래 분명하게 모두 휩쓸어간다.

내가 우리의 문화에서, 그리고 형상 만들기에 관한 히브리인들의 금지에서 미숙한 상상력의 풍조를 얘기하고 나서, 나의 과제를 일정 방향으로 향하게 만드는 세 번째 사실은 두 계약구약성서와 신약성서-편집자주에 있는 기본적 요점에 매우 분명하고 매우 제한된 일련의 용법드물지만 애매하지 않은이 존재한다는 것이다. 어떤 사람은 이러한 용법을 내가 언급하기만 했던 성상에 반대하는 공격에 대한 예외로 여길지도 모른다. 내가 더 정확하게 여기기는, 어떤 사람들은 그들이 성상에 반대하는 공격을 미리 전제로 하고 보강한다고 다음과 같이 주장한다.

(1) 창세기의 앞부분과 **오직 창세기에서만** 나오는 네 가지 핵심에서, 인간어원적으로 adam;' 땅'(adamah)과 '피'(dam)에서 되풀이하여 들리는 부분이 있는 명사은 하나님의 형상으로 만들어진다. 야훼는 형상 만드는 것을 금지시킨다. 엘로힘은 형상 만들기를 행하시나 그것 한번 뿐이다. 엘로힘이 만드신 것은 하나의 상이 아니라 하나의 인종이다.[39]

(2) 바울 서신의 네 가지 핵심고전11:7; 고후4:4; 골1:15; 3:10에서 그리스도는 '형상'으로 불린다. 즉, 보이지 않는 하나님의 보이는 성상Icon이다.

(3) 바울 서신에서 다른 두 가지 핵심롬8:29; 고후3:18에서, 신자들은 그리스도의 형상을 닮아가는 과정 중에 있다고 쓰여 있다.

(4) 오직 한 번고전15:49 RSV역, 두 개의 "형상"을 나란히 놓고 있다. 사도 바울은 다음과 같이 쓰고 있다. "우리가 땅에 있는 **아담**의 형상을 지닌 것처럼, 우리는 하늘에 있는 사람의 형상을 또한 지닐 것이다."

(5) 오직 한 번골3:10, 그 두 개가 하나로 포개어진다. 우리의 새로운 본성은 "그 창조자의 형상을 따라 지식 안에서 새로워지고" 있다.

그리고 이것들이 전부이다. 신약성서 안에서 **아이콘**eikon이라는 용어의 모든 용례는 금지된 우상숭배를 나타낸다.

그래서 구약성서와 신약성서에서 나오는 유형은 명확해 보인다. 거기에는 형상을 만드는 인간의 활동을 위한 여지가 없다. 우리는 두 개의 동일한 중심을 가진 개념 중 오직 하나에서만 하나님의 형상을 말할

---

39) Karl Barth, *Church Dogmatics* Ⅲ/4 (Edinburgh: T&T Clark, 1961), 117-18에서부터 Douglas John Hall, *Imaging God: Dominion as Stewardship* (Grand Rapids and New York: Eerdmans and Friendship Press, 1986)까지 상당한 명성을 지닌 수많은 사람이 서로 다른 목적에서 "하나님의 형상"이라는 구절을 사용했다. 바르트는 그 안에서 인간 성별(性)의 표준적 비전을 발견한다. 홀은 생태학의 표준적 비전을 발견한다. 나는 그 두 개의 주제에 대해 두 사람이 말하는 것을 모두 좋아한다. 그러나 나는 창세기를 십계명과 분리된 채 독립적으로 읽을 수 있을지 그들의 경전에 대해 갖게 되는 미심쩍은 가정을 의심한다.

지도 모른다. 더 큰 동심원은 특별히 인종 전체로써 인간적 삶의 창조물의 신성함의 상황 안에 있는 아담-인류와 마찬가지 존재인-이다. 더 작은 동심원은 예수의 규범성이다. 예수를 믿는 신자들은 예수를 닮아가는 과정 속에 있다. 더 큰 동심원은 창조물로서 우리의 상태이다. 그리고 더 작은 동심원은 우리의 신자로 부르심이다.

앞선 몇 개의 단락에서, 힌두교와의 대조에 의해서 성상에 반대하는 유대교적 날카로운 비판을 조명하는 데 도움이 되었다. 신적 발의에 의한 이러한 인간성 부여는, 일반적 금지 이후 두 개의 "형상"이 은혜에 의하여 나타나는데, 성서적인 성상 파괴가 우상숭배에 대해 교정하는 불교의 입장과는 다르다는 것을 보여준다. 불교의 통찰은 힌두교의 만신 사상을 거부함이 없이 그 쪽으로 방향을 바꾼다. 다시 말해서, 그 궁극적 근원을 말로 정의 내릴 수 없는 특별한 종류의 절대를 향한다. 일찍이 기독교가 대화해야만 했던 영지주의는 비슷한 것을 했다. 다른 한편, 신의 형상으로서의 예수에 관한 사도적 위임은 다루기 힘들고 변증할 수 없을 만큼 말로 하기 어렵다. 우주적 드라마 안에서 핵심 사건은 말씀이고, 그 말씀이 인간이 되었다.

이런 개요는 나의 현재 과제에 초점을 맞추는 데 기여해야 한다. 나는 그리스도인으로서 예수에 대한 복음서의 증언에 관한 정치적 현실주의가 인간의 형상 만들기의 최초의 히브리적 금지와 하나님의 인간성 부여의 선례를 존중할 수 있는 방법을 조사할 것이다.

이 조사는 변덕스럽거나 독단적이지 않은, 규범적 활동이 될 필요가 있다. 이 조사는 "만약 당신이 정치적 메시지를 찾는다면, 우리는 정치적 용어들 안에서 당신에게 말할 수 있다"라고 말하는 것으로는 충분하지 않을 것이다. 현대 신학에서 같은 시대의 것을 찾는 것 중 많은 부분은 그렇게 한다. 어떠한 동일함을 증명할 수 있는 "시장"에 기여하려고 시도하면서 말이다. 그러한 동기 부여는 충분하지 않다. 그리스도 안에서 하나님의 정치적 모습은 메뉴에서 하나의 선택이 아니다. 이단으로 몰릴 각오를 하고, 나는 실제 예수의 모습과 그가 했던 것을 정치와 무관하게 해석해서는 안 된다는 것을 설명할 필요가 있다.

하나님의 형상으로서 예수의 규범성

요한복음의 첫 번째 구절이 말씀이 육신이 되었음을 말했을 때, 그것은 시대에 뒤떨어진 헬레니즘의 존재론에 관하여 심사숙고를 하도록 초청하는 것이 절대 아니다. 바울이 형상으로서 예수에 대해 말했을 때, 히브리서의 저자들이나 빌립보서 2장에 언급된 찬양자들이 동일한 표현들을 사용했을 때,[40] 그 표현들은 자유분방하게 형상을 만드는 것에 관하여 반대를 표명하는 중이었다. 또한, 그 표현들은 하나님의 존재와 의지의 계시자이신 인간 예수의 사역과 말씀의 변함없는 규범성을 확언하는 중이었다.

20년 전, 내가 정치적으로 예수의 사역에 관해 썼을 때, 비록 그것이 초기의 것은 아니었지만,[41] 나의 어법은 정형화되지 않았다. 복음서 이야기가 말하는 것우리가 예수의 사역들을 바로 본문에서 택하든지 아니면 일부 비평학의 창을 통하여 예수의 사역들을 읽든지 간에은, 예수의 원형은 영지주의 권위자guru나 우주론자cosmologue의 모습이 아니라, 하나님나라God's kingdom를 알리고 시작하는 역할에 대해 기름부음 받은 상속자의 모습이었다는 점이다. 만약 예수의 비전의 내용이 정치적이지 않다면, 그것은 아무것도 아니다. 다시 말해서, 일반적으로 사변적인 종교성과 관계가 없다.

---

40) 빌립보서 2:6의 "하나님의 본체"(*morphe*) 또는 "동등됨"(*einai isa*); 히브리서 1:2 이하의 "후사로 세우시고"(*etheken kleronomon*), "영광의 광채"(*apaugasma*), "본체의 형상"(*charakter*).
41) 요더, 『예수의 정치학』 (IVP 역간)

예수는 그를 따르는 자들이 서로 빵을 나누도록 요청한다. 예수는 그들이 서로 화해하도록 요청한다. 그들에게 열심히 화해하는 방법을 상세하게 말한다. 예수는 그들에게 자신들의 원수를 사랑하고 소외된 자와 이방인을 존중할 것을 말한다. 이렇게 정의 내려진 표시들은 의례적이거나 사변적이기보다는 더욱 정치적이다.

이러한 새로운 정치 형태는 독단적이거나 타율적 윤리 의무 관계로 상황을 이해하는 예수의 청취자들에게 적용되지 않는다. 즉, 새로운 정치 형태는 역사적 실체로서 우리 앞서 실제로 살아진다. **마음에 그려진다**imaged는 너무나 뜻이 약한 동사가 될 것 같다. 청중은 이해하거나 관상하도록 부름 받은 것이 아니라, 따르도록 부름을 받는다. 즉, 그러한 동일한 삶의 형태 안에서 하나의 일원이 되도록 부름을 받는다. 기본적 범주는 통찰이 아니라, 순종과 연대이다. 이것이 우리에게 필요한 좋은 소식우리가 예수 안에서 얻은이 실제 사람의 인생, 종 됨servanthood, 죽음 그리고 생명의 내러티브가 되어야만 하는 이유이다. 인생은 정치적이었다. 종 됨과 죽음은 정치적이었다. 그리고 새로운 생명은 정치적이었다. 이 모든 것은 함께 살아가는 것, 권력을 행사하는 것, 그리고 결정을 내리는 것과 같은 구조를 지닌 도시국가polis의 의미 중 일부분이다. 이것은 그림의 일부분일 뿐만 아니라, 그림이 한쪽으로 기울어지고 설명할 수 없는 "상상력"의 위협에 대항하여 방심하지 않을 수 있고, 그렇게 해야만 하는 **비평적인** 날 세움이다.

가장 근본적으로, 예수가 그의 청중에게 행하도록 요청한 것은 인지적 행동이 아니라, 정치적 행동이다. 청중은 예수를 이해하도록 부름 받은 것이 아니라, 예수를 따르도록 요청받았다. 만트라mantra, 힌두교의 주문-역주에 정통하도록 부름 받은 것이 아니라, 실천 운동에 참여하고, 소식을 선포하고, 십자가를 지도록 부름 받은 것이다. 그러한 실천 운동을 우리의 삶 속에서 경험할 때, 인식의 요소들, 존재론적 방식의 진술들직설적이고 역설적인이 사라진 것이 아니라, 단지 도전의 핵심 과제가 아닐 뿐이다. 일부 본문들특별히 비유, 묵시록은 청중의 시각에 새롭게 변화를 가져오려는 의도를 지닌다. 그러나 이러한 시각은 역사와 무관한 영적 직관이 아니다. 그것은 삶의 새로운 방법인 걸어감halakah이다.

나는 여기서 한 세대 전에 있었던 나의 글에 대한 논의가 마치 신기한 것인 양 반복할 필요는 없다.42) 그래서 누군가에게 위험스러운 것으로 보이는 것이나 무례한 공식화는 이제껏 줄곧 진부한 것이 되어왔다. 왜냐하면, 나의 종합 때문이 아니라, 논의가 근거를 두고 증대하는 학문적 일치 때문이다. 복음서의 예수를 정치적 인물로 보는 것은 마술사와 요술쟁이의 패러다임으로 즐기는 장르 전문가에 의해서 행해진 것 같은 해석학적 곡예가 아니다. 그들의 입장에 서서, 복음서를 직설적으로 읽는다면, 예수가 해방자를 기대하고 있던 사람들에게 왔다는 것, 하나님 통치의 임박한 도래에 대한 약속으로 예수가 의에 주리고 목마른 사람들을 끌어당겼다는 것, 그리고 예수가 사회 지도자들의 규칙을 위협한 것으로 말미암아 그들에 의해서 사형을 선고받았다는 것을 우리에게 말해준다. 사도들이 기록한 서신들을 직설적으로 읽을 때, 우리에게 말하는 것은 바로 이것이다. 신자들의 삶을 형성하는 것은 바로 십자가 사건의 경험cruciform career:그리고 예수의 비유뿐 아니라 도덕적 지혜도 포함해서이라는 점이다. **아이콘**이라는 용어의 특별한 용례에서 처음 우리가 관찰한 것은 머리와 몸, 목자와 양, 포도나무와 가지의 비유 안에 어딘가 존재한다. "주의 어떠하심과 같이, 우리도 세상에서 그러하니라." 요일4:17이 구절은 지상에서의 예수 사역에 대해 언급하지 않고서는 말해질 수 없다.

---

42) 같은 책.

최근 해방신학의 발전

이러한 예수의 의미에 관한 간단한 특성화는, **해방신학**liberation the-ology이라는 표제 아래에서 이해하는 것이 우리 대부분에게 익숙하기도 하고 그렇지 않기도 하다. 해방신학은 권력을 분산시키고 민중 기반의 현상이기 때문에, 예수의 의미를 단순하게 특성만 묘사하려는 어떠한 노력도, 마치 모두 엇비슷한 것과 같이, 공정하지 못한 것이 분명하다. 예수의 의미에 관한 간단한 특성화는 상황들의 특성에 의해서 상황들이 진행되어 온 방법에 도전하는 계획이기 때문에, 방어적 비판공정하기도 하고 불공정하기도 한을 불러일으키는 것에 당황해서는 안 된다.

요약된 몇몇 페이지에서, 나는 이러한 동시대의 미개척 분야 주변을 빙빙 도는 다양한 논쟁 사이에서 구분되도록, 그리고 어느 것이 서로 관련되고, 어느 것이 복음서의 예수를 위해 사도들에 의해서 주장되는 규범성과 관련되지 않는지를 결정하도록 노력해야만 한다. 명확할 필요가 있는 상당 부분은 지나친 단순화때때로 선한 의도로에서 생긴다.[43]

만약 그 체계가 인류의 파멸을 서술하기 위해 필요한 방법이 되도록 **탈자유**unfreedom를 고려한다면, 구원을 서술하기 위해 필요한 방법이 되도록 **자유**를 고려한다면, 어떤 신학적 체계는 해방신학으로 분류되어야만 한다. 그러나 그러한 공식적인 정의에 들어맞는 인간과 체계들의 더 넓은 흐름 안에서, 신학의 일부분에 관한 영속적 물음 중 많은 부분은 여전히 공개되어있다. 그러한 공식적 정의에 들어맞는 많은 입장 중에서, 전부 다 완전히 똑같거나 원래부터 같은 것은 아니다.

(1) 한 부류의 옹호자들은 **해방**을 폭력적 혁명의 정치적 전략을 지닌

---

43) 참조. 나의 글, "The Wider Setting of 'Liberation Theology,'" *Review of Politics*(Spring 1990): 285–96.

주요한 개념과 연관시킨다. 명확하게, 폭력 혁명은 어떤 의미에서 자유에 대한 것이다. 논의할 필요가 있는 것은 다른 사람에 의한 한 정권regime의 폭력적 대체는 하나님이 약속하신 자유를 설명하는 가장 적절하고, 가장 근본적 방법이다. 대부분의 합법적 정부들우리 자신을 포함하여이 폭력 혁명의 산물일 때, 그렇게 많은 사람이 도덕적으로 정당화된 혁명의 개념을 참신한 것으로 여기고 위협적인 것으로 생각하는 것은 의아하다.

정확히 복음서의 증언 때문에, 나는 이러한 해방에 대한 비전의 타당성을 의심할 만한 이유들을 갖는다. 그러나 우리는 공정해야만 한다. 해방에 대한 비전은 정당한 전쟁 전통의 일치된 변형을 나타낸다. 그 변형은 4세기 이후, 서양 도덕 신학을 지배해왔다. 만약 당신이 도덕적 근거를 지닌 모든 전쟁을 거부한다면, 당신은 폭력을 용인하는 해방주의를 일관되게 비난할 수 있다. 다른 한편, 만약 전쟁이 어떤 원인을 방어하려고 할 때, 때때로 도덕적으로 정당화될 수 있다는 것을 당신이 인정한다면, 이것은 비난받을 수 있는 폭력에 대한 해방신학의 열린 자세가 아니다. 어떻든 간에, 특정한 상황에서 발생한 폭력적 폭동에 대해 의지할 수 있게 하는 열린 자세는 해방주의자로서의 태도를 특성화하는 것이 아니다. 오히려 해방에 대한 비전은 수 세기 동안 중심적 위치에 있었고 앞으로도 그럴 것이다. 논쟁은 오직 어떤 원인과 의도가 폭력을 정당화할 것인지, 어떤 권위가 합법적으로 그러한 원인들을 대표할 것인지에 대한 것이다. 어떤 면에서 정당한 전쟁의 하부형태로써 정당화된 혁명에 관한 개념은 새로운 것이 아니다. 그 개념은 15세기 체코 종교개혁 당시 다볼파Taborites, 1520년대 독일과 스위스 종교개혁 안에 있었던 농민운동의 물결, 성공적으로 1640년대 영국 종교개혁에 나타난 올리버 크롬웰Oliver Cromwell의 군대, 등으로 말미암아 대표된 것이다. 이러한 전쟁들은 역시 해방을 위한 것이었다. 전쟁들은 가난한 사람들을 위하여 오늘날 폭력 혁명의 개념을 발전시켜온 사상가들의 교육에 거의 참가하지 않은 세계의 일부분에서 일어났다. 그렇다고 해서 역사상 전례가 없는 것은 아니지만, 전쟁은 가난한 사람들을 위한 새로운 사상이었다.

이것은 혁명의 경우, 폭력을 정당화하기 위한 일련의 정치적 기준으로써, 정당한 전쟁 전통의 적용에 관한 세부 사항들을 관통하여 흐르는 시간이나 장소가 아니다. 우리의 주제는 급진적인 정치적 변화가·패배자의 인간적 존엄성과 조화를 이루는 사회 체계를 확립하기 위한 전제조건으로써 반드시 해야 하는 것처럼 보이는 여러 상황들이 아니다. 이것은 사람들이 도덕적으로 정당화된 무장 폭동의 개념에 초점을 명확하게 맞추면 맞출수록, 예수는 그러한 선택에 유혹받았고 폭력을 거부했다는 것이 점점 더 명확해진다는 것을 관찰하는 시간과 장소이다. 예수는 폭력을 거부했다. 폭력이 예수에게 매력이 없었기 때문이 아니었다. 예수가 종교적 문제에만 관심을 갖고 정치적 문제에는 관심이 없었기 때문도 아니었다. 폭력은 예수에게 매력적이었다. 폭력은 예수가 쉽게 거부할 수 없었던 구체적 유혹이었다. 예수가 침례를 받은 직후, 광야 시험에서 시작하여 예수가 체포되기 바로 직전 감람산의 시험에 이르기까지, 열심당원 해방자의 역할은 예수가 맞서 싸워야만 했던 대안이었다. 4세기 이후, 대부분의 해석이 예수를 정치에 관심 없는 신비주의자로 보게 했다면, 열심당원이라는 선택은 유혹거리가 되지 않았을 것이다. 그러나 폭력은 하나의 선택이었다.

(2) 많은 사람이 일부 해방의 정의가 다소 직접적인 방식으로 서양의 사회 사상에 끼친 마르크스의 영향에서 이끌어 낸 분석의 범주들을 사용하는 것을 불쾌하게 여긴다. 변증법적 유물론과 무신론이라는 점에

서 볼 때, 많은 해방신학자가 철학적으로 마르크스주의자는 절대 아니다. 그들이 아는 세계와 그들이 활동 중인 것으로 보이는 착취적인 자본주의에 적합한 계급투쟁의 범주들이라는 점에서 볼 때, 해방신학자의 상당수가 애매한 마르크스주의자이다. 호세 미구에즈 보니노José Miguez Bonino:라틴아메리카 해방신학 운동에서 세계적으로 잘 알려진 개신교인이며 세계교회협의회의 전임 회장가 활동을 설명할 때, 이러한 관점의 공통성commonality은 실용적이다. 해방의 정의는 마르크스주의자들과 그리스도인들 둘 다 관심을 가지는 문제에 직면하여 연합한 것이다. 즉, 그들이 경험하는 억압의 구조를 어떻게 이해하고 변혁할 것인지에 대한 관심이다.44) 또한, 해방의 정의는 어거스틴이 플라톤에게서 가져온, 또는 아퀴나스가 아리스토텔레스에게서 가져온 것에 비하여 기독교 유신론의 배신이 아니다.45) 그 정의는 우리 동시대 사람들이 경제 정의에 관한 자신들의 비전을 밀턴 프리드먼Milton Friedman에게서 빌려오거나 개인 번영에 관한 자신들의 비전을 프로이트에게서 빌려온 경우에 비하면 배신이라고 말할 수 없다.

분명한 점은 가난한 사람들과 관련하여 예수의 헌신은 주변적인 것이 아니었고, 유도된 것도 아니었고, 그의 사역의 본질이었음을 인식하는 것이다. 마리아의 찬가Magnificat과 요한의 설교는 경제적 재분배가 예수가 만났던 고난 가운데 있는 사람들의 구원 기대 중 일부였다는 것을 증명한다. 예수의 광야에서의 시험과 나사렛에서의 첫 '설교'는 이러한 의도를 확증한다. 그 의도의 성취에 대한 기대 때문에, 예수는 그의 제자 무리를 순회하는 생활 공동체itinerant commune로 만들었고, 예

---

44) José Miguez Bonino, *Christians and Marxists: The Mutual Challenge to Revolution* (London: Hodder & Stoughton, 1976).
45) Helder Camara, "What Would Saint Thomas Aquinas, the Aristotle Commentator, Do If Faced with Karl Marx?" *The Journal of Religion*, Supplement to vol. 58 (1978): 174-82.

수의 공적 사역의 절정으로, 그는 광야에서 수천 명에게 음식을 주었다. 만약 '마르크스주의'의 이름으로, 우리가 의미한 것이, 엘리트 한 사람이 국가의 폭력을 통하여 새로운 명령을 부여하는 것이라면, 그것은 잘못이다. 마치 기독교 가부장제도, 기독교 제국주의, 기독교 민족주의가 그렇게 했던 경우가 잘못이었던 것과 같다.46) 만약 "마르크스주의"의 이름으로, 우리가 무신론적인 물질주의의 결정론을 의미한다면, 그것 또한 잘못이다. 같은 방법으로 물질주의의 결정론은 시장의 법칙의 주권에 헌신한 레이거노믹스Reaganomics:레이건 대통령의 경제정책(자유무역경제책)-편집자주 와 같은 것이다. 그러나, 만약 "마르크스주의"의 이름으로, 우리가 계급 이익class interest의 실재에 대한 진지함을 의미한다면, 만약 우리가 보물이 있는 곳에 사람의 마음이 또한 거기에 있을 것이라는 인식을 의미한다면, 만약 우리가 소외자 편을 들어 도덕적 편향을 의미한다면, 해방신학이 잘못이라고 할 수 없다.

(3) 해방의 비전이 자신들 안에 다양하게 변화되는 세 번째 축은 해방의 비전이 빠른 성공을 약속하는 범위이다. **승리주의**triumphalism:어떤 교리가 불멸이라는 신념-편집자주는 시간의 범위를 단축시키고 하나님의 승리의 은혜를 받는 사람들의 범위를 축소시키는 하나님의 승리의 비전을 위한 부호 표시이다. 만약 '언젠가'라는 이름으로 우리가 내일을 의미하고, '우리'라는 이름으로 자신들만을 의미한다면, "우리는 언젠가 극복하게 될 것이다"라는 것은 단순히 진실은 아니다. 그러한 약속의 왜곡은 때때로 출애굽 은유의 너무나 단순한 적용에 의하여 예견되어왔다. 갈대 바다홍해에서의 사건은 고대 이스라엘의 정체성을 위한 기초가 되었다는 것은 분명하다. 십계명의 현재 본문과 히브리 사람들의 자

---

46) 1980년대 후반 동유럽 안에서 붕괴되었던 것은 어떤 면에서 사회주의가 아니라, 수사학적으로 그것은 비잔틴의 귀족주의(Byzantine bureaucracy)였다.

기 정의self-definition의 일부는 하나님의 위대한 행동에 의해서 나타난 것에서 유래한다. 그러나 오직 한 번의 출애굽만 있었다. 출애굽은 우리가 원하는 어떠한 시간을 반복하는 패러다임이 아니다. 노예의 땅에서 먼저 민족 만들기people-building가 없었다면 출애굽은 첫 번째 장소에서 발생하지 않았을 것이다. 만약 시내산, 광야, 가나안 땅에서 다른 많은 민족 만들기 사건이 뒤이어 나오지 않았다면, 출애굽은 절대 기억되지 않았을 것이다.47) 만약 왕권체제의 실패와 예레미야 시대에 디아스포라의 새로운 사명이 없었다면, 출애굽은 이스라엘의 사명에서 열방의 축복을 위한 유대교의 사명으로 절대 전환되지 않았을 것이다. 이 모든 것은 **함께** 해방의 형태이다. 만약 출애굽의 은유에 대한 우리의 언급이 그 모든 것을 언급한다면, 진정한 제유법synecdoche에서 볼 때, 그것은 훌륭하다. 그러나 만약 우리가 그 이미지를 축소시키고, 오히려 애굽의 기마부대가 바다에 수몰되고 아말렉족과 잡다한 가나안 족속이 학살된 대가로 우리가 살아난 것에 집중한다면,48) 우리는 해방의 이미지를 새로운 억압의 동력으로 만든다. 복음서 안에 **출애굽**이라는 용어를 유일하게 사용한 것은, 예수가 변화산에서 모세와 엘리야와 더불어 얘기한 것처럼 예루살렘에서 맞닥뜨릴 운명을 언급하는 것이다.

그래서 정복과 복수가 아닌 십자가 사건과 디아스포라는 예수의 승리가 인류를 구출한 자유liberty의 형태이다. 사도들이 아이콘 언어를 사용할 때, 사도들이 말한 것은 영웅이나 승리자 같은 종류가 아니라 바

---

47) 참조. 나의 글, "Withdrawal and Diaspora: The Two Faces of Liberation," in *Freedom and Discipleship*, ed. Daniel Schipani (Maryknoll, NY: Orbis, 1989). 똑같은 주제를 다룬 초기의 글로는 "Exodus and Exile," 297-309.

48) 유대교는 독선적으로 또는 방정맞게 해방의 은유를 적용하는 오류를 매우 잘 인식한다. 하나님은 홍해 사건의 경우 천사들이 찬양하지 못하도록 막으셨다. "어떻게 너는 나의 창조물들이 바다에 수몰되는 동안 찬양을 부를 수 있는가?"(므기라Megilah 10b) 이 전승은 널리 알려져 있다. 왜냐하면, 이 전승을 생각나게 하는 사람들이 매일 드려지는 기도문과 유월절 의례에서 찬양(Hallel)을 사용하는 것과 연결시키기 때문이다. 이러한 단순한 요약은 로저 브룩스(Roger Brooks) 박사의 도움으로 이루어졌다.

로 십자가에 달리신 메시아이다.

요컨대, 예수는 하나님의 형상을 지닌 독특한 존재이다. 그래서 예수는 야훼께서 해방자이기에 해방자가 될 수밖에 없다. 그러나 우리는 그 형상을 따라 지어졌기에, 만약에 우리가 자유는 강압의 산물이 될 수 있다고 가정한다면 우리는 실수할 것이다. 예수의 형상이 마르크스의 것이든지 아니면 그밖에 다른 것이든지, 우리는 우리가 빌려온 인문학의 언어 중 어떤 것을 쉽게 붙잡을 것이다. 우리는 하나님의 자유를 임박하고 시작하는 것으로, 예수 안에서와 우리 안에서, 우리 세상의 희생자들 안에서 현존하는 것으로 선포할 것이다. 그러나 우리는 하나님의 자유의 최종적인 승리를 위한 시간표를 제공하지 않을 것이다. 우리는 다락방에 있던 열두 제자의 실수자신 중 누가 상석에 앉을 것인지를 논쟁하던 것를 반복하지 않을 것이다.

이러한 성상 파괴의 관점에 어떤 것이 더 필요한가?

통제를 벗어난 상상력의 위험은 어느 정도를 제외하고는 새로운 현상이 아님을 나는 위에서 말했다. 같은 도전의 또 다른 형태는 1세기 신자들에게 기본적인 것이었다. 1세기 신자들은 예수에 대한 증언을 다양한 상황 속에서 반복적으로 더 넓은 종교적 상상력의 틀 안에 집어넣어야 하는 도전에 직면했다. 적어도 다섯 개의 중요한 신약성서의 구절은 이러한 도전을 증언한다. 그 구절의 형태에서 보면, 그것들은 상당히 서로 독립적이지만 여전히 눈에 띄게 상응하고 있다.[49]

요한복음서의 저자는 예수를 이미 넘겨줄 준비가 된 **로고스** 우주론의 용어를 통하여 예수를 서술하는 도전에 직면했다. 히브리서와 골로새서의 저자들은 천사들 가운데 예수의 자리를 정하는 것에 도전을 받

---

49) 참조. 나의 책 *Priestly Kingdom*, 49–54.

았다. 밧모 섬의 요한은 이미 마련된 묵시적 시간표에 예수를 집어넣는 것에 도전을 받았다. 빌립보서 2장에 감춰진 시인은 프로메테우스Prometheus/아담Adam 신화의 창살을 통하여 예수로 옮겨가는 도전에 직면했다.

각 시대마다, 사도들과 같은 메시지를 전했던 저자들을 거부했다. 즉, 그들은 인간 예수를 더 위에 놓았다. 그들은 이미 현존하는 일부 유대인이나 이방인의 영적 직관이 제안하는 더욱더 넓은 틀 안에 예수를 놓지 않았다. 그 저자들은 예수-일부 대중들이 매수하려고 했던-에 대하여 이야기하는 새로운 방법을 따라가지 않고, 오히려 예수의 주되심lordship에 관한 자신들의 고백을 재진술하려고 창조적 지성을 사용했다. 예수의 인성, 예수의 유대인다움, 예수의 십자가, 그리고 대가를 치르게 하는 예수의 부르심은 마지막 용어가 되었을 것이다.

이러한 본문들은 신약성서 내에서 주변적이거나 부수적인 것이 아니다. 하나님의 아들의 선재에 관한 개념-성육신의 규범성을 뒷받침해 주는-의 발달이 시작되었던 것은 바로 이러한 구절들_{사람들은 오직 이 단락들에서 대부분 이야기할 수 있었을 것이다}에서였다. 삼위일체론Trinitarianism은 역사적으로, 사변적인 형이상학의 '구성적인' 또는 '상상적인' 역작으로써가 **아니라**, 예수의 규범성에 관한 방어로써, 이러한 논쟁에서 진전되었다.[50] 시간의 논쟁의 상황에서 이해될 경우, 그 발달_{궁극적으로 삼위일체 하나님의 개념을 이끌어온}은 성상에 반대하는 모세의 유일신교가 태어난 곳에서 그 모세의 유일신교를 희석시키는 것이 아니라 근원적으로 방어

---

50) 나는 *Priestly Kingdom* (53)에서 다섯 개의 구절이 모두 예수의 인간다운 역사성을 특별히 방어하는 방법을 상세히 언급했다. 삼위일체 사상의 발전 단계의 비전에 대해서는 다음 글을 보라. Catherine Mowry LaCugna, "The Trinitarian Mystery of God," in *Catholic Systematic Theology*, ed. F. Fiorenza and J. Galvin (Philadelphia: Fortress, 1990), and "Re-Conceiving the Trinity as the Mystery of Salvation," *Scottish Journal of Theology* 38 (1985): 1-23.

하는 것이다. 이것은 너무 믿기 어려운 수학적 기적에 손을 내미는 것 같은 정신적 **역작**tour de force이 아니다. 오히려 히브리적 유일신론과 예수의 규범성으로서 동시에 지켜내려는 사전적 규칙이다. 오직 이후, **성육신**과 **삼위일체**가 헬레니즘적인 이론가들에 의하여 전수되고 모세의 유산과는 동떨어지게 되었을 때, 이러한 개념들은 유대인들, 그 후 이슬람교도들, 더욱 최근에는 서양 유니테리언들과 이성주의자들에게 예언자적 유일신론을 결국 팔아치운 것으로 보이는 모양새를 취했다. 마치 그 개념이 다른 이들에게 설명할 수 없는 사변적인 재공식화를 위하여 선례를 만드는 것으로 보인다.

나는 앞선 세기의 경험들이 일정한 원형의 가치를 유지한다고 제안한다. 우리는 초기의 고전적 유형론들이 얼마나 멀리까지 다다를 수 있는지 신중해져야 하는 반면에, 경험들과 관련된 영속적인 것들이 있다.

(1) 한편으로, 아리우스주의성부는 불변하고 스스로 존재하지만, 성자는 유한하고 성부에 대한 직접지식을 가질 수 없다고 주장한 4세기 그리스도교의 이단설-편집자주 이단의 영속적 권세와 위협이 있다. 아리우스주의 이단은, 인식론적으로 모세와 예수보다 앞선, 이성적인 유일신교을 가정하는 가능성을 주장한다. 그 당시 얘기되었듯이, 아리우스주의 이단은 일시적으로 앞선 어떤 것역사적으로 조건 지어진 사물의 본성이 아니라, 누구에게나 이성에 의하여 접근할 수 있는을 알 수 있는 방법을 소유하는 것을 주장한다. 그렇게 되면 우리는 다음과 같이 진술할 수 있게 된다. "그가 존재하지 않았던 때가 있었다." 그런 이성주의에 직면하여, 복음은 우리에게 하나님이 하나님의 형상으로 인류를 만드신 것과 예수가 지닌 1세기의 특별한 유대교적 인간성의 규범성을 확고하게 남겨두도록 요청한다. 예수는 인간이 된다는 것이 무엇을 의미하는지, 예언자, 제사장, 현인 그리고 왕이 된다는 것

이 무엇을 의미하는지 계시한다.

(2) 다른 한편, 우리는 영지주의/가현설/유티키안Eutychian 이단의 영속적인 권세와 위협을 관찰하지 않을 수 없다. 여기서, 우리는 정치와 무관한 종교적 형이상학예수는 단지 하나의 구체화된 예라고 하는에 대해 접근할 수 있는 특권을 주장하는 사람들을 발견한다. 그러한 사람들을 위해 실제적 효력을 나타내는 계시는 그 모든 것을 종합하는 동시대의 해석가의 사고 안에 있다. 중세 시대에는, 이렇게 하는 사람들은 예수를 끼워 맞추려고 했던 고대의 우주론들을 발견했다. 공식적 삼위일체론은 때때로 삼위일체를 알지 못한 채 게임에 빠져들었다. 우리 시대에는, 혁신자가 되기를 즐기는 사람들이 비슷한 움직임을 보인다. 혁신 대 보존의 시장 가치는 이동해왔다. 그러나 여전히 정치적 결성체concretion의 투쟁을 넘어서는 사변적 우주론의 게임의 우선권은 똑같다.

위에서 말하는 긴장은 어느 누군가의 잘못이 아니다. 그것은 사물의 본성 안에서 주어진다. 사물의 본성은 "형상을 지니지 못한 것"과 "인류/예수 안에 있는 하나님의 형상" 사이의 긴장으로부터 발생한다. 그러나 만약 나의 논제가 계속적으로 유지된다면, 위험/이단의 또 다른 차원은 여전히 예수의 사역의 **정치적 실체에 의해서** 발생한다. 이런 새로운 차원은 그 상황을 더 복잡하게 한다. 하지만, 상황을 고려하는 것은 우리가 더 적합한 이해를 하도록 이끄는 데 도움이 될지 모른다.

(3) 이 세 번째 유혹은 이후 수세기도 지나지 않아 전성기를 구가하게 된다. 하지만, 그 유혹은 여기 사도들의 글에서 전혀 발견되지 않는다. 그것은 예수의 정치적 공격을 부인하는 콘스탄틴적인Constantinian 이단이다. 사회적으로 불이익을 당했던 시간들이 흐른 후, 콘스탄틴 황제에 의해서 그들에게 주어진 특권에 감사하면서, 하나님의 사역을 정치적 과업패배자에게 호의를 베풀지 않고, 양식을 나누어주지 않고, 유대인과 이방인이 화

해하지 않고, 권력을 나누지 않고, 제국의 경계를 넘어 손을 내밀지 않고, 원수를 사랑하지 않는과 구별하면서, 그 이단은 사람들이 유세비우스Eusebius를 선호했을 때 시작됐다.

다른 말로 하면, 예수의 규범성은 하나의 새로운 이단이 예수의 규범성과 대비하여 구별될 수 있는 가능성을 만들어냈다: 예수보다는 오히려 콘스탄틴 황제 만들기, 즉 하나님의 주권 아래 있는 정치적 인간의 규범.[51] 4세기에 나타난 아리우스주의는 거대한 문화적 매력을 내뿜는 대안이 되어주었다. 콘스탄틴 황제와 그의 후계자들은 자신들과 같은 왕족 출신을 신이 역사 안에 개입하시는 특별한 도구말씀의 빛과 연관되지 않고 예수의 사역에서 나타난 결과들에 종속되지 않는라고 생각했다. 하지만, 아리우스주의의 등장과 왕족 출신들의 생각은 서로 관련성이 없다.[52] 예수가 **퀴리오스**kurios, '왕'이 되신다는 개념은 그들의 세계에서는 받아들여지지 않았다. 이렇게 상충되는 이유 때문에, 아리우스주의자들Arians과 유티키안주의자들은 기꺼이 이단적 사상을 만들어냈고, 부합하여 상황을 더욱 악화시켰다.

후대에서 볼 때, 우리는 아리우스주의적인 위험을 따를지도 모르겠다. 마르틴 루터는 그리스도의 십자가가 핵심이 되지 않는 하나님의 본성과 목적에 대하여 일반적 정보를 가질 수 있다는 개념을 나타내려고 **영광의 신학**theology of glory이라는 구절을 사용했다. 그런 입장에 있는 왕가王家가 없는 경우, 아리우스주의는 정치적 후원을 받을 때보다 덜 파괴적이 된다. 왕실과의 동맹은 질적으로 더 나쁘게 된다. 그러한 동

---

51) "콘스탄틴 황제"(사람이 아니라, 역사적 반선의 상싱)로 말미암아 바뀐 것은 국가의 윤리에 관하여 단지 읽는 것 그 이상이었다. 참조. 나의 책 *Priestly Kingdom*, 135-71. 유세비우스는 콘스탄틴 황제 자신보다 이와 같은 세계관의 전환에 더 많은 책임을 져야할지 모른다.

52) George Huntston Williams, "Christology and Church State Relations in the Fourth Century," *Church History* 20 (1951): 3/3-33과 4/3-26.

맹의 두드러진 한 형태는 유일신교와 관련된 숙청불신앙을 이유로 자신의 원수들을 고발함으로써 그들을 억압하는 것이 '콘스탄틴주의적인' 정권의 전략에 의하여 보충될 때 발생한다. 그에 관한 가장 강력한 초기의 예는 무함마드Mohammed였다. 하지만, 십자군 운동과 종교재판은 곧바로 콘스탄틴주의를 본뜨기 시작했다.

또한, 우리는 후대에서 볼 때, 영지주의적 위험을 따를지도 모르겠다. 영지주의적 위험은 사상가가 예수는 단지 한 예라고 하는 새로운 종합 이론그 안에 담긴 일관성의 주장에 의하여 인정받음을 구성하는 능력을 주장하는 곳이면 어디에서나 발생한다. 이것은 헤겔, 폴 틸리히, 토머스 알타이저Thomas Altizer, 매튜 폭스에 의해 행해졌다. 축복받은 숙청에 의해서가 아니라 정의를 요구하는 예언자적 공격을 비정치화하고 비전의 특권을 가진 하나님나라의 도래에 재위치시킴으로써, 스스로 통치 정당과 결합한다.

또한, 우리는 역사를 통하여 오히려 세 번째 이단을 따를 수도 있었다. 다시 말해서, 이것은 더 나은 역사적 정당성의 이름 아래에 존재하는 지배이다. 지배의 가장 중요한 근대 서양 사회의 예들은 크롬웰, 프랑스 혁명, 아메리카의 명백한 운명, 윌슨Wilson의 "전쟁을 종식시키기 위한 전쟁"war to end war, 그리고 레닌주의가 있다. 이것들이 모두 공통적으로 가지는 것은 더 신중한 정치의 비전과 구별되는 방법이다. 이것들은 콘스탄틴적인 희망의 새로운 변형이다. 콘스탄틴적인 희망은 하나님을 행동의 근거로 삼는 정치 체제의 승리와는 구별된다. 경험을 기초로 하여, 우리는 그들이 장담하는 것과 그들이 지닌 한계를 훑어볼 수 있을 것이다. 우리는 항목별로 나누고 그들의 원리들을 비판할 수 있을 것이다. 그러나 여기서 나는 콘스탄틴적 우상숭배에 대해 비판적 대안의 성장에 관한 그 무엇인가를 추적하는 것에 스스로 제한을 두어야 한다.

최근 몇 년 동안, 우리 시대는 하나님의 이름으로 지배의 정치학에 대한 대안이 정치적으로 관련 없는 것이 아니라, 진정으로 상상력의 창조적인 정치학이라는 새로운 방법 안에서 이해하기 시작했다. 예를 들어, 예수의 모델 이후 인간화의 정치학이다.

19세기에 들어서, 미국의 윌리엄 로이드 개리슨William Lloyd Garrison, 애딘 발루Adin Ballou, 윌리엄 래드William Ladd, 그리고 러시아 제국의 레오 톨스토이Leo Tolstoy는 예수의 제자들이 본받도록 요청받았던 예수의 말씀과 사역은 정치적 사례를 만들어냈다는 논쟁을 벌였을 때, 그들의 "이상주의"가 부적절했다는 것이 모든 사람에게 분명하게 보여졌다.53) 그렇게 되기 전 오랫동안, 12세기 후반의 프란체스코회와 왈도파, 15세기의 체코 형제회, 16세기의 아나뱁티스트 그리고 17세기의 퀘이커교도가 고난 받는 메시아에 관한 앞선 콘스탄틴적인 비전을 회복했을 때, 관계되었던 모든 사람은 그러한 급진성은 무정할 정도로 엄격하고 실현할 수 없다는 것을 확신했다.54)

주류 비평가들은 **비저항**nonresistance;톨스토이와 개리슨의 용어, 55) 개념을, 악을 초래하는 악의 부도덕한 순환을 부숴버리는 방법으로 여기기보다는 오히려 순수주의자의 퇴보로 여겼다. 그것은 승리를 얻는 비저항의

---

53) 이러한 표준적 설명에 들어있는 이상주의라는 단어는 바로 비평가들이 사용하는 대전제인 선험적 신플라톤주의적 의미를 나타낸다.

54) 가장 공통적인 비난-실행할 수 없는-은 눈에 보이는 사회를 건립한 퀘이커교도 윌리엄 펜과 침례교도 로저 윌리엄스(Roger Williams)의 실제 경험을 무시한다.

55) 그들은 "비저항"이라는 용어를 사용했다. 왜냐하면, 마태복음 5장 39절의 말씀 해석에 대한 그들의 이해 때문이다. 톨스토이나 개리슨 둘 다 그들에 대한 비평가들-동시대의 사람들부터 라인홀드 니버까지-이 그것을 해석하는 것을 의미하는 그와 같은 용어를 취하지 않았다. 다시 말해서, 사람들은 그것에 반대하지 않고 악이 발생하도록 해야만 한다. 법에 도전한다는 점에서조차, 개리슨과 톨스토이는 둘 다 정치적으로 활동적이었다. 그렇지 않으면 문자적 "비저항"은 예수가 의미했던 것은 아니었다. 참조. Walter Wink, *Violence and Nonviolence in South Africa*, 12이하. Ronald J. Sider, *Christ and Violence* (Scottdale, PA: Herald Press, 1979), 46이하.

독창성을 위한 대다수의 합의에서 너무나 동떨어졌다. 개리슨은 정치적 현실주의자가 아니라, 저널리스트로 엉뚱하게 기록되었다. 톨스토이는 주교가 아니라 예술가로 엉뚱하게 기록되었다. 하지만, 시간이 흐르면서, 톨스토이에서 시작하여 간디를 거쳐 마틴 루터 킹을 거쳐 베니그노 아퀴노Benigno Aquino와 레흐 바웬사에 이르기까지 이들이 이끄는 놀랄 만한 혁명이 있었다. 이러한 대안 비전의 전달자 중 일부는, 가톨릭 노동자단Catholic Worker이나 토머스 머튼Thomas Merton과 같이 사과 없이, 여전히 사회적으로 주변에 머물러 있다. 하지만, 주변에 머물러 있는 것이 무관하지 않다. 그러한 주변성이 불러일으키거나 가능하게 하는 창조성은 그 자체의 용어 위에 체계를 맞추려고 시도하는 것보다 더 관계가 있다. 대안을 위한 탐색이 성공하는 것은 바로 주변에 머물러있을 때이다. 과거 수십 년간, 특별히 지난 5년 동안에, 새로운 결과를 낳았다.

십자가에 달리신 그리스도: 하나님의 지혜와 능력

의로운 폭력을 포기하는 것이 역사의 과정에서 속죄의 의미상 어떻게 공헌하는가라는 질문은 진 샤프와 일부 서양화된 간디주의자들56)에 의해 사회과학 안에서, 그리고 고故 사울 알린스키Saul Alinsky에 의한 다른 방법으로 해석되어왔다. 우리의 목적을 위해서, 우리의 대화 속으로 최근 널리 유명해진 르네 지라르René Girard:사회 질서에 들어있는 폭력의 장소에 관한 문화인류학자와 해석가로 전환한 문학비평가의 저작을 끌어들이는 것은 더 도움이 되고, 독창적이고, 상상력을 풍부하게 만들어줄지 모른다.

지라르는 외래 부족에 관한 인류학자의 기록들과 고전적 신화학

---

56) Krishnalal Shridarani, *War Without Violence* (New York: Harcourt, Brace, 1939); Gregg, *Power of Nonviolence*.

mythology의 기초가 되는 밑거름에서 같은 현상을 발견한다. 폭력으로 폭력에 답하는 것은 원시 영장류가 지닌 신경 체계와 원시 인간 문화의 자연적 현상이다. 지라르는 그것을 **모방**mimesis이라고 부른다. 예를 들면, 나는 내가 공격당한 것처럼 뒤에서 공격함으로써 악한 행동을 모방한다. 나는 내 원수가 나의 형제를 죽인 것처럼 원수를 죽임으로써 모방한다. 이에 따른 우주론적 비전을 보면, 폭력에 의한 세계는 그럭저럭 질서정연한 상태가 된다고 가정한다. 예를 들면, 하나님이나 신들은 복수를 요구한다. 그리고 그것에 수긍한다면 우리에게 평화를 회복시켜주고 안녕을 내려줄 것이다. 그래서 동해복수법은 한 씨족 안에서 평화를 위한 방파제가 된다.

하지만, 사회가 성장해 가면서, 이러한 질서의 메커니즘은 그다지 잘 작동하지 않는다. 동해복수법은 우리가 이미 라멕의 자랑창4장에서 보듯이, 똑같은 수단을 넘어서서 점증적으로 확대되어가는 경향이 있다. 모든 사회가 혼돈동해복수법을 위한 동해복수법의 끊임없는 악순환속에서 퇴보함으로써 질서가 위협받는다. 어떤 점에서, 사회는 고비를 넘어 또 다른 해결을 찾아야만 하고 그렇게 될 것이다. 지라르는 이것이 모든 생존에 적합한 문명의 뿌리로, 실제로 유사 이전에 발생했다고 믿는다. 원시 사회의 계약을 통해서, 모든 사람이 모든 공격에 앙갚음하는 대신에, 하나의 기초적이고 의례적인 죽음을 시행할 것을 결정했다. 아마도 각 사회에서 일 년에 한 번씩은 그렇게 했을 것이다. 일종의 희생양비록 이것이 레위기 16장에 나오는 모세법의 제의에서 희생양이 의미했던 것은 아니지만이 되는 한 사람이 전체 공동체의 죄에 대해 책임을 지고 전체 공동체의 평화를 위해서 제물로 바쳐진다. 이러한 의례적 속죄는 그렇게 함으로써 끊임없이 요구되어지는 동해복수법의 상승되는 행동에 대해 계속되는 압력을 발산하고, 남아있는 사람들의 생명을 계속해서 이어가도록 한다.57)

이것이 고대와 원시 문화 안에 있는 의례적 희생의 유일한 기원은 아니다. 다른 종류의 모방이 생산력에 적용된다. 신들이 더 많은 복을 내려주시도록 땅과 가축의 첫 소산을 신들에게 희생 제물로 바쳤다. 엄마가 아이들을 많이 낳고 후대의 후손이 저주에서 보호받도록 첫 아이를 희생 제물로 바쳤다. 희생 제물은 지나친 일종의 모방이다. 그러나 사회적으로 위임된 살인지라르가 해석하는 데 관심을 두는은 땅의 소산이나 자녀 출산이 아니라 사회의 건강을 유지하는 데 있다.

후대의 합법적 문화가 시민의 처벌이라는 범위 안에서 동해복수법을 규정한 경우, 보답에 대한 요구를 하나님이나 신들의 덕택으로 돌리고 그로 인한 앙갚음과 관련된 신의 명령이라는 개념을 합법적으로 자리매김하면서, 지라르는 우리에게 그러한 도덕적 비전의 원인론etiology을 이해하도록 돕는다. 원인론은 희생제물이 없이 사법적 준거틀 속으로 원시 시대의 속죄 메커니즘을 보충 삽입한다. 그러한 상황에서, 원인론은 예수가 죽음을 기꺼이 받아들임희생물의 역할을 순순히 받아들이는 것으로 파괴된 세력들이, 예수가 저주받은 것이라고 정당화하는 사람들의 잘 맞춰진 논리를 어떻게 깨뜨려버리는지를 더 깊이 있게 볼 수 있게 해 준다. 속전ransom과 희생제물의 은유가 예전에 사용되었듯이, 십자가를 위한 필요를 설명하고자 사법적 언어를 중세 시대에 사용할 수 있었을 것이다. 그러나 은유 이면에 놓여있는 역사는 한 순수한 남자가 자기의 친구들을 위해 자신의 생명을 내어버리도록 이끌어 준 사랑이다. 한 사람이 사람들을 위하여 죽어야만 하는 것은 합당한 것이라고 말함으로써, 가야바는 그가 알고 있던 것보다 더 진실하게 말했다. 그것은 의례적 정화purgation의 오래된 법이었다. 하지만, 예수가 그러한

---

57) 참조. *Religion and Literature* 19 (Autumn 1987): 89–92에 나오는 *The Scapegoat*에 대한 서평의 맥락 안에 들어있는 지라르의 사상에 대한 나의 간결한 요약 글.

역할을 기꺼이 감당했다고 하는 가정은 그 의미를 뒤바꿨다. 사두개인의 사회적 힘을 굳게 결합시키는 대신에, 예수는 사두개인의 불의를 밝혔다.

톨스토이는 매우 일찍이, 단순한 방법으로, 악을 악으로 갚는 것의 거부가 폭력을 폭력으로 대응하는 악순환을 깨뜨릴 것이라고 말했다. 지라르는 보복 명령과 십자가가 사슬을 끊는 방법에 대한 매우 심원한 인문학적 해석을 제공한다.

지라르의 이론은 여러 면에서 잘못된 것이다. 그와 같이 아주 새로운 종합 이론프랑스 사람 특유의 번뜩임과 가리지 않고 취합하는 능력으로 기획한은 너무 단순해서 진리일 수 없다. 그럼에도, 지라르는 폭력을 영적 힘합법적 앙갚음 또는 제지와 비슷하게 변형할 수 있는 것이 아닌으로 이해하는 새롭고 계몽적 방법을 만들어냈다.

비폭력적 열심당원인 예수가 기꺼이 그리고 순수하게 죽음을 받아들였을 때, 그것은 단순히 그 이전과 그 이후에 있었던 다른 많은 죽음에 한 명의 순교자를 더 추가한 것 이상의 의미였다. 히브리서가 더 좁은 의례적 준거틀에서 이미 말했듯이, 그것은 희생제사 체계의 종결이었다. 평화를 위해 희생양의 피를 요구한다고 주장할 수 있는 사회는 더 이상 없다. 원수 사랑생명과 죽음의 방법으로써의 십자가은 단지 도덕적 이상이 아니다. 원수 사랑은 이웃 사랑을 최대한도로 끌어올리는 것 이상이다. 원수 사랑은 구속에 참여하는 것이다. 그것은 톨스토이가 "복음서를 이해하는 열쇠"라는 구절을 사용했을 때 마음속에 품었던 것보다 한층 더 깊은 차원의 것이다.58) 만약 십자가를 받아들인 예수가 보이지

---

58) 톨스토이는 그의 책, *What I Believe*(1884) [영역, Oxford World Classics 229 (Oxford: 1921)]의 첫 장에서 "복음서의 가르침을 이해하는 열쇠"라는 제목을 사용했다. 그러나 "Resist not the evil one"은 하나의 소책자를 지배적 해석학의 단서로 널리 퍼뜨린다. "열쇠"에 의하면, 그는 도덕적 엄격주의나 악의 힘에 관한 피상적 견해를 의미하지 않는다. 그는 그것을 해석학적 암호로 의미했다. 즉, 그는 littérateur로 쓴다. 수사

않는 하나님의 아이콘이라면, 그와 같은 사랑에 우리가 참여하는 것은, 인류가 하나님의 형상으로 변화하는 데 핵심이 된다.

실제 역사와 사회과학으로서의 십자가의 능력

폭력적 지배는 자신들의 우상숭배를 거부하는 사람들을 지배할 수는 없다. 이런 사실은 1989년 후반과 1990년 초반에 이르러, 구체적인 정치적 현실주의로, 동유럽 전체를 거쳐 케이프타운Cape Town에서 환영받았다. 그러한 일에 대한 장기간의 효과는 자칭 '현실주의자'라고 하는 이들마키아벨리부터 한스 모르겐타우(Hans Morgenthau), 라인홀드 니버, 브레주네프(Breshnev)에 이르기까지이 거짓임을 보여준다. 그들에 따르면, 오직 비폭력의 힘은 정결을 주장하는 도덕적 엄격함이다. 반면, 실제 권력은 총구에서만 나온다. 무력은 일종의 권력이다. 역시 예수가 열심당의 유혹을 포기한 것을 사람들이 따르는 것도 권력의 또 다른 종류이다. 무력의 사용은 창조적 상상력을 요구하지 않는다. 하지만, 간디와 킹, 바웬사와 하벨의 창조성은 창조적인 상상력을 요구한다. 이들은 이전에 유용하지 않았던 답을 발견했다.

당신은 내가 이제 막 호의적으로 처음 **상상**이란 용어를 사용한 것을 알게 될 것이다. 그것이 적합한 이유는, 간디, 킹, 바웬사 그리고 하벨이 했던 것이 변덕스럽거나 즉흥적인 정신적 희롱거리가 **아니라** 예수의 인간성을 지닌 인물 주변에 모여든, 이들이 만들어낸 새로운 사람의 창조이기 때문이다. 그로 말미암아 폭력의 포기는 새로운 방법이 완전 무결하다는 것을 정의했다.

정치적 문제들에 관한 이러한 새로운 답변들은 매우 강하고 적절해

학적 구조의 견지에서 보면, 산상수훈에서 행해진 구절이나 마태복음 전체가 담론으로 결합된 것은 그를 위한 것이다.

서 그 답변들은 정치적으로 효율적이 될 수 있다. 예를 들어, 심지어 그 답변을 가진 사람들이 예수로부터 유래한 그 답변의 역사적 기원을 인정하지 않을 때에도, 그 답변들은 "효율적이 될" 수 있다. 그러한 답변을 가진 사람들이 콘스탄틴적 유혹을 거부한 것에서 그러한 답변이 온 것을 모를 때조차도 효율적이 될 수 있다. 1960년에 있었던 무장 반란에서 이전의 원리화된 반대를 명확하게 포기했던 아프리카국가평의회 African National Congress는 1990년에 아프리카인의 정권에 의하여 답변의 승인이 주어진 것을 환영했다. 그러나 그 승인은 남아프리카의 흑인들이 무기에 의존했기 때문이 **아니라**, 연약했지만 그들이 가졌던 인민주의의 정신적인 힘 때문이었다. 그들은 성공했다. 그러나 그것은 그들이 이론적으로 확신을 가졌던 무장 투쟁 때문이 아니었다. 그것은 남아프리카의 흑인들 대부분이 고난 받는 삶을 살았기 때문이다. 넬슨 만델라가 감옥에서 풀려났을 때, 코레타 스코트 킹Coretta Scott King은 만델라의 출옥을 부당한 고난이 지닌 힘의 또 다른 증거라고 묘사했다. "부당한 고난을 당하는 것"은 모두에게 절대적이라고 말하는 것이 아니라, 드 클럭de Klerk 대통령이 무릎을 꿇은 것, 즉 만델라를 석방하도록 그를 움직였던 것은 ANC 소속 청년들에 의하여 휘둘러진 기관총이 아니었다는 것이 확실히 옳다는 것이다.

팔레스타인 서부 은행Palestinian West Bank에 대한 **팔레스타인인들의 반反이스라엘 투쟁**intifada은, 비록 문자적으로 비폭력적인 것은 아니지만, 도덕적 승리를 획득하고 있다. 왜냐하면, 놀랄 만한 일관성과 인내력으로 이스라엘의 점령보다 상당히 덜 폭력적이기 때문이다.[59] 돌을

---

59) Mubarak Awad, "Nonviolent Resistance: A Strategy for the Occupied Territories," in *Nonviolent Struggle in the Middle East* (Philadelphia: New Society, no date, ca. 1985); Marjorie Hope and James Young, "Christians and Nonviolent Resistance in the Occupied Territories," *The Christian Century*, April 27, 1988, 430-32; Beth and Jonathan Kuttab, "Nonviolence in the

가지고 탱크와 싸우는 것은 전쟁이라기보다는 오히려 더 비폭력인 것처럼 보인다. 패배자가 권한을 부여받아 수행하는 축하 의식처럼 돌을 가지고 탱크와 싸우는 것이 강하다고 보는 이유이다.[60]

진 샤프는 세속적인 사회과학에 의해서 예수의 반콘스탄틴적 방법이 '작동한' 이유를 보여준다. 다른 말로 하면, 일단 사상이 역사 안에서 해석되면, 역사의 의미를 아는 사람들로 하여금 참신한 생각을 할 수 있게 만든다. 이러한 새로운 사상은 무엇인가? 그것은 창세기에 나오는 이미지 언어의 인도주의다. 이것은 그처럼 인간이라는 거시적 형상과 순교한 유대인 예수의 미시적 형상을 제외하고 하나님의 어떠한 형상도 거부한다. 간디는 이러한 비전을 힌두교 안에서 해석할 수 있다. 마틴 루터 킹은 새로운 사상을 흑인 침례교인의 희망과 아메리칸 드림의 독특한 혼합으로 다시 공식화할 수 있다. 레흐 바웬사는 그것을 폴란드 가톨릭교회 안에서 할 수 있다. 또한, 한번 이러한 새로운 사상이 나타나게 될 때, 이 사상을 확신 있게 뒷받침하는 사람들우주론을 공유

Palestinian Struggle," *Fellowship*, October/November 1988, 7-8. *intifada*의 주요 의미는 거리에서 대면하는 것이 아니라, 비밀 회합 장소 안에 있는 공동체 가옥이다. 즉, 지역 자치정부의 조직들, 이스라엘 사람들이 폐쇄한 학교들을 대체하는 기초교육, 이스라엘 사람들이 폐쇄한 경제를 대체하는 가옥과 일터가 발전한 것이다. 1990년 5월말에 내가 썼던 것처럼, 여전히 증가하고 있는 이스라엘의 억압은 이스라엘 사람들이 2년 넘게 유지해 왔던 규율을 넘어서 팔레스타인 사람들을 몰아붙이는 것에 가깝다. 그것이 나의 논점을 바꾸지는 않는다. 만약 절망 가운데 있는 팔레스타인 사람들이 결국 무기에 손을 내민다면, 그들은 어떠한 의미 있는 점에서 "승리"할 수 없다. 편집자 주: 요더는 첫 번째, 또는 민간에 널리 퍼진 *intifada*를 언급하고 있다. 그의 예언자적 예견은 옳은 것으로 판명 났다. 두 번째 *intifada*는 시민을 목표로 하는 자살폭탄의 폭력에 의하여 특징짓고, 이스라엘 정치인들에게 반동적 권리에 대해 몰아붙여서 일시적으로 얻어진 것들을 잃어버렸다. Mohammed Abu-Nimer, *Nonviolence and Peacebuilding in Islam* (Gainesville: University of Florida Press, 2003)을 보라.

60) 만약 ANC와 *intifada*가 군사적 우위 없이 효율적이라면, 왜 그들은 비폭력적 행위를 승인하지 않는가? 이것에 대답하는 것은 마초 이데올로기(macho ideology)-경험상 그것에 반박하는 사람의 마음조차 지배하는-의 힘에 관한 깊이 있는 분석을 요구하게 될 것이다.

하는 사람들로 말미암아 적절하게 적용된다. 진 샤프는 새로운 사상을 신앙이라는 상황에서 벗어나 그 사상을 아이비리그의 사회과학 안에서 해석할 수 있다.[61] 이것들은 심지어 새로운 사상을 연구하지 않았거나 그 사상을 믿지 않는 사람들을 위해서 작용한다. 어떻게 새로운 사상이 존재할 수 있을까? 우리가 아는 것은, 인간의 삶이 예수 안에 있는 하나님의 형상에 들어맞을 때, 지식의 실험이 아니라, 사물들이 실제로 존재하는 방법에 관한 계시이다. 십자가를 따르는 삶은 우주의 작은 부분grain과 함께 행동하기 때문에 "작동한다."

결과주의 없는 효율성

내가 지금 간단히 효율성을 언급한 것은, 최근 미국의 도덕 사상이 더욱더 그럴듯하게 만들어놓은 오해에 대항하여 보호될 필요가 있기 때문은 아니다. 결과적인 추론의 특별한 변형라인홀드 니버가 현실주의라고 불렀던은 도덕적 정결과 효율성 사이에 나타난 난해한 이분법을 논증함으로써 만들었다. 니버는 원수에 관한 원칙적인 "비저항적인" 사랑니버가 예수의 가르침과 운명에서 보았던의 "정결함"과 다른 한편 유한하지만, 매우 중요한 정치적 이유들을 위하여 정결함을 포기한 사람들에 의한마치 히틀러의 패배처럼시민의 책임성에 관한 가정을 존중할 수 있었을 것이다.

책임을 받아들이는 사람들은 도덕적으로 순수하지 않다고 니버는 말한다. 니버는 칸트의 용어로 생각하고 있다. 즉, 순수하게 하나의 원칙에 의하여, 다른 목적에 의한 것이 아닌, 동기 부여된 행동만이 도덕적으로 타당하다는 것이다. 톨스토이나 아미시나 프란체스코회의 방식에서 비폭력적 입장은 순수하다. 우리 중 일부를 겸손한 상태로 지속하고자 하는 몇몇의 거룩한 완전주의자들이 있는 것은 좋다. 그러나 세상

---

61) 진 샤프, *Exploring Nonviolent Alternatives and The Politics of Nonviolent Action.*

에 더 필요한 것은 더럽혀진 손을 가진 현실주의자이다. 스스로 자유주의적 평화주의의 선구적인 제안자라고 하는 니버는 1930년대에 민주주의를 지켜내려는 새로운 국가적 교전 상태에 대해 주장하기 위해, 정결함과 책임 사이에 나타난 깊이 있는 이분법이 필요했다. 니버의 고전적인 글 「왜 기독교 교회는 평화주의자가 아닌가」Why the Christian Church is not Pacifist는 이러한 논쟁을 심각하게 만들었다.[62]

니버의 범주들은 수많은 비판 없이 폭넓게 수용되었다. 『비폭력에 관한 기독교적 해석』Non-Violence: A Christian Interpretation, [63]을 지은 평화주의자 저자인 윌리엄 밀러William Miller는 비폭력적 행동의 모든 역사를 중세 시대까지 거슬러 올라가 구분 짓는다. 다른 한편, 순수한 비저항, 결과에 무관심한 사례, 그리고 효율적 행동의 사례들이 있다. 내가 니버에 의해 출발된 논쟁의 용어들이것들은 서양 문명을 구하려는 의무로 시작되었는데을 받아들이는 것으로 보일런지 모르겠다. 그러나 효율성과 진샤프의 결과주의에 대한 나의 관심에서 볼 때, 나는 당신이 순수하고 강력하게 될 수 있다는 것을 논의한다. 절대 니버의 입장을 받아들이는 것이 아니다.

최근 역사적 기록과 같이, 적대자의 생명과 존엄성을 존중하는 갈등의 전략들은 사실 정치적으로 효율적이 될 수 있다고 내가 썼을 때, 나는 니버의 이분법이나 그의 "현실주의"를 받아들이는 것을 의미하지 않으며, 또한 니버를 제2차 세계대전 당시 연합군의 근거인 도덕적 절

---

62) 니버의 책 『기독교와 권력 정치』Christianity and Power Politics에 들어있음. 니버는 비평화주의자인 기독교 교회들(다시 말해서, 주류 비평화주의자인 신학자들)이 전통적으로 정당한 전쟁 전통을 지지했다는 것을 기록하는 데 있어서 주의를 기울이지 않았다. 그러한 정당한 전쟁 전통은 전쟁에 대한 한계들을 확고하게 세운다. 니버는 그러한 한계들이나 그와 같은 정당한 전쟁의 개념을 자세하게 말하거나 확증하지 않았다. 그래서 고전적 전통에 대해 말하는 니버의 주장은 정확하게 사실은 아니었다.

63) William Miller, *Nonviolence: A Christian Interpretation* (New York: Schocken Books, 1966).

대를 만드는 것과 결부시키는 것을 의미하지 않는다.64) 만약 예수를 완전한 인간이시며 하나님의 형상으로 모두 고백한다면, 불가피하게 죄를 짓고 정치적으로 효율적 인간의 삶과 불가피하게 무력하고, 정치에 무관심한 도덕적 정결 사이에서 나타나는 자명한 이분법은 범주상 하나의 실수가 되어야만 한다는 것을, 사도들이 그러했던 것처럼 나도 오히려 논쟁할 것이다. 폭력의 포기는 옳은 것이 아니다. 왜냐하면, 폭력은 (때때로) "효율적이 되기" 때문이다. 다시 말해서, 폭력이 옳기 때문에 (때때로) 작동한다. 시간과 장소의 주어진 행동 틀에서 볼 때, 만약 폭력이 효율적이지 않다면, 그리고 폭력이 효율적이지 못할 경우, 폭력은 여전히 옳다. 특별한 비폭력적 전술들은 실용주의적 근거에 다소 들어맞을지는 모른다. 그러나 원수 사랑은 그렇지 않다. 원수 사랑은 공적 사역과 예수의 십자가 안에서 역사가 되는 신적 본성에서 드러나기 때문에 원수 사랑은 옳다.

경계警戒를 위한 지속적 위임

나는 부제에서 다음과 같이 말했다. "그리스도의 해방하는 형상들."

---

64) 레슬리 그리핀(Leslie Griffin)은 "The Problem of Dirty Hands," *The Journal of Religious Ethics* 17 (Spring 1989): 31-61에서 순결이 지닌 선입관을 나에게 설명함으로써 이러한 오해를 반복한다. 그리핀은 단언적 명령 대신에 더러움의 은유를 사용하는 데 있어서 칸트와 니버를 거부하고 사르트르(Sartre)를 따른다(그리고 암묵적으로 문화 인류학자들을 따른다). 그러나 오해하는 것은 같다. 은유가 순수하게 되든지 아니면 절대적 명령이 되든지, 대리인의 존엄성에 근본적으로 관심을 두는 것은 교리 문답 교육이나 목회적 돌봄에 속한다. 윤리학에서, 중요하게 여기는 질문은 도덕적 명령의 근원과 상태이다. 궁극적 도덕 가치가 미국 사회 가치의 보존인가, 아니면 그리스도의 말씀과 사역인가? 니버의 윤리학은 제자도의 윤리학 못지않게 의무론적이다. 거의 도덕적 열정을 나타낸다. 차이가 나는 것은 도덕적 기준들이 의무적인 것이 아니라, 어떠한 기준들이 의무적인가 하는 것이다. 우상 대신에 야훼를 섬기기로 선택하는 것은 더러움의 은유가 아니라, 선택의 은유를 요구한다. 나는 내가 나의 손에 피를 묻히기를 원하지 않기 때문에 나의 이웃을 살인하는 것을 거부하는 것이 아니다. 하지만, 나는 나의 이웃이 살기를 원해서 거부한다. 나는 하나님의 형상을 나의 이웃에게 부여하는 존엄성 안에서 야훼의 주권을 존경한다. 비록 나의 원수 된 사람이 그렇게 된다 하더라도 말이다.

이것은 하나의 방법 이상으로 읽힐 수 있다. 만약 "해방하는"이 형용사라면, 나는 형상들이 일반적으로 해방하지 못한 그 이상의 것들을 포함시킬 필요가 있다. 해방자로서의 그리스도의 형상들조차도 해방하지 못한다. 그리스도의 형상들이 오히려 노예가 될지도 모른다. 우리가 만들어낼 수 있는 어떠한 형상이든지 노예로 만든다. 그 시장이 하나님이 해방시키기 원하는 사람들의 시장일지라도, 일부 시장에 공헌하는 희망을 위해서 우리는 제멋대로 그리스도를 다시 상상하는 자유를 소유해야만 한다거나 취해야만 한다는 개념을 거부해야 한다. 해방할 수 있는 것은 오직 창세기에 나오는 비전예를 들어, 전체로서의 인류의 진정한 형상이다. 해방할 수 있는 사람은 오직 복음에서 보여주는 비전의 진정한 형상이다. 즉, 비폭력적 유대인 예수는 하나님을 육신이 되신 계시자로 고백했다.

다른 한편, 만약 제목에 들어있는 "형상들"은 동사의 대상이고, "해방하는 것"이 우리의 행동이라고 하면, 우리가 신중하게 행할 수 있는 무엇이 있을지 모른다. 우리는 하나님의 형상을 해방하는 것을 도울 수 있을지 모른다. 우상 파괴를 우리 시대의 형상들로 방향을 맞추면서, 우상 파괴를 훨씬 더 나은 것뿐만 아니라 익숙한 것들로 방향을 맞추면서, 예수가 죄인들을 택했던 그 상황에서, 우리는 모세가 말한 우상 파괴에 새로운 의미를 부여할 수 있다. 사도 시대의 사상가들은, 당시의 폭넓은 우주론 속으로 예수를 억지로 꿰맞추는 것을 거부했는데, 아마 우리도 예수가 가진 유대인의 특성과 이방인에 대한 그의 개방성열심당의 혁명적 폭력에 대한 매력과 폭력에 관한 예수의 거부를 우리가 모두 자발적으로 행한 우상 만들기—다른 사람들을 희생시키는 우상으로 자유나 평화나 정의를 위한 어떤 특정한 처방을 우리가 만드는 경우를 포함하여—로 말미암은 심판에 존속하게 하는, 예수로 하여금 우리의 진정한 신이 통

치하는 창조성에 불꽃을 일으키게 하는 새로운 방법을 찾을 수 있을 것
이다.

제 **15** 장

갈등, 조정 그리고 화해에 대한
우리의 접근을 위한 신학의 비평적 관점

나의 동료 중 한 명―그의 연구 분야는 성서이다―은 기본적 조직을 갖춘 학회에 참여하면서, 논의되는 것이 무엇이든지 "성서적 기초"에서 글을 시작하는 것에 대하여 계속해서 불평했다.[65] 이제 대화

---

65) 다음 본문은 1978년 4월 6–8일 캔사스시 근교 파크(Park)시에 있는 메노나이트 중앙위원회 평화 신학 협의회(Mennonite Central Committee Peace Theology consultation)에서 있었던 즉석연설을 녹음한 테이프를 듣고 다시 옮겨 적은 것이다. MCC의 평화 분과는 종종 "평화 신학 공동 토의"(Colloquia)를 사용했다. 이 특별한 연구 결과는 윌리엄 키니(William Keeney) 박사의 지도하에 몇 년간 지속되어온 더욱더 길고 집중된 과정의 부분이었다. 그리고 이것은 수많은 장소에서 행해지는 새로운 종류의 목회 행위라고 할 수 있는 "화해 임무"의 창조에서 궁극적으로 최고조에 이르렀고, 학문의 전문화라고 할 수 있는 "갈등 변형"의 발달에 이르기까지 궁극적으로 최고조에 이르렀다. 그 대회 입안자는 나에게 직함을 주었다. 이러한 언급들은 학문적 원리와 사회 행동의 선언이라 할 수 있는 갈등 해결의 창설자 중 한 사람인 제임스 라우에(James Laue) 박사가 이끌었던 연구 모임을 따랐다. 음성 기록을 옮겨 적은 것은 그 모임에 참석하지 않았던 비서에 의해서 옮겨진 것인데, 테이프 상태도 그다지 좋지 않았다. 그래서 다시 당시의 기록을 재구성하는 것은 문자적으로 정확성을 요구하지 않는다. 평화교회 공동체를 위해 본문 안에서, 연구 과정과 이러한 특별한 결과의 역사적 중요성에 대한 중언으로써, 당시의 구체적 상황에 대한 언급을 그대로 살리는 것이 적합해 보인다. 그리고 의도적으로 그다지 구체적이지 않은 어떠한 노력은 이제 더는 그것을 명확하게 만들지 않을 것이기 때문이다. 상황을 거슬러 올라가 말해져야만 하는 것을 확립시키는 것은 1997년에는 시도되지 않았다. 편집자 주: 우리는 이 장의 상호작용하는 판형이 고상하게 하기, 개인적 접촉, 그리고 "출판해내는 것"―『어린 양의 전쟁』을 멋지게 최고조로 이

는 다른 모든 글에서도 계속 된다. 그 "기초"에 대한 어떠한 언급도 없이, 그 글들은 당연히 핵심적 사안의 다른 부분들에 식견이 있는 전문가들에 의해서 시대보다 앞서서 기록된 것들이다. "기초"와 관련된 본문들처럼, 다른 본문들은 모임 이전에 써야만 했다. 이와 같이 성서는 존경을 받으면서, 동시에 구조상 관계없이 선포된다.66)

결국, 오직 신학만을 고려하고―이로 인해 나는 직함을 얻는다― 조금도 진지한 연구 방법으로 기초를 알려고 하지 않음으로써, 이 곳 캔사스 시에서 있었던 우리의 모임은 적어도 그런 함정을 피한다. 신앙적으로 시작하는 대신에, 나는 대화했던 부분을 돌아보도록, 우리의 경험이 우리가 바른 질문하는 것을 돕도록 함으로써 우리의 대화를 마무리하도록 정했다.

만약 독일 학자가 내가 정한 긴 제목을 택한다면, 이론적 철저함을 위해 요구하는 것보다는, 오히려 나는 우리가 주제의 윗부분까지 너무 빨리 도약해서는 안 된다는 단순한 의미로 여긴다. 그 의미는 우리가 시작 단계에서 폭넓게 질문할 필요를 인식한다는 것을 의미한다. 이러한 종류의 틀에서 우리가 할 수 있는 것에 관한 나의 이해는 규범적 규율다른 규율들보다 위에 있고, 외부에 있으며, 그렇게 하도록 명령하는로써가 아니라 진정한 문제의 상황에서 어떻게 우리가 우리의 관점들에 관해 주의 깊게 비평할 수 있는 방법을 연구하는 방식으로 신학을 본다.

지난 20년 동안, 우리는 전문가들이 **속격의 신학**genitive theology이라

끌어 내는―을 제공한다고 생각한다. 판형 때문에, 우리는 다른 장들을 명확성과 읽기 쉽도록 한 것에 비해 이 장을 약간 더 역동적으로 편집했다. 하지만 요더가 의도했던 것에 정확하게 충실하도록 언제나 신경을 썼다.

66) 여러 번, 나는 세계교회협의회(WCC)의 최고위원이 WCC 연구회의의 운영방법에 대해 설명하는 것을 들었다. 신학자들은 서문을 쓰도록 방 하나에 두고, 전문가들은 그 기록의 중심 내용을 작성하는 데 자유로웠다. 신학이나 영성은 동기 부여를 분명히 해줄 수는 있지만, 도덕적 내용을 결정할 수 없다. 전문가들은 내용을 제공한다. 즉, 기술적인 전문가적 견해는 평신도의 임무이다. 신학이 서언(序言)을 위한 사안인 반면에, 이것은 윤리학이 결과의 전문가적인 경영에 대해 격하시키는 것을 물론 가정한다.

고 부르던 것의 상당 부분을 보았다: 권력의 신학, 해방의 신학, 생태신학, 여성 해방신학 등. 당신은 무엇보다도 먼저 당신이 원하는 것, 기본적 의미와 가치들이 위기에 처해있는 것을 결정하고, 당신이 신학으로 하나님께서 명성을 얻는 것을 통하여 더욱더 높은 권한까지 신학을 끌어올린다. 그것은 상당히 선택적이고 변덕스러운 종류의 시도적어도 일부 사람들이 신학을 하는 방법이다.

우리가 여기서 행해야 하는 것에 관한 나의 이해는 정확하게 그와 반대되는 것이다. 우리 자신이 지닌 편견을 잠재우는 대신에, 우리는 오히려 어느 정도 거리를 두려고 한다. 우리는 부분적으로 개념들을 분석하는 것, 부분적으로 다른 방법으로 생각할 수 있었는지 질문하는 것, 그리고 부분적으로 역사에 대해 언급하는 것에 의하여 신학을 해야 한다. 우리는, 교회 시대의 모든 방법이 담겨있는 역사를 거슬러 올라가는, 신앙 공동체의 이야기에 특별히 참여해야 한다. 그 이야기는 내가 바꾸기를 원하는 준거들이다.

나는 제임스 라우에(James Laue)의 유형론을 나의 과제에 적용시키려 하는 유혹을 받았다.67) 나는 신학을, 갈등을 해결할 수 있는 중재자로 분류하려는 유혹을 받았다. 때때로 그 역할은 옹호이고, 간섭이고, 중도(moderation)이다. 그러나 나는 내가 행하도록 요청받는 것 중 어떤 것인지 모른다. 그래서 나는 그 모든 것과 함께 할 것이다.

---

67) 제임스 라우에 교수(회의의 주요한 외부 인사)는 사회과학으로서, 그리고 사회 복지 기술로서, 갈등 해결 분야에서 선구자들 중 한 명이다. 그는 미주리대학교(University of Missouri)와 조지 메이슨 대학교(George Mason University)에서 가르쳤다. 그의 방법에서 없어서는 안 되는 요긴한 것은 갈등 상황 안에서 행동할 필요를 가진 역할의 다양성에 관한 분석이다. 누군가는 참석하지 못한 사람에 대해 옹호하는 사람이 될 필요가 있다. 누군가는 "중립적인" 관찰자가 될 필요가 있고, 누군가는 소통하는 사람이 될 필요가 있고, 누군가는 더욱더 폭넓은 영역 안에서 연락을 건네주는 사람이 될 필요가 있다. 애덤 컬리(Adam Curle)의 책 *Making Peace*(London: Tavistock, 1971)는 이러한 종류의 분석에서 초기의 고전이다. 이러한 종류의 방법 인식을 가르치는 것은 캔사스시 회의에서 실험적 과정의 일부였다.

그런 유혹 이후, 비평적으로, 신학적으로 생각하는 이러한 방법은, 주제에 관한 아주 초기의 자료 중 일부와는 대조적으로, 그 자체가 지금껏 우리 모임이 진행되어온 방법의 표시이다. 여러 해 전에 빌 키니Bill Keeney에 의하여 쓴 갈등 해결의 주제에 관한 선구자적 메노나이트의 글은, 상당한 크기의 신학적 "무게감"을 지녔다.68) 그 글은 메노나이트들이 이러한 영역에 관심을 두어야만 하는 것에 적합한 이유를 질문함으로써 시작했다. 그때에, 그러한 배경 조사는 기능적이었다. 왜냐하면, 어떠한 종류의 특별한 사회적 조정이나 분쟁에 대하여 우리 교회조사 참여자들 안에 나타난-많은 사람 사이에 나타난-조심스러움 때문이었다.

그리스도인 사이의 갈등은 정의를 위한 과정을 요구한다

세상에서뿐만 아니라 하나님의 사람들 사이에서도구약과 신약성서에서 보여주는 것처럼, 갈등은 일반적이기 때문에, 우리는 정의와 관련하여 판결을 내리기 위한 과정들이 필요하다. 모세의 이야기에서, 전환점 중 하나는 출애굽기 18장에 기록되어있다. 모세는 예언자 뿐만 아니라 **재판관격인 공동체 운영자**가 되려고 노력했다. 그는 장인어른흥미롭게도 그는 완전히 이방인이었다. 히브리인이 아니라 미디안 족속이었다이 그에게 다음과 같이

---

68) 윌리엄 키니 박사-블루프턴 대학(Bluffton College)에서 성서학과 교수와 학과장을 지내고 후에 베델 대학교(Bethel College)의 교수를 역임함-는 학장인 해롤드 슐츠(Harold Schultz)의 후원으로 베델 대학교에서 평화 연구에서 선구자였다. 후에 키니는 평화 탐구, 교육 그리고 발전에 관한 연합회(Consortium on Peace Research, Education, and Development)의 집행위원이 되었다. 그 연합회는 실질적으로 처음에는 베델 대학교에 기초를 두고 후에는 켄트주(Kent State)에 기초를 두고 정보망이 연결되어있다. 몇 해 동안, 키니는 MCC 평화 분과의 의장을 지냈다. 그는 이러한 결과들이 주로 연결되어있는 연구 과정과 연구 분야에서 메노나이트적 방법론(Mennonite agencies)의 다양한 선구적 발의가 된 궁극적 결과를 위한 특별한 책임을 가졌다. 그것은 그러한 발전에 대한 존경이고, 그것을 뒤이어 갔던 많은 사람에 대한 존경이다. 그리고 이러한 것들은 이 글에서 구체화되도록 나를 이끌어주었다.

말하기 전까지는 이스라엘 사람들의 갈등을 해결하는 데 온종일 시간을 보냈다. "이것은 분쟁을 해결하기에는 어리석은 방법이다. 왜 너는 판결 과정을 다른 사람들과 나누지 않느냐?" 모세는 그것이 좋은 착상이라고 생각했다. 그는 칠십 명의 장로, 또는 **재판관들**을 지명했다. 공동체 안에 있는 갈등을 다루는 것은 공동체를 이루어가는 구조적 의제 agenda 중 하나이다. 또한, 타락한 세상뿐만 아니라 구속의 과정 안에서도 사실이다.

신명기 17-19장에서 우리는 하나님의 사람들에게 항상 필요한 구조가 투영된 것을 본다. 분명히 그 구조들은 언제나 **제사장들**을 필요로 할 것이고, 하나님은 사람들을 위해 **예언자들**을 반복해서 일으켜 세우실 것이다. 그 구조는 실제로는 **왕**을 필요로 하지 않을 것이지만, 사람들은 왕을 원할 것이고 하나님은 그들에게 왕을 갖도록 하실 것이다.[69] 그러므로 신명기는 왕이 어떻게 해야 하는지, 어떻게 해서는 안 되는지에 대하여 규칙을 제공한다. 그래서 넷째로, "네게 주시는 각 성에" **재판관들**이 있어야만 한다.[70] 입법을 규정하는 유형에 모순되지 않으면서, 신명기는 어떻게 판결이 계약 백성의 삶 속에서 발생하는지에 관한 처방을 내린다. 재판장은 권한을 부여받지 못한 조정자가 아니다. 그 또는 그녀는 판결을 내리는 사람이다. 곧 분명한 권한으로 결정을 내리는 사람이다. 재판관은 사람들이 자신들의 문제를 푸는 그들의 구조에 의하여 한계가 정해진다.

갈등을 처리하는 과정을 이해하는 고대의 과정에서 볼 때, 어느 정도는 계승할 만한 것이 있다. 신명기 17-19장은 이와 같은 재판 과정이 지연되지 않았다는 것을 명확하게 보여준다. 즉, 사실 수집을 위해 정

---

69) 신17:14-20은 그래서 사무엘상 8장의 내러티브와 유사한 왕족의 역할에 관한 이해를 묘사한다.
70) 신16:18

의를 오랫동안 지연시키지 않는다. 신명기의 나머지 세부 법률들재판장이 적용하는은 가난한 자들과 희생자들, 과부와 고아들 그리고 일시 체류자들을 위한 일반적 경향에 의해서, 그리고 제도권 내의 권력 집행자에 대한 의심에 의해서 특징지어진다.

또한, 갈등 처리는 거룩한 장소와 연관된다. 사실, 때때로 희생 제사의 종들인 레위 제사장들은 재판 과정을 공유한다. 재판은 의례와 예배 안에서 선고된다. 하나님 앞에서 정결하게 될 수 있도록 장막tabernacle 외부에서 일해야만 하는 것은 세속적 허드렛일이 아니다. 바로 갈등 처리는 하나님의 존전에서 행해지는 것이다. 정의를 말하는 것은 하나님이 원하시는 일 중 하나이다. 내가 말했듯이, 과부들과 고아들즉, 사회의 희생자들을 돌볼 필요에 대한 특별한 언급이 있다. 그들은 재판장 앞에서 특별한 지위를 갖는다. 그러므로 확실히 신명기에서 볼 때, 하나님의 백성이 갈등 처리 절차의 정상적 상황에 관한 비전을 가져야 한다는 것은 명확하다.

신약성서에서 볼 때다시 이것은 모두 피상적이고, 지시보다는 스스로 생각하는 것이다 예수의 입으로 말씀하셔서 기록된 **교회**라는 용어를 우리가 발견하는 유일한 두 번은 예수께서 마태복음 16장과 18장에서 제자들에게 너희들이 심판할 것이라고 말했던 때이다. 그들이 "묶고 풀게" 될 것이다. 즉, 그들의 신중함에 의해서, 그들은 공동체의 교제를 열고 닫게 될 것이다.[71] 그 과정은 마태복음 18장에 더 길게 나왔다. "묶고 푸는 것"은 랍비의 방법에서 온 기술적 용어이다. 랍비들은 도덕적 식별에 관한 지침을 제공했다. 예수는 그의 제자들에게 그렇게 행할 것을 말했고, 제자들이 그렇게 할 때 성령이 "묶고 푸는 것"을 한다고 말한다. "두세 사람이 내 이름으로 모인 곳에는 나도 그들 중에 있느니라"라는 구절은

---

71) 마16:19, 18:18.

아주 작은 기도 모임을 위한 지시 사항이 아니다.[72] 그 구절은 정의 과
정에 대한 진술이다. "두세 사람의 증인"이 함께 모이는 것은, 법정에
서 심문받는 차별당하는 사람에 대항하여 고발에 필요한 증거를 위한
구약성서의 기준이 되는 용어이다. 예수가 마태복음 18장 16절에서
"두세 사람의 증인"에 대해 말할 때, 예수는 정당한 과정에 대해 이야
기하는 기준이 되는 언어를 사용하고 있다. "정당한 과정이 발생했을
때", 예수는 본질적으로 다음과 같이 말한다. "그 과정은 내 이름으로
발생한 것이다. 나는 재판장이다. 네가 하는 것이나 결정하는 것은 나
의 이름으로 결정하는 것이다. 결정은 하늘에서 유지되는 것이다." 그
래서 예수의 말씀에 나타난 교회의 기본적 정의定義는, 당신의 형제나
자매가 죄를 지었을 경우, 그 또는 그녀를 화해시키는 것이 당신의 의
무가 되는 갈등 판결 과정이다.[73]

고린도전서 6장을 보면, 하나의 특별한 갈등에 관해 기록되어 있다.
거기에서 우리는 바울이 편지를 쓰는 매우 젊은 교회가 이미 조직되어
서 예수가 설명했던 기능을 수행하고 있었다. 고린도교회에 있는 누군
가는 어떤 재정적 갈등에 대하여 교회의 다른 회원을 세상 법정로마 법정
이나 그리스 법정으로 불러냈다. 바울은 세 가지 이유를 들어 그들을 질책
한다.

(1) 여러분들은 세속적 세상을 너무 진지하게 여겨서는 안 된다. 타락한
세상이 당신들을 심판하게 하지 말라. 왜냐하면, 기독교인의 비전에
서 볼 때, 기독교 종말론에서 볼 때, 우리가 세상을 심판할 예정이기
때문이다. 여러분들은 당신들을 대신해서 정의를 말하는 이교도 사

---

72) 마18:20.
73) 신약성서에서 나온 이 주제에 대한 연구 지침은 나의 책 *Royal Priesthood*, 323-58에
제안된다.

회를 신뢰해서는 안 된다.

(2) 그리스도인은 기꺼이 고난을 받아야 한다. "차라리 불의를 당하는 것이 낫지 아니하냐? 차라리 속는 것이 낫지 아니하냐?"[74] 이것은 십자가의 윤리이다.

(3) 여기서 우리에게 영향을 주는 논의는 다른 두 개 사이에서 만들어진 것인데, 다음 질문의 형태 안에 들어있다. "너희 가운데 그 형제간 일을 판단할 만한 지혜 있는 자가 이같이 하나도 없느냐?"[75] 다른 말로 하면, 여러분은 당신들 사이에 이것을 다룰 수 있는 누군가를 두어야만 한다. 즉, 여러분은 회중 가운데 갈등을 해결할 사람이 있어야만 한다. 이러한 종류의 원천은 교회 안에 존재할 수 있다고 이해된다. 왜냐하면, 이런 일이 회당에서 행해졌기 때문인데, 회당은 그리스도인들이 그들의 유형들 중 많은 것을 이어받았던 곳이다.[76]

그래서 "그리스도인들은 맞서지 않는다"라는 생각은, 우리 마음 한 구석에 존재하고 과거 몇 번에 걸쳐 반복적으로 언급되어졌는데, 이 생각은 최근에 나타난 성서와 관련 없는 문화 유형이다. 이 생각은 성서적이 아니다. 왜냐하면, 이것은 현대 서양 개신교 문화에서 후대에 생겨난 것이기 때문이다. "메노나이트 교도들은 맞서지 않는다"라는 생각은 역사적으로 16세기의 묘사가 아니다. 그 당시에 **아나뱁티스트**로 불리던 사람들은 상당히 무질서한 운동의 일부분이었다. 그래서 메노나이트 교도들의 갈등과 관련한 발의 중 상당히 주목할 만한 표현 중

---

74) 고전6:7.
75) 고전6:5.
76) 이 기능은 역사와 문화의 강한 지각으로 여전히 이러한 회당 안에 존재한다. 그것은 재판의 집(*beth din*)이라고 불린다. 회당은 이방인 세상이 유대인들에게 제공해 주지 못할, 그리고 그럴 필요도 없는 갈등 해결 기능을 이행한다. 다음 책을 보라. James Yatte, *So Sue Me! The Story of a Community Court* (New York: Saturday Review Press, 1972),

하나는 다른 사람들의 설교에 간섭하는 것이었다.[77]

어느 때인가, 제임스 라우에는 갈등이 자연적인 하나의 마르크스주의적 견해라는 의견을 표명했다. 즉, 갈등은 단순히 일부 사람들이 가진 병리학의 표시가 아니라, 사물들의 본성 바로 그 안에 들어있는 것이다. 이런 견해는 또한 성서적이다. 마르크스가 이러한 갈등을 어떻게 서술하는지, 라우에가 갈등을 어떻게 서술하는지, 내가 본 바에 따르면 성서가 언쟁을 벌이는 것으로, 만약 우리가 갈등을 상세히 설명한다면, 이에 관한 어떤 것들이 있을지도 모른다. 하지만, 우리는 무엇보다도 먼저 갈등의 자연성, 곧 정상적 상황을 단언해야만 한다. 그러므로 우리는 개개인 그리스도인들이 악한 세상을 다루는 것처럼 자신들의 삶에 속할 뿐 아니라, 그리스도인 공동체의 삶 내부에도 속하는 갈등 처리 과정을 단언해야만 한다. 갈등은 성령에 관한 그리스도인의 경험 중 일부이다. 우리가 견해 차이와 공격, 그리고 화해에 이르는 것에 관한 사정에 대해서 서로 실제 일들을 함께 해나갈 때, 성령은 현존한다. 그래서 만약 우리가, 모임 초기에, 여기에 관하여 우리가 이야기해온 것을 행하고 있어야만 한다고 말하는 **신학**이 필요했다면, 그 신학은 준비될 수 있었을 것이다. 그러한 기초를 놓는 것은 이야기에 불공정한 것이 아닐 것이다.

우리 인간의 실패는 복음적 방법이 없어서가 아니다

나의 두 번째 논평은 추상적 의미에서 신학의 영역으로 전락하지 않는다. 하지만, 회중이 정기적으로 행하는 것회중의 실천들이라는 상황에서, 더 **실천신학**의 영역에 머무른다. 주제는 종종 우리의 글과 말로 하

---

77) 다음 글을 보라. Heinold Fast, "The Anabaptists as Trouble Makers," Mennonite Life, April 1976, 10–13.

는 논평을 통하여 외부로 표출된다. 동시대나 최근의 메노나이트주의는, 북아메리카 백인 안에 있는 기존의 문화 현상처럼, 갈등 해결에서 성공이나 도덕적 권위의 특별한 양상을 보여주지 않았다. 우리는 대체적으로 지역 회중의 수준에서 발생한 갈등을 다루는 데 취약했다. 우리는 지역 교회의 삶에서 갈등을 다루는 데 성공적이지 못했다. 우리는 지도력의 진전, 문제 해결 그리고 우리의 지도자를 뽑고 권한을 위임하고 지지하고 관리하는 데 취약했다. 우리는 이러한 일들을 기록으로 남길 만한 경험, 창조성, 승리가 비교적 적다.

더 넓은 사회의 의제에 관해서, 우리는 백인 주류의 사회적이고 정치적 확립을, 우리 자신이 과도하게 동일시하려는 문제와 관련하여 특별히 성공적 모습을 보여주지 못했다. 우리 회원 중 일부는 아메리카의 자리 잡은 주류 백인들이 반응하는 방식처럼 인종 이슈들이나 경제 정의 이슈들에 관하여 반응을 한다. 우리의 원천은 급진적 종교개혁의 유산 안에, 성서 안에, 그리고 우리에게 더 좋고 더 비판적 판결을 받는 것을 감수할 수 있도록 하는 부흥과 갱신웨슬리와 피니에서 『믿음의 저편*The Other Side*』과 『일시 체류자*Sojourners*』, 78)에 이르기까지의 경험 안에 있다. 현대의 지적 학문이 또한 기여할 수 있다. 이러한 원천들 모두 때때로 도움을 주고, 만약 우리가 뒤에서 손을 내밀어 이러한 원천들을 사용한다면 더 많은 도움이 될 수 있었을 것이다. 메노나이트들의 갈등 해결을 향한 노력들은 이렇게 풍부하고 관련된 원천들을 상당히 충분할 정도로 끌어오지 못했다.

만약 우리 전체 공동체가 사회적으로 예민한 문제에 관해 지역별로

---

78) 회의 당시, 이 책들은 젊고 성급하고 급진적 복음주의 저널들이었다. 메노나이트 교도들이 복음주의자들 사이에서 이전에 대립했던 것보다 더 평화주의와 비폭력에 대해 존중하고 지지하는 것을 표현했기 때문이다. 두 책 모두 1997년에 여전히 잘 되어가고 있다. 편집자 주: *The Other Side*는 이후 출판이 중지되었다.

효율적 정의를 다시 내린다면, 최근 들어 긍정적 결과를 이끌어 낸 경험이 있다면, 아마도 우리는 새로운 주제를 다루는 데 있어서 특별한 유연함과 자신감을 가지게 될 것이다. 어쩌면 우리는 어떤 갈등을 새로운 생각으로 조정해 나가는 상상을 할 수 있을지 모른다. 하지만, 그 반대는 나타나지 않을 것이다. 즉, 기독교적 증언을 위한 권한 위임 또는 기독교 예배는 어느덧 상위계층으로 올라간 민중보금자리를 등진 우리 자신의 회중 안에서 우리가 과거에 성공하지 못했다고 해서 무용지물이 되지 않는다. 우리의 성공한 사례가 적다는 것이 증명되면, 우리의 자존감을 약하게 만들지도 모르고, 실패해서는 **안 된다**는 것을 우리에게 알려줄지도 모른다. 그러나 조정하는 권한 위임은 우리 너머에서 오고 우리의 실패에 의하여 무효로 될 수도 없다. 조정하는 권한은 예수 안에서 알려진 진정한 하나님의 부름이다. 만약 우리가 과거에 많이 성공하지 않았다면, 조정은 적당히, 자기를 덜 신뢰하도록 약간은 낮은 자존감일 수 있지만, 우리를 겸손하게 만든다. 그러나 이것이 권한 위임을 바꾸지는 못한다.

예전에 우리가 공동체 안에서 성공적 화해의 경험이 없다고 해서, 특별히 인종 차별을 하는 종족 공동체에서 노력하지 못할 근거는 없다. 종족 공동체들은 공동체 내부의 화해가 필요한 문제에 무관심한 채, (그들의 선조들이 생각했던) 자기 기만적으로 세워졌다. "언제나 변할 수 있는 분쟁 해결"에 더 많이 연루되는 것은, 우리가 여기에 대해서 이야기해왔듯이, 우리의 더 오래된 '주거' home 공동체들 안에서, 즉 변화를 위한 필요도 없고, 그들에게 필요한 변화를 위한 원천들도 없다고 생각하는 사람들 사이에서 오히려 건설적 반응을 가지게 될지 모른다. 주거 공동체의 갈등과 관련한 사건들 안에서, 그다지 강하게 밀착되지 않은 중심 주변에 있는 공동체가 일부 분쟁에 연루된 것은, 갱신을 향한 더 많은 도움이 될 것이라는 것은 당연한 일이다.

실패에 관한 비판을 과도하게 할 때, 우리는 복음이 보여주는 신앙에 이르지 못한다. 이는 마치 우리의 메시지가 하나님의 선함 대신에 우리의 선함에 의존하는 것과 같다. 우리는 우리 자신에게 인종적 사회 정체성에 강하게 집착하는데, 우리 자신의 내부적 콤플렉스와 열등감은 부정적 신학화를 위한 기초가 아니라는 것을 상기시켜주는 어느 정도의 신학적 거리가 필요하다. 우리가 죄책감을 느낀다는 우리가 시골에서 도시로 가거나 아이비리그로 갈 때, 새로운 언어를 배워야만 한다는 단순한 사실은, 복음이 현대 세상에 대해 말하는 무언가를 가졌는지에 관한 질문을 위해, 우리의 열등감이 여과장치가 되어야만 한다는 것을 의미하지 않는다. 자신을 돌아보는 것은 종종 우리가 하는 것이다. 우리는 다음과 같이 말한다. "이러이러한 시골 마을에서 메노나이트 설교자들은 살아갈 수 없기 때문에, 나는 갈등에 대하여 말할 것이 없다." 아니면, "그래서 복음은 할 말이 없다." 하지만, 이것은 매우 근시안적 관점이다. 어떻게 우리가 우리의 메시지를 전달하는가에 관한 어느 정도의 신학적 거리를 두려고 노력할 때, 갈등에 대해 진지하게 물어야 한다.

우리에겐 어느 정도 자원과 선물이 있다

이제 나는 우리의 회합 동안에 제기되었던 이슈 중 일부에 대해 응답하고 싶다. 일정한 개인적 재능들, 즉 모든 인간이 가진 것은 아니지만 그리스도인들이 가져야만 하는 일정한 기술과 형태의 분명한 특징들이 있다고 했다. 이러한 재능들은, 기독교 메시지와 상관이 있는데, 일부 그리스도인들과 일부 비그리스도인들에 의하여 구체화된다. 그래서 우리는 교회 안에서, 전체적인 사회에서 나온 동일한 통계상의 가능성 안에서, 또는 완전히 서로 다른 형태의 교회 안에서 기대서는 안 되는 경향, 곧 갈등 해결 과정에 관심을 가지는 준비된 자세를 발견해야 한다. 제임스 라우에가 갈등의 문제를 개성의 문제로 축소시켜서는 안 된다고 말한 점에서 확실히 옳았다. 그것은 그와 관련하여 제한을 두는 실제 이슈들에 관하여 타당한 과정의 특성을 잃게 한다. 그러나 제임스 라우에는 일부 특화된 역할특별히 토착민이 아닌 조정자로서안에서 기능하도록 개성의 원천에 대하여 이야기했다.

(1) 취약성, 양쪽에서 공격받는 것에 대한 준비

(2) 자진해서 하기, 신뢰를 얻으려는 목적이 아님

(3) 즉각적 성공보다는 다른 어떤 것에 뿌리를 둔 정신적 자아용납에서 오는 힘을 오랜 기간에 걸쳐 유지함

(4) 사람들의 사기를 진작시키고, 격려하고, 비평을 받아들일 수 있도록 같은 언어와 같은 가치로 이해하는 네트워크

(5) **다른 집단의 존엄성에 대한 그리스도인의 헌신.** 이것은 다른 모든 인간의 가치 체계를 반드시 용납하라는 것은 아니다. 엄격한 성서 언어로, 우리는 이것을 "원수를 사랑하는 것"으로 말한다. 만약 당신이 퀘이커교도의 언어로 말한다면, 당신은 "모든 인간을 사랑하시는 하나님의 사랑"에 대해 말하게 된다. 그것을 말하는 방법은 다양하지만, 본질적 그리스도인의 헌신은 이방인서로 다른 사람, 아직 우리의 관심 영역 안에 들어오지 않은 사람, "원수", 우리가 자랑거리와 문화와 언어의 기존 관계를 나누지 않는 사람은 **특별한 점**에서 내가 나의 이웃을 사랑하는지에 관한 시험test이다. 내가 사랑해야만 하는 이웃은 나의 가까운 이웃이 아니다. 그 이웃은 특별히 원수, 즉 적대적 사람을 말한다. 당신은 그렇게 생각하는 그리스도인이 되어서는 안 된다. 원수까지도 사랑하는 이웃 사랑은 기독교 메시지의 구별되는 부분이다. 특별히 많은 단체의

지도자들이 완전한 인간성을 단언하지 않거나 다른 집단의 동등한 존엄성에 대한 논쟁에 편파적 흥미를 갖는 문화 안에서, 사랑은 우리가 이야기해온 과정을 위한 전제조건 중 하나이다.

(6) 다른 자원 하나는 은사 교리의 갈등을 적절하게 해결하는 것이다. 비록 우리가 갈등을 해결하는 데 사용했던 자원에서 모든 결론을 이끌어내는 것은 아니지만 말이다. 은사는 성령을 통하여 일하시는 하나님의 부요함의 일부분이다. 은사는 서로 다르지만 우리가 행해야 하기에 하나님이 주신 부요함의 일부분이다. 그리고 은사는 서로 다른 능력과 서로 다른 개성에서 동기부여를 가져다주는 하나님의 부요함 중 일부분이다. 이러한 은사의 상보성은 다른 곳에서, 하나님의 권한 부여와 축복 하에서, 해야 할 다른 일이 있다는 것을 기대해야 한다. 당신이 나처럼 되어야 한다고 요구해서는 안 된다. 내가 당신처럼 되지 않을 때, 기분 나빠해서는 안 된다. 갈등 처리 과정에서 필요하고 최근 언급되는 다양한 역할의 목록은 은사의 상보성을 설명한다. 은사의 상보성은, 다양한 역할을 한 사람이 다 하지 못하게 하고, 하나의 역할이 다른 역할보다 더 중요하다는 결정을 내리지 못하게 한다. 중요한 것은 마치 몸의 각 지체처럼, 그것들이 거기에 있다는 것이다. **상보성**이나 각각 독특한 역할의 가치매김은, 사도들이 몸의 이미지를 사용해서 강조한 것이다.[79]

앞서 논의했던 질문 중 하나는, 그리스도인들이 사회의 모든 다양한

---

79) 물론, 만약 서로 다른 역할의 넓은 전체적 범위가 모든 상황 안에 요구된다면, 때때로 어떤 특별한 사람이 하나의 역할이 필요해서 그것을 수행할 필요가 있을 것이다. 비록 그것은 그 또는 그녀가 수행하도록 부름 받은 최상의 역할은 아니더라도 말이다. 나는 다음 소책자에서 이것을 더 충분하게 말해왔다. 하지만, 특별히 갈등 해결에 초점을 맞추지는 않았다. 『그리스도의 충만함』*The Fullness of Christ* (대장간 역간, 2012). 누군가 그렇게 한 것처럼, 이것을 "만인 제사장직"으로 쉽게 바꾸어 말하는 것은 종종 나타나는 실수이다.

역할에 속해야 하는가에 관한 것이었다. 만약 당신이 아미시의 관점이 있다면, 아마 많은 역할을 할 수 있다고 생각하지 않을 것이다. 일부 다른 사람들에게, 그러한 제한에 반대할 것인데, 그렇게 하는 것은 문제를 해결하는 형식주의적 방법처럼 보일런지 모른다. 당신은 "예, 나는 모든 것을 할 수 있습니다"라고 말함으로써 아미시 교도의 제한에서 자유롭게 되기를 원한다. 감리교인 노상강도에 대한 존 애덤스^{John Adams}의 이야기가 있다. 노상강도를 감리교인이 되게 하는 것은 좋은 것이었다. 비록 그가 몇몇 사람들의 물건을 훔쳤겠지만, 적어도 설교자의 돈은 훔치지 않을 것이기 때문이다.[80] 우스갯소리로 모든 자리에 그리스도인이 배치되는 사회 전반에 관한 칼빈주의자의 비전이 적당한 것인지에 관한 질문을 던진다. 노예 주인이 침례교인이었던 때, 그것이 도움이 되었는가? 차라리 이교도인 경우가 더 낫지 않았는가? KKK단원^{Ku Klux Klansman}은 어떤가? 나는 잘 모르겠다. 그리스도인들이 사회 구조 안의 모든 역할을, 심지어 압제자의 역할까지도 차지해야만 하는가?

한편으로, 이것은 경솔한 질문이다. 분명히 당신은 그리스도인이 압제자가 되는 것을 원하지 않는다. 다른 한편으로, 만약 우리가 갈등을 자연적인 것으로 여기고, 질이 좋지 않은 단체가 우리를 이용했던 추잡한 속임수로만 여기지 않는다면, 아마도 압제자는 긍정적 역할을 할 수 있다. 왜냐하면, 만약 사람들이 권력을 가진 인물에 대항하여 반응을 명령할 수 없다면, 이슈들을 풀어나가는 데 필요한 반응들이 나타나지 않기 때문에, 오히려 어느 때는 그리스도인들이 상황을 좌우할 수 있는

---

80) 회의에서 다른 외부의 원천이 되어준 사람은 제임스 라우에 이외에 존 애덤스였다. 그는 정치적 정당 대회처럼, 갈등의 장소에서 감리교회에 의해서 목회에 이용할 수 있게 만든 목사였다. *At the Heart of the Whirlwind* (New York: Harper & Row)에 나오는 Wounded Knee conflict에 대한 그의 개인적 내러티브는 그의 증언에 특별한 깊이와 도덕적 권위를 주었다.

"대표자"가 되는 것이 필요하지 않겠는가?[81] 조정자가 가진 통찰력이 장기적으로 볼 때에는 기능적으로 장애를 가져올 수 있기 때문에, 단기간에는 도움이 될지 모르는 그런 통찰력을 조정자가 적당하게 보류해야만 하는 시기를 언급하는 가운데, 우리는 앞서 어떤 전략적 설명을 들었다. 참여자들이 조정자가 아는 모든 것을 알고 있었다면, 그들은 그 길을 따라서 필요한 것들을 우회하여 배웠을 것이다. 존 애덤스는 그가 AIM 사람들American Indian Movement에게 그들의 중요한 동료 중 하나는 언어 자료 제공자informant였다고 그가 생각하는 것을 그들이 자력으로 언어 자료를 발견할 때까지 말하지 않았다고 했다. 존 애덤스는 "갈등을 자라게 하라"라고 말했다. 즉, 갈등하는 삶에 의해 유기적으로 발전하는 것이다. 왜냐하면, 압제자들조차도 권력을 떠맡을 필요를 가진 단체의 성숙에 공헌하기 때문에, 그러한 분석은 이미 갈등심지어 압제자까지도의 **모든** 요소가 어떤 면에서 기능적이라고 제안하기 시작하지 않았는가?

어떤 사람들은 연약하거나 부재중인 아버지가 연약한 청년을 만든다고 말한다. 다시 말해서, 아버지는 젊은 사람들이 걷어찰 수 있는 무언가를 가질 수 있도록 아버지다워야 한다. 나는 이것이 사실인지 아닌지 모른다. 나는 그저 다음과 같이 제안할 뿐이다. **만약** 우리가 정말 국가body politic 안에서, 그리고 국가를 믿는 가운데 상당히 다양한 역할들을 실제로 좋다고 여긴다면, 때때로 누군가는 인기 없는 역할을 맡아야 한다. 아마도 교회 안에서 어떤 사람에게, 그 역할은 주교가 되거나 귀족이 되는 것을 의미할 것이다.

만약 상보성과 다양성이 실제로 갈등의 과정을 위한 하나님의 계획

---

81) 처벌의 역동성에 관한 나의 연구 *You Have It Coming* (Shalom Desktop packet, 1996)에서, 나는 권위를 가진 인물을 완전히 제압하는 기능적 가치에 관해 논의했다.

중 일부분이라고 한다면, 더구나 우리는 언제나 분쟁 해결 역할을 찾아서는 안 된다. 많은 사람이 그와 같은 역할을 찾는 데 많은 흥미를 가진다. 우리의 정신적 훈련과 자아상으로 말미암아, 우리는 우리 자신을 덕이 있는 패배자에 대한 옹호자로 상상하는 것이 어렵다는 것을 발견하지 못한다. 하지만, 아무튼 적어도 원수로서 특권층은 정말로 그 과정 안에 존재한다.(우리는 우리의 원수들을 사랑하도록 상상한다.) 그러나 대개 상상 이상이다. 특권층은 혼란 속에서 요구되는 가치의 옹호자로 존재한다. 대개 그들은 상황을 변화시키는 능력을 소유한 사람으로 존재한다.

상처받기 쉬움과 사랑의 수고는 진리를 받아들이는 열쇠이다

이제 만약 우리가 신학이 전통적으로 (인간의 본성, 공동체의 본성, 전체의 본성, 용서의 본성을 이야기해야만) 하는 일다른 상황에서 중심을 차지하는에서 다리를 놓으려고 한다면, 우리는 물론 더 많은 것에 초점을 두어야만 한다. 비록 이러한 요소 중 일부가 진행 중인 대화 속으로 다시 돌아오더라도, 나는 지금 다리를 놓으려고 하지 않을 것이다. 나는 이제 특별히 신학적인 또는 어쩌면 영적인, 나에게는 특별히 중요하게 보이는 사안에 초점을 맞추기 원한다. 우리는 앞서 사안들을 다루면서 초점에 대해 언급했다. 고린도후서 4장에서, 사도 바울은 그의 연약함에 대하여 쓴다. 바울는 "흙으로 만든 그릇"의 이미지를 사용한다. 예를 들어, "흙으로 만든 그릇"은 매우 깨지기 쉽고, 값이 싸고, 매력 없는 용기이다. 바울이 의미하는 것은, 그가 전한 보물, 곧 기독교의 메시지는 가치 없고 깨지기 쉬운 용기 안에서 전해지는 것이 중요하고, 적합하다는 것이다. 복음의 전달 수단이 되는 바울의 능력은 그의 서투르고 연약함에 근거한다. 바울은 육체적 연약함에 대해 언급하는 것인지 모른다. 아니면 바울은 그의 동료들과 함께 하는 어려움에 대해 언급하는 것인지도 모른다. 즉, 동료 사역자들은 언제나 그를 버렸던 것처럼 보인다. 유대인 그리스도인들과 이방인 그리스도인들이 바울이 "다른 편에" 있다고 느꼈을 때 더욱 그는 특별한 속박에 대해 언급하는 것처럼 보인다. 여하튼, "나는 일단 지속할 것이다. 그러면 아마도 잠잠해질 것이다"라고 말하는 스토아 철학적 의미에서 볼 때, 바울은 그의 연약함에 대하여 불평하지 않든지, 아니면 불평에 자신을 내맡기지 않든지 할 것이다. 바울은 침착한 척하지 않으며 "이것은 그다지 나쁘지 않다"고 말한다. 대신에 바울은 "나는 나의 연약함 안에서 영화롭게 된다. 그래서 그것은 역사하는 능력이 하나님의 능력임을 나타낼 수 있다"라고 말한다.

더 적당한 해결이라는 점에서 볼 때, 상처받기 쉬운 것은 우리가 이야기하는 조정의 역할과 수반된다. 개인적인 정서적 능력의 일부분으로써 상처받기 쉬운 수단을 소유할 필요가 있다는 것을 단순하게 말하는 것은 아니다. 오히려, 상처받기 쉬움은 특별한 역할이다. 상처의 연약함이 바로 강함이다. 조정자는 그 또는 그녀에게 주어진 것 이외에는 다른 신분을 가지지 않는다. 그 또는 그녀는 그처럼 갈등 안에 있는 유일한 사람이다. 모든 사람은 예외 없이 어느 정도 주어진 영향력을 가진다. 즉, 사람들은 각각 한정된 권한으로 조정의 역할이 필요한 장소에 보내졌다. 권한을 요구하는 조정자는 권한이 자유롭게 주어진 것 이외에는 전혀 다른 권한을 갖지 않은 사람이다. 바울과 같은 종류의 상처받기 쉬움은 하나의 역할이지, 그저 개인이 장난삼아 보여주려는 사소한 일이 아니다. 계속해서 직분을 행하는 중에 상처받기 쉬운 역할은, 양쪽에서 정기적으로 의심받기 쉽고 거부당하기 쉬울 것이다. 이러한 기능에는 권리가 없다. 조정이 기능적 이유, 즉 이 기능이 매우 연약하게 되어야만 하는 이유는, 오직 조정이 지닌 힘만이 전체적으로 보여주는 진실함이 된다는 것이다. 진실함의 방법, 실제적 소통의 방법, 그리고 문제의 본질에 관한 정직한 인식을 얻는 데 있어서 이외에 다른 것은 없다. 이것이 조정이 지닌 유일한 힘이다. 그러므로 조정이 진정한 힘이다.

마하트마 간디가 그의 자서전에 "진리와 함께한 나의 삶의 이야기" *The Story of My Experiments with Truth*라는 제목을 달았을 때, 간디는 우리에게 그가 가진 전략을 이해시켰다. 그것들은 특별히 압제적 전략들로 계획되지 않았다. 비록 물론 전략들 또한 그랬지만 말이다. 전략들이 오직 진실하거나 통찰력 있는 사회학은 아니었다. 물론 때때로 전략들이 통찰력 있는 사회학이었던 적도 있었다. 정치적 운동이 수십 년 동안 수행해 온 단식, 연좌, 철야 그리고 다른 실천사항들의 의미에 관한 간디 자신의 이해는 전략들이 진리를 위한 통로를 열어준 방법이었다는 것이다. 전혀 그것들이 다른 소리를 들으려고 멈추지 않았기 때문이거나 아무도 그들의 지각을 열도록 도와주지 않았기 때문에 이러한 진리의 사람들은 다른 것을 볼 수 없었을 것이다.

고린도후서 4장에 나오듯이, 복음의 그릇으로써 우리의 깨지기 쉬움에 관한 바울의 인식은 사도 자신에 대하여 깊이 있는 진술을 언급한다. 그러나 그 진술은 그리스도에 대한 진술이다. 즉, 진리에 대한 힘의 진정성genuineness은 상처받기 쉬움과 관련된다. 진실함 자체보다는 진실함에 옹호자가 없는 것, 버팀목이 없는 것, 지지가 없는 것, 영향력이 없는 것과 관련된다. 이렇게 깊이 있고 짧은 용어진리는 때때로 **중립**이라는 개념을 고려할 때, 더 나은 용어가 될지 모른다. 이러한 방식 중 일부는 다른 것들보다 더 확정적인 것으로 보인다. 어떤 연구에서, 조정은 중립으로 이야기되었다. 이것은 존 애덤스가 처음 이야기를 들려줄 때 사용했던 바로 그 용어가 아니다. 미국 조정 협회American Arbitration Association는 경제적이고 법적 갈등을 도우려고 수준 높은 전문 재판관을 고용하는데, 이 협회는 진리 자체를 "조정적"이라고 부른다. 그러나 그것은 아마도 잘못된 용어일 것이다. 하지만, 보통의 사람들이 조정라고 부르는 것으로 보이는 기대할 만한 가치가 여기에 있다.

만약 내가 윈-윈 해결방법win-win solution을 실시한다면, 나는 양쪽에 다 속하게 된다. 나는 누구의 편도 아니다. 하지만, 또한 어느 누구도 내 편이 아니다. 나는 양쪽 모두의 관심사와 관련하여 중재한다. **중립**은 그럴 때, 충분하리만치 큰 의미를 지닌 용어가 아니다. 만약 내가 올바른 과정의 옹호자라면, 그리고 만약 나 자신의 이기주의가 올바른 과정 안에서, 그리고 올바른 해결방안 안에서 투자하는 것이라면, 이것은 중립이 아니다. 중립은 편들기도 아니다. 양쪽과 좋은 접촉을 갖는 것은 중립이 아니다. 그러나 확실히 중립은 편들기가 아니다. 중립은 양쪽 모두를 위한 보증이 되는 효율적 관심사를 요구한다. 더불어 스스로 인종차별을 하지 않기 위한 기술을 찾아 나가면서 그렇게 한다. 중립은 이렇게 진리가 지닌 압도적이고 비당파적 특성을 수행해 나가기 위한 용어가 아니다. 오히려 진리는 그 자체가 건설적 원천이 된다. 진리는 자동적으로 오지 않고, 모든 다른 종류의 중립과 함께 오지도 않는다.

다음으로 당신이 논쟁하기를 원할 것이라고 내가 의심하는 질문을 살펴볼 것이다. 이처럼 어떻게 해야 그리스도인들이 상처받기 쉬울 것인가라고 질문하는 것은 누구에게나 물을 수 있는 바른 질문인가? 우리는 일부 갈등에 대한 조정에서 모든 집단의 관계가 상호 작용되는 이기적 관심사들을 받아들이도록 요구하는 것을 보았다. 다시 말해서, 윈-윈 해결방법은 그들 모두를 위해 선한 것이 되어야만 한다. 우리 중 일부는 조정이 우리가 모든 상황 가운데에서 모든 사람에게 요구할 수 있는 최선인지를 묻는다. 당신은 때때로 사람들이 그들의 이상주의 때문에 "정당한 일"을 행하도록 요구할 수 없는가? 우리는 적어도 그들의 이기주의를 위한 더 차원 높은 정의定義를 제안할 수 없는가? 이것은 내가 던지는 일차적 수준의 질문이다.

성서적 증언에 따르면, 그리스도인들은 고난 받는 것을 기대한다. 그들은 자신들 앞에 다른 사람들의 번영을 두고 부당한 부정의의 고난을 받는 것을 기대한다. 이것은 전체 사회를 향해 설교되어져야 하는 일반적 미덕인가? 아니면 모든 그리스도인을 향한 것인가? 마치 미국 남부에서 노예들에게 행해졌던 것,[82] 여성들과 어린이들에게 오랫동안 행해졌던 것, 그리고 오늘날 남아프리카에 있는 일정한 사람들에 의해서 행해지는 것처럼 이러한 질문에 대한 확정적 답변의 한 극단적 형태는 패배자들에 대한 복종의 설교이다. 그러한 복종은 신약성서에 나오는 비저항과 동일한 것이고, 사회 밑바닥에 있는 사람들에게 설교된다는 것을 그들은 지지한다. 확실히 복종은 실행되지 않을 것이다. 왜냐하면, 사회의 상류층에서 나온 복종을 설교하는 사람들은 복종을 자신들에게 적용하지 않고, 그래서 복종을 다른 사람들에게 추천할 권한이 없기 때문이다. 그러나 그런 종류의 복종은 신약성서에서 의미하는 것이 아니다. 신약성서를 보면, 사도들은 어쨌든 패배한 사람들에게 패배를 수용하는 것을 절대 강요하지 않는다.

처음에, 얼핏 보면 더욱 쉽게 보이는 또 다른 대답은, 다른 편 뺨을 돌려대는 것이나 고통을 감수하는 사랑은 메노나이트 교도들과 같은 고상한 그리스도인을 위한 수준 높은 영웅적 행동이라는 것이다. 그러

---

82) 편집자 주: 이것 그리고 다른 점에서 볼 때, 모든 사람은 하워드 서먼(Howard Thurman)의 고전적 책을 읽어야 한다. Howard Turman, *Jesus and the Disinherited* (Boston: Beacon, 1996), 30-31, *et passim.*

나 당신은 평범한 사람들에게 그러한 행동을 요구할 수는 없다. 이러한 수준에서 생각해 볼 때, 당신은 평범한 그리스도인들이 자기 이익을 추구할 때, 가능한 한 존엄성을 가지고, 관대하게, 행동하게 해야 한다. 다른 말로 하면, 나는 **나의** 권리들을 포기할 수 있다. 그러나 나는 당신(또는 여성, 또는 어린이)에게 **당신의** 권리를 포기하도록 요구할 수 없다. 이제 나의 기준에 맞춰 다른 사람의 희생을 요구하는 것은 확실히 불가능하다. 이것이 다른 선택보다 더 낫다. 이것은 **교훈**precepts과 **충고**counsels를 구별하는 가톨릭 입장에 적절할 것이다. 이것은 그 또는 그녀의 관점에서는 전체적으로나 결코 자유롭게 볼 수 없는 존엄성을 부정하는 어떤 사람에 대한 별난 기획이 아니다.

하지만, 그러한 이원론적 윤리는, 장기적으로 볼 때 또한 처리하기 쉽지 않다. 이원론적 윤리는, 하나님의 구원은 실제 세상을 위한 것임을 궁극적으로 거부하는 것을 의미한다. 쿠바 미사일 위기 바로 직후였던 1962년에 나와 함께 이야기를 나누었던 메노나이트 목사의 사상처럼, 우리는 이러한 경향을 일부 메노나이트 교도들의 정치에 대한 생각에서 더 자주 본다. 그는 케네디 행정부가 세계전쟁을 조장하려고 한다고 비난을 해왔던 메노나이트 중앙 위원회 평화 분과에 찬성하지 않았다. 그 목사는 다음과 같이 말했다. "전쟁은 우리를 위해서는 잘못이다. 그러나 그들을 위해서는 옳다." 이 표현은 특권 계급에 속하는 세상 속으로 **비저항**을 몰아넣는, 그리고 나머지 세상을 위해서는 좋은 소식이라는 것을 거부하는 기본적 방법이 되어왔다. 그런 종류의 이원론은 여기서도, 장기적으로 볼 때, 존엄성과 권한 부여의 질문들을 다루는 데에 적용되지 않을 것이다. 우리는 다음과 같이 말하는 사람들과 함께 행복할 수 없다. "다른 뺨을 돌려대는 것이나 고난을 감수하는 사랑은 자유가 아니다. 이것은 법의 최소한의 요구 범주를 훨씬 초월한 것이다. 고난을 감수하는 사랑은 내가 절대 추천할 수 없고, 설교할 수 없고, 확실히 다른 누군가에게 강요할 수 없는 무엇이다." 우리가 원수를 사랑하는 것은 인간의 존엄성에 대한 반대, 또는 고난을 감수하는 사랑은 궁극적으로 권한 부여에 대한 **대안**이라는 것을 궁극적으로 인정할 수 없다. 그런 생각은 특정한 상황에서 교육학적으로, 과도기적으로 오직 유익하다. 그러한 특정한 상황에서 자신의 존엄성을 표현하는 사람들은, 예수가 말하고 있는 사람들보다 자신들의 성장과 순례의 서로 다른 장소에 있다.83)

사회 변화, 복음주의 그리고 신앙

이제 우리의 대화에서 표면적으로 제기되었던 몇 개의 이슈들로 다시 돌아가 보자. 비록 우리는 여기서 그 이슈들을 모두 다룰 수는 없지만, 그 문제들은 각각 신학화 작업을 요구할 것이다. 이슈들 각각에 관하여, 내가 올바른 대답이라고 생각하는 것을 주려고 하는 것은 지금 나에게 적당하지 않다. 나는 단지 이슈들이 자리 잡도록 할 것이다. 나는 이슈들을 부정적으로 진술할 것이다. 다시 말해서, 나는 구조화되

---

83) 이런 결론적 문장에서 볼 때, 요더는 윌리엄 스폰(William Spohn)이 "유비적 상상력" (analogical imagination)이라고 옹호하는 것과 비슷한 것을 말하고 있다. 다른 한편으로, 예수의 방법은 우리에게 세상을 향한 하나님의 의지가 되는 말씀을 준다. 우리는 진정한 그리스도인을 위해서만 말씀에 울타리를 치려고 하지 않고 말씀을 사회적으로 소외시키려고 하지 않는다. 그러나 동시에, 우리는 말씀을 창조적 응용 없이 모든 사람과 상황에 적용하려는 것으로 그것을 율법적으로 해석하려하지 않는다. 우리는 주의 깊게 예수가 자신의 원래 상황에서 의미했던 것을 연구할 필요가 있다. 그리고 나서 우리는 다른 사람들과 사회적 상황에 있는 사람들을 위한 유사한 의미가 되는 것을 주의 깊게 연구할 필요가 있다. 스폰의 다음 책을 보라. *Go and Do Likewise: Jesus and Ethics* (New York: Continuum, 1999). 개인적 대화에서, 요더는 우리가 먼저 예수의 가르침을 원리상 축소해서는 안 되고, 그런 원리들을 계속되는 상황으로 끌어들여야 하고, 그 원리들을 새로운 상황에 적용시켜야 한다고 설명했다. 너무나 많은 왜곡은 축소와 적용의 과정으로 들어가고, 원리는 너무 왜소해서 구체적 지침을 가져다 줄 수 없게 된다. 우리는 예수가 의미한 것을 원래의 상황 안에서 풍부하게 주석해야 하고, 그것이 우리의 상황 속에서 어떻게 유사하게 기능하는지를 주석하면서, 우리의 상황에 풍부한 의미를 주는 전체적 가르침을 이끌어 내야 한다.[GHS]

고, 합법적인competent 조정의 모델 제안에 제기된 부정적 비평을 들었
다.

특별히 만약 조정이 갈등의 두려움에 의하여 유발된다면, 그런 조
정은 섣부른 해결 방법으로 이끌지 모른다. 갈등에서 섣부른 해결 방
법은 고조된 긴장 내에 존재하는 필수적이고 건전한 과정, 고양된 인식
으로의 초대, 고양된 존엄성, 증폭된 책임, 고소인의 증대하는 정체성
과 권한부여, 체제에 대한 더욱더 강한 도전, 그리고 더 나은 최종 결과
를 가로막을지 모른다. 그래서 섣부른 해결 방법은 장기적으로 볼 때
정의의 원인으로 타당하지 않을 것이다. 첫 번째 승리를 통해, 첫 번째
불만 세력을 만족시키는 것에 의해서, 조정은 압제를 제거할지 모른다.
힘이 강하지 않은 사람들을 옹호하는 것은, 대부분 조정자를 회유하는
데 역할을 다하는 것보다 더 중요할지 모른다. 처음으로 생겨난 긴장을
받아들이는 것이 더 낫다. 우리가 실천을 통해 유익을 얻으려면, 먼저
"의의 편에" 서는 것이 필요하다. 그러고 나서 화해를 위한 조정이 기
능을 발휘할 것이다.

스콧 치즈보로우Scott Cheeseborough, 84)는 불행히 여기에 더는 존재하
지 않는다. 그는 가장 무뚝뚝하게 두 번째 비평을 했다: 즉, 선의의 평
화주의자들에 의한 갈등 해결은 단지 조금 더 살기 좋은, 기본적으로
나쁜 체계를 만들지 모른다는 것. 당신이 마르크스주의자의 용어로 자
신의 생각을 밝히든지, 아니면 아나뱁티스트의 용어로 그렇게 하든지,
아니면 여호와의 증인의 용어로 그렇게 하든지, 그것은 실제로 중요한
일이 아니다. 갈등 조정의 전체적 체계는 잘못되었고 압제적이다. 그
체계는 새 포도주 부대와 비교도 되지 않는 낡은 부대와 같은 것이 될

---

84) 메노나이트 관련 대학들과 시카고의 도시 훈련 센터(Urban Training Center)에서 가
르쳤던 사회학자인 스코트는, 내가 여기서 언급하는 것들에 관해 많은 도움이 되는 공
헌들을 한 후, 모임을 하지 않고 일찍 떠났다.

지 모른다. 우리는 잘못된 체계가 더 잘 작동되는 것을 돕는 데 관심을 기울이지 말아야 한다. 우리는 매우 급진적으로 체계에 대항하기 때문에 체계가 더 잘 작동하는 것을 돕는 데 거의 관심을 기울이지 말아야 할 것이다. 이러한 갈등들 중 하나를 해결하는 것은 근본적으로 체계를 더 좋게 만들지 않는다.

다음 일련의 질문들은 더 폭이 넓다. 우리가 앞서 하루 반나절 동안 들었던 발표들은 **교회의 생활 중 일부에 대한 다른 사람들의 갈등에서 이렇게 화해시키는 조정의 관계에 대해서 많은 것을 말하지 않았다.** 우리의 발표자들은 교회의 한쪽 팔이라 할 수 있는, 개인의 경건과 조정자의 자기 이해에 대해 조금만 말했다.

그것이 과거의 사회 복음이든지 새로운 사회 복음이든지, 사회 변화에 대해 우리가 실행한 것에 감추어져 있는 긍정적 신학에 대해 말해진 것은 아무것도 없었다. 다른 어떤 신학이 우리가 정의에 유념하는 것이 중요한 이유를 설명해 주었다고 제안하는 사람은 아무도 없었다. 우리는 우리가 정의에 유념하는 것을 당연하게 여겼다. 즉, 그 이유를 자세하게 설명하는 것은 우리의 전반적 모습을 풍요롭게 할지 모르기 때문이다.

교회에서 행하는 그리고 어느 방법으로 행해지는 기도, 찬양, 교육 그리고 다른 모든 것과 약간 직접적으로 관련 있는 더 넓은 관계에 대해서 언급된 것은 아무것도 없었다. 이러한 일들은 일반적으로 정의와 어떻게 연관이 되고, 특별히 조정과 어떻게 연관이 되는가? 우리는 그저 그런 것에 대해서 논의하지 않았다.

우리는 이러한 모임에서 복음전도에 대해 언급하지 않았다. 다시 말해서, 기독교 신앙과 예수의 인격의 관계는 우리 사회의 모든 사람에게 같지 않다는 사실에 대한 우리의 반응에 대해 언급하지 않았다. 일부 사람들은 예수를 따르기로 결정했고, 일부 사람들은 그렇게 하지 않았다. 그런 결정을 내리도록 사람들을 이끄는 것은 우리가 이야기해온 것과 같은 사안이 아니다. 하지만, 이렇게 이끄는 두 가지는, 하나는 평화만들기와 사회 변화에 대한 것이고, 다른 하나는 예수를 따르는 제자가 되는 것인데, 어느 정도 관계가 있어야만 한다. 어떻게? 만약 우리가 평화만들기를 이야기하지 않는다면, 결국 우리는 기독교 문화 안에 속해있기 때문에, 기독교 국가인 미국에 있는 일부 사람들이 모든 사람의 내부, 또는 내부-외부 변수의 내용 중 일부 같은 가치를 지닌 것은 항상 있는 곳에 존재하는 것으로 여겨진다. 또 다른 사람들은 그리스도인의 신앙에 관한 내부-외부 변수는 이러한 목적들을 위해서 중요하지 않다는 것을 가정할 것이다. 어떤 사람들은 내부/외부, 또는 믿음/불신의 변수는 반대되는 이유를 위해서 중요하지 않다고 말할 것이다. 즉, 더 넓은 일반적 문화에 대한 신앙에 들어있는 변수는 언급되는 것으로 가정되지 않지만, 내부-외부 변수의 내용 중 일부 같은 가치를 지닌 것은 항상 있는 곳에 존재하는 것으로 여겨진다. 또 다른 사람들은 기독교의 신앙에 관한 내부-외부 변수가 **매우** 중요하다고 여길 것이다. 우리는 이것이 갈등 조정의 이슈와 얼마나 관계되는지를 이야기하지 않았다.

우리는 우리가 이야기하는 사람이 예수 안에서 하나님과 새로운 관계를 맺으면서 알게 되는 어떤 의미를 논의하지 않았다. 이것은 관계가 없는 것인가? 그것은 관계가 있는 것인가? 우리는 갈등 조정에 대해서 분명히 이야기를 나누지 않았다. 이러한 종류의 논의에서 우리가 침묵하는 의미는 이해하기에 매우 어려운 문제이다. 우리가 말하지 않는 어떤 것들은 우리가 당연하게 여기기 때문이다. 즉, 우리는 어떤 상황들에 대해서 동의한다. 그래서 우리는 어떤 상황들을 말할 필요가 없다.

또 우리가 말하지 않는 어떤 것들은 당연하게 여기지 **않기** 때문이다. 즉, 우리는 어떤 상황들에 대해서 동의하지 **않는다.** 우리는 어떤 상황들에 대해 논쟁하는 것에 빠져들기를 원하지 않는다. 왜냐하면, 우리는 단지 함께 의견을 교환할 수 있는 시간이 별로 없기 때문이다. 이러한 두 가지 종류의 침묵 사이에 나타난 차이점들은 정의 내리기가 매우 어렵다. 어떤 상황들은 확실히 갈등을 해석하고 관계하는 우리의 능력을 위해서 중요하다. 때때로, 우리는 우리가 더욱더 큰 주제들에 관해서 말다툼을 벌이기를 원하지 않기 때문에 우리는 잠잠해진다. 우리는 우리가 말다툼 없이 먼저 명령하는 협의 사항을 이야기할 수 있다고 생각한다. 때때로 먼저 명령하는 협의 사항은 우리 모두에게 명확해서, 우리는 언급할 필요가 없다. 나는 평화주의자 그룹 안에서 협의 사항을 미심쩍게 여긴다. 사람들에 반대하여 폭력의 거부를 시행하는 것은 우리 모두에게 상당히 분명한 일이다. 그래서 우리는 우리가 필요로 하지 않았기 때문에 협의 사항에 대해서 이야기하지 않았다. 그러나 여전히 한편에 의심의 여지를 남겨둔다.

만약 우리가 더 깊이 있게 연구하려면, 우리는 어떤 상황들을 알아야 한다. 이것을 말하는 것은, 그 자체가 갈등 조정의 비결에 관한 비평이 절대 아니다. 그것은 단순히 우리의 특별한 모임, 우리가 조정을 가져올 수 있었던 배경, 그리고 이러한 폭넓은 주제들이 다뤄질 수 있었던 방법의 한계를 인정하는 것이다.

우리 논의 과정의 한계에 대한 이러한 고찰들을 전부 뒤돌아볼 때, 나는 어떤 상황 중 어떤 것도, 하나씩 하나씩 본다 해도, 우리가 행하고 있어야 하는 다른 모든 일을 위해서 교회 안에서 우리가 자리 잡고 있는 한, 분명한 갈등 해결 활동들을 위한 교회의 사역들 사이에 자리를 잡고 있는 것에 대항하여 그 자체가 하나의 믿을 수 있는 논의가 된다고 보지 않는다. 우리는 계속해서 다른 일들을 행하고 있는데, 우리가 돈을 벌고 자녀를 양육하고 학교에 다니고 우리의 사명과 봉사 프로그램을 수행하는 것을 포함한다. 하지만, 어떤 상황 중 어느 것도 전체 체계에 전혀 문제 제기를 하지 않는다. 상황 중 어떤 것도 언제나 패배자의 편에 서지 않는다. 전체 체계 안에서 우리는 우리가 행할 필요가 있는 많은 일 중 우리가 할 수 있는 것을점진적 방법으로, 다소 죄책감을 느끼는 양심과 다소 깨끗한 손과 다소 자기 인식을 가진 채로 행하고 있다. 갈등 해결 활동이 장기적으로 영향을 주는 부정의의 밑동을 잘라내는 것이든지, 아니면 갈등 해결 활동이, 체계적으로 충분한 체계에 반대하는 것이든지 이러한 것을 질문함으로써 어떠한 특별한 조정을 판결하도록 부름 받은 것은 우리가 행하는 모든 것과 관련해서 진지하게 고려되어야 한다. 그러한 비판이 이러한 특별한 종류의 분쟁 해결과 관련해서 특이하게 적용되는 것을 나는 모른다. 그러나 비판이 확실하게 우리가 더 이야기하기 원하는 것들 중 하나를 구분한다.

우리가 단정적으로 바른 궤도 위에 놓이지 않은 어떤 것을 축복하지 않는 것을 분명히 하려는 욕구는, 오래된 신을 두려워하는 메노나이트 교도의 인격 유형의 새로운 형태가 될지 모른다. 우리는 우리가 옳다고 확신하기를 원한다. 그래서 우리가 행하는 새로운 어떤 것을 쳐다볼 때에, 우리는 다음과 같이 물어야 한다. "그것이 **진정으로** 바른 궤도 위에 있는가?" 우리의 사례 연구들은 불리한 조건에 놓인 종족 집단들과 그들의 권한 부여에 집중해왔다. 즉, 이 사실은 우리로 하여금 우리가 바른 입장에 서는 것을 명확하게 해준다. 그러므로 우리가 우리 자신의 문화사에서 "바른 입장"을 발견할 수 있다는 확신을 다시 불러일으키는 것은 더 쉽다. 단순한 이슈에 대한, 그리고 덕을 지닌 패배자가 누구인지 아는 것에 대한 우리 메노나이트 교도의 선호는, 더 복잡한 상황 가운데에서, 우리의 조정이 취해야 할 것이 어떤 형태인지를 우리가 질문할 때, 여전히 우리의 뒤를 따른다.

현실적으로 비극, 승산이 없는 노력 그리고 해결되지 않는 모호함과 직면하기

언급해야 할 또 다른, 마지막 일련의 이슈가 있다. 이슈들은 우리의 희망의 기초의 견실함과 관련된다. 우리가 앞서 살펴본 효율적 조정의 모델들은 이슈가 될 것으로 기대하는 것만큼 대표적이지 않을지도 모른다. 모든 조정의 모델들은 정기적으로 승리하는 덕망이 있는 사람들을 나타내는 것으로 북미의 상황에 들어맞는다. 이런 패러다임은 어떤 동기가 바른 것이고, 그런 바른 동기가 적당히 무르익고 알맞게 인도되는 시기가 언제인지를 우리가 알 수 있다고 말한다. 위기는 전체 체계가 퇴보하기보다는 앞으로 전진해나가는 그러한 방법 안에서 전반적으로 작동될 수 있다. 모든 전쟁에 승리할 수는 없다. 모든 승리가, 더 나은 지식으로, 세상을 이끌어나갔던 것으로 판명되지 않는다. 미국 평화 공동체의 어떤 부분에서 보면, 사람들은 B-1 폭탄에 반대하는 캠페인의 승리에 이제는 실망한다. 폭탄 사용을 중단시킨 이후, 대신 크루즈 미사일을 사용했다. 그리고 크루즈 미사일은 B-1 폭탄보다 국제적 무기 경쟁을 중단시키려는 시도를 동요하게 만드는 효과를 가져다준다. 따라서 승리한 모든 전쟁이 필연적으로 도덕적 승리가 되지는 않는다.

또한, 모든 패배자가 덕이 있는 것은 아니다. 만약 우리가 최근의 스코키 지역 내의Skokies 종교 자유를 보게 되었다면 그들은 선하게 되었을 것이다. 하지만, 그곳에서 실제 패배자들은 나치주의자들Nazis이었고, 그곳에서 그런 문화 안에서 강력한 힘을 가진 사람들은 그들의 입장에서 (부분적으로는 그들이 다른 곳에서 패배자였기 때문에) 사회

적·경제적 힘을 가진 유대인들이었다.85) 거기에서 희망이 의미하는
것은 무엇인가? 아마도 시민자유협회Civil Liberties Union는 그런 경우 패
배자였을 것이다. 실제로 자유의 자리를 지키려고 자신의 회원들의 반
을 잃어버렸기 때문이다. 그들이, 카드가 자신들에게 유리했을 때, 자
신이 자유주의자라고 생각했던 사람들에게서 후원받던 수입을 잃어버
렸기 때문이다.

갈등과 관련한 모든 이슈가 위기의 과정을 거치지는 않는다. 어떤
이슈들은 이론에 필요한 역할들, 모델들, 단계들에 관한 분간할 수 있
는 연동이 있을 수 없다는 이유로 상황이 위기에 처한다. 초기의 권한
부여는 모든 이슈에 필요한 것이 아니다. 어떤 사람들은 미리 나에게,
단체들이 이미 어느 정도 권한을 부여받았거나 조직되어졌을 때, 그리
고 그들 각자가 권력 구조가 있다면, 아주 종종 조정을 위한 여지가 거
의 없다는 것을 언급했다. 흑인 법률가들은 흑인들이 사업하는 방법을
안다. 노동 법률가들은 노동자들이 사업하는 방법을 안다. 하지만, 게
임을 하는 상황 가운데 있으면서 권한을 부여받은 사람들은 모두 여전
히 자신들의 존엄성을 계속해서 상실하고 있다. 이것이 어떻게 적합한
것인가? 우리는 어떻게 이것과 관계가 있는 원천들을 가져오는가? 모
든 소송이 연방관료제도 역할이 유리한 조건을 갖고 있는 것이 아니다.
공민권운동으로 말미암아, 우리는 바른 입장에 있는 연방관료제도의
역할에 익숙하다. 연방관료제도에는 당신이 의지할 수 있는 세상의 역

---

85) 시카고에서 행진을 계속 하려는 미국 나치주의자(American Nazis)의 권리-"언론의 자
유"와 "모든 사람이 평화롭게 집회를 할 수 있는 권리"를 보장하는 헌법에 관한 제1조
수정 조항에 의해서 모든 사람과 단체에게 보장되어져 있는 것-를 막아냄으로써, 미국
시민 자유 협회의 시카고 지부의 스텝은 용기 있게 그들의 재정적 지원의 상당 부분을
위험에 빠뜨렸다. Donald B. Downs, *Nazis and Skokies* (Notre Dame, IN:
University of Notre Dame Press, 1977); James L. Gibson, *Civil Liberties and
Nazis: The Skokie Free-Speech Controversy* (Santa Barbara, CA: Praeger,
1985); David Hamlin, *The Nazi Skokie* Conflict (Boston: Beacon, 1980).

할들이 많지 않고, 심지어 미국은 모든 부분에서 의지할 수 없다. 사회 체계 가운데 앵글로-색슨족의 정치 조직 안에 있는 권리들에 동의하지 않는 사회 체계는 거의 없다. 우리가 모두 동의하는 것이 무엇이든지 간에 정의의 범주 안에서 앵글로-색슨 세계를 제한하는 것이라면 그것은 잘못이다. 적어도 그 제한은 소수자의 존엄성에 대한 확증을 위한 구조들을 제공한다. 하지만, 대부분의 세상은 소수자의 존엄성을 확증하지 않는다.

그래서 우리가 앞서 이야기 나눈 성공 이야기들에 대해서, 어느 정도로 그리스도인들이 부정의를 다루는 방법과 장소가 독특한가를 질문하는 가운데, 만약 우리가 더욱더 깊이 있게 생각하기를 원한다면, 우리는 심오하면서도 영적인 신학적 질문을 해야 한다. 당신이 승리하지 못한다면, 정의를 위한 업무의 정당함은 무엇인가? 만약 약자들이 번영한다면, 하나님은 실제로 어느 편에 서시는가? 만약 우리가 어느 편이 옳은지 명확하게 볼 수 없다면, **우리는** 어느 편에 서야 할 것인가?

적어도 어느 편이 옳은지 확실할 때, 그리스도인들은 기꺼이 고난을 감수해야 한다는또는 그래야만 한다는 것을 말해왔다. 적어도 세상의 부분에 속한 현대의 대부분, 많은 그리스도인이 물론 그렇게 하는 것은 아니다. 때때로 우리는 어느 편이 옳은지 명확히 볼 수 없다. 종종 우리는 그리스도인들이 고난 받는 것이 성장을 위한 하나님의 동기가 되는지 알 수 없다. 우리가 여기서 해온 것, 우리가 가진 지도자들의 위치, 그리고 상황을 분석하는 기술적 비결과 유사한 모의실험들simulations과 경험들의 범위 안에서, 불법이 승리하는 것은 우리가 계속 투쟁해온 것이 아닐 뿐 아니라, 나는 우리가 악의 승리에 대항하여 투쟁해야 하는 방법을 알지 못한다. 우리는 여전히 악과의 영적 투쟁에 참여하지 않는다. 우리는 미리 구약성서의 문학적 깊이를 살펴보지 않았고, 약자들이 번영한다는 사실과 씨름하지 않았다. 우리는 여전히 악인들은 **실제로** 번영하지 않을 것이라고, 적어도 오랫동안은 그렇지 않으며, 적어도 만약 우리가 우리의 일을 바르게 한다면 그렇지 않다고 믿는 세대의 일부분이다. 우리는 워싱턴에 있는 권력을 가진 사람 중 일부는 선한 편에서 있다고 믿는다. 압제자 중 일부는 악인들의 마음을 건드릴 수 없고, 만약 간신히 우리를 악인의 길에서 떨어뜨려 놓는다면 일부 사람들은 조금 응할 것이다. 악인들이 실제로 번영하는 것은 세계 역사의 한 부분이고 구약성서에 나오는 증언의 한 부분이다. 우리가 북아메리카에서는 깊이 있게 진지함으로 다루는 것을 배우지 못한 유대인과 흑인들의 경험 중 한 부분이다.

만약 우리가 여전히 구약성서에 나오는 가장 심도 있는 위기와 씨름하는 것을 해낼 수 없다면, 분명히 우리는 신약성서에 나오는 십자가의 의미의 깊이를 다룰 때, 더 많은 도움이 필요할 것이다. 우리가 논의해 온 것 이상으로, 십자가는 우리를 계속해서, 통찰력을 통하여, 복음 안에 들어있는 실제 새롭고 승리를 얻은 사랑과 인내가 무엇인지를 더 깊게 탐구하도록 우리를 이끈다. 나는 우리가 앞서 이야기한 주제들에 대해서, 우리가 세상의 특권을 가진 부분 안에서 체계들과 계획안들에 기여할 수 있는 상황들을 계속해서 이야기할 수 있기를 원한다. 그러나 옛 언약이나 새 언약 안에서, 아니면 종교개혁 안에서, 하나님이 그의 백성과 함께하려고 선택하셨던 것은 오직 세상의 특권을 지닌 영역 안에서 그렇게 하신 것이 아님을 기억하자. 덕이 있는 사람들은 승리를 가져다주는 자리를 차지하지 않는다. 하지만, 승리하지 못하는 장소와의 일종의 연대의식이 우리가 책임으로 계속하는 부분이다. 그래서 적어도 동의하지 않는 여지가 있고, 소수자들을 위한 권리가 있고, 관련된 정의에 효과를 미치는 (과거를 넘어서 기독교의 증언에 의하여 부분적으로 만들어진) 강압이 있는 사회 안에서, 오직 우리는 우리가 가진 이례적 기회들을 처리해 나가는 것을 안다.

정의를 위한 투쟁의 한복판에서 행동하시는 하나님 보기: 물음과 응답

참가자:86) "우리는 1970~1972년 3년 동안 탄자니아에서 살았습니다. 니에레레Nyerere 대통령은 정말로 좋은 사람이고, 선하며 자기 이기적이지 않은 이유로 진실하게 동기부여하는 사람이라고 믿는다고 진술하려는, 세상에서 몇 안 되는 사람 중 하나입니다. 니에레레 대통령은 가톨릭 교인이고 실천하는 그리스도인입니다. 하지만, 내가 절대 해결할 수 없는 것 하나는, 그가 강력하게 프렐리모FRELIMO를 지지했다는 점입니다. 프렐리모는 포르투갈 정권을 전복시키려고 모잠비크에서 활동 중인 게릴라 운동입니다. 니에레레 대통령은 게릴라 세력들이 모잠비크에 머물도록 했을 뿐 아니라 모잠비크 안에서 게릴라 전투를 벌이는 것을 지원했습니다. 그들은 모잠비크로부터 포르투갈 정권을 몰아냈습니다. 지금도 여전히 게릴라 근거지인 로데시아Rhodesia 안에 전투를 위해 존재합니다. 이것은 내 자신에게 오랫동안 갈등이 되었습니다. 이처럼 실제로 선한 그리스도인, 진실하게 선한 사람들 중 하나라고 내가 실제로 믿는 그 사람이 내가 문제라고 다루는 폭력을 지지하기 때문입니다."

다른 참가자: "요더, 당신은 교회 안에 임재하는 성령의 자원들에 대해서 말했습니다. 이제까지, 우리 정의 체계는 사회 체계들을 유지하는 편에 서는 것을 주로 결정해왔습니다. 우리는 성령에 대한 신학적 관심이 있습니다. 변화를 일으키는 요소 중 하나인 성령에 대하여 생각할

---

86) 여기 복사본은 시간이 만료된 질문/대답 형태를 다시 끄집어내기 시작한다. 목소리를 식별할 수 없다.

때, 사회 체계를 유지하는 것과는 그다지 관련 없는 가치에서 성령이 인간의 이성적 활동을 넘어서서 변화를 일으키는 것이 어느 정도까지입니까?"

요더: 나는 이런 관계 속에서 두 가지 문제를 즉각 인식한다. 당신들은 부수적인 것을 대부분 지적하고 있다. 하지만, 이 문제들은 당황스럽다. "미국에는 사회 과정 안에 기독교적 원천들이 있는가?"라는 질문에 대해서 우리가 "아니오"라고 명확하게 말하기를 원하지 않는다. 공직자들 대부분은 그리스도인이라고 단언한다. 고위직 사람들은 자신들이 그리스도인이 되는 것과 공직에 있는 자신들의 직분 안으로 자신들의 가치를 가져오는 것을 중시한다. 우리는 이에 대해 완전히 냉소적이 될 필요는 없겠지만, 또한 이것에 대해 완전히 속기 쉬운 상태가 되어서도 안 된다. 이것은 그저 그런 사람들에 관한 심판일 뿐 아니라, 그들이 작동하는 구조에 관한 심판이다. 우리가 탈기독교 문화post-Christian culture 안에 있게 된 이래로, 어떤 범위까지 그리스도인이 당연히 또는 변칙적으로 교회와 관계없는 담론 속으로 들어갈지 풀어나가는 것을 우리는 지금까지 마무리하지 못했다.

우리가 여기에서 가지는 질문은 소비에트연방USSR이나 중국에 있었다면 나오지 않았을 것이다. 우리의 사회는 "세속적"이거나 "기독교 세상" 안에서 일부 사람들이 속기 쉬운 신뢰의 정체를 폭로해야만 하기 때문이라는 이유에 근거하여, 우리는 모든 종교적 주장을 존중하는 어리석음과 오늘날의 모든 종교적 호소에 관한 전적 거부blanket rejection를 둘 다 피할 필요가 있다.

당신들의 다른 질문은 더 깊이가 있었다. 신앙을 실천해나가는 것에서 이끌어 낸 새롭고 특정한 수용방식을 위한 희망이 있는가? 체계 안에 존재하지 않는 변화를 위한 잠재력이 있는가? 만약 그렇다면, 희망은 어디에서 올 것인가? 희망은 사실 체계 외부로부터 오겠지만, 당신은 희망을 어떻게 인식할 것인가? 당신은 어떻게 희망에 관해 논평할 것인가? 당신은 희망에 관해 논평해야만 하는가? 당신은 협상이 시작되고 있을 때, 희망이 실패할 때, 기도해야만 하는가? 지미 카터Jimmy Carter는 캠프 데이비드Camp David 협정을 위해 기도했다. 그렇게 하는 것은 어떤 차이가 있는가? 기도는 단순히 심리적 비밀 장치인가, 아니면 다른 점에서 발생하지 않았던 무언가의 길을 열어주지는 않는가?

어려움은, 무슨 일이 생길 때에는 언제든지, 사회과학자 제임스 라우에가 모든 요인이라는 지도 위에 성령을 위치시킬 수 있다는 것이다. 그러면 성령은 사회과학 분석에서 하나의 더 자연적 현상 주제가 될 것이다. 만약 무슨 일이 발생하지 않는다면, 물론 우리는 성령이 지도 위에 있다고 말할 수 없다. 우리는 여전히 초월을 증명할 수 없다. 무언가가 발생한다는 근거에서 볼 때, 일단 사건이 발생하면 성령은 초월적이지 않기 때문이다. 어떤 비약적 발견은 기대하지도 않고, 또는 있을 법하지도 않고, 또는 정형에 맞지도 않고, 또는 창조적인 것이라고 당신은 논의할 수 있지만, 당신은 마치 발생할 수 없었던 것처럼 사회 과정 안에서 발생한 그 무언가를 입증할 수 없다. 그러므로 성령은 기적임이 분명하다.[87]

나의 오순절 교파 친구 중 일부는 이것을 치료하는 데 사용할 수 있다. 왜냐하면, 우리는 유기적 연속성에 대한 개념을 가지기 때문이다. 우리 중 대부분은 암이 쉽게 사라지지 않는다고 믿는다. 일부 오순절 교파 사람들은 그들이 보여주고 싶어 하는 발병 전후의 X-레이 사진을 가지고 있다. 그들은 발생할 수 없었던, 하지만 일부 초월적 조정에

---

87) 나는 진지하게 1989년에 동유럽에서 정치적 변화들을 싫어하여 논쟁한 사회과학자를 안다. 왜냐하면, 그런 변화들은 정형에 맞지 않고 "존재론적"이지 않기 때문이다.

의해서 적어도 유기적인 무언가가 발생했다는 것을 논의할 수 있다. 그러나 우리 사회에 있는 암에 관한 생리학은 발생할 수 없는 무엇인가를 우리가 알 수 있다는 것을 충분히 보여주지 않는다. 그래서 일단 암이 발생한다면, 마치 사회가 더는 악화되어서는 안 되는 듯이, 우리는 하나님을 신뢰할 수 있다.

그럼에도, 나는 사회적으로 활동적 신자들이 전체적으로 신앙의 가정faith assumption 위에서 활동할 여지가 있어야 한다고 생각한다. 다시 말해서, 구하는 어떤 것-이전에는 가능한 것으로 보이지 않았던 어떤 것-이 발생할지 모른다는 가능성(희망은 현대 영어에서 그 의미가 너무 강렬한 용어가 될지 모른다)을 위한 여지가 있어야만 한다. 그리스도인들과 유대인들은 올바른 일을 행하는 것에서 포기하는 타당한 이유로서 닫힌 체계 분석을 받아들이지 않는다. (다시 말해서, 일단 선한 무엇이 발생하면, 우리는 결국 선한 것이 발생할 수 있었다는 것을 안다. 그러므로 당신은 하나님께서 홀로 선한 것을 행하셨다는 것을 철학적으로 증명할 수 없다.) 그럼에도, 부활을 믿는 사람들은 신앙적 상황의 근거에서 볼 때, 문제 해결 방법이 여전히 명확하지 않은 점에 대하여 해결할 수 있다고 믿는 삶을 수행해나가는 데 책임이 있다. 그런 사람들은 아무것도 없다고 믿는 사람들보다 새로운 답을 더 찾을 것 같다. 만약 당신이 폭력적 해결 방법을 위한 지름길을 찾지 않는다면, 해결 방법은 당신에게 더 다가올 것 같다. 만약 당신이 스스로 폭력에 의존하는 것을 허락한다면, 당신은 부활을 경험하지 못할지 모른다. 그러나 또한 적어도 뜻밖의, 절약하는 결과를 위한 여지가 있다.

인 명

성 프란체스코 98, 169, 199, 214
소로 Thoreau 229
수아레즈 Suarez 185, 196
슈바르츠코프 Schwarzkopf 93
스콧 치즈보로우 Scott Cheeseborough 382
스테판 롱 Stephen Long 180
스테판 킹 홀 Stephen King Hall 186, 188, 259-60
스펠만 추기경 Cardinal Spellman 181, 199
시몬 그쿠불레 Simon Gqubule 321
C. S. 루이스 C. S Lewis 71
아나톨 라포포트 Anatol Rapoport 255
아놀드 스나이더 Arnold snyder 36, 96, 110
아돌프 히틀러 Adolf Hitler 46
알렉산더 캠벨 Alexander Campbell 14, 112
알렌 Joseph L. Allen 218-9
알버트 슈바이처 Albert Schweitzer 139
알버트 아인슈타인 Albert Einstein 232
암브로스 Ambrose 181, 230
애덤 컬리 Adam Curle 252, 256, 361
애딘 발루 Adin Ballou 119, 268, 346
앤드류 커크 Andrew Kirk 300
에라스무스 Erasmus 110
에른스트 스타에헤린 Ernst Staeherin 223
에른스트 케제만 Ernst K?semann 139
에른스트 트뢸치 29, 33, 114, 272
에버하르트 아놀드 Eberhard Arnold 139
엘리스 보울딩 Elise Boulding 252, 255
오스카 쿨만 Oscar Cullman 24, 46
요하네스 하우스친 Johannes Housschyn 73
요한 갈퉁 Johann Galtung 79
요한 바오로 2세 201
요한 웨슬리 John Wesley 291, 368
우찌무라 간조 Uchimura Kanza 14, 112
월터 윙크 Walter Wink 81, 120, 137, 318, 346
윈스턴 처칠 230
윌리엄 래드 William Ladd 346
윌리엄 로이드 개리슨 William Lloyd Garrison 119, 268, 346-7
윌리엄 밀러 William Miller 355
윌리엄 부스William Booth 14, 112
윌리엄 스폰 William Spohn 381

주 제 어

요더의 저서 (* 표는 대장간 요더 총서)

- The Christian and Capital Punishment (1961)
- Christ and the Powers (translator) by Hendrik Berkhof 「그리스도와 권세」(대장간)*
- The Christian Pacifism of Karl Barth (1964)
- The Christian Witness to the State 「국가에 대한 기독교의 증언」(대장간)*
- Discipleship as Political Responsibility 「제자도, 그리스도인의 정치적 책임」(KAP역간)
- Reinhold Niebuhr and Christian Pacifism (1968)
- Karl Barth and the Problem of War (1970)
- The Original Revolution: Essays on Christian Pacifism 「근원적 혁명」(대장간)*
- Nevertheless:The Varieties and Shortcomings of Religious Pacifism 「그럼에도 불구하고」(대장간)*
- The Politics of Jesus 「예수의 정치학」(IVP역간)
- The Legacy of Michael Sattler, editor and translator (1973)
- The Schleitheim Confession, editor and translator (1977)
- Christian Attitudes to War, Peace, and Revolution: A Companion to Bainton (1983)
- What Would You Do? A Serious Answer to a Standard Question 「당신이라면?」(대장간)*
- God's Revolution: The Witness of Eberhard Arnold, editor (1984)*
- The Priestly Kingdom: Social Ethics as Gospel (1984) 「제사장의 나라」*
- When War Is Unjust: Being Honest In Just-War Thinking (1984)
- He Came Preaching Peace 「평화의 주 그리스도(가제)」(대장간)*
- The Fullness of Christ:Paul's Revolutionary Vision of Universal Ministry 「그리스도의 충만함」(대장간)*
- The Death Penalty Debate: Two Opposing Views of Capitol Punishment (1991)
- A Declaration of Peace: In God's People the World's Renewal Has Begun (with Douglas Gwyn, George Hunsinger, and Eugene F. Roop)

(1991)
- Body Politics: Five Practices of the Christian Community Before the Watching World 『교회, 그 몸의 정치』(대장간)*
- The Royal Priesthood: Essays Ecclesiological and Ecumenical (1994) 『왕 같은 제사장』(대장간)*
- Authentic Transformation: A New Vision of Christ and Culture (1996)
- For the Nations: Essays Evangelical and Public (1997)『열방을 향하여』(대장간)*
- To Hear the Word (2001)
- Preface to Theology: Christology and Theological Method (2002)
- Karl Barth and the Problem of War, and Other Essays on Barth (2003)
- The Jewish-Christian Schism Revisited (2003)
- Anabaptism and Reformation in Switzerland: An Historical and Theological Analysis of the Dialogues Between Anabaptists and Reformers (2004)*
- The War of the Lamb: The Ethics of Nonviolence and Peacemaking 『어린 양의 전쟁』(대장간)*
- Christian Attitudes to War, Peace and Revolution (2009)(대장간)*
- Nonviolence: A Brief History The Warsaw Lectures (2010)(대장간)*
- The End of Sacrifice:The Capital Punishment Writings (2011)『자비의 종말(가제)』(대장간)*

Articles and book chapters
- (1988) The Evangelical Round Table: The Sanctity of Life (Volume 3)
- (1991) Declaration on Peace: In God's People the World's Renewal Has Begun
- (1997) God's Revolution: Justice, Community, and the Coming Kingdom